机能主义刑法学的本土化研究

A Study on the Localization of Functionalist
Criminal Jurisprudence

李冠煜　著

图书在版编目(CIP)数据

机能主义刑法学的本土化研究/李冠煜著. —北京:北京大学出版社,2023.12
ISBN 978-7-301-34722-5

Ⅰ.①机… Ⅱ.①李… Ⅲ.①刑法—研究 Ⅳ.①D914.04

中国国家版本馆 CIP 数据核字(2024)第 004572 号

书　　　名	机能主义刑法学的本土化研究
	JINENG ZHUYI XINGFAXUE DE BENTUHUA YANJIU
著作责任者	李冠煜　著
责 任 编 辑	王　晶　张新茹
标 准 书 号	ISBN 978-7-301-34722-5
出 版 发 行	北京大学出版社
地　　　址	北京市海淀区成府路 205 号　100871
网　　　址	http://www.pup.cn
新 浪 微 博	@北京大学出版社　@北大出版社法律图书
电 子 邮 箱	编辑部 law@pup.cn　总编室 zpup@pup.cn
电　　　话	邮购部 010-62752015　发行部 010-62750672
	编辑部 010-62752027
印 刷 者	北京圣夫亚美印刷有限公司
经 销 者	新华书店
	730 毫米×1020 毫米　16 开本　19 印张　340 千字
	2023 年 12 月第 1 版　2023 年 12 月第 1 次印刷
定　　　价	69.00 元

未经许可,不得以任何方式复制或抄袭本书之部分或全部内容。
版权所有,侵权必究
举报电话: 010-62752024　电子邮箱: fd@pup.cn
图书如有印装质量问题,请与出版部联系,电话: 010-62756370

国家社科基金后期资助项目
出版说明

　　后期资助项目是国家社科基金设立的一类重要项目,旨在鼓励广大社科研究者潜心治学,支持基础研究多出优秀成果。它是经过严格评审,从接近完成的科研成果中遴选立项的。为扩大后期资助项目的影响,更好地推动学术发展,促进成果转化,全国哲学社会科学工作办公室按照"统一设计、统一标识、统一版式、形成系列"的总体要求,组织出版国家社科基金后期资助项目成果。

全国哲学社会科学工作办公室

目 录

导 论 ··· 1

第一章　机能主义刑法学的基础理论 ·· 7
第一节　机能主义刑法学的概念之争 ·· 7
第二节　机能主义刑法学的主要特征 ·· 14
第三节　机能主义刑法学的理论根据 ·· 22
第四节　机能主义刑法学的体系选择 ·· 31
第五节　机能主义刑法学的比较优势 ·· 35
本章小结 ··· 38

第二章　公共政策介入刑事法治实践 ·· 40
第一节　公共政策介入刑事法治实践的历史回顾 ································ 40
第二节　公共政策介入刑事法治实践的各种路径 ································ 45
第三节　公共政策介入刑事法治实践的典型个案 ································ 52
第四节　公共政策介入刑事法治实践的适用条件 ································ 59
第五节　公共政策介入刑事法治实践的应用方法 ································ 62
本章小结 ··· 65

第三章　共同正犯脱离的机能性反思 ·· 67
第一节　问题的提出 ··· 67
第二节　我国共同正犯脱离的理论争议及其评析 ································ 72
第三节　共同正犯脱离理论本土化形塑的教义学基础 ···························· 78
第四节　共同正犯脱离理论本土化形塑的教义学方案之一：
　　　　本质及其处罚根据 ··· 90
第五节　共同正犯脱离理论本土化形塑的教义学方案之二：
　　　　判断标准和判断步骤 ··· 94
本章小结 ··· 105

第四章　量刑责任概念的机能化辨析 ·· 108
第一节　社会危害性理论的现实困境 ·· 108

第二节　责任的内涵与量刑责任的内涵 ………………………… 112
　第三节　整体评价视角和目的理性视域夹缝中的量刑责任 ……… 117
　第四节　量刑责任概念的方法论优势 …………………………… 123
　第五节　我国法治语境下的量刑责任判断基准 ………………… 131
　本章小结 ……………………………………………………………… 137

第五章　收买被拐卖的妇女罪法益的机能化刑法解释 ………… 140
　第一节　问题的提出 ……………………………………………… 140
　第二节　收买被拐卖的妇女罪的犯罪客体之争 ………………… 142
　第三节　收买被拐卖的妇女罪的保护法益界定 ………………… 145
　第四节　收买被拐卖的妇女罪的法益机能展开 ………………… 155
　本章小结 ……………………………………………………………… 182

第六章　民营企业家涉产权犯罪的机能主义刑法解释 ………… 184
　第一节　问题的提出 ……………………………………………… 184
　第二节　民营企业家产权刑事司法保护的政策理念 …………… 187
　第三节　民营企业家涉产权犯罪的刑法解释路径 ……………… 193
　第四节　民营企业家涉产权犯罪的刑法解释机能化适用 ……… 222
　本章小结 ……………………………………………………………… 228

第七章　合规计划激励机制中量刑责任的机能化阐释 ………… 231
　第一节　问题的提出 ……………………………………………… 231
　第二节　合规计划从宽处罚的正当化根据 ……………………… 233
　第三节　合规计划激励下的量刑责任判断 ……………………… 240
　本章小结 ……………………………………………………………… 251

第八章　网络借贷平台客观归责的机能主义刑法解释 ………… 253
　第一节　网络借贷平台犯罪实证研究 …………………………… 253
　第二节　网络借贷平台的刑法风险来源及其作为义务类型 …… 258
　第三节　网络借贷平台客观归责的路径选择 …………………… 262
　第四节　网络借贷平台客观不法的实质判断 …………………… 270
　本章小结 ……………………………………………………………… 282

参考文献 ………………………………………………………………… 285

后　记 …………………………………………………………………… 298

导　　论

一、研究缘起

现代社会发展和科学技术进步引发了各种新兴风险,强化了公民的安全需求,推动了公共政策目标的变化。出于对传统刑法学机能定位的反思,在风险社会理论、功能主义思想、新康德主义等思潮的影响下,德国学者率先意识到,为识别危险并尽可能地将其消除在萌芽状态,刑法必须在自身功能上有所改变。刑法不是用于实现"危害防止",而是追求"风险调控"。[①] 这种刑法变化的过程及其趋势被概括为"机能主义刑法学"(或"功能主义刑法学""刑法功能主义"),它已成为一种新的研究范式,旨在通过将刑事政策的目的思考引入刑法体系,对犯罪论体系进行规范化改造,以构成要件的实质化理解为前提,使不法判断和责任判断与刑罚目的相连接,以充分回应广大公民的社会防卫需求。这一刑法观不仅源于对德国刑法改革的观察,而且被贯彻到其司法实践中。详言之,一方面,德国刑法近年来表现出明显的扩张趋势,尤其是经济和金融立法领域的法益边界不明,构成要件往往描述的是抽象危险行为,[②]不少学者对刑法全面介入现代化的系统性风险表示担忧,因为对此难以确定刑法的功能边界。另一方面,司法实践为了加大法益保护力度,可能突破古典刑法的基本原则,如污染水体罪的成立并不要求符合构成要件的行为对生态法益造成抽象危险,而只要使天然水体的特性在物理、化学或生物意义上遭到了并非不重要的、超出了可忽略程度的恶化即可。[③] 可见,环境犯罪归责结构的变化正是为了应对环境风险和适应环境刑法法益保护前置化的政策要求,但也削弱了行为与法益之间的规范关联。以上两方面的示例足以说明,机能主义刑法学已对德国刑事立法、司法产生了巨大影响,但其仍然面临着来自传统刑法学的拷问。

[①] 参见〔德〕Beatrice Brunhöber:《安全社会中刑法的功能变迁》,冀洋译,载赵秉志主编:《刑法论丛》(第61卷),法律出版社2020年版,第80页以下。
[②] 参见〔德〕托马斯·魏根特:《德国刑法向何处去?——21世纪的问题与发展趋势》,张志钢译,载赵秉志主编:《刑法论丛》(第49卷),法律出版社2017年版,第379—388页。
[③] 参见〔德〕洛塔尔·库伦:《环境刑法——新教义学的探索》,胡敏慧译,载方小敏主编:《中德法学论坛》(第16辑·下卷),法律出版社2019年版,第110—111页。

在日本,倡导机能主义刑法学的直接动因是对以德国观念论为基础的刑法教义学的批判性思考,根据经验主义的认识论和价值相对主义,将刑法定位为一种社会控制手段,通过采取目的解释方法,探究刑法应当发挥的机能有效性,旨在填补政策论和解释论之间的空隙。① 该理论体现了鲜明的本土化色彩,主张立足于本国的法治现状、思维特点,以实质的保障原理充实本来就强调形式理性的罪刑法定主义,从而对当前日本的刑事立法、司法改革进行了反思。例如,日本国会之所以在修正后的《关于处罚有组织犯罪及犯罪收益的规制等法律》中增设共谋罪(第 6 条之二),主要是基于巴黎连环恐怖袭击事件发生后,必须保证奥运会安全举行的现实考量,但从近代刑法的侵害行为原理出发,其立法正当性未必不值得怀疑。② 再如,鉴于财产犯罪处罚范围过于广泛的现状,在宏观层面上,假如民事制裁制度没有充分发挥财产保护机能,而不得不由刑事制裁代行经济活动保护机能,就放弃了刑法的补充性。然而,在微观层面上,若对经济利益给予事后赔偿,基本上能完全恢复损害,就没有必要适用刑罚。③ 这既反映了机能主义刑法学对本国司法现状的关照,也蕴含着实质合理性的判断标准,有利于提高解释结论的可接受性,实现法律效果和社会效果的统一。

随着我国刑法的频繁修改以及争议个案的不断出现,加之德国、日本机能主义刑法学理论的持续输入,刑事政策与刑法体系之间的关系问题逐渐成为理论界和实务界的热门话题之一。最近几次的刑法修正都是为了回应社会关切,激活了刑法的工具化和治理机能,显露出积极预防的立法意图,其背后至少存在刑法的功能主义趋势、刑法的刑事政策化动向两大理论推手。在此过程中,应当对刑法的功能化趋势持谨慎态度,防止社会治理的过度刑法化,这就要求,作为刑事政策(公共政策)刑法化的反映,刑法体系要积极容纳预防性因素,使刑事政策发挥价值判断与法治转化之间的解码、润滑作用。④ 除了刑事立法领域,机能主义刑法学在我国刑事司法领域表现为对传统刑法解释论的扬弃,在对"许霆盗窃案""陈凯旋受贿案""陆勇销售假药案"等典型案件的定性争议进行分析后,显示出目的导向性、实质性、回应性(或开放性)与后果取向性(或前瞻性)的方法论优势。⑤ 这种机能主义刑法解释论(或

---

① 参见〔日〕関哲夫:《论机能主义刑法学——机能主义刑法学的检讨》,王充译,载赵秉志主编:《刑法论丛》(第 17 卷),法律出版社 2009 年版,第 267—280 页。
② 参见〔日〕生田胜义:《一般行为的自由权与侵害行为原理——以实体正当程序论为根据的共谋罪法批判序说》,载《立命馆法学》2018 年第 5,6 号,第 70 页以下。
③ 参见〔日〕平野龙一:《刑法的基础》,东京大学出版会 1966 年版,第 126 页。
④ 参见高铭暄、孙道萃:《预防性刑法观及其教义学思考》,载《中国法学》2018 年第 1 期,第 167 页以下。
⑤ 参见劳东燕:《功能主义的刑法解释》,中国人民大学出版社 2020 年版,第 107 页以下。

"功能主义刑法解释论")不仅是刑法解释论的范式转换和对机能主义刑法学应用过程的理论升华,而且是刑事政策和刑法体系的核心命题之一及其相互贯通的实践逻辑标志。所以,有必要抛弃刑法教义学的体系性、教条性、逻辑性和刑事政策的个案性、灵活性、价值性互相区隔的分离模式,改采犯罪论体系以罪刑法定原则、利益衡量方法、刑法目的导向为刑事政策基础的贯通模式,①实现二者之间的良性互动。

上述比较考察决定了本书的问题意识、基本立场、主要内容和研究价值,故笔者将题目定为《机能主义刑法学的本土化研究》。②

二、主要内容

考虑到我国学者在机能主义刑法立法论的研究方面已取得了丰硕成果,③且刑事立法的正当性问题既涉及法教义学,又涉及社科法学,需要进行跨部门法的综合性研究,囿于自身研究兴趣、特长,因此将本书的研究范围缩减为某种狭义上的机能主义刑法学(机能主义刑法解释论),在阐释其基础理论后,重点分析公共政策介入刑事法治实践的各种路径以及这种刑法解释论在刑法总论、各论教义学的具体运用。

(一)导论

这部分通过论述本书的研究缘起、主要内容、研究方法、学术创新及其研究价值,以揭示正文各部分与题目之间的关联性,并展现研究过程中将用到的各种方法,证明作者选取共同正犯脱离、量刑责任概念、收买被拐卖的妇女罪的法益、民营企业家涉产权犯罪、合规计划的量刑判断以及网络借贷平台客观归责六个具体问题在研究目的和研究方法上的共通之处。

(二)机能主义刑法学的基础理论

这部分通过分析机能主义刑法学的概念、特征、理论根据、体系选择和比较优势,为下文分别从刑法总论、各论教义学展开机能主义刑法解释夯实理

---

① 参见陈兴良:《刑法教义学与刑事政策的关系:从李斯特鸿沟到罗克辛贯通》,载《中外法学》2013年第5期,第984—986页。
② 本项目申请时的题目为《机能主义刑法学的本土化展开》,立项后将其改为《机能主义刑法学的本土化研究》。
③ 参见张明楷:《增设新罪的观念——对积极刑法观的支持》,载《现代法学》2020年第5期,第150页以下;孙国祥:《积极谨慎刑法发展观的再倡导——以〈刑法修正案(十一)〉为视角》,载《西南民族大学学报》(人文社会科学版)2021年第9期,第75页以下;付立庆:《积极主义刑法观及其展开》,中国人民大学出版社2020年版,第1页以下;张永强:《预防性犯罪化及其限度研究》,中国社会科学出版社2020年版,第1页以下。

论基础，以体现本书兼顾了体系的思考和问题的思考，不仅紧紧围绕机能主义刑法学这一核心命题，而且将其作为研究主线贯穿始终。

（三）公共政策介入刑事法治实践

这部分研究的问题是公共政策与刑法体系相互贯通的基础，具体思路是：在界定公共政策的内涵、外延及其与刑事政策的联系、区别后，首先回顾公共政策介入刑事法治实践的曲折历程；其次分析公共政策介入刑事法治实践的各种路径；最后通过解读典型个案，展现其在不同类型犯罪中的贯通表现，并归纳其适用条件、体系依赖和应用方法。

（四）共同正犯脱离的机能性反思

这部分研究的问题是机能主义刑法学在刑法总论教义学的第一次展开，具体思路是：首先，全面梳理我国共同正犯脱离案件的司法现状，以揭示其适用缺陷；其次，深入剖析目前共同正犯脱离的理论争议，并反思其利弊得失；再次，准确概括中国和日本相关学说的比较研究及其启示，以论证机能性思考的合理性；最后，结合司法经验和理论知识，提出共同正犯脱离理论本土化的教义学方案。

（五）量刑责任概念的机能化辨析

这部分研究的问题是机能主义刑法学在刑法总论教义学的第二次展开，具体思路是：首先，指出社会危害性理论的困境；其次，阐释责任的内涵与量刑责任的内涵；再次，界定整体评价视角和目的理性视域夹缝中的量刑责任；最后，论证量刑责任概念的机能化优势及其判断基准。

（六）收买被拐卖的妇女罪法益的机能化刑法解释

这部分研究的问题是机能主义刑法学在刑法各论教义学的第一次展开，具体思路是：首先，通过比较评析有关收买被拐卖的妇女罪客体的主要观点，凸显回答人的尊严的概念等前提性问题的理论意义；其次，在对尊严概念进行界定的基础上，对本罪法益给予重新解读；最后，立足于本罪犯罪化的合理性及其刑罚化的均衡性两方面，阐释体现妇女尊严价值的人身自由权利这一法益的立法批判机能和解释指导机能。

（七）民营企业家涉产权犯罪的机能主义刑法解释

这部分研究的问题是机能主义刑法学在刑法各论教义学的第二次展开，

具体思路是:首先,在指导观念上,探讨如何践行依法全面平等保护产权的政策理念,并在价值基础上,将其与宽严相济刑事政策、刑法基本原则保持一致;其次,在解释路径上,研究怎样借鉴目的理性的犯罪论体系,并发挥机能主义刑法学的方法论优势,吸收客观归责论、机能责任论和复合模式论的合理之处;最后,在具体适用上,分析如何将以上方法运用到民营企业家涉产权犯罪案件的认定过程中,以充分实现刑法机能的协调统一。

(八)合规计划激励机制中量刑责任的机能化阐释

这部分研究的问题是机能主义刑法学在刑法各论教义学的第三次展开,具体思路是:首先,从两起单位经济犯罪的典型案例切入,提出合规计划在发挥自身量刑激励功能时存在的方法论不足;其次,在指出企业合规改革过程中存在对合规计划的从宽处罚根据把握不够精准的基础上,主张将报应、预防和恢复目的融为一体,使法益侵害性减轻、非难可能性降低和预防必要性减少三者成为合规计划量刑激励机制的理论基础;最后,考虑到量刑责任判断对规范量刑的重要性,还要进一步明确量刑责任的判断原理、标准及其在认定三种民营企业高频犯罪时的适用要点。

(九)网络借贷平台客观归责的机能主义刑法解释

这部分研究的问题是机能主义刑法学在刑法各论教义学的第四次展开,具体思路是:首先,通过梳理网络借贷平台刑事案件概貌,揭示其犯罪类型特点和适用规则缺失;其次,指出网络借贷平台的刑法风险来源,划分其作为义务类型;再次,论证机能主义刑法学的相对优越性,确定应在网络犯罪刑事政策和刑法目的的指导下对其予以客观归责;最后,分别经过网络借贷平台的结果回避义务违反性、法益侵害结果以及结果归属类型三个步骤的判断,认定其客观可归责性的有无及大小。

三、研 究 方 法

(一)背景分析法

探讨德国、日本和我国机能主义刑法学基础理论、法益论、共同犯罪理论、责任论、行政犯认定方法的产生背景和历史渊源,防止盲目移植相关学说而造成理论困境和实践硬伤。

(二)比较分析法

比较德国、日本和我国刑法解释论、法益论、共同犯罪理论、责任论、行政犯认定方法的特点和优劣,分析机能主义刑法学在上述场合展开适用的妥当性。

(三)规范分析法

根据观念上和方法论上刑事政策的指导,揭示刑事法治实践中政策性考量的各种路径和连接点,旨在提高刑事归责的机能化程度。

(四)质性分析法

整理德国、日本和我国有关典型判例,发现理论上和实务中亟待解决的问题,力求提高案件办理的机能化水平。

四、学术创新

第一,在研究目的上,重点不是研究机能主义刑法学的立法表现,而是研究机能主义刑法学的司法适用,即将其作为我国某些亟待解决的、刑法疑难问题的方法论价值。

第二,在研究思路上,密切关注我国刑事立法、司法实践,合理借鉴德国、日本机能主义刑法学的研究成果,在确定我国现实贯通模式的基础上,研究当前刑事政策与我国刑法教义学体系的连接方式。

第三,在研究方法上,兼采逻辑推演法和实证分析法,每一章都贯穿了机能主义刑法学思维,并结合典型案例进行分析,以验证其可行性、有效性。

五、学术价值

一是,有利于展现公共政策介入刑事法治实践的力度,反思司法实践回应社会需求的限度。

二是,有利于推动犯罪构成理论、法益论、共同犯罪理论和责任论研究,找到刑事政策和刑法体系的融合方法。

三是,有利于促进侵犯人身自由犯罪理论、经济犯罪理论和网络犯罪理论研究,检验融入刑事政策导向的刑法体系所具有的现实价值。

第一章　机能主义刑法学的基础理论

各国学者对机能主义刑法学的概念、特征和理论根据有着不同认识,要先厘清这些问题,才能进一步确定其体系选择和比较优势,以凸显将其引入我国刑事法治实践,在充分回应社会需求的同时,根据刑事政策的指导,适度发挥刑法在社会治理中的功能的必要性与可行性。而且,通过以上比较考察和逻辑推演,不仅可以明确本书的问题意识和研究领域,便于对刑法总论、各论教义学中的某些重点、疑难问题进行深入探析,而且能为确定机能主义刑法学的本土化进路指明方向,以提高我国刑法理论的教义学水平和刑事法治化程度。

第一节　机能主义刑法学的概念之争

根据机能主义刑法学的作用领域,可以将其分为广义上的机能主义刑法学与狭义上的机能主义刑法学。之所以出现上述差异,可能与各国的文化传统、哲学思想、思维方式、法治现状等存在密切关系。

一、广义上的机能主义刑法学

所谓广义上的机能主义刑法学,是指研究以刑事政策目的全面指引刑事立法、司法,旨在合理确定刑法干预社会生活界限的刑法理论。

例如,德国有学者认为,对德国刑法、奥地利刑法所做的注释体现了两部法典以及在其中建立起来的刑法释义学的内在亲属关系。不仅结果归责理论被用于克服自然主义教条,而且阻却罪责的法定事由经过刑事政策考量已在立法上累积起来。在量刑时,相比罪责原则,整合性的一般预防目的更应受到重视。刑法是刑事政策的限制,对犯罪论、刑罚论都应当从刑事政策的观点进行理解。只有在"目的理性主义与功能主义"或"规范思考与事理逻辑的和解"的框架中,才能避免刑法释义学上的冲突。因为当法体系的概念只从法体系本身推论出来,也没有处在内含具体社会性目的的功能脉络之中时,就可能以循环论证的方式对其进行建构,导致不以经验为根据的规范主义见解陷入僵局。这意味着,要尝试超越刑法体系与刑事政策互为对立的构想,并以二者贯通的推导与结构之想法来取代。即构成要件符合性、违法性和罪责这些犯罪行为范畴应当依照刑事政策功能之观点来观察、发展与体系化,如被害人释义学对构成要件解释的影响,从构成要件错误认定方面对不法阶层的改造以及纳入预防目的后对可非难性的层升式评价。① 显然,根据该说,刑事政策已经进入刑法体系内部,成为指导立法完善、司法适用的价值目标和方法指针。

再如,日本有学者指出,以往刑法学只关注理论的独创性、精密性以及体系的整合性,缺乏对刑法作为社会控制手段应当具有作用的讨论。虽然在战后完成了大规模的"价值转换",但从国家主义向个人主义的转变并未在《破坏活动防止法》的制定和《刑法修改准备草案》的起草过程中反映出来。鉴于刑法修订文本和许多刑法学者尚未树立优先保护个人生命、身体、自由、财产的价值观,有必要深刻反思刑法的目的,不宜将其界定为对伦理秩序的维持,而要以对他人造成侵害作为刑法干涉的原则。因此,刑法的主要目的是满足"市民的安全要求"或"市民的保护要求",即保护个人的生命、身体、自由、财产。但是,刑法对市民安全的保护,还要受到刑法谦抑性的限制。它不仅可以决定刑事立法中刑罚的投入量和构成要件的类型设定,而且能够剔除无处罚必要性的行为。根据刑法的机能来审视,日本刑法强调伦理性非难和主观的要素,但在快速城市化、工业化的进程中,应当弱化刑法的伦理色彩,增大其作为社会统制手段的功能,除了刑罚,还要强化犯罪人的处遇。而且,判例虽然不是正式法源,但在某种意义上也能发挥作为法的机能。换言之,通过从具体判决中抽取出作为法和重要事实之间媒介的"中间命题",无论从观念上还是从经验上,判例发挥着法的机能。既然判例是现实的法,那么学说的作用是促使法官造法(现实的法)。说服法官的工作是具有实践性的"法解释学",它要能控制法官的行动,而法官正是意图通过适用法律来控制社会生活,所以,这是一种"控制的控制"的技术。② 总之,该说根植于宪法的价值目标,并以此作为审查刑事立法、司法的指针,具有目的理性主义、社会经验主义和个人功利主义的特点。

着眼于近年来我国刑法立法的频繁修改以及刑事司法改革的大力推进,

---

① 参见许玉秀、陈志辉编:《不移不惑献身法与正义 许迺曼教授刑事法论文选辑》,新学林出版有限公司2006年版,第37页以下、第117页以下、第303页以下。
② 参见〔日〕平野龙一:《刑法的基础》,东京大学出版会1966年版,第93页以下、第129页以下、第225页以下。有学者将其称为"价值判断型机能主义",与之相对的是"事实认识型机能主义",即期待施加一定民主控制的法官判断的妥当性,在考虑通过法官表现的国民规范意识的同时,展开以判例为中心的刑法解释论(参见〔日〕松泽伸:《机能主义刑法学的理论——丹麦刑法学的思想》,信山社2001年版,第249—250页)。

也有学者借用域外机能主义刑法学作为分析工具,并逐步构建起具有中国特色的机能主义刑法学。

例如,有学者主张,一方面,晚近刑法立法的突出特点表现在,拓宽新领域,转变法益观,增加新手段,赋予新机能,未来的刑法立法应当建立能动、理性的总体立法方略。另一方面,较之传统犯罪论体系,阶层犯罪论具有合理性:其一,它能实现体系化思考;其二,它能有效防止错案。这为司法实务通过区分违法和责任以解决共同犯罪案件,且借助以上体系在不同阶段阐明预防效果发挥的具体理由提供了实体法和方法论上的支撑。因此,只有采取"犯罪客观要件——犯罪主观要件——犯罪排除要件"的判断进路,才能妥当地将阶层理论转换成司法逻辑,不仅便于实务人员接受,而且能够在犯罪论体系内部检验排除犯罪的事由。此外,机能化思考也能用来审视当前的量刑失衡现象和量刑规范化改革:量刑是回顾性的责任刑判断和前瞻性的预防刑判断的综合,实务中必须确立责任刑是上限、预防刑是调节的量刑程序。这里的责任刑概念很大程度上借用了犯罪论中的责任概念,但受刑罚目的的影响,量刑责任是从可比较性和量上对犯罪论中的责任进行了功能性调整和差异化处理。① 显然,在我国刑事法治实践中践行机能主义刑法学的前提是,更新立法观念,进行体系改良,完成概念转换。

再如,还有学者提倡,当下应采取刑法积极主义的主张,刑法介入社会生活应更为积极一些。积极主义刑法观具有宪法基础,恪守刑法谦抑精神和宽严相济刑事政策,注重在社会治安综合治理过程中刑法功能的适当发挥。既要从刑事政策上宏观把握立法上的适度犯罪化标准,又要通过对阶层式体系的具体解释落实司法上的适度犯罪化标准。具言之,要在罪刑法定原则的框架内,探寻扩大解释和不利于被告人的类推适用之间的界限,通过考虑刑法介入社会生活的应有态度,以"明显突兀感说"作为区分标准。在"严而不厉"思想的指引之下,认同刑法用语的相对性,肯定不同犯罪之间可能的竞合关系,适当放宽累犯的成立条件。尽管以刑治罪观念在追求罪刑均衡、强调刑罚对构成要件解释的反向制约上具有合理性,但这种以结果为导向的解释方法有违传统的罪刑关系,应当将其定位为一种司法定罪逻辑和定罪解释规则,即它是进行犯罪实质判断时的重要考量因素。一旦通过了构成要件符合性判断,就不允许再以"成立该罪会导致罪刑失衡"为由而否定犯罪的成

---

① 参见周光权:《刑法总论》(第四版),中国人民大学出版社 2021 年版,第 14—20、82—91、445—451 页。

立。① 所以,倘若将研究视角从"刑法介入社会生活的限度"切换到"刑法在社会生活中的功能",积极主义刑法观就是一种机能主义刑法观。

二、狭义上的机能主义刑法学

所谓狭义上的机能主义刑法学,是指研究以刑事政策目的重点指导刑事立法完善或刑法规范解释,旨在确定刑法机能发挥界限的刑法理论。

(一)指导刑事立法完善的机能主义刑法学

当立法者站在充分应对社会风险的高度进行刑法修改工作,并树立积极预防思维和以风险预防为导向,借助刑法谦抑主义、罪刑法定原则、法益保护立场等防止刑法过度机能化时,这种预防主义刑法观就是机能主义刑法学在立法领域的具体表现。例如,持上述立法观的学者认为,刑法理论体系及功能的预防性动向是社会变迁与立法互动的累积结果,预防性立法观在新近立法中的强化亟需刑法教义学的正本清源。在运用刑法控制社会风险的过程中,应当契合比例原则,避免刑事政策偏离法治轨道,防止抽象法益保护不当扩大,进行积极而必要的刑罚化。② 再如,还有学者全面构建了预防性刑法犯罪化限度的具体路径及其制度保障:前者包括观念支撑(安全刑法、规范刑法、功能刑法)、立场选择(刑法谦抑、法益保护)、原则厘定(目的正当性、手段合理性、干预适当性、规范科学性)以及标准构造(法益保护的关联性、宪法上的合比例性、行为的实质违法性、刑法干预的补充性);后者包括罪刑规范的科学构造(提升危险行为的类型性、增强构成要件的明确性、加强规制范围的约束性)、规范创设的系统评估(立法前的必要性分析、立法中的科学性论证、立法后的有效性评估)和入罪民意的理性应对(正确对待、谨慎甄别、理性回应)。③

(二)指导刑法规范解释的机能主义刑法学

当司法人员为提高解释结论的实质合理性,根据刑事政策目的、刑法目的展开犯罪认定和刑罚裁量时,这种刑事政策性的体系性方案和量刑反制定罪理论即为机能主义刑法学在司法领域的具体表现。

---

① 参见付立庆:《积极主义刑法观及其展开》,中国人民大学出版社2020年版,第1页以下、第48页以下、第86页以下。
② 参见高铭暄、孙道萃:《预防性刑法观及其教义学思考》,载《中国法学》2018年第1期,第167—172、175—178、181—188页。
③ 参见张永强:《预防性犯罪化及其限度研究》,中国社会科学出版社2020年版,第177页以下、第238页以下。

1. 作用于定罪的机能主义刑法学

此种意义上的机能主义刑法学对犯罪成立、犯罪形态的判断发挥着定位功能、统一功能和评价功能。例如，致力于构建目的理性犯罪论体系的学者主张，在主导性目的设定直接具有建立体系的性质之处，具体案件的正义性从一开始就得到保障，因为各种案件情况都将回溯到与这个法律目的的关系上去。而且，这个体系需要切除无法与目的协调一致的解决方法，以及取消各种价值模糊的体系性强制结果的解决方法。行为、行为构成、不法、责任和其他刑事可罚性条件背后都存在着刑事政策的目的引导，因此，这种体系表明，犯罪性行为是一个不可分割的整体，在价值评价方面，各种不同的完成要素有其刑法意义。[1] 这种机能主义刑法学因其方法论优势，在我国受到越来越广泛的认同。[2]

2. 作用于量刑的机能主义刑法学

此种意义上的机能主义刑法学对刑种、刑度的选择发挥着启发功能、指导功能和批判功能。例如，提倡刑法目的是公正量刑而非精确定罪的学者指出，实质公正论追求结果正确，因而判断刑事责任才是刑法适用的核心。在按照主流做法定罪无法得出合理结论时，不应被具体犯罪构成的形式差异所束缚，可以通过变换罪名来克服立法缺陷。这种做法仅限于量刑过重的场合，且只能将重罪罪名变换为轻罪罪名，类似于一种有利于被告人的类推适用。[3] 不过，也有观点质疑这种机能主义刑法学颠覆了教义学分析。[4]

三、本书所下的定义

德国、日本机能主义刑法学的共同点是，注重从本国国情和法治现状出发，尽量融合体系的思考和问题的思考，兼顾经验观察和价值判断，对现行立法、司法实践展开了批判性研究，并提出方法论上的完善构想。然而，两国相关研究的区别在于，前者更加重视刑事政策与刑法体系之间关系的讨论，形成"分离模式"和"贯通模式"的对立图景，存在对刑事政策予以体系性控制的自觉意识；后者则更为强调刑法的社会治理作用，刑事政策近乎公共政策，只能借助罪刑法定主义的形式理性以限制对实质合理性的追求。这对我国刑法理论带来的启示有三点。第一，在问题意识上，加强对具体刑事政策与当

---

[1] 参见〔德〕克劳斯·罗克辛：《德国刑法学总论》（第1卷），王世洲译，法律出版社2005年版，第132—141页。

[2] 参见陈兴良：《刑法教义学中的价值判断》，载《清华法学》2022年第6期，第12—17页。

[3] 参见高艳东：《量刑与定罪互动论：为了量刑公正可变换罪名》，载《现代法学》2009年第5期，第168—172页。

[4] 参见周光权：《刑法教义学的实践导向》，载《中国法律评论》2022年第4期，第130—131页。

前刑法体系的关系研究,即以刑法的机能为切入点,分析刑事政策的刑法化(目的指引)和刑法的刑事政策化(边界控制)。第二,在理论根据上,分析风险社会理论、功能主义思想、新康德主义等哲学观对机能主义刑法学产生和发展的影响,并注意我国当下政策导向和价值目标对引入机能主义刑法学的作用,防止不加选择地全盘照搬。第三,在研究方法上,要结合社科法学和法教义学,在进行充分实证分析后展开规范分析,使机能主义刑法学实现从"事实认识"到"目的导向"的飞跃。

尽管机能主义刑法学能够指导我国刑事立法和司法实践,但由于积极主义、功能主义立法观已成为刑法修正的主要趋势,[①]且主要争议仅在于此种立法观的价值协调与功能界限,[②]而刑事司法中存在许多定罪、量刑的疑难问题,所以,本书采取第二种狭义上的机能主义刑法学概念,即机能主义刑法学就是机能主义刑法解释论,它对定罪、量刑发挥着相应的指导适用功能。

这里有两个问题需要澄清:(1)有无必要区分"机能"和"功能"?(2)刑法究竟具有哪些机能?

对于第一个问题,存在"区分说"与"同一说"的对立。持"区分说"的论者指出,刑法功能是从外在角度考察刑法对适用主体具有的工具价值,具有主观性、变动性;而刑法机能是从内在角度考察刑法本身应当具有的机理,具有客观性、稳定性。[③] 可见,"刑法功能"对应的是实然层面的机能概念,"刑法机能"对应的是应然层面的机能概念。这与日本学者对现实的机能概念和理念的机能概念的分类是一致的:前者重视事实认识的侧面,是从某物现实具有的功能或作用上来把握;后者重视目的认识的侧面,是从某物应当具有的功能或作用上来把握。[④] 若从应然的、目的认识角度来理解刑法的机能,就没有必要将其与刑法的功能区分开来,因为只要承认刑法的目的是通过预防犯罪以保护法益,以上两个概念就不存在本质差异。这正好代表了持"同一说"论者的主张——无论是使用"刑法的机能"概念,还是使用"刑法的功能"

---

① 参见周光权:《论通过增设轻罪实现妥当的处罚——积极刑法立法观的再阐释》,载《比较法研究》2020年第6期,第40页以下;劳东燕:《风险社会与功能主义的刑法立法观》,载《法学评论》2017年第6期,第12页以下。
② 参见姜涛:《中国刑法走向何处去:对积极刑法立法观的反思》,载《国家检察官学院学报》2021年第5期,第116页以下;黄辰:《论折衷刑法观:安全与自由的平衡》,载《青少年犯罪问题》2021年第2期,第17页以下。
③ 参见王强军:《功能主义刑法观的理性认识及其限制》,载《南开学报》(哲学社会科学版)2019年第3期,第111页。
④ 参见〔日〕关哲夫:《论机能主义刑法学——机能主义刑法学的检讨》,王充译,载赵秉志主编:《刑法论丛》(第17卷),法律出版社2009年版,第258—259页。

概念,刑法在社会生活中应当具有的作用①或可能产生的积极作用②,都是一样的。因此,笔者赞同"同一说"。

对于第二个问题,各国学者的回答同样莫衷一是。例如,德国学者认为,刑法的任务是保护人类社会的共同生活秩序,但刑罚权不能以任意的方式和在任意的范围内行使。刑法具有压制和预防功能,二者是统一的,即通过压制来预防。刑法不能对社会生活的所有方面进行干预,而只能限制在对重要法益的保护上。③ 而日本学者一度主张,刑法的社会机能是指刑法在社会中应当发挥的机能或固有的作用,包括规制机能与社会秩序维持机能(法益保护机能和人权保障机能)。根据谦抑主义,需要谋求法益保护和人权保障之间的调和。④ 我国学者则往往以《刑法》第2条为根据指出,刑法的机能是法益保护和人权保障,行为规制机能只是法益保护机能的实现手段。刑法的目的也是保护法益,与立法对刑法任务的表述相协调。但是,这并不意味着对任何侵犯法益的行为都必须规定或认定为犯罪,法益保护只能是"补充性的法益保护"或"谦抑性的法益保护"。⑤ 这些论述表明,对刑法机能的界定要注意三点:其一,刑法的机能应当受到刑法谦抑主义的约束,以保证其在现代社会治理过程中恪守自身边界;其二,刑法谦抑主义是处于最高位的刑法基本思想,其初衷是限制刑罚权的随意发动,要从消极意义上把握刑法的任务、机能和目的,它们之间并不矛盾;其三,行为规制机能不过是观念上的刑法机能,其实是法益保护机能的实现结果,并没有体现出刑法所追求的价值目标与其他部门法的区别,不宜单独作为一种刑法的机能。综上所述,刑法的机能应为法益保护机能和人权保障机能。

显然,传统刑法学和机能主义刑法学对刑法机能的理解不同。前者认为,行为规制机能是形而上的,法益保护机能具有维持社会秩序的倾向,自由保障机能只能为形式的罪刑法定主义论提供支持,所以,它们的可视性程度都不高。后者主张,刑法的机能必须是根据经验事实可以检验的现实的机能。为增强法益论、罪刑法定主义论的可视性,法益保护机能应当转变为重视个人法益保护的价值观,从自由保障机能中可推导出国民的预测可能性这

---

① 参见黎宏:《刑法学》,法律出版社2012年版,第6—7页。
② 参见林亚刚:《刑法学教义》(总论),北京大学出版社2014年版,第8—9页。
③ 参见〔德〕汉斯·海因里希·耶赛克、托马斯·魏根特:《德国刑法教科书》(总论),徐久生译,中国法制出版社2001年版,第1—12页。
④ 参见〔日〕大谷实:《刑法讲义总论》(新版第4版),成文堂2012年版,第7—9页。
⑤ 参见张明楷:《刑法学》(第六版 上册),法律出版社2021年版,第24—27、87页。

一区分类推解释和扩大解释的实质标准。① 当然,注重保护个人法益,并不意味着只保护个人法益,超个人法益、集合(集体)法益同样值得刑法保护。

从刑事政策和刑法体系的关系出发,功能主义刑法解释论是以实用性与功能性为价值追求,刑事政策通过影响刑法体系的价值判断或利益衡量而对刑法规范的适用与解释产生影响;②而从可能用到的解释方法上看,功能主义刑法解释是指刑法解释应符合刑法的功能目标设定,属于反思性的综合解释方法,以实现解释的稳定性(可预期性)和适应性(结果公正)的平衡。③ 据此,所谓机能主义(或功能主义)刑法解释论,是以刑事政策的价值目标和刑法应有的机能为指导,在罪刑法定原则的约束下,通过综合运用各种解释方法进行犯罪认定和刑罚裁量,旨在实现解释结论上的法律效果和社会效果统一的理论。

第二节 机能主义刑法学的主要特征

德国学者归纳的一个有效益的体系需要满足的三个要求是:概念性的秩序及明确性;与现实相联系;以刑事政策上的目标设定作为指导。所以,要对构成要件符合性、违法性、罪责从一开始就用刑事政策之机能的视角加以体系化,使罪刑法定原则、利益衡量方法、刑法目的导向分别成为各个阶层的刑事政策基础。④ 上述体系性、现实性和目的性要求实为对目的理性犯罪论体系的特征概括。而日本学者对机能主义刑法学思想的、方法论基础或特征给予了更为详尽的阐释:(1) 经验主义的认识论;(2) 作为社会统制的手段;(3) 社会工程学思考;(4) 目的论的概念构成;(5) 价值相对主义。⑤ 这些特征是对其所在国机能主义刑法学的总结,但未必适用于我国司法实践。我国学者是站在形式解释论与实质解释论的立场之争上,将功能主义刑法解释论

---

① 参见〔日〕松泽伸:《机能主义刑法学的理论——丹麦刑法学的思想》,信山社 2001 年版,第 227—230 页。虽然"超个人法益(包括国家法益、社会法益等)应当是可以还原为个人利益的法益"(张明楷:《法益初论》(增订本 上册),商务印书馆 2021 年版,第 184 页)似乎已成为一种主流观点,但厘清价值论上的人之关联性与存在论上的人之还原性,具有重要的方法论意义。这不仅决定了法益的概念、类型和功能,而且影响了法理理论的发展方向。
② 参见劳东燕:《功能主义的刑法解释》,中国人民大学出版社 2020 年版,第 108 页。
③ 参见沙涛:《功能主义刑法解释论:立场、方法与运用》,吉林大学 2021 年博士学位论文,第 25—26 页。
④ 参见〔德〕克劳斯·罗克辛:《刑事政策与刑法体系》,蔡桂生译,中国人民大学出版社 2011 年版,第 20—22 页。
⑤ 参见〔日〕关哲夫:《论机能主义刑法学——机能主义刑法学的检讨》,王充译,载赵秉志主编:《刑法论丛》(第 17 卷),法律出版社 2009 年版,第 267 页以下。

的特点抽象为目的导向性、实质性、回应性（或开放性）和后果取向性（或前瞻性）。① 虽然它对机能主义刑法解释论的特征给予了较为深入的阐述，但不够全面。在方法论上，狭义上的、专注于指导刑法规范适用的机能主义刑法学应当具有以下特征。

一、实 证 性

实证性即机能主义刑法学意图通过采取社会学的考察方法，从经验层面分析刑事政策目的、刑法的应然机能及其对刑法体系构建、操作的作用。简言之，它既是目的主义、价值主义的，也是经验主义、现实主义的。②

机能主义刑法学的实证性在不同国家表现各异，但无不具有对刑法教义学的事实还原、价值验证、规则提炼等功能。机能主义刑法不仅不能排斥实证方法，而且应当与其加强合作。

德国的机能主义刑法学是实证理论与目的理论融合的典范。实证主义主张将科学限定在可经验的东西即"实证的"假设上，由此带来了精确运行的自然科学的伟大成就。出于对法的确定性之追求，法律概念裂变为实质意义上的法律和形式意义上的法律，致使法律的有效性仅取决于遵守形式上的立法程序，而非法律内容。于是，"实证性"成为法的本质，并借助与目的论的联手，③极大地推动了犯罪论体系的演变。在早期法律实证主义者的眼中，刑法学的任务是，从纯法学技术的角度，依靠刑事立法，给犯罪和刑罚下一个定义，把刑法的具体规定，乃至刑法的每一个基本概念和基本原则发展成完整的体系。刑事政策给予评价法律的标准，按照它的目的具体适用法律。④ 然而，即使延续这种刑法目的思想和刑事政策概念，一个封闭的体系也无助于得出刑事政策上的正确结论。法律上的目标设定必须面对真正多样化的事实情况，并做出变化以得到与其相适应的结果。只有这种以结果为导向的、

---

① 参见劳东燕：《功能主义的刑法解释》，中国人民大学出版社2020年版，第107页以下。
② 严格来讲，机能主义和经验主义、现实主义既有联系，又有区别：一方面，机能主义和经验主义部分重合，即若想预测法的效果，就有必要认识经验上可能验证的事实。机能主义和现实主义都不否认对法官行动进行预测的实践意义，且均采取了外部观察视角。另一方面，机能主义是关涉法对社会产生最佳效果的价值问题，而经验主义是有关经验事实认识的事实问题。机能主义并未止步于对法官反应的规律性从外部进行观察，还提倡对法官行动的动机展开心理上的经验分析，并承认法规范的抽象理念内容具有作为解释图式的机能；现实主义则仅强调对法官反应的规律性进行外部观察，对法规范在司法过程中发挥的作用持怀疑、否定态度（参见〔日〕松泽伸：《机能主义刑法学的理论——丹麦刑法学的思想》，信山社2001年版，第6、133—134页）。
③ 参见〔德〕阿图尔·考夫曼、温弗里德·哈斯默尔主编：《当代法哲学和法律理论导论》，郑永流译，法律出版社2013年版，第108—116页。
④ 参见〔德〕冯·李斯特：《德国刑法教科书》，徐久生译，法律出版社2000年版，第1—2页。

开放的体系,才更接近生活,更正义,更具有灵活性。① 因此,问题的关键并不是刑法体系应否建立在精确定义组成的逻辑结构基础之上,而在于这种关联元素框架是否容纳刑事政策的价值引导。如果说实证主义范式仅仅触及了刑事政策的外部指导作用,仍然停留在效仿自然科学的层面,那么机能主义范式完全将刑事政策纳入内部作用场域,既实现了与实证主义的融合,又通过为刑法学开辟一个价值世界的新面向,从而完成了对自然主义的扬弃。

日本机能主义刑法学的代表人物则注重结合本国犯罪现状和历史、文化来解读立法和司法,通过经验来验证刑法解释是否具有最大的社会效果,旨在为法官提供解决具体问题的解释方案。这种实用主义的问题思考方法是一种面向实践的、从法政策的视角来验证结果妥当性的方法,颠覆了传统的刑法机能观、刑法解释论。② 尽管以经验主义为基础的社会学考察方法可以借助明示某种解释框架的社会效果,指明针对具体问题的解决方向,但由于欠缺对治安现状、犯罪原因、安全需求的调查研究,③充其量只是在价值目标和规范事实之间搭建起沟通的桥梁,并未深刻揭示规范目的的识别方法以及变化后的社会现实对公民行动自由的作用机理。所以,按照刑事政策和刑法体系之间互动的理想模式来审视,不仅要提倡刑事政策目的指导下构成要件解释的机能化,而且要强调每个阶层判断的教义学控制。假如说刑事政策的刑法化的意义在于,通过贯彻体系的思考以保证犯罪论体系仍然是严密的逻辑推理的产物,那么刑法的刑事政策化的意义则是,通过落实问题的思考和运用实质推理,将实务经验抽象为体系建构原理或价值创设基准,在促成体系开放的同时使之成为犯罪论体系的一部分。

总之,实证性意味着,机能主义刑法学只有区分事实认识和价值判断,才能构建起科学的体系。鉴于事实判断和价值评价之间的密切关系及其各自的作用特点,机能主义刑法学不宜走向"事实认识型机能主义"或"价值判断型机能主义"的任何一个极端,而应保持事实判断和价值判断的动态平衡。

二、适 应 性

适应性即机能主义刑法学的功能取向随着主流价值观、社会形势、公共政策的变化而变化,表现为价值相对性、体系多样性、解释灵活性。在某种意义上,机能主义刑法学因其实证性而具有适应性,以满足广大公民对刑法功

---

① 参见〔德〕克劳斯·罗克辛:《德国刑法学总论》(第1卷),王世洲译,法律出版社2005年版,第140—141页。
② 参见黎宏:《平野龙一及其机能主义刑法观》,载《清华法学》2015年第6期,第170—172页。
③ 参见赖正直:《机能主义刑法理论研究》,中国政法大学出版社2017年版,第178—180页。

能的现实需求。

(一) 价值相对性

现代社会是一个价值多元的社会,不同主体基于各自的价值观念,可能对刑法的机能做出有区别的设定,进而造成了刑法的目的观、犯罪论体系构建及其适用差异。德国学者根据功能主义的研究结论,将刑法功能主义分为人的功能主义和系统功能主义,大体对应于将刑法体系内的刑事政策作为目标的理论构想与放弃刑事政策而仅以规范理论为基础的体系构想。① 其实,这两种功能主义体现了不同的价值定位和功能取向:前者认为,应当以个人为本位,法律所描述的是能够自由发展且人格健全的个人图像,因而个人自由主义成为体系范畴和解释目的的创设根据;相反,后者主张,应当以社会为本位,法律所描述的是有助于个人存续、发展的整体图像,因此社会系统的功能实现成为体系范畴和解释目的的确定根据。与人的功能主义将刑法目的界定为保护法益,力求在刑事政策的功能指导下将犯罪的各阶层体系化的见解不同,系统功能主义将刑法目的界定为保护规范效力,秉承所有的犯罪阶层都是为了解决社会冲突而无须承认犯罪论各阶层的功能差异的观念。② 不过,按照马克思主义的哲学观,个人与社会之间是相互依赖、互为本质的关系。一方面,没有个人,就无所谓社会的存在;另一方面,没有社会,个人也不可能得以生存和发展。③ 只有从人是主体性和社会性统一的角度立论,才能防止对刑法机能的认识偏颇,并避免机能主义刑法学中关于刑法目的、犯罪论体系的观点失之片面。

可见,机能主义刑法学与个人自由主义或社会本位主义之间并不存在逻辑关系,其预设价值和所追求的目的是刑法体系内外多种因素综合作用的结果。

(二) 体系多样性

根据各自对刑法机能、目的设定的看法,德国、日本学者构建了相应的犯罪论体系,尽管它们都关注刑法的工具价值,强调刑法的社会机能,主要采取

---

① 参见马永强:《德国刑法功能主义的前世今生——兼论刑法教义学的科学范式》,载赵秉志主编:《刑法论丛》(第61卷),法律出版社2020年版,第468—470页。
② 参见王效文:《刑罚目的与刑法体系——论 Günther Jakobs 功能主义刑法体系中的罪责》,载《成大法学》2015年第30期,第170—171、182—186页。
③ 参见夏庆波:《正义之思:自由主义与社群主义的对峙及出路》,中国社会科学出版社2019年版,第144—147页。

实质解释方法解决社会问题,①但其机能化路径有别,②对犯罪成立条件给予了不同的安排,甚至赋予其中个别要件以全新的内涵。

罗克辛主要根据新康德主义哲学和新黑格尔学派的归责思想,进一步发展了客观归责论,并提出了答责性论。虽然该体系受到了使传统概念发生混乱和体系丧失整合性,因而缺乏明确性和逻辑思考的批判,③但其创新之处是,在将刑事政策目的引入犯罪论体系内部的同时,还注重以罪刑法定原则限制刑事政策作用的范围,从而在各个阶层形成刑事政策目的和罪刑法定原则双线并举的格局。

雅各布斯主要根据卢曼的社会系统论与黑格尔的法哲学思想,将刑法中的行为定义为因损害规范效力而负有罪责地加以负责,使犯罪论体系成为归责问题,并在整体归责构成要件中贯彻一般预防标准,最终使传统的罪责概念并入其中。尽管该体系经常被指责为循环论证,存在不当扩大刑罚处罚范围之虞,但其理论贡献在于,个人归责可能性与社会处罚必要性之间本就难以区分,刑法释义学的明显功能和隐藏功能关系密切,可以从不同角度(侧重明显功能的角度和侧重隐藏功能的角度)考察刑法规范的运作原理,④并据此厘清法益论和规范论的关系。

相比之下,平野龙一基本上沿用了构成要件、违法和责任的犯罪论体系,但也提倡对犯罪展开整体性考察,防止过度的体系性思考,因为犯罪论体系作为对法官的思考进行整理且对其判断给予统制的手段,其目的是方便法官做出适当且统一的裁判。这意味着,法官不能机械地适用法律,要以解释的多样性为前提,以政策性原理予以控制。⑤ 虽然该体系忽略了对刑事政策概念及其与刑法体系关系的探讨,但借助经验主义认识论和犯罪论体系的目的思考,在一定程度上弥补了以上缺憾,从而确保了实质解释论的可操作性。

显然,机能主义刑法学与特定犯罪论体系之间也不存在对应关系:相同的刑法机能可以借助不同的犯罪论体系来实现,而相同的犯罪论体系可能追求不同的刑法机能。例如,无论是两阶层还是三阶层犯罪论体系,都以实现法益保护机能为己任。不过,即使采取的都是三阶层犯罪论体系,因对法益概念、违法性本质的理解存在差异,可能在个人法益保障或超个人法益保护

---

① 参见张庆立:《德日机能主义刑法学之体系争议与本土思考》,载《华东政法大学学报》2018年第3期,第134页。
② 参见黄辰:《机能主义刑法观变迁下的刑事立法正当性考察》,载《河南财经政法大学学报》2019年第3期,第137—138页。
③ 参见〔日〕山中敬一:《刑法总论》(第3版),成文堂2015年版,第138页。
④ 参见王效文:《刑罚目的与刑法体系——论 Günther Jakobs 功能主义刑法体系中的罪责》,载《成大法学》2015年第30期,第211—214页。
⑤ 参见〔日〕平野龙一:《刑法总论 I》,有斐阁1972年版,第87—92页。

方面有所侧重。

(三) 解释灵活性

为了适应社会发展的需要和满足公民的安全需求,在运用机能主义刑法学处理案件的过程中,不能固守某种解释立场或特定解释位阶,而应当根据罪刑法定原则,适时展开实质解释,并使之不会过分超出形式合理性的范围,从而实现法益保护机能和人权保障机能的协调。由于我国正处在社会转型期,某些领域的社会矛盾比较剧烈,司法机关对个案的处理方式体现了对相关政策的正面回应和对社会治理效果的积极追求。

例如,对《刑法》第225条第4项的实证研究表明,司法实践的做法是:既尽量减少司法成本,又尽量增大社会保护功效。前者表现为,往往不严格参照相关法律、法规,仅仅用"行为违反国家规定"一笔带过;对于非法出版物案件,多数鉴定结论只是笼统地表述为"系非法出版物"。而后者表现为,扩大兜底条款的适用范围,将更多具有处罚必要性的行为纳入其中。① 尽管上述做法有利于维护市场稳定和保障市场主体的财产权益,但有悖于罪刑法定原则,借扩大解释之机而不当拓宽犯罪圈,是刑法解释过于灵活的表现。对此,实务中要保持警惕。

再如,对"赵春华非法持有枪支案"的定性争议表明,即使按照现行的鉴定标准,无法否定其持有的是枪支,但可以采取目的性限缩的方法,将客观上非法持有枪支而主观上欠缺违法犯罪目的的情形排除出犯罪圈。详言之,本罪的保护法益是公共安全,以此为根据,只有以违法犯罪为目的的非法持有枪支行为,才会危及公共安全,而生活或业务活动中未经许可的持有枪支行为,并未侵犯公共安全。所以,通过将违法犯罪目的确定为主观的违法要素,从而使本罪成为非法定的目的犯。② 这缩小了《刑法》第128条第1款的适用边界,能够对被告人做出罪处理。借助规范目的而限制法条涵摄范围的灵活方法不仅符合我国对枪支实行严格管控的政策要求,契合《枪支管理法》第1条规定的"加强枪支管理,维护社会治安秩序,保障公共安全"的立法目的,而且在追求刑法保护社会法益机能的同时,彰显了刑法保障人权的机能。对此,实践中可以考虑借鉴。

综上所述,机能主义刑法学与某种刑法解释方法之间同样不存在必然联

---

① 参见欧阳本祺:《刑事政策视野下的刑法教义学——探索中国刑法教义学与刑事政策的贯通构想》,北京大学出版社2016年版,第309—310页。
② 参见陈兴良:《赵春华非法持有枪支案的教义学分析》,载《华东政法大学学报》2017年第6期,第11—12页。

系,原因在于,与形式和实质的关系一样,在刑法上,形式解释与实质解释也系对立统一的关系。只有站在二元的刑法解释立场上,才能准确界分罪与非罪、此罪与彼罪。① 因此,对解释方法的选择,往往受制于刑事政策和刑法体系的融通水平、形式解释与实质解释的互动关系、事实认识和价值判断的平衡程度。

三、目　的　性

目的性即机能主义刑法学在刑事政策目的、刑法目的的指导之下,有针对性地选择相应的解释方法阐明法条含义,并通过法律效果之外的社会效果考察,实现解释结论的合法性与合理性之统一。这里的"目的性"具有双重意义:既指向刑法体系内的保护法益,从而成为各种解释方法的核心;也指向刑法体系外的现实后果,从而增设了一道额外的审查程序。

首先,"目的性"是指以目的解释为中心,并涵盖其他解释方法的解释群组。以《刑法》第263条规定的"冒充军警人员抢劫"为例,有学者主张,军警人员显示其真实身份抢劫比冒充军警人员抢,在实质上更具有提升法定刑的理由。而且,冒充不等于假冒,包括假冒(不是军警人员)和充任(是军警人员)两种情形,对其进行拆分解释,并无不当之处。② 这是鉴于该行为严重的社会危害性,为强化对财产法益和人身法益的保护,通过运用目的解释、文义解释扩充了项的适用范围。但是,反对意见指出,真正的军警人员抢劫同样具有较大的社会危害性,但未必比冒充军警人员抢劫更为严重。冒充军警人员的行为本身就具有社会危害性,所以《刑法》第279条第2款规定对冒充人民警察招摇撞骗的行为从重处罚,并在第372条规定冒充军人招摇撞骗罪。即使有必要对其加重处罚,也只能通过立法予以增补,而不能作不符合立法原意的扩大解释。③ 这样解释同样符合本条的规范目的,并最大限度地遵从了法条用语的核心含义。笔者认为,立法者之所以对冒充军警人员抢劫的行为规定升格法定刑,是因为军警人员受过专业训练,冒充行为会给被害人造成更大的恐惧感,抢劫更容易得逞,严重损害了国家机关的形象。④ 但是,这还不足以成为对其加重处罚的充分理由。从加重犯罪构成的罪质和罪量来看,对冒充军警人员抢劫的认定必须采取慎重态度。另外,所谓"冒充",本意即为以假充真,故"充任"(以真充真)并不在其语义可能具有的射程范围之

---

① 参见何荣功:《刑法适用方法论》,北京大学出版社2021年版,第1—3、34、76页。
② 参见张明楷:《刑法学》(第六版　下册),法律出版社2021年版,第1294—1295页。
③ 参见刘明祥:《财产罪专论》,中国人民大学出版社2019年版,第58页。
④ 参见周光权:《刑法各论》(第四版),中国人民大学出版社2021年版,第126页。

内。正是根据这一逻辑,《关于审理抢劫刑事案件适用法律若干问题的指导意见》才没有将"军警人员利用自身的真实身份实施抢劫的"行为纳入到"冒充军警人员抢劫"的规制范围内。实际上,当真军警人员显示自己身份实施抢劫时,出于对自身能力的自信,很可能也实施持枪抢劫、多次抢劫的行为或造成抢劫数额巨大、抢劫致人重伤、死亡的结果,对此就应根据《刑法》第263条的相关规定适用加重法定刑,并将其利用自身的真实身份作为一种从重处罚情节。总之,在目的解释、文义解释之外再补充体系解释,不仅凸显了目的解释对构成要件判断的重要地位,而且使其他解释方法与之相配合,共同致力于阐明法条的规范含义。

其次,"目的性"还指经过法律效果检验后,要进一步展开对社会后果的现实考量。以"陆勇销售假药、妨害信用卡管理案"为例,2012年间,印度人J在无锡市农行开办了J1和J2两个账户来吸取贩卖印度药物的涉案资金,在其两个账户无法操控的情况下,从2013年1月开始,J与陆勇合伙采用网上发邮件和QQ群联系客户等方式在中国国内销售印度某公司生产的"VEENAT100"等药物,陆勇先后使用普洱市病人罗某和杨某两人的农行账户为其收取售药资金。经益阳市食品药品监督管理局证实:陆勇帮印度某公司在中国销售的药物均未经中国进口药品许可销售,金额共达300余万元。对此,检察机关认为,陆勇的购买和帮助他人购买未经批准进口的抗癌药品的行为,违反了当时《药品管理法》的相关规定,但其行为不是销售行为,不符合原《刑法》第141条之规定,不构成销售假药罪,故决定对其不起诉。① 该院对陆勇销售假药行为作出不起诉决定的主要理由有:一是,他的行为是买方行为,且是白血病患者群体购买药品整体行为中的组成行为,寻求的是抗癌药品的使用价值而非商品价值;二是,他购买的假药属于法律拟制型假药,没有对患者身体造成任何伤害,有的还有治疗效果。综上所述,陆勇的行为不符合销售假药罪的犯罪构成,没有违反本罪的保护目的,不应被作为犯罪处理。其实,倘若只从销售假药罪的犯罪客体出发,以此指导构成要件解释,反而容易将行为人入罪,因为刑法理论通说一直主张本罪侵犯了国家对药品的管理制度,②但这种抽象的集合(集体)法益无法通过法益损害性的验证,不能起到指导构成要件解释的作用。即使将其还原为不特定多数人的身体健康、生命安全,③在刑法体系内也难以与国家药品管理秩序展开利益衡量,

---

① 参见湖南省沅江市人民检察院沅检公刑不诉(2015)1号不起诉决定书。
② 高铭暄、马克昌主编:《刑法学》(第十版),北京大学出版社、高等教育出版社2022年版,第376页。
③ 同上。

因此,办案机关不得不转向刑法体系外的司法为民的政策要求以及尊重和保障人权的宪法原则,将其与本罪的保护目的相联系,以加强后果考察对刑法解释的导向功能,弥补单纯依靠目的解释的方法缺陷。不过,司法机关在关注个案处理的现实后果时,必须明确这种解释方法的内涵及其理论定位。具言之,此处的后果是指司法裁判可能影响的一般社会后果,包括积极后果和消极后果。在法的证立层面,后果主义无法一般性地成立,必须受制于教义学体系。立足于法教义学与后果考量之间的关系,客观目的论证和后果论证的关系取决于能够从权威性资料中导出或重构客观目的或后果。① 所以,后果取向对证立裁判结论妥当性和构建回应性法教义学至关重要,尤其是在刑事司法实践中,应当将刑法体系外的后果考察纳入刑法体系的内部框架,通过贯彻目的解释的政策导向,确定目的的实现形态,检验解释结论的有益性,②以展开更为全面的利益衡量和取得更加良好的裁判结果。

总之,目的性使机能主义刑法学避免了体系封闭、适用僵化的缺陷,并通过将体系外的现实后果引入教义学的审查框架内,确保刑事政策目的和刑法目的同时受到刑法体系内外因素的双重锻造,为提高解释结论的妥当性提供了良好的解释指针。

第三节 机能主义刑法学的理论根据

由于各国机能主义刑法学在建构过程中受到诸多理论、思想的影响,我国刑法学界对其理论根据也认识不一。例如,有学者认为,在德国,刑法功能主义直接受到新康德主义、黑格尔哲学以及法哲学一般原理的影响,并与实质法治思想、功利主义思想或功能主义思想直接相关。③ 但是,机能主义刑法学更多的是继承了黑格尔的哲学理论,如果不借助新康德主义并加以改造,是不可能提出目的理性体系的。比起实质法治国思想、功利主义思想,功能主义思想显著拓宽了刑法学的研究视角,更有资格作为刑法功能主义的理论根据。再如,还有学者主张,对日本机能主义刑法学影响最大的理论渊源主要有美国功能主义社会学、美国现实主义法学和日本经验法学。④ 然而,以上三种理论存在重合之处,功能主义思想也具有现实主义和经验主义的思

---

① 参见雷磊:《反思司法裁判中的后果考量》,载《法学家》2019 年第 4 期,第 17 页以下。
② 参见戴津伟:《司法裁判后果取向解释的方法论应用》,载《法学》2020 年第 7 期,第 175 页以下。
③ 参见马永强:《德国刑法功能主义的前世今生——兼论刑法教义学的科学范式》,载赵秉志主编:《刑法论丛》(第 61 卷),法律出版社 2020 年版,第 461—463 页。
④ 参见赖正直:《机能主义刑法理论研究》,中国政法大学出版社 2017 年版,第 59 页以下。

维,但它对刑法教义学的目标重塑、概念提取和体系改造的作用更加直接。还如,另有学者指出,概念法学排斥价值因素,与功能主义刑法解释相抵触。目的法学为刑法的刑事政策化打开了大门,利益法学使刑法解释中的利益衡量成为可能,评价法学进一步厘清了评价客体和评价标准的区别,因而三者成为功能主义刑法解释的方法论基础。① 不过,目的法学、利益法学和评价法学均以刑法系统的独立运作及其与其他社会系统的结构耦合为前提,必然要以社会系统论作为更深层次的根据。此外,任何一种刑法理论的产生、发展都无法脱离其所处的时代背景,社会发展阶段的差异决定了难以套用由风险社会理论演绎而来的风险刑法理论作为机能主义刑法学的根据。因此,还要从我国国情出发,在反思国外相关理论利弊得失的基础上,用具有本土气息的价值论和刑法观进行适当改造,以形成具有中国特色的机能主义刑法学。

一、国外机能主义刑法学的理论根据

(一)风险社会理论

"风险社会"一词被用来指代现代社会因工业科技发展而面临的不确定、系统性和高风险现象。风险与社会发展、科技进步相伴而生,可能会超出人类的认知能力和法律规制范围,所以,为了减少风险而不是消除风险,缓解社会公众的不安感并尽力满足其安全需求,亟需刑法在社会治理中扮演越来越重要的角色,刑法的机能化转型也就势在必行。

但是,风险刑法理论的提出并不意味着毫无节制地发挥刑法的机能。德国学者理性看待刑法的功能边界和社会控制的替代措施,毕竟除了风险社会的转变,还有许多其他因素导致了风险的提高以及日益复杂的犯罪,并使传统刑法中的标准程序无法发挥作用。对此,可以通过以预防思想为导向的"安全法"、私营部门的协作责任等进行弥补。② 易言之,即使需要在风险社会中扩大刑法干预的广度、深度,风险也可能以全新的面貌出现,此时,刑法解释与罪刑法定原则之间的关系就成为问题的核心。日本学者在考虑危险社会特点、本国实务现状的基础上,提出了一种"平衡论",即根据立法的非机动性、处罚的必要性、社会的安定化立场,在国民的规范意识了解、接受的限度内,尽可能地施加解释。换言之,这里设想的是对被告人的权利、法的安定

---

① 参见沙涛:《功能主义刑法解释论:立场、方法与运用》,吉林大学 2021 年博士学位论文,第 33—38 页。
② 参见〔德〕乌尔里希·齐白:《全球风险社会与信息社会中的刑法:二十一世纪刑法模式的转换》,周遵友等译,中国法制出版社 2012 年版,第 3—4 页。

性与处罚的必要性、社会的安定性之间进行衡量。① 风险刑法既有可能不完全遵守刑法谦抑主义、罪刑法定原则等传统刑法原理,也不至于完全将其弃之不顾而变身为"社会管理法"。上述折中见解也暗合了我国学者对风险刑法的定位和对刑法风险的警惕:在传统刑法与风险刑法的对立图式中,即使刑法偏向预防目的已是大势所趋,但也不能放弃罪责原则的要求,而应在责任和预防的关系中,恪守罪刑法定、责任原则等基本原则,不能使应对风险成为刑法过度扩张的借口。② 可见,虽然缺乏对我国是否已进入风险社会的前提性考察,但我国学者非常关注刑法理论研究范式向机能主义方向的发展。

目前我国面临着社会转型带来的巨大变化,需要应对的不仅是风险社会理论所建构的全球化、人为化、现代化风险,还包括与西方国家发展进程不同的各种风险。一方面,经济转型、社会治理方式转型、价值观(文化观)转型、生态目标转型、政治治理方式转型造成了刑法立法的活跃,③表明立法机关正在积极应对各种现代化和非现代化风险。另一方面,当前我国社会转型是非均衡的,除了科技风险外,社会风险更多表现为制度性风险,④这表明,为提高刑事法治化程度和发挥刑法的人权保障机能,不宜盲目照搬风险刑法理论,使法益保护过于前置化、扩大化和严罚化。

(二)功能主义思想

经历了早期社会学的发展后,美国学者帕森斯和默顿将传统功能主义理论与结构主义理论予以综合,形成了结构功能主义理论。德国学者卢曼则通过建构社会系统理论,提出了系统功能主义理论。这些观点极大地推动了刑法学研究范式朝着机能主义的方向转型。

1. 结构功能主义

结构主义理论和功能主义理论具有相同的理论志向与共通的方法论特征,都致力于研究目的行动意识的深层实在,采取以目的论为导向的假设法,意图回答维持社会系统存在的制度模式及其功能表现,因而发展出了一种新的分析视角。

---

① 参见〔日〕金尚均:《危险社会与刑法——现代社会中刑法的机能与界限》,成文堂 2001 年版,第 274—275 页。
② 参见陈兴良:《"风险刑法"与刑法风险:双重视角的考察》,载《法商研究》2011 年第 4 期,第 13—15 页。
③ 参见周光权:《转型时期刑法立法的思路与方法》,载《中国社会科学》2016 年第 3 期,第 127—128 页。
④ 参见李婕:《抽象危险犯研究》,法律出版社 2017 年版,第 71—73 页。

帕森斯认为，人类行动是主体朝向目标的动作，具有意志性和目标导向。任何行动单元均由行动目标、状态和规范取向三个要素组成。其中，状态是影响行动者目标实现的环境要素，可进一步分为手段和条件。规范取向是为古典社会学理论所忽视的、能够决定行动目标和手段选择的独立标准。总之，社会行动是蕴含规范和条件、主观与客观的关系范畴，但对目标来源以及规范取向对行动单元的影响机理，必须借助更加宏观的社会系统理论才能解释。为了说明行动单元互动的稳定模式，应当将研究重点从个体行动单元转向整体行动系统。在对行动按照动机和价值观进行分类之后，可以将维持各种行动者的互动模式概括为"制度化"，即社会系统。除了社会系统外，文化系统、人格系统和行为系统也被一起用来诠释行动系统及其功能。作为行动系统生存的先决条件，它应当满足一些大致相同的基本功能要求。（1）适应。即系统存续以其同环境发生关系为前提，必须从环境中获取足够资源并在系统中予以分配。（2）目标达成。即先建立系统目标的秩序级别，再调动内部资源以集中实现。（3）整合。即为了使系统整体有效发挥功能，各个部分应当相互配合，协调一致，不出现游离、脱节和断裂。（4）维模。即系统要确保行动者显示合适的个性（模式维持）和处理行动者的内心紧张（紧张处理）。以上分析方法还可用于行动系统的子系统（如社会系统）的功能分析，其中的经济制度、政治制度、法律等制度和家庭等制度分别承担上述四种功能要求。① 因此，社会系统借助一定经验事实的总结，通过体现内部要素相互关系的规范概念被定义，并运用制度体系以维护秩序稳定，而法律制度是执行社会系统整合功能的主要工具。作为一种法律制度，刑法机能的发挥有赖于社会主体形成稳定的行为模式，而这只有在结构化、规范化的社会系统中才能实现。

　　默顿通过反思早期功能主义理论中不可检验的假设思维，批判了功能普遍性假设、功能必要性假设和功能一致性假设三个经典命题，并通过功能分析中的项目与机制、显功能与潜功能、正功能与反功能、功能接受者、功能替代、结构性制约等概念，提出了一整套功能分析方案。详言之，项目是功能分析的对象，以机制为中介变项，据此分析可观察后果。其中，既有参与者能够预见的显功能，也有其不可预见的潜功能。这同"正功能（事项对社会系统的积极功能）——反功能（项目具有减少系统调试的后果）"形成了交叉分类，所以，功能接受者可能受到某一项目特定后果的不同影响，要么是正功能的受益者，要么是反功能的受害者。这足以表明，要对系统功能的先决条件予以

---

① 参见文军主编：《西方社会学理论：经典传统与当代转向》，上海人民出版社2006年版，第125—129页。

审慎的经验判断,某一项目与特定功能并非完全对应,相反,同一功能可以有多种项目作为功能替代物。社会系统各要素之间的相互关系能产生一种结构制约性力量,规定着社会结构变异度,即功能替代的可能范围,但还要通过经验研究进行验证。正因为不仅同经验世界相联系,具有提炼出一般理论的潜力,而且实现了定义清晰的操作化概念,构成了对有限现象关系的陈述,一种用不那么抽象方式表达的中层理论就应运而生。[①] 综上所述,这种从有限事实推导出具体命题的理论框架,突破了"宏观——微观"的二元层次思维,有利于在概念体系中实现对社会现象的实践考察,其对社会功能的分类以及采取的功能分析方法,有助于提高机能主义刑法学体系的科学性。

2. 系统功能主义

在融合自创生理论和社会理论以及扬弃结构功能主义的基础上,系统功能主义选择了一条既保持结构功能主义的抽象性,又将功能分析予以简化的研究进路。卢曼指出,社会系统是各种社会行为的制度化模式,具有自我指涉性或相对自主性。易言之,它可以按照自身规律对环境中的复杂和偶发事件进行记录和处理,但为了能够在环境中生存、发展,特定系统必须形成复杂性的化约机制,并借助系统的自我反射性和自我主题化加以实现。而且,社会系统的分化表现为变异、选择、稳定等一系列过程,要通过适当的符码和纲要才能实现。社会分化有区隔分化、阶层分化和功能分化三种类型,并与社会整合此消彼长。在此过程中,除非借助系统转译和结构耦合,否则它一直闭合运作,不会受到环境的影响。[②] 据此,对于社会系统来说,功能考察应优先于结构分析,社会结构的分化、整合最终表现为系统功能的分化、整合。刑法系统同样是一种通过自我指涉的闭合运作系统,并借助"合法/非法"符码和法律条文纲要,以接受环境需求的转译且展开法律解释。刑法规范只能通过法秩序的保护客体及其指导下的特定构成要件,才能与其他法律系统建立结构耦合关系,从而显示出机能主义刑法学体系的适应性。

(三) 新康德主义

相对于自然科学,人文学科长期面临着科学性的质疑。根据新康德主义,哲学的任务不在于对事实的探究,而是回答某些价值问题。价值不是事实,而是一种理性的规范。自然与价值无关,文化则与价值有关。简言之,在

[①] 参见文军主编:《西方社会学理论:经典传统与当代转向》,上海人民出版社2006年版,第130—134页。
[②] 同上书,第210—217页。

对事实和价值进行划分的基础上,显示出人文科学的存在意义。① 当然,即使身处同一阵营,各个学者的观点也存在一些不容忽视的差异。例如,有的学者重视"价值论——超验论"的优越地位,以二元方法论和相对主义作为指导原则,借助自由、权力和文化来构建一个完整的价值体系,文化具有介于应然和实然之间的缓冲功能。另有学者强调"法理理论——系统论"的主导地位,并在反驳二元论的基础上,指出法学应当具有经验性、建构性和批判性,从而展现出对新康德主义现象学、社会学和价值学的融合。② 因此,当概念建构是价值选择的结果,而不仅仅是经验总结的产物时,自然科学的研究范式就不能完全适用于人文科学领域,进而为刑法学研究方法的转变奠定了理论基础。根据新康德主义,刑法学概念是基于特定价值形成的人造概念,除了具有逻辑一致性,还具有刑事政策性。尽管古典犯罪论体系表现出修正的法律实证主义,新康德主义只是对其局部的补充,但目的理性的犯罪论体系充分贯彻了这一思想,③并对各阶层进行了机能化改造,兼具实证主义和价值哲学、罪刑法定原则和刑事政策目的。

追求价值理性以及对社会事实进行合理的价值判断,同样对推动我国哲学、刑法学研究具有重要的方法论意义。一方面,只有弥合哲学与文化之间的断裂,才能解决当代中国社会中的价值选择难题。即文化哲学凸显了人的主体价值,通过文化呈现的伦理意义,与人的道德能力建立密切关系。文化中知识存在和价值存在的统一,不仅可以解释中国传统文化既"寓情"也"寓教"的特点,而且形成了伦理本位的文化传统中对价值理性的实践路径,④并体现在机能主义刑法学的适用过程中。另一方面,价值判断使所有的刑法学知识都要经过价值标准的筛选,据此构建的犯罪成立评价体系就是价值指涉的。即价值判断方法对刑法教义学的全面渗透促使我国犯罪构成理论体系重构,它必须兼有评价的客体和对客体的评价,并确保事实判断在先,价值判断在后,⑤最终成为机能主义刑法学的体系依托。

---

① 参见李文倩:《事实与价值——从新康德主义到维特根斯坦》,载江畅等主编:《价值论与伦理学研究》(2017上半年卷),社会科学文献出版社2017年版,第148页以下。
② 参见〔德〕弗兰克·萨利格:《拉德布鲁赫和康特洛维茨》,段蓓译,载里赞主编:《法律史评论》(2020年第2卷·总第15卷),社会科学文献出版社2020年版,第26页以下。
③ 参见马永强:《德国刑法功能主义的前世今生——兼论刑法教义学的科学范式》,载赵秉志主编:《刑法论丛》(第61卷),法律出版社2020年版,第452—454页。
④ 参见徐椿梁、郭广银:《文化哲学的价值向度》,载《江苏社会科学》2018年第2期,第109—114页。
⑤ 参见周光权:《价值判断与中国刑法学知识转型》,载《中国社会科学》2013年第4期,第123—133页。

二、我国机能主义刑法学的理论根据

(一) 社会主义核心价值观

虽然在许多西方学者看来,刑法是风险社会中系统控制的重要工具,原则上难以抵挡机能化的趋势,但也有不少学者指出,社会系统性冲突不能完全用刑罚解决,个人主义、理性主义仍然深刻影响着社会成员的行为。① 以上针对刑法机能化的对立态度实则源于不同的价值取向:倘若注重刑法的法益保护机能,会倾向于肯定刑法的机能化;如果侧重刑法的人权保障机能,就容易否定刑法的机能化。然而,我国的刑事法治现状已经表明,问题并不在于是否应当进行刑法的机能化,而是刑法机能主义的边界何在?换言之,在什么领域应当展开刑法的机能化,在什么领域仅需维持刑法的非机能化?若要回答这个问题,就不能寄希望于德国、日本刑法教义学中的法益保护目的或预防目的理论,而应当回归我国建设法治社会的价值目标,通过对其进行全面考察和深入研究,以提高机能主义刑法适用的合法性与合理性。

社会主义核心价值观是中国共产党人对我国传统价值观、马克思、恩格斯社会价值理论以及世界各国价值观念的继承、发展,不仅反映了科学社会主义的本质规定,而且反映了中国特色社会主义的理想信仰。作为中国特色社会主义伟大实践的价值追求,它对社会主义的重要特征予以了经典概括,旨在满足人民群众的利益诉求,浸润着中华民族的精神品格。② 社会主义核心价值观分为国家、社会、公民三个层面的价值目标、价值取向和价值准则,是对各个层面价值共识的凝练表达。其中,"自由、平等、公正、法治"阐明了建设法治社会的价值内核及其实现方式。《中共中央关于全面推进依法治国若干重大问题的决定》即指出,大力弘扬社会主义核心价值观,重视发挥法律的规范作用,使每一项立法都符合宪法精神、反映人民意愿、得到人民拥护,加强立法队伍、行政执法队伍、司法队伍建设。所以,中国特色社会主义法治是践行社会主义核心价值观的基础,社会主义核心价值观的功能发挥需要中国特色社会主义法治的支撑。易言之,社会主义核心价值观规定了我国政策制度、法律法规的性质和方向,用法律推动社会主义核心价值观建设就要做

---

① 参见〔德〕科讷琉斯·普赫特维茨:《论刑法的机能主义化》,陈昊明译,载李昊、明辉主编:《北航法律评论》(2014年第1辑),法律出版社2015年版,第46页以下。
② 参见王燕文主编:《社会主义核心价值观研究丛书·总论》,江苏人民出版社2015年版,第36—44页。

到科学立法、严格执法、公正司法、全民守法。① 具体到刑事法治领域,社会主义核心价值观要能指导和统一刑法立法、司法和执法的工作目标,上述各项工作也必须促进和保障社会主义核心价值观的实现。当公共政策、刑法目的凝聚着法治社会的建设目标,并落实到刑事立法、司法和执法的过程中时,就达成了刑事政策和刑法体系的贯通,将机能主义刑法学应用到了我国的刑事法治实践之中。

尽管可以将"自由、平等、公正、法治"之间的逻辑关系界定为价值尺度、秩序法则、绩效衡量与保障方式,②但本书认为,它们都是建设法治社会的价值取向,应当置于价值目标的不同层面来把握,因而在价值目的体系中构成根本目的和直接目的的关系,即自由属于法治社会的根本价值追求,平等、公正、法治则是法治社会的直接价值追求。这类似于刑罚目的论中的"根本目的——直接目的说",即刑罚目的分为根本目的和直接目的两个层次:前者是刑罚追求的最终目标,而后者具体指导刑罚的制定、适用和执行。根本目的决定直接目的,直接目的则是实现根本目的的必要条件。③ 据此,只有通过提高我国的刑事法治化水平,为社会成员基本权利的实现和自我人格的完善提供平等机会和创造公平环境,才能实现人的自由全面发展,处理好各种刑法机能之间的关系。

(二) 马克思主义的刑法思想

马克思主义法学立足于唯物史观,展现了辩证唯物主义和历史唯物主义的世界观,通过采取价值分析、实证分析、阶级分析等方法,为构建我国刑法学树立了科学观念,并为完善具有本土特色的刑法学体系提供了理论指南。马克思主义法学在促进马克思主义法学中国化的同时,④又推动了马克思主义刑法思想的中国化以及实现了机能主义刑法学的本土化。

在马克思主义的法律观中,法律所表现的统治阶级意志由其物质生活条件所决定,立法活动是将统治阶级利益对象化为法律现实的过程,只允许对法律本身进行解释以准确适用法律等论断,都直接转化为马克思主义的刑法思想,包括刑法的属性、犯罪和刑罚的本质、刑事立法原则等。⑤ 特别是其关

---

① 参见双传学主编:《社会主义核心价值观研究丛书·实践篇》,江苏人民出版社 2015 年版,第 112—114 页。
② 参见公丕祥主编:《社会主义核心价值观研究丛书·法治篇》,江苏人民出版社 2015 年版,第 164—169 页。
③ 参见马克昌主编:《刑罚通论》(第 2 版),武汉大学出版社 1999 年版,第 59—60 页。
④ 参见李龙、凌彦君:《马克思主义法学创立过程的三部曲》,载《时代法学》2015 年第 1 期,第 3—7 页。
⑤ 参见章辉:《马克思主义与刑法学》,载《法律科学》1989 年第 5 期,第 4—6 页。

于刑法的价值、功能的论述,已经成为我国刑法哲学的一部分,并内化为刑法的价值目标,①可以将其具有的阶级性、科学性和开放性特征注入机能主义刑法学之中。

马克思主义指出,人是处在现实的、可以通过经验观察到的、在一定条件下进行的发展过程中的,其本质不是单个人所固有的抽象物,而是一切现实社会关系的总和。只有在共同体中,个人才能获得全面发展其才能的手段,也就是说,只有在共同体中,才可能有个人自由。法律上所承认的自由在一个国家中是以法律的形式存在的。法律是肯定的、明确的、普遍的规范,在这些规范中,自由获得了一种与个人无关的、理论的、不取决于个别人的任性的存在。法典就是人民自由的圣经。② 在此,自由是包括刑法典在内的所有法典的共同价值追求。

除了重视自由价值,马克思主义也相当关注平等、公正和法治价值。即平等的观念,无论以资产阶级的形式出现,还是以无产阶级的形式出现,本身都是一种历史的产物。平等是正义的表现,是完善的政治制度或社会制度的原则。③ 这里对平等、公正和法治价值的追求,也体现在马克思主义对刑法基本原则的看法上。例如,关于罪刑法定原则,它主张,为了使惩罚成为实际的,惩罚就应该是有界限的;为了使惩罚成为公正的,惩罚就应该受到法的原则的限制。④ 再如,关于罪刑相适应原则,它认为,罪犯受惩罚的界限应该是他的行为的界限。犯法的一定内容就是一定罪行的界限。因此,衡量这一内容的尺度就是衡量罪行的尺度。⑤ 于是,以平等、公正和法治价值为桥梁,马克思主义刑法观就同机能主义刑法学有了对接的可能。

总之,马克思主义刑法思想的重大意义在于:一是从历史维度上看,正是根据它的指引,我国刑法学才得以产生并不断发展;⑥二是从理论维度上看,它除了塑造我国刑法的理论基础,而且对将来的发展方向提出了实践性、时

---

① 参见陈兴良:《刑法哲学》(第六版),中国人民大学出版社 2017 年版,第 2—12 页。不过,该论者将公正、谦抑、人道界定为刑法哲学的价值目标,其周延性和逻辑性还有待于进一步商榷。
② 参见中共中央马克思恩格斯列宁斯大林著作编译局编译:《马克思恩格斯选集》(第 1 卷),人民出版社 1995 年版,第 56、73、119、176 页。
③ 参见中共中央马克思恩格斯列宁斯大林著作编译局编译:《马克思恩格斯文集》(第 9 卷),人民出版社 2009 年版,第 113、352 页。
④ 参见中共中央马克思恩格斯列宁斯大林著作编译局编译:《马克思恩格斯选集》(第 1 卷),人民出版社 1995 年版,第 247 页。
⑤ 同上。
⑥ 参见《刑法学》编写组编:《刑法学》(上册·总论),高等教育出版社 2019 年版,第 19—29 页。

代性和科学性的要求;①三是从实践维度上看,近年来刑事立法、司法的发展趋势表明,积极刑法观背后蕴含着"以人为中心的马克思主义刑法观",它着重描绘了刑事法领域中的个人图像和超个人图像。② 显然,在这三个维度上,马克思主义刑法观以自由、平等、公正和法治价值为线索,明确了机能主义刑法学本土化发展的目标。

第四节 机能主义刑法学的体系选择

德国、日本的机能主义刑法学以阶层式犯罪论体系或目的理性犯罪论体系为依托,但我国传统理论长期奉行的是四要件犯罪构成理论体系,若强行将机能主义刑法学引入到刑事司法实践中,在具体适用时可能产生体系障碍,所以,需要探讨我国犯罪论体系的改良路径。

一、机能主义刑法学与目的理性的犯罪论体系

目的理性的犯罪论体系是指,以德国学者罗克辛为代表的、主张用刑事政策的机能视角对个别犯罪类型加以体系化的、对以往的犯罪论体系进行评价上的修正后所形成的关联架构。它在强调对罪刑法定原则坚守的基础上,通过以刑事政策目的为导向,对犯罪论的各个阶层给予了机能化改造,尤其是发展了客观归责论和提出了答责性论。③ 因此,该体系具有以下方法论特色:(1)根据新康德学派的规范论和新黑格尔学派的归责思想,以刑法体系是一个评价体系作为理论基点;(2)考虑到模糊的文化价值观不适宜作为评价基准,故代之以预防目的作为体系取向;(3)不再区分应罚性和需罚性,以兼顾二者的要求作为构建思路;(4)在对古典犯罪论体系中的相关概念赋予新的内涵或创设新的概念后,期望建立的以提供解决方案指引的问题思考型体系能够发挥引导、启发、批判等功能。

然而,它也存在一些明显不足,即使便于根据刑事政策的观点展开对犯罪成立及其形态的判断,但并不意味着我国应当对其完全照搬。(1)客观归责的判断糅合实行行为论、违法性论、错误论、过失论等相关领域的归责基准,既混淆了构成要件符合性判断和违法性判断,也任意地将实行行为判断

---

① 参见郑淑珺:《论马克思主义与我国刑法的理论联系》,载《黑龙江省政法管理干部学院学报》2020 年第 1 期,第 39—42 页。
② 参见金泽刚、王振华:《论以人为中心的马克思主义刑法观》,载《贵州省党校学报》2019 年第 1 期,第 21—27 页。
③ 参见陈家林:《外国刑法理论的思潮与流变》,中国人民公安大学出版社 2017 年版,第 110—111 页。

和因果关系判断组合起来。(2) 主观归责的判断可能架空责任非难所依据的他行为可能性,仅仅按照预防目的去决定处罚必要性,不仅侵犯被告人的尊严,而且容易走向必罚主义和重刑主义。(3) 重复评价故意、过失等犯罪成立要素,有损评价的经济性。(4) 随着构成要件囊括绝大部分要素并日益趋于实质化,不法判断和责任判断仅需进行消极认定,既模糊了三者之间的界限,也削弱了逐层判断的方法论优势。

综上所述,目的理性的犯罪论体系在一定程度上以牺牲概念明确性、逻辑一贯性、体系整合性为代价去开展刑法解释的机能化,实用性、功利性有余而逻辑性、明确性不足,对于实行罪刑法定原则时间并不太长的我国而言,并非概念转换和体系借鉴的最佳范本。

二、机能主义刑法学与我国传统犯罪构成理论体系

我国传统犯罪构成理论体系是指,刑法规定的、决定某一具体行为的社会危害性及其程度,而为该行为构成犯罪所必须具备的一切客观要件和主观要件的有机统一整体。该体系具有历史合理性、现实合理性与内在合理性,具体表现在:(1) 在当时的历史条件下,向苏联学习刑法理论(包括四要件犯罪构成理论)是唯一可能的选择,并已为理论界和实务界接受、掌握;(2) 符合我国刑事诉讼运作机制和关于证明责任分配、证明标准设置的规定,非常方便实用;(3) 认定某一行为是否构成犯罪,要对四个方面的要件及其具体要素进行分析,由整体到方面再到个别,又由个别到方面再回到整体,体现了鲜明的层次性;(4) 只要缺乏任何一个方面的要件,犯罪构成的整体就不成立,因而具有出罪机制,可以发挥人权保障机能。[①]

但是,它在合逻辑性与合目的性方面有着较为明显的缺憾,相比目的理性犯罪论体系在处理刑事政策和刑法体系时所具有的高度贯通性,我国传统犯罪构成理论体系仅具有低度贯通性。(1) 犯罪客体、犯罪客观方面、犯罪主体、犯罪主观方面实为犯罪本质和犯罪构成要件的关系,并非处于同一层次,即使表现为某种程度上的立体式构造,也不利于进行递进式考察。(2) 承认危害行为是主客观的统一,可能以此为由代替社会危害性的判断。(3) 罪过形式中缺乏规范的构成要件,存在不当认定罪过内容的风险。(4) 刑事政策的合目的性思考只能借助《刑法》第13条但书或通过其他体系外方式进行运作,没有找到与犯罪构成体系的有效沟通渠道。

总之,我国传统犯罪构成理论表现出了一定的体系性和机能性,并非完

---

① 参见高铭暄:《对主张以三阶层犯罪成立体系取代我国通行犯罪构成理论者的回应》,载赵秉志主编:《刑法论丛》(第19卷),法律出版社2009年版,第3—10页。

全不顾形式逻辑的束缚和彻底脱离刑事政策的指导,仍然存在根据刑事政策的价值目标对基本概念和体系框架进行改良的空间,以便于实务人员理解和接受,降低犯罪论体系改革的成本。

三、机能主义刑法学与我国改良后的犯罪论体系

由于传统的"四要件体系"的确存在完善的必要性,对此,我国刑法学界出现了"重构论"和"改良论"两类代表性的观点,呈现出不同的改革方向与体系方案,刑事政策和刑法体系的融通程度也有所区别。

(一)"重构论"的强势变革

"重构论"是认为我国现行犯罪构成理论体系存在重大缺陷,应当借助更为优越的"阶层式体系"重新构建犯罪论体系的主张。例如,有学者指出,"阶层式体系"具有位阶性,而"四要件体系"无此特点。这种阶层性既表现为以事实与价值为基础的形式与实质之间的关系,也表现为以客观与主观为基础的不法与责任之间的关系,有助于司法机关更加妥当地对案件做出裁判。[①]再如,还有学者强调,传统理论没有说明表明犯罪特征的具体要件,导致各个要件只能综合起来发挥作用,加之不明确的社会危害性概念是在犯罪构成之外发挥出罪功能,容易造成处罚的恣意性。犯罪构成是不法与责任的有机整体、法律标志和法律标准,应当采取形式上两阶层实际上三阶层的体系。该体系能处理好不法与责任的关系,方便考察排除犯罪的事由,并有利于在刑法和刑事政策上对其予以区别对待,具有解决问题的实效性和经济性。[②]还如,另有学者提倡阶层理论的实践优势,将其视为从存在论到功能主义的自我进阶,比四要件理论的体系化程度更高,可以通过构成要件、违法性和责任三阶层的功能化展现出来。[③]

虽然重构论者对"四要件体系"进行了严厉批判,但有些夸大其毫无层次性、在犯罪构成之外出罪、仅为要素集合等缺点,无视"阶层式体系"自身存在的判断阶层不断前移、不法和责任的界限愈加模糊、犯罪认定过程的机能化可能突破体系束缚等不足,所以,不宜将其直接引入我国并作为开展机能主义刑法解释的体系基础。

---

① 参见陈兴良:《刑法阶层理论:三阶层与四要件的对比性考察》,载《清华法学》2017年第5期,第6页以下。
② 参见张明楷:《刑法学》(第六版 上册),法律出版社2021年版,第127页以下。
③ 参见车浩:《体系化与功能主义:当代阶层犯罪理论的两个实践优势》,载《清华法学》2017年第5期,第40页以下。

(二)"改良论"的柔性处理

"改良论"是认为"阶层式体系"并非完美无缺,"四要件体系"的缺陷可以通过温和改进的方法加以消除的观点。例如,有学者主张,阶层论能确保司法上的体系性思考,为防止错案提供实体法支撑。若要将犯罪构成理论从平面结构改造为阶层理论,就必须将主客观相统一定位为:先客观后主观的主、客观要件是否对应的问题。即使不使用三阶层的话语系统,也可以建立与其构造相对应的犯罪论体系:犯罪客观要件——犯罪主观要件——犯罪排除要件。这不仅暗含了犯罪成立要件和犯罪排除要件两个层次,而且吸收了阶层式判断的方法论优势。[①] 再如,还有学者指出,阶层犯罪论体系在判断过程中存在原则与例外的冲突,对构成要件进行形式设计的初衷与其逐步实质化的现状相背离,因而我国犯罪构成理论体系不必以此为蓝本而重构。根据多元的犯罪观念和递进的思维方式,应当将传统体系中的四要件分为客观要件和主观要件:前者包括客体、实行行为、危害结果、因果关系、排除社会危害性事由等,后者包括责任能力、故意、过失、错误、期待可能性等。这既贯彻了罪刑法定原则,又结合了分裂式思考和层次性思考、形式判断和实质判断。[②] 还如,另有学者建议,在指导原理方面,必须注意主观与客观相统一、原则与例外相协调、定性与定量相结合;在体系构造方面,应当将客观构成要件、排除客观违法的事由、主观构成要件和排除主观责任的事由作为犯罪成立的要件。[③]

改良论者在对"阶层式体系"进行全面而公允评价的基础上,密切联系我国刑事立法、司法实践,明确了今后犯罪构成理论体系发展的指导方向和具体进路。只要肯定犯罪论体系是形式判断与实质判断、事实认识和价值评价、逻辑性组合与机能性构成相统一,完善"四要件体系"就无须全面移植德国、日本刑法教义学的核心概念和体系架构,可以在保留部分传统术语的同时改革自身的评价方法。"犯罪客观要件——犯罪主观要件——犯罪排除要件"的体系设计,不仅克服了体系外考察排除犯罪事由的弊端,能够在体系上对机能主义刑法学给予较为有力的制约,而且提高了实务人员短期接受并熟练运用机能主义刑法解释论的可能,使其在个案中经受反复检验并充分领会形式合理性与实质合理性的调和之道。

---

① 参见周光权:《阶层犯罪论及其实践展开》,载《清华法学》2017年第5期,第84页以下。
② 参见黎宏:《刑法总论问题思考》(第二版),中国人民大学出版社2016年版,第68页以下。
③ 参见贾济东:《犯罪论争议问题研究》,法律出版社2021年版,第32—35页。

第五节　机能主义刑法学的比较优势

只有狭义上的机能主义刑法学在理论上表现出其方法论优势,实务界才有必要将其用于刑事案件的裁判过程。它属于实质解释论的阵营,因此,首先要与形式解释论进行对比分析。不过,考虑到机能主义刑法解释论已经完成从存在主义向功能主义的理论转型,它也有别于传统的实质解释论。

一、机能主义刑法学相比形式解释论的优越之处

一般来说,形式解释论是一种在阐明犯罪构成要件的含义时,优先进行形式判断,往往借助文义解释来对刑法条文用语予以严格解释,否定不利于被告人的扩大解释,着重发挥犯罪构成自由保障机能的方法论。它的特点并不在于进行解释时是否需要价值判断,而是形式判断在解释过程中所占的权重或分量,[①]即能否通过正面的形式判断对实质判断形成的中间结论给予有力质疑甚至彻底推翻。这既是区分形式解释论和实质解释论的核心标准,又决定了二者在解释立场确定、解释方法选择等问题上的一系列差别。

形式解释论是在形式判断的基础上进行实质判断,将符合法律文本的形式特征但不具有处罚必要性的行为排除在构成要件之外,[②]因而贯彻了体系性思考,有利于实现刑法的稳定性,但又因为排除不利于被告人的扩大解释,所以有时会忽略问题的思考,不利于实现处罚的必要性。在法学中,一个体系通常具有逐步演绎、逻辑一致、概念独立、终局概括的特点,主要起到固定结构元素、形成统一整体、涵摄生活事实、引导规范定位等作用。因此,在刑法学中进行体系性思考就能发挥减少审查案件的难度、提供平等且有区别地适用法律的条件、简化法律并加强其可操作性以及作为深化法学研究路标的功能。[③] 但是,由于形式解释论不允许实质解释占据支配地位,自然排斥在刑事政策的目的导向之下进行概念定义、选择解释方法、展开利益衡量和比较解释方案,过度重视体系框架的形式约束而在问题解决的实效性上做出让步。此时,问题的思考可以通过适当的重构,将问题带入一种预先确定的、多

[①] 参见劳东燕:《功能主义的刑法解释》,中国人民大学出版社 2020 年版,第 144—148、156—159 页。也有学者认为,形式解释指的是根据刑法条文及其概念、用语的字面含义解释刑法和认定犯罪(何荣功:《刑法适用方法论》,北京大学出版社 2021 年版,第 3 页)。
[②] 参见陈兴良:《形式解释论的再宣示》,载《中国法学》2010 年第 4 期,第 28 页。
[③] 参见〔德〕克劳斯·罗克辛:《德国刑法学总论》(第 1 卷),王世洲译,法律出版社 2005 年版,第 126—128 页。

少有些明确、多少有些广泛的演绎推导关联结构中,由此推断出答案。① 换言之,作为一门旨在寻找论题或论点位置的学科,论题学以努力解决问题为导向,首先在"论题目录"下收集各种观点,然后在个案中对争议见解展开充分研讨,直至最终获得一个最为妥当的解释结论。机能主义刑法解释论就是采取问题思维,并将其充分展现在适应性和目的性特征中。

相比形式解释论,机能主义刑法解释论的优点有三。第一,以目的作为刑事政策与刑法体系的沟通管道,由此找到了刑法体系向刑事政策开放的钥匙。即机能主义刑法解释论借助目的概念容纳了法益保护目的和预防犯罪目的,并完成了刑事政策与刑法体系价值对接的艰巨任务。第二,根据经验主义认识论、价值相对主义和社会主义核心价值观,运用实质合理性标准展开目的解释。即机能主义刑法解释论借助社会学、政治学、价值哲学和刑事政策学的考察,最终为刑事政策目的和刑法目的注入了价值内核。第三,强化刑法社会机能的发挥,可以提高解释结论的可接受性。即机能主义刑法解释论通过将刑事政策考察引入刑法体系内的分析框架,以目的作为刑事政策和刑法体系规范运作的衡量标尺,消减刑事政策法外适用和刑法体系封闭适用的司法乱象,实现法律效果和社会效果的协调统一。

二、机能主义刑法学较之传统实质解释论的长处

在传统意义上,实质解释论是一种在阐明犯罪构成要件的含义时,优先进行实质判断,倾向于通过灵活运用各种解释方法去探寻刑法条文用语的可能含义,并允许进行不利于被告人的扩大解释以追求处罚的适当性,注重协调发挥构成要件之法益保护机能和人权保障机能的方法论。它不是强调以刑事政策目的为指导的解释理论,并未将犯罪论各阶层予以机能化,所考虑的是对构成要件的解释是否达到值得科处刑罚的程度,实质判断在此过程中起到了主要作用。② 即实质判断能够直接得出结论或完全否定形式判断形成的中间结论,即使二者的看法一致,形式判断也不过是对实质判断的消极确认。

实质解释论以具体法条的保护法益为指导,在其用语可能具有的含义内确定构成要件的内容,能够将字面上符合构成要件但实质上不具有可罚性的

---

① 参见〔德〕特奥多尔·菲韦格:《论题学与法学——论法学的基础研究》,舒国滢译,法律出版社2012年版,第28—29页。
② 参见劳东燕:《功能主义的刑法解释》,中国人民大学出版社2020年版,第144—148、156—159页。也有学者主张,实质解释指的是在刑法条文规定的基础上,重视从规范保护目的何法益保护立场理解、解释刑法和认定犯罪(何荣功:《刑法适用方法论》,北京大学出版社2021年版,第3页)。

行为排除出去,只会在遵循罪刑法定原则的前提下做出不利于被告人的扩大解释。① 可见,对于实质解释论认可将缺乏形式规定而实质上具有处罚必要性的行为入罪的批判意见,并不能成立。一是,该说仍然奉行罪刑法定原则,不能认为,形式解释论一定符合罪刑法定原则,而实质解释论可能违反罪刑法定原则。这与罪刑法定原则的历史演进和内涵变化有关。在对罪刑法定原则进行形式理解的同时,实质的罪刑法定的思考方法主要是受到英美法的影响,在法律主义、自由主义之外,还将"法律内容的适正"作为问题来对待。解释的实质性的容许范围与实质的正当性(处罚的必要性)成正比,与法律条文的一般语义之间的距离成反比。② 二是,该说进行的是有限度的不利于被告人的扩大解释,不能认为,形式解释论只能作有利于被告人的解释,而实质解释论只会作不利于被告人的解释。然而,只允许进行有利于被告人的解释,既不符合我国刑事立法,也不利于司法机关惩罚和预防犯罪,所以,即使是不利于被告人的解释,但只要是正确的解释,法院也可以用于解释刑法规范。③

简言之,机能主义刑法解释论和传统实质解释论的共同点是,在不违反罪刑法定原则的前提下,通过运用以目的解释为中心的相关解释方法,尽可能地拓宽刑法条文用语含义的边界,不会片面追求法律的安定性价值。二者的区别则表现在,前者公开表示接受刑事政策的目的指引,并对犯罪论体系进行了全面的机能化,以此实现了刑事政策和刑法体系的高度贯通。后者没有明确承认刑事政策的价值导向,出于对体系论、方法论上的客观归责论、机能责任论存在不足的警惕,仍然根据古典的犯罪论体系展开行为定性的判断,刑事政策并未完全作为刑法体系的内在参数发挥作用。易言之,比起传统实质解释论,机能主义刑法解释论属于一种刑事政策目的指导下的实质解释论,将思维重心从犯罪论体系构建的精细化、整合性思考转向具体犯罪类型认定的个别化、合理性思考,更有助于实现刑法机能的协调统一。

---

① 参见张明楷:《实质解释论的再提倡》,载《中国法学》2010年第4期,第49—52页。
② 参见〔日〕前田雅英:《刑法总论讲义》(第6版),曾文科译,北京大学出版社2017年版,第49、52页。
③ 参见孙国祥:《反思刑法谦抑主义》,载《法商研究》2022年第1期,第90—91页。因此,形式刑法观对实质刑法观(无论是传统维度还是当代维度)提出的批判意见大部分都很难成立(参见邓子滨:《形式刑法观初反省与实质刑法观再批判》,载梁根林主编:《当代刑法思潮论坛(第二卷):刑法教义与价值判断》,北京大学出版社2016年版,第181—189页)。实际上,形式刑法观并非全部出罪,实质刑法观也并非全部入罪,刑法解释论应当追求"正确的解释"。这种"正确的解释"有一个导向,就是一定是以出罪为原则,以入罪为例外(参见刘艳红:《实质刑法观的体系化思考》,载梁根林主编:《当代刑法思潮论坛(第二卷):刑法教义与价值判断》,北京大学出版社2016年版,第239—240页)。

本 章 小 结

根据机能主义刑法学的作用领域,可以将其分为广义上的机能主义刑法学与狭义上的机能主义刑法学:前者是指研究以刑事政策目的全面指引刑事立法、司法,旨在合理确定刑法干预社会生活界限的刑法理论。后者是指研究以刑事政策目的重点指导刑事立法完善或刑法规范解释,旨在确定刑法机能发挥界限的刑法理论,其中又复分为指导刑事立法完善的机能主义刑法学和指导刑法规范解释的机能主义刑法学。本书采取第二种狭义上的机能主义刑法学概念,即机能主义刑法学就是机能主义刑法解释论,它对定罪、量刑发挥着相应的指导适用功能。此处无须区分"机能"和"功能",二者在应然层面系同一概念。而且,刑法的机能只应包括法益保护机能和人权保障机能。据此,所谓机能主义(或功能主义)刑法解释论,是以刑事政策的价值目标和刑法应有的机能为指导,在罪刑法定原则的约束下,通过综合运用各种解释方法进行犯罪认定和刑罚裁量,旨在实现解释结论上的法律效果和社会效果统一的理论。

狭义上的、专注于指导刑法规范适用的机能主义刑法学具有三个特征。(1)实证性。即意图通过采取社会学的考察方法,从经验层面分析刑事政策目的、刑法的应然机能及其对刑法体系构建、操作的作用。简言之,它既是目的主义、价值主义的,也是经验主义、现实主义的。(2)适应性。即机能主义刑法学的功能取向随着主流价值观、社会形势、公共政策的变化而变化,表现为价值相对性、体系多样性、解释灵活性。在某种意义上,机能主义刑法学因其实证性而具有适应性,以满足广大公民对刑法功能的现实需求。(3)目的性。即在刑事政策目的、刑法目的的指导之下,有针对性地选择相应的解释方法阐明法条含义,并通过法律效果之外的社会效果考察,实现解释结论合法性与合理性的统一。这里的"目的性"具有双重意义:既指向刑法体系内的保护法益,从而成为各种解释方法的核心;也指向刑法体系外的现实后果,从而增设了一道额外的审查程序。

国外机能主义刑法学的理论根据主要有风险社会理论、功能主义思想和新康德主义。尽管这些理论具有较大的借鉴价值,但还要从我国国情出发,用具有本土气息的价值论和刑法观进行适当改造。因此,我国机能主义刑法学必须根据社会主义核心价值观和马克思主义的刑法思想加以构建并逐步完善,它们都追求自由以及平等、公正、法治,彼此之间形成根本目的和直接目的的关系。

如果要将机能主义刑法学引入到我国刑事司法实践中,就应当消除可能产生的体系障碍。首先,目的理性的犯罪论体系在一定程度上以牺牲概念明确性、逻辑一贯性、体系整合性为代价去开展刑法解释的机能化,实用性、功利性有余而逻辑性、明确性不足,对于实行罪刑法定原则时间并不太长的我国而言,并非概念转换和体系借鉴的最佳范本。其次,我国传统犯罪构成理论体系表现出了一定的体系性和机能性,并非完全不顾形式逻辑的束缚和彻底脱离刑事政策的指导,仍然存在根据刑事政策的价值目标对基本概念和体系框架进行改良的空间,以便于实务人员理解和接受,降低犯罪论体系改革的成本。最后,"四要件体系"无须全面移植德国、日本刑法教义学的核心概念和体系架构,可以在保留部分传统术语的同时改革自身的评价方法。"犯罪客观要件——犯罪主观要件——犯罪排除要件"的体系设计,不仅克服了体系外考察排除犯罪事由的弊端,能够在体系上对机能主义刑法学给予较为有力的制约,而且提高了实务人员短期接受并熟练运用机能主义刑法解释论的可能,使其在个案中经受反复检验并充分领会形式合理性与实质合理性的调和之道。

一方面,相比形式解释论,机能主义刑法解释论的优点在于:第一,以目的作为刑事政策与刑法体系的沟通管道,由此找到了刑法体系向刑事政策开放的钥匙;第二,根据经验主义认识论、价值相对主义和社会主义核心价值观,运用实质合理性标准来展开目的解释;第三,强化刑法社会机能的发挥,可以提高解释结论的可接受性。另一方面,比起传统实质解释论,机能主义刑法解释论属于一种刑事政策目的指导下的实质解释论,将思维重心从犯罪论体系构建的精细化、整合性思考转向具体犯罪类型认定的个别化、合理性思考,更有助于实现刑法机能的协调统一。

第二章　公共政策介入刑事法治实践

公共政策介入刑事法治实践具有历史必然性,其介入路径有立法介入和司法介入,主要载体包括刑法规范、立法解释、司法解释和指导性案例,起到裁判根据和说理依据的作用。近年来发生的典型个案充分展现了公共政策的价值取向,应当深入研究其适用条件和应用方法。为了切实贯彻公共政策和全面践行刑事法治,必须在刑法教义学和刑法方法论上合理限制公共政策介入刑事法治实践的广度和深度。基于以上问题意识,本章首先回顾新中国成立至今公共政策介入刑事法治实践的复杂历程,然后分析公共政策介入刑事法治实践的各种路径,最后通过解读典型个案来归纳其适用条件和应用方法。

第一节　公共政策介入刑事法治实践的历史回顾

公共政策可被定义为:社会公共权威在特定情境中,为达到一定目标而制定的行动方案或准则。从形式特征看,它主要由党的政策、人大立法、行政决策和司法解释构成,具有政治性、层次性、复杂性、合法性、权威性等特征。[1] 公共政策作为对社会利益的权威性分配,以公共利益的最大化为其起点和归宿。公共政策不能直接在刑事法治实践中发挥作用,必须转译为刑事立法政策和刑事司法政策之后,才能反映自身的价值取向和功能需求,并借助政策目的指导我国刑事立法、司法。就公共政策的价值取向而言,它应当致力于全方位实现自由、平等、公正和法治;就公共政策的功能需求而言,它必须能够通过预防犯罪来保护各种法益,促进社会发展,维护政权稳定。相比刑事政策,公共政策的目的更加多元,手段更为丰富,责任更加多样。它是制定和实施刑事政策的前提,而不是法益保护目的或预防犯罪目的的代名词。

---

[1] 参见谢明:《公共政策导论》(第四版),中国人民大学出版社2015年版,第6、31—36页。

公共政策作为一种非正式法源在我国已得到普遍承认，[1]但其在刑事法治实践中的表现形式、适用条件和应用方法尚未引起足够重视。详言之，当前研究存在以下不足：第一，在研究视角上，大多关注刑事政策与刑法之间的关系，[2]没有站在公共政策指导刑事法治实践的高度进行探讨，忽视了没有转化为刑事政策的公共政策也会以某种特殊方式影响刑事法治实践；第二，在研究内容上，虽然基本明确了公共政策与刑事政策的区别，[3]但缺少对新中国成立以来公共政策介入刑事法治实践的宏观考察，对其介入路径、作用方式的研究不够全面；第三，与前两点相关，在研究方法上，实证研究有待进一步深入，特别是运用刑法方法论对典型个案予以微观剖析。纵观新中国成立73年以来刑事法治的发展历程，在整体把握不同历史时期政治、经济、社会等情况的基础上，重点着眼于政策与法律之间的结构关系，可以将其分为四个阶段。

一、逐步扩展阶段（1949年至1956年）

由于中国共产党刚刚开始全国执政，面临复杂的国内外形势，首要任务是稳定政权和进行社会主义改造，所以迫切需要运用刑法武器。1949年2月，中共中央《关于废除国民党的六法全书与确定解放区的司法原则的指示》要求："人民的司法工作，不能再以国民党的六法全书为依据，而应该以人民的新的法律作依据。在人民新的法律还没有系统地发布以前，应该以共产党政策以及人民政府与人民解放军所已发布的各种纲领、法律、条例、决议作依据。"于是，根据这一时期的基本任务和上述政治决策，产生了一批单行刑法，如《惩治反革命条例》《惩治贪污条例》《关于宽大处理和安置城市残余反革命分子的决定》以及各大行政区军政委员会颁布的《惩治不法地主条例》等，为有效惩治部分犯罪提供了法律依据。

在本阶段，中国共产党从革命党向执政党的艰难转型，迫使其主要依赖政策作为国家治理的根据，延续并强化了以往的政策法传统，而法律仅仅是

---

[1] 参见苏力：《司法解释、公共政策和最高法院》，载《法学》2003年第8期，第3页以下；袁明圣：《公共政策在司法裁判中的定位与适用》，载《法律科学》2005年第1期，第59页以下；宋亚辉：《公共政策如何进入裁判过程》，载《法商研究》2009年第6期，第111页以下；张红：《论国家政策作为民法法源》，载《中国社会科学》2015年第12期，第133页以下。

[2] 参见卢建平：《刑事政策与刑法》，中国人民公安大学出版社2004年版，第1页以下；黎宏：《论"刑法的刑事政策化"思想及其实现》，载《清华大学学报》（哲学社会科学版）2004年第5期，第42页以下。

[3] 参见劳东燕：《公共政策与风险社会的刑法》，载《中国社会科学》2007年第3期，第130页；王立君：《刑事政策在刑事裁判中的法源性探析》，载《南京社会科学》2011年第5期，第85—87页。

实现社会目标的工具,社会主义法制体系尚未成型。在刑事法领域,法治化程度较低,镇压与宽大相结合成为基本刑事政策,并被鲜明地贯彻到处理反革命、贪污、盗窃、投机倒把等案件中。

二、全面超越阶段(1957年至1977年)

社会主义改造基本完成和镇压反革命的斗争取得胜利后,党中央认识到,目前阶级斗争的任务已经变为保护社会生产力的顺利发展,必须改变方法和健全法制。例如,1957年4月,中共中央《关于整风运动的指示》以正确处理人民内部矛盾为主题,提出"惩前毖后、治病救人"的方针。1963年3月,中共中央《关于厉行增产节约和反对贪污盗窃、反对投机倒把、反对铺张浪费、反对分散主义、反对官僚主义运动的指示》也将"健全制度,改进思想作风,克服和防止资本主义、修正主义的腐蚀,保证我国社会主义建设事业的顺利发展"作为"五反"运动的目标。然而,"无产阶级专政下继续革命"的错误思想延缓了社会主义建设的进程,否定了健全社会主义法制的主张,挤占了刑事法律变革的空间。

在本阶段,作为政策载体的最高领导人指示、党中央、国务院、中央军委等机构发布的决定、命令、通知等完全取代法律,以非法制方式治理国家,法律呈现虚无状态。社会主义法制体系遭受严重破坏,刑事法制发展陷入停滞,惩办与宽大相结合的刑事政策虽已确立,但其预期效果彻底被运动统治模式所抹杀。

三、初步协调阶段(1978年至2003年)

1978年12月,党的十一届三中全会召开,不仅揭开了改革开放的序幕,而且打破了以往的政法治理格局。此次全会公报指出:"为了保障人民民主,必须加强社会主义法制,使民主制度化、法律化,使这种制度和法律具有稳定性、连续性和极大的权威,做到有法可依,有法必依,执法必严,违法必究。"这对我国刑事法治的变革起到了巨大的推动作用。1979年7月,新中国第一部《刑法》诞生。这既是刑法史上的一座里程碑,也是贯彻国家政策的有力证明。此后,最高立法机关从1981年6月至1995年10月间,陆续通过了《惩治军人违反职责罪暂行条例》《关于严惩严重危害社会治安的犯罪分子的决定》等24部单行刑法,对《刑法》进行完善。在此基础上,根据1993年11月通过的中共中央《关于建立社会主义市场经济体制若干问题的决定》,需要全面修订旧《刑法》,经过充分酝酿,1997年3月,新《刑法》正式颁布。随着社会的进步和形势的变化,最高立法机关又在较短时间内接连通过了4个《刑法修正案》。1997年9月,党的十五大提出,依法治国,建设社会主义法治国家,是党领导人民治理国家的基本方略,首次在国家政策层面确立了以法治为核心的治理方式。

在此期间,最高司法机关也通过制定司法解释来保证《刑法》的有效施行。例如,《关于当前办理强奸案件中具体应用法律的若干问题的解答》(1984年4月)、《关于执行〈全国人民代表大会常务委员会关于严惩拐卖、绑架妇女、儿童的犯罪分子的决定〉的若干问题的解答》(1992年12月)、《关于审理骗购外汇、非法买卖外汇刑事案件具体应用法律若干问题的解释》(1998年9月)、《关于审理非法采矿、破坏性采矿刑事案件具体应用法律若干问题的解释》(2003年5月)等都对落实国家政策和统一法律适用发挥了积极功效。

必须指出的是,尽管改革开放战略的正确实施改善了政策与法律的关系,政策作为改革的先导,法律成为改革的保障,但"依法治国"方略刚刚成型,政策治理惯性依然存在,法治化进程不可避免地出现反复。惩办与宽大相结合的刑事政策并未得到切实贯彻,反而被"严打"政策所代替,①后者显著改变了我国刑事法治的前进方向,为其打上了"厉而不严""从重从快"的历史烙印。这一政策后来成为社会治安综合治理方针的重要组成部分,②"综治"方针也从这时开始成为主要的公共政策之一。

四、深度融合阶段(2004年至2022年)

在走上依法治国的道路后,党中央和国务院持续深化这一政策。2004年9月,中共中央《关于加强党的执政能力建设的决定》在提出"科学发展观"之后,又强调"坚持党的领导、人民当家作主和依法治国的有机统一"。2006年10月,中共中央《关于构建社会主义和谐社会若干重大问题的决定》全面阐释了构建和谐社会要遵循的原则:必须坚持以人为本、科学发展、改革开放、民主法治、正确处理改革发展稳定的关系以及在党的领导下全社会共同建设。之后,2012年11月召开的党的十八大要求全国各族人民坚定不移沿着中国特色社会主义道路前进,为全面建成小康社会而奋斗。为此,必须全面落实依法治国基本方略,基本建成法治政府,不断提高司法公信力,切实尊重和保障人权。2013年11月,中共中央《关于全面深化改革若干重大问题

---

① 1983年7月,邓小平同志会见公安部负责人时指出,对严重刑事犯罪分子,必须给予严厉的法律制裁,必须依法从重从快集中打击,严才能治住。1983年8月,中共中央《关于严厉打击刑事犯罪活动的决定》正式开始部署"严打"。
② 参见中共中央、国务院《关于加强社会治安综合治理的决定》(1991年2月),中共中央、国务院《关于进一步加强社会治安综合治理的意见》(2001年9月)等有关文件。

的决定》又将全面深化改革的总目标概括为"完善和发展中国特色社会主义制度,推进国家治理体系和治理能力现代化",并要求"推进法治中国建设",提出了逐步减少适用死刑罪名、废止劳动教养制度、健全社区矫正制度、健全惩治和预防腐败体系等具体任务。中共中央于2014年10月通过的《关于全面推进依法治国若干重大问题的决定》则是为落实全面深化改革这一顶层设计所做出的战略部署,以"坚持依法治国、依法执政、依法行政共同推进,坚持法治国家、法治政府、法治社会一体建设,实现科学立法、严格执法、公正司法、全民守法,促进国家治理体系和治理能力现代化"为目标,并明确了加快推进反腐败国家立法、完善惩治贪污贿赂犯罪法律制度、完善刑罚执行制度、加强和规范司法解释和案例指导等具体工作。而习近平同志在2015年2月系统阐述的"四个全面"战略布局,不仅彰显了社会主义核心价值观的精神统领作用,也将依法治国方略提升到了一个新的高度。2017年10月18日召开的党的十九大也再次强调,全面依法治国是中国特色社会主义的本质要求和重要保障。为此,必须深化依法治国实践,坚持厉行法治,推进科学立法、严格执法、公正司法、全民守法。2019年2月25日,习近平同志在中央全面依法治国委员会第二次会议上再次强调,做好改革发展稳定各项工作离不开法治,改革开放越深入越要强调法治。要完善法治建设规划,提高立法工作质量和效率,坚持法治国家、法治政府、法治社会一体建设,依法平等保护各类市场主体产权和合法权益,为推进改革发展稳定工作营造良好法治环境。2020年11月16日至17日,党的历史上首次召开中央全面依法治国工作会议,并将习近平法治思想明确为全面依法治国的指导思想,在深刻回答新时代为什么实行全面依法治国、怎样实行全面依法治国等重大问题的同时,成为了进一步推动我国刑事法治发展的理论指南和行动纲领。2021年1月10日,中共中央印发的《法治中国建设规划(2020—2025年)》成为新中国成立以来第一个以建设法治中国为总体目标的纲领性文件,详细描绘了新时代推进全面依法治国的路线图。2022年10月16日,党的二十大报告继续将"基本建成法治国家、法治政府、法治社会"作为我国至2035年发展的总体目标之一,并指出,主要目标任务包括全过程人民民主制度化、规范化、程序化水平进一步提高,中国特色社会主义法治体系更加完善。在此过程中,要营造市场化、法治化、国际化一流营商环境,加强知识产权法治保障,健全人大对行政机关、监察机关、审判机关、检察机关监督制度,维护国家法治统一、尊严、权威,完善以宪法为核心的中国特色社会主义法律体系,扎实推进依法行政,严格公正司法,加快建设法治社会。

根据以上政策理念,宽严相济刑事政策应运而生,[①]并很快贯穿于刑事立法和刑事司法全过程。一方面,从《刑法修正案(五)》到《刑法修正案(十一)》的相继生效,完善了特殊群体的处罚原则,废除了 22 个犯罪的死刑,修改、补充了有关危害公共安全犯罪、经济犯罪、侵犯人身权利犯罪、网络犯罪等罪刑规范,加强了刑法的人权保障功能。[②]另一方面,《关于审理抢劫、抢夺刑事案件适用法律若干问题的意见》(2005 年 6 月)、《关于统一行使死刑案件核准权有关问题的决定》(2007 年 1 月)、《关于贯彻宽严相济刑事政策的若干意见》(以下简称为《宽严相济意见》)(2010 年 2 月)、《关于审理破坏草原资源刑事案件应用法律若干问题的解释》(2012 年 11 月)、《关于减刑、假释案件审理程序的规定》(2014 年 6 月)、《关于办理贪污贿赂刑事案件适用法律若干问题的解释》(2016 年 3 月)、《关于涉以压缩气体为动力的枪支、气枪铅弹刑事案件定罪量刑问题的批复》(2018 年 3 月)、《关于加强新时代未成年人检察工作的意见》(2020 年 4 月)、《关于办理窝藏、包庇刑事案件适用法律若干问题的解释》(2021 年 8 月)、《关于办理破坏野生动物资源刑事案件适用法律若干问题的解释》(以下简称为《办理破坏野生动物资源案件解释》)(2022 年 4 月)等也积极回应了政策的需要。

值得注意的是,随着法治社会趋于常态,政策与法律的关系也在悄然转型,逐渐保持一致并实现良性互动。宽严相济基本刑事政策的确立表明,我国刑事法治建设取得了实质性突破,并以"刑事政策法律化"和"刑事法律政策化"的方式引领立法和司法,确定了未来刑事法治实践的主要模式。

第二节 公共政策介入刑事法治实践的各种路径

公共政策介入刑事法治实践具有历史必然性,其介入路径有立法介入和司法介入。根据《宪法》第 62 条和《立法法》第 8 条之规定,有关犯罪和刑罚的事项只能制定刑事法律。《关于裁判文书引用法律、法规等规范性法律文件的规定》第 3 条、第 6 条也表明,刑事裁判文书应当引用法律、法律解释或者司法解释。对于其他规范性文件,根据审理案件的需要,经审查认定为合法有效的,可以作为裁判说理的依据。所以,公共政策主要表现为裁判根据

[①] 2004 年 12 月,罗干同志在全国政法工作会议上首次提出要正确运用宽严相济的刑事政策,并在来年的全国政法工作会议上再次提及,将其确定为基本刑事政策。

[②] 此外,《关于案例指导工作的规定》(2010 年 11 月)、《社区矫正实施办法》(2012 年 1 月)、《关于废止有关劳动教养法律规定的决定》(2013 年 12 月)、《反恐怖主义法》(2015 年 12 月)、《国务院关于修改和废止部分行政法规的决定》(2020 年 4 月)等规范性文件的出台同样有利于该政策的实施。

和说理依据,且必须先转化为刑事政策(立法政策或司法政策)才能发挥相应作用。有学者认为,对于刑事政策与刑法体系之间关系的处理,存在两种模式。(1)分离模式。即刑事政策与刑法体系处于相互隔绝的状态,追求形式理性,但刑法体系缺乏应变能力,可能背离刑事政策的目标设定。(2)贯通模式。即刑事政策的目的性考虑被整合入刑法体系之中,倡导目的理性,但因强调体系开放可能构成对法教义学的侵蚀,弱化对个体自由的保障。据此,我国实际属于分离模式,具体表现在:刑法教义学的构建不仅缺乏起码的形式逻辑制约,而且缺乏刑事政策上的目标指引,致使刑事政策经常任意突破教义学的体系性逻辑,使理论发展与现实需求之间出现严重的疏离与脱节。鉴于以上缺陷,我国宜改采贯通模式。① 不过,下文分析表明,尽管我国刑法理论与德国、日本的刑法教义学相比还有较大差距,但并非完全不顾形式逻辑束缚和彻底脱离刑事政策指导,部分案件确实存在刑事政策考量突破刑法体系约束的现象,但也有许多典型个案及时回应了现实需求。综上所述,我国对于刑事政策与刑法体系之间关系的处理存在多样性、局部性与应景性的特点。如果说二者之间的理想关系属于高度贯通模式,那么我国的现实情况可以归入低度贯通模式。

一、立法介入路径

公共政策一般通过转化为刑法规范或者制定立法解释的方式进入刑事立法领域,成为完善刑法的目标。虽然它不提供具体的裁判标准,却奠定了明确的价值取向,对此可概括为"公共政策——刑事立法政策——刑法典/单行刑法/刑事立法解释"的介入路径。

(一)公共政策介入刑法典

例如,旧《刑法》第1条明文规定,惩办与宽大相结合的政策是其制定依据。根据这项政策精神和实践经验,该法针对犯罪的不同情况作了一系列区别对待的规定,使其具体化、条文化。② 再如,《刑法修正案(九)》(以下简称为《修正案(九)》)第44条第4款增设终身监禁制度,意在进一步完善反腐败的制度规定,加大对腐败犯罪的惩处力度。③ 在分则条文中,空白罪状的立

---

① 参见劳东燕:《刑事政策与功能主义的刑法体系》,载《中国法学》2020年第1期,第128—131页。
② 高铭暄:《中华人民共和国刑法的孕育诞生和发展完善》,北京大学出版社2012年版,第10—11页。
③ 李适时:《关于〈中华人民共和国刑法修正案(九)(草案)〉的说明》,载"中国人大网":http://www.npc.gov.cn/npc/lfzt/rlys/2014-11/03/content_1885123.htm,最后访问时间:2022-3-3。

法技术兼顾了刑法的通识性和行政法的专业性,确保了刑法典的简洁性和稳定性,搭建了公共政策通过行政法律、法规进入刑事法律规范的桥梁。例如,根据《刑法》第 180 条第 3 款的规定,内幕信息、知情人员的范围,必须依照《证券法》《期货交易管理条例》等法律、法规确定,以实现国家对证券、期货市场的管控。又如,根据《刑法》第 338 条第 1 款的规定,《环境保护法》《大气污染防治法》《矿产资源法实施细则》《河道管理条例》等法律、法规补充了污染环境罪的构成要件,以维护国家对环境保护的管理秩序。易言之,行政法规范作为独立的刑法法源正是为了满足国家特定管制的需要,①而公共政策的价值目标就成为行政法规范和刑法规范的连接点。

(二) 公共政策介入单行刑法

同样,作为"严打"政策直接产物的《关于严惩严重危害社会治安的犯罪分子的决定》贯彻了对其"只有坚决予以打击,才能震慑犯罪分子"的精神,②从而加重了对 6 种罪犯配置的法定最高刑,直至判处死刑。新《刑法》实施期间颁布的《关于惩治骗购外汇、逃汇和非法买卖外汇犯罪的决定》正是为了适应外汇体制改革的步伐,保持人民币汇率稳定,有效防范金融风险,③才增加了骗购外汇罪,并扩充了逃汇罪、非法经营罪的犯罪构成。

(三) 公共政策介入立法解释

《关于加强法律解释工作的决议》第 1 条赋予了最高立法机关法律解释权,用以明确法律界限或作补充规定,使立法解释具有立法性质,成为立法活动的延伸,④所以,也不可忽视公共政策对立法解释的渗透。如在《关于〈中华人民共和国刑法〉第二百九十四条第一款的解释》的背后,是国家有关部门通过区别黑社会性质的组织与一般犯罪集团,以准确打击具有黑社会性质的组织犯罪活动的政治考量,⑤故阐明了这种犯罪组织的特征。还有《关于〈中

---

① 参见林学飞:《行政法规作为独立刑法法源的现状和问题》,载《中共浙江省委党校学报》2011 年第 2 期,第 85—86 页。《刑法修正案(十一)》第 40 条对污染环境罪增设了"七年以上有期徒刑"的加重法定刑,进一步彰显了加强生态环境保护的政策要求。
② 王汉斌:《关于修改"人民法院组织法"、"人民检察院组织法"的决定和"关于严惩严重危害社会治安的犯罪分子的决定"等几个法律案的说明》,载王汉斌:《社会主义民主法制文集》(上),中国民主法制出版社 2012 年版,第 88 页。
③ 参见李文胜:《维护国家外汇管理制度的重大举措——〈关于惩治骗购外汇、逃汇和非法买卖外汇犯罪的决定〉立法背景》,载《中国外汇管理》1999 年第 5 期,第 30—31 页。
④ 参见李龙主编:《法理学》,武汉大学出版社 1996 年版,第 371 页。
⑤ 参见胡康生:《对〈全国人民代表大会常务委员会关于中华人民共和国刑法第二百九十四条第一款的解释(草案)〉的说明》,载《全国人民代表大会常务委员会公报》2002 年第 3 期,第 195—197 页。

华人民共和国刑法〉第一百五十八条、第一百五十九条的解释》,如果不是为了与《公司法》的修改衔接,落实全面深化改革的要求,激发市场主体活力,①也不会将虚报注册资本罪等的犯罪主体限定为实行注册资本实缴登记制的公司。可是,《关于〈中华人民共和国刑法〉第九十三条第二款的解释》《关于〈中华人民共和国刑法〉第九章渎职罪主体适用问题的解释》因过度解读政策而有越权解释之嫌,即在从严惩治职务犯罪的目标指引下,通过法律拟制扩大了主体外延,超越了刑法规范,具有了补充立法的意味。②

二、司法介入路径

公共政策往往通过细化为刑事司法政策,决定司法解释的变动,充实司法解释的内容,制约司法解释的效果。刑罚法规的抽象性、规范性、矛盾性等特点决定了司法解释存在的必要性,司法解释经常用来缓解社会变革和刑法稳定之间的紧张关系。作为公共政策进入刑事司法领域的主要载体之一,司法解释不可避免地存在政治利益的考量,很大程度上是根据刑法规范所做出的政策性诠释,③经常使用的"社会效果"一词也旨在落实公共政策。④

不仅如此,最高司法机关还通过颁布指导性案例,或创制规则,或宣示政策,或指导工作,⑤形成与司法解释并行的释法制度。《关于案例指导工作的规定》第2条规定了指导性案例的遴选条件,《〈关于案例指导工作的规定〉实施细则》第2条又进一步指出:"指导性案例应当是裁判已经发生法律效力,认定事实清楚,适用法律正确,裁判说理充分,法律效果和社会效果良好,对审理类似案件具有普遍指导意义的案例。"良好的法律效果和社会效果的目标设计,推动刑事指导性案例成为公共政策进入刑事司法领域的另一主要载体。

"公共政策—刑事司法政策——刑事司法解释/指导性案例"的介入路径决定了公共政策可能在不同场合起到不同作用,故可以分为四种类型。

(一)填补法律漏洞

不可否认,最高司法机关属于国家机关,通过诉讼活动决定公共利益的

---

① 参见新华社:《十二届全国人大常委会第八次会议举行 审议刑法有关规定解释草案等》,载《北京晨报》2014年4月22日,第A07版。
② 唐稷尧:《事实、价值与选择:关于我国刑法立法解释的思考》,载《中外法学》2009年第6期,第886—887页。
③ 李翔:《论刑事司法政策司法解释过度化的弊端及其反思》,载《法治研究》2014年第8期,第79页。
④ 参见宋亚辉:《公共政策如何进入裁判过程》,载《法商研究》2009年第6期,第113—114页。
⑤ 参见陈兴良:《案例指导制度的规范考察》,载《法学评论》2012年第3期,第126—127页。

分配,具有公共政治功能。最高人民法院在利益的驱动下,有权制定和实施公共政策,要在传统政治体制和现代市场经济的双重压力下寻求权力运作的空间,①同样有着公共政策创制机能,其实现方式主要有两种:消极否定式和积极主动式。② 罪刑法定原则不允许最高人民法院主动创制公共政策,所以,它要么通过制定司法解释或发布指导性案例来创设规则、肯定既有政策,要么通过废止司法解释去宣告规则失效、否定过时政策。

在前一种情形中,尽管法律规范的创制适用的确弥补了处罚空隙,但也造成了司法权对立法权的僭越。例如,早在 1962 年 6 月印发的《关于检查和总结军人婚姻案件的通知》中,最高人民法院就强调,必须贯彻执行党和国家有关保护革命军人婚姻家庭的政策。这一精神后来被贯彻到《关于破坏军人婚姻罪的四个案例》中,但其中部分案例将被告人与现役军人配偶长期通奸的行为认定为破坏军人婚姻罪,无疑构成类推解释。又如,《关于当前办理强奸案件中具体应用法律的若干问题的解答》第 2 条规定:"对于一贯利用职权奸淫妇女多人,情节恶劣的,可以流氓罪判处。"它将本应作为强奸罪处罚的行为定为流氓罪,为适应严厉打击犯罪的斗争政策而不当扩充了后者的外延。还如,《关于审理交通肇事刑事案件具体应用法律若干问题的解释》(以下简称为《审理交通肇事案件解释》)第 7 条规定:"单位主管人员、机动车辆所有人或者机动车辆承包人指使、强令他人违章驾驶造成重大交通事故,具有本解释第二条规定情形之一的,以交通肇事罪定罪处罚。"虽然交通肇事罪共犯的规范化确立有利于落实保护公共交通安全的政策,③但形成与《刑法》第 25 条规定的正面抵触。再如,《关于对变造、倒卖变造邮票行为如何适用法律问题的解释》规定,对变造或者倒卖变造的邮票数额较大的,应当依照伪造、倒卖伪造的有价票证罪定罪处罚。这就在《刑法》本没有处罚变造、倒卖变造邮票行为的情况下,基于维护市场经济秩序的政策考虑,将"变造"行为和"伪造"行为同等评价,以创设解释性规范的方式去填补法律漏洞。其后的《关于办理生产、销售伪劣商品刑事案件具体应用法律若干问题的解释》第 6 条第 4 款、《关于办理生产、销售假药、劣药刑事案件具体应用法律若干问题的解释》第 4 条等类推规则的设计,都是因为过分注重社会法益的保护而

---

① 参见侯猛:《最高法院公共政策的运作:权力策略与信息选择》,载王斯曼主编:《北大法律评论》(第 7 卷·第 1 辑),北京大学出版社 2005 年版,第 115 页以下。
② 参见庞凌:《法院的公共政策功能分析》,载《当代法学》2003 年第 10 期,第 29 页。
③ 参见孙军工:《正确适用法律 严惩交通肇事犯罪——〈关于审理交通肇事刑事案件具体应用法律若干问题的解释〉的理解与适用》,载《人民司法》2000 年第 12 期,第 12 页。

轻视了个人自由的保障。① 另外，在迄今为止最高人民法院发布的 32 批指导性案例中，指导案例 4 号"王志才故意杀人案"、12 号"李飞故意杀人案"、13 号"王召成等非法买卖、储存危险物质案"、32 号"张某某、金某危险驾驶案"、61 号"马乐利用未公开信息交易案"、62 号"王新明合同诈骗案"、97 号"王力军非法经营再审改判无罪案"、102 号"付宣豪、黄子超破坏计算机信息系统案"、106 号"谢检军、高垒、高尔樵、杨泽彬开设赌场案"、144 号"张那木拉正当防卫案"、147 号"张永明、毛伟明、张鹭故意损毁名胜古迹案"属于规则创制型，以"裁判要点""裁判理由"的形式提炼说理依据，确认构建和谐社会、严格剧毒化学品管理、维护国家粮食流通管理秩序、保护计算机信息系统安全等政策的合理性，从而明确了规范适用条件，拓展了规范适用范围，填补了法律漏洞。

在后一种情形中，公共政策的终结必将导致司法解释的变化，旧司法解释的废除可能意味着原来的法律漏洞已不复存在。因此，使司法解释失效来消灭法律漏洞，可谓"填补"法律漏洞的另类方式。截至 2020 年 12 月，最高人民法院共废止了十四批司法解释。其中，《对在管制期间的反革命分子犯一般刑事罪的论罪与刑罚执行问题的批复》《关于严厉打击危害公共安全犯罪活动的紧急通知》《关于配合公安机关开展除"六害"工作的通知》《关于贪污盗窃粮票油票等计划供应票证应如何处理问题的电话答复》《关于情节严重的传销或者变相传销行为如何定性问题的批复》《关于印发〈人民法院量刑指导意见（试行）〉通知》《关于能否对仅有一次盗窃行为的公民实施劳动教养问题的答复》《关于劳动教养日期可否折抵刑期问题的批复》等规范均由于政策依据、社会形势或调整对象的变化而不再适用。可是，无论以何种理由废除这些司法解释，其根源都在于公共政策的变更或终止。

（二）阐释刑法规范

《关于司法解释工作的规定》第 2 条指出，司法解释用于解决人民法院在审判工作中具体应用法律的问题，主要作用就是阐释刑法规范。尽管目的性扩张和目的性限缩是填补法律漏洞的两种主要方法，②罪刑法定原则拒绝公共政策全面覆盖法律漏洞，但并不排斥运用目的性限缩予以补充，所以，司法解释应该划清政治选择和法律判断、目的性扩张和扩大解释、目的性限缩和缩小解释的界限。例如，2004 年 8 月，国务院办公厅印发《保护知识产权专

---

① 张明楷：《罪刑法定的中国实践》，载梁根林、〔德〕埃里克·希尔根多夫主编：《中德刑法学者的对话：罪刑法定与刑法解释》，北京大学出版社 2013 年版，第 99 页。
② 参见杨仁寿：《法学方法论》，中国政法大学出版社 1999 年版，第 202—209 页。

项行动方案》,旨在有效遏制侵犯知识产权行为,促进科技创新,营造发展高新技术产业的良好环境,规范市场经济秩序。作为加强知识产权司法保护的具体措施,《关于办理侵犯知识产权刑事案件具体应用法律若干问题的解释》被通过,其第 8 条将"相同的商标"扩大解释为"与被假冒的注册商标完全相同,或者与被假冒的注册商标在视觉上基本无差别、足以对公众产生误导的商标",①并未超越文义地添加规范目的所不能涵盖的对象,不属于目的性扩张。又如,鉴于近年来制售假药、劣药违法犯罪活动猖獗,严重破坏了市场经济秩序和侵害了人民身体健康、生命安全,《关于办理危害药品安全刑事案件适用法律若干问题的解释》(以下简称为《办理危害药品安全案件解释》)被制定,其第 11 条第 2 款将"销售"行为缩小解释为不包括"销售少量根据民间传统配方私自加工的药品,或者销售少量未经批准进口的国外、境外药品,没有造成他人伤害后果或者延误诊治,情节显著轻微危害不大的"行为,②并非脱离文义地剔除规范目的所不应涵盖的类型,不属于目的性限缩。

(三) 明确适用标准

为解决具体应用法律的问题,司法解释还需统一定罪量刑标准。当然,公共政策的阶段性、复杂性和层次性在一定程度上支配着法律适用标准的变化。例如,在 20 世纪八十年代,为保障对外开放、对内搞活经济和经济体制改革的顺利进行,最高司法机关出台了《关于当前办理经济犯罪案件中具体应用法律的若干问题的解答(试行)》,对投机倒把罪"情节严重"的数额标准以及贪污罪、受贿罪、诈骗罪的定罪标准做出了规定。进入废除劳动教养制度的新时期后,《关于办理盗窃刑事案件适用法律若干问题的解释》(以下简称《办理盗窃案件解释》)、《关于办理敲诈勒索刑事案件适用法律若干问题的解释》《关于办理抢夺刑事案件适用法律若干问题的解释》中的相关条文针对部分行为人降低了"数额较大"标准,借助司法上的犯罪化来处理原来适用于

---

① 《关于办理侵犯知识产权刑事案件具体应用法律若干问题的解释(三)》第 1 条进一步将"与其注册商标相同的商标"细化为 6 种情形:(1) 改变注册商标的字体、字母大小写或者文字横竖排列,与注册商标之间基本无差别的;(2) 改变注册商标的文字、字母、数字等之间的间距,与注册商标之间基本无差别的;(3) 改变注册商标颜色,不影响体现注册商标显著特征的;(4) 在注册商标上仅增加商品通用名称、型号等缺乏显著特征要素,不影响体现注册商标显著特征的;(5) 与立体注册商标的三维标志及平面要素基本无差别的;(6) 其他与注册商标基本无差别、足以对公众产生误导的商标。
② 2022 年 3 月,最高司法机关对该解释进行了修订。新解释第 18 条第 1 款规定,根据民间传统配方私自加工药品或者销售上述药品,数量不大,且未造成他人伤害后果或者延误诊治的,或者不以营利为目的实施带有自救、互助性质的生产、进口、销售药品的行为,不应当认定为犯罪。相比旧解释,这在某种程度上扩大了危害药品安全行为的出罪范围。

劳动教养的行为,①正确执行了中央政策。在量刑规范化工作正式实施之际,《关于常见犯罪的量刑指导意见(试行)》(以下简称为《量刑指导意见》)从落实司法为民及公正司法、提高司法透明度和公信力的高度,将定量分析引入量刑机制,规范了 23 种常见犯罪的量刑方法。随着量刑规范化改革的不断深入,罪名、刑种的适用范围会逐渐扩大,量刑标准将更加具有可行性。

(四)解决规范冲突

刑法条文数量众多,难免不产生冲突,其中,一般法和特别法之间、旧法和新法之间的矛盾尤为常见。前者如《刑法》第 65 条规定了一般累犯,第 356 条规定了特别再犯,但对于同时符合累犯条件和特别再犯条件的行为人是选择适用还是并列适用,不无疑问。对此,2015 年 5 月印发的《全国法院毒品犯罪审判工作座谈会纪要》规定:"对于因同一毒品犯罪前科同时构成累犯和毒品再犯的被告人,在裁判文书中应当同时引用刑法关于累犯和毒品再犯的条款,但在量刑时不得重复予以从重处罚。对于因不同犯罪前科同时构成累犯和毒品再犯的被告人,量刑时的从重处罚幅度一般应大于前述情形。"这不仅体现了"厉行禁毒"这一党和政府的一贯主张,而且蕴含了区别对待的政策精神。后者如《刑法修正案(八)》增设了限制减刑制度后,为了解决 2011 年 4 月 30 日以前某些犯罪的时间效力问题,《关于〈中华人民共和国刑法修正案(八)〉时间效力问题的解释》第 2 条强调,当适用修正前《刑法》不能体现罪刑相适应原则时,应适用修正后《刑法》第 50 条第 2 款的规定。对此,最高人民法院的理由是:"此种情形下,适用修正后刑法,有利于控制死刑立即执行的适用,对被告人有利,符合'从旧兼从轻'原则。"②

第三节 公共政策介入刑事法治实践的典型个案

不论公共政策是介入刑事立法还是介入刑事司法,最终都会体现在个案的裁判过程中。由于刑法规范具有抽象性,刑事司法解释就成为法官裁判时的重要依据之一,并在适用过程中贯彻了某种公共政策和刑事司法政策。依托于"犯罪客观要件——犯罪主观要件——犯罪排除要件"的犯罪论体系,公共政策不仅可以通过目的管道先将刑事政策的目标具体化,以此确定不法

---

① 参见张明楷:《简评近年来的刑事司法解释》,载《清华法学》2014 年第 1 期,第 10—11 页。
② 张军:《认真学习刑法修正案(八) 促进经济社会科学发展》,载《人民法院报》2011 年 5 月 4 日,第 5 版。然而,有利于控制死刑立即执行的适用并非增设限制减刑制度的目的,而是当初设计死缓制度的初衷。所以,该条规定在没有改变死缓判决的情况下,明显延长了罪犯的羁押时间,有违从旧兼从轻原则。

行为或有责行为的判断方向，而且能够借助具体刑事政策和特定犯罪构成要件的价值对接，进一步阐明构成要件的含义。以公共政策的具体内容以及个案涉及的法律关系为标准，主要分为六种类型。

一、公共政策在危害公共安全案件中的具体适用

《关于醉酒驾车犯罪法律适用问题的意见》的颁行，就是出于维护公共交通运输安全和广大公民生命健康目的的政策选择。对此，最高人民法院有关负责人也强调："对于疑难案件的处理，在定性存在争议、难以确定的情况下，要善于依据刑事政策，从服务大局的角度出发来考虑处理问题，追求法律效果与社会效果的统一。社会效果是评判案件裁判最终效果的标准，是确保刑罚功能发挥的基础，必须努力兼顾两个效果，努力追求积极的案结事了。"① 例如，在"孙某铭以危险方法危害公共安全案"中，二审法院认为，被告人在醉酒驾车发生交通事故后，继续驾车超限速行驶，冲撞多辆车辆，造成数人伤亡的严重后果，遂根据相关情节认定其犯以危险方法危害公共安全罪，判处无期徒刑。② 可见，由于交通肇事罪的制裁强度不足，对保护公民生命健康安全的重视提升了结果不法在社会危害性评价中的分量，导致为了迎合社会心理而助长重刑倾向，明显地带有政策作用的痕迹。③

类似案件并不鲜见，如"肖某灵以危险方法危害公共安全案"④"黎某全以危险方法危害公共安全案"⑤"张某军以危险方法危害公共安全案"⑥"赵某华非法持有枪支案"⑦等。这些案件的共同点是，均将社会利益置于个人自由之上；其根本原因在于，目前的法治环境、立法规定、司法观念等方面的缺憾，导致司法机关容易受到刑法体系外的政策因素和社会因素的影响，无视罪名打击半径的合理边界，导致通过对某些行为进行扩大解释甚至类推解释来满足定罪量刑的需求。

二、公共政策在破坏社会主义市场经济秩序案件中的具体适用

考虑到我国的基本经济制度和经济政策目的，《办理危害药品安全案件

---

① 张军：《落实宽严相济刑事政策 切实保障案件质量》，载"新华网"：http://news.xinhuanet.com/legal/2009-10/26/content_12329114.htm，最后访问时间：2022-3-15。
② 参见四川省高级人民法院(2009)川刑终字第690号刑事判决书。
③ 参见孙万怀：《以危险方法危害公共安全罪何以成为口袋罪》，载《现代法学》2010年第5期，第70—74页。
④ 参见上海市第二中级人民法院(2001)沪二中刑初字第132号刑事判决书。
⑤ 参见广东省高级人民法院(2007)粤高法刑一终字第131—1号刑事判决书。
⑥ 参见河北省石家庄市中级人民法院(2008)石刑初字第353号刑事判决书。
⑦ 参见天津市第一中级人民法院(2017)津01刑终41号刑事判决书。

解释》《关于审理非法集资刑事案件具体应用法律若干问题的解释》(以下简称为《审理非法集资案件解释》)等司法解释侧重于维护社会主义市场经济秩序,可能造成集合(集体)法益与个人法益在价值、功能上的割裂。虽然"田文华等生产、销售伪劣产品案"①"吴英集资诈骗案"②等社会高度关注的案件在权衡国家产品质量管理秩序、金融管理秩序和公民合法经营权、契约自由之后,做出了维护制度利益的价值判断,对相关被告处以重刑,但仍有少数案件给予了相反的政策决断。以"彭某走私弹药案"为例,一审法院认为,被告人从境外购买气枪铅弹 1300 发,逃避海关监管运输入境,已构成走私弹药罪。其虽不具有法定减轻处罚情节,但鉴于主观恶性不大,走私物品案值小且全部被查获,未造成其他危害后果。此外,他归案后的各种表现符合宣告缓刑的条件,故对其在法定刑以下判处有期徒刑 3 年,缓刑 3 年。该案不仅体现了宽严相济的刑事政策,取得了良好的社会效果,而且体现了法官尊重公民个人爱好的价值取向,能够创造性地适用法律。③ 再如,对于"陆勇销售假药案"之所以不作为犯罪处理,是因为保护人的生命权、健康权是销售假药罪立法的核心意旨,其行为虽有违反国家药品管理法规定的地方,但实质上没有侵犯他人的生命权、健康权。这样认定恰好顺应了人权保障和社会保护的刑事司法价值观,而对社会秩序的保护从根本上讲也是维护人民的共同利益需求。④ 所以,当某种行为有利于保护他人的生命权、健康权时,即使侵害了制药企业的专利权并因而破坏了国家药品管理制度,也必须彰显对弱势群体的人文关怀,否定与个人基本权利无关的制度利益的刑法要保护性,将个人法益置于相对集合(集体)法益优先保护的地位。

以上案件带来的启示是,公共政策旨在实现公共利益,法益衡量是一种特殊的价值判断,不同的法益观必将推导出不同的结论。基于非犯罪化的考虑,运用适当的刑法解释方法,可以缓解法律逻辑与价值判断之间的紧张状况,⑤在经济秩序与经济自由、市场经济管理制度利益和生产者、经营者、消费者等个人利益之间做出适当取舍。

---

① 参见《石家庄三鹿集团股份有限公司及相关责任人员生产、销售伪劣产品案》,载《最高人民检察院公报》2009 年第 4 期,第 25—28 页。
② 参见浙江省高级人民法院(2010)浙刑二终字第 27 号刑事裁定书。
③ 参见余皓:《枪迷邮购 1300 发铅弹面临死刑》,载《楚天都市报》2013 年 11 月 15 日,第 8 版。
④ 沅江市人民检察院:《关于对陆勇妨害信用卡管理和销售假药案决定不起诉的释法说理书》,载"湖南省人民检察院官网":http://www.hn.jcy.gov.cn/xwfb/qwfy/gg/2015/content_47624.html,最后访问时间:2022-3-16。
⑤ See LaoDongyan, The Functions Of Value Judgment And Interpretation Of Criminal Law: From The Perspective Of The Dilemma Criminal Law Faced In LuYong's Case, 2 CHINA LEGAL SCIENCE, 153(2016).

三、公共政策在侵犯人身权利案件中的具体适用

故意杀人案是最严重的刑事案件,能够最为鲜明地反映公共政策的适用状况。早在 2010 年 2 月 8 日印发的《宽严相济意见》中就强调,贯彻宽严相济刑事政策,要根据犯罪的具体情况,实行区别对待,做到该宽则宽,当严则严,宽严相济,罚当其罪,打击和孤立极少数,教育、感化和挽救大多数,最大限度地减少社会对立面,促进社会和谐稳定,维护国家长治久安。对此,《在审理故意杀人、伤害及黑社会性质组织犯罪案件中切实贯彻宽严相济刑事政策》进一步指出,对故意杀人等犯罪总体上应坚持从严惩处的方针。但是在具体案件的处理上,也要分别案件的性质、情节和行为人的主观恶性、人身危险性等情况,把握宽严的范围。在确定从宽与从严的对象时,还应当注意审时度势,对经济社会的发展和治安形势的变化作出准确判断,为构建社会主义和谐社会的目标服务。尤其是在处理因民间矛盾激化引发的案件时,判处重刑尤其是适用死刑应特别慎重,除犯罪情节特别恶劣、犯罪后果特别严重、人身危险性极大的被告人外,一般不应当判处死刑。对于被害人在起因上存在过错,或者是被告人案发后积极赔偿,真诚悔罪,取得被害人或其家属谅解的,应依法从宽处罚,对同时有法定从轻、减轻处罚情节的,应考虑在无期徒刑以下裁量刑罚。同时应重视此类案件中的附带民事调解工作,努力化解双方矛盾,实现积极的"案结事了",增进社会和谐,达成法律效果与社会效果的有机统一。在前述最高人民法院颁布的指导性案例中,"王志才故意杀人案"和"李飞故意杀人案"便落实了这一政策导向。前者的重审法院认为,被告人已构成故意杀人罪,罪行极其严重,论罪应当判处死刑。鉴于本案系因婚恋纠纷引发,归案后坦白悔罪,积极赔偿被害方经济损失,且平时表现较好,故对其判处死刑,可不立即执行。同时考虑到其杀人手段特别残忍,被害人亲属不予谅解,要求依法从严惩处,为有效化解社会矛盾,遂判处死刑缓期二年执行,同时决定对其限制减刑。[①] 后者的重审法院则指出,被告人已构成故意杀人罪,罪行极其严重,论罪应当判处死刑。本案系因民间矛盾引发的犯罪,其案发后坦白,认罪态度好,并由母亲代为赔偿被害方经济损失,虽系累犯,但此前所犯盗窃罪的情节较轻。综合考虑上述情节,故对其不判处死刑立即执行,但鉴于其杀人手段残忍,又系累犯,且被害人亲属不予谅解,遂依法判处死刑缓期二年执行,同时决定对其限制减刑。[②]

这两个案例都是在构建和谐社会的政策指引下,通过创设死缓限制减刑

[①] 参见山东省高级人民法院(2010)鲁刑四终字第 2—1 号刑事判决书。
[②] 参见黑龙江省高级人民法院(2011)黑刑三终字第 63 号刑事判决书。

的适用标准而丰富了死刑政策的内容,在某种意义上,也可以说是创制了新的死刑政策。换言之,从犯罪原因、罪行轻重、其他情节来看,即使是民间矛盾引发的严重故意杀人案件,只要被害人亲属不予谅解,就可在判处死缓时决定对其限制减刑。这就认可了"被害人亲属不予谅解"的加重刑罚效果,①并为追求良好的社会效果而不惜放宽死刑适用标准。

四、公共政策在侵犯财产权利案件中的具体适用

表面上看,最高司法机关制定《办理盗窃案件解释》的目的是保护特定主体的公私财产权益,但当不法行为针对公共财产时,对其进行处罚实际上就具有维护财产秩序和保护社会利益的性质,因而具有利益衡量的必要性。作为发案率最高的财产犯罪之一,"许霆盗窃案"和"于德水盗窃案"的判决结果无疑是公共政策介入刑事司法实践的成功范例。仅就思维方式而言,两起案件的共同之处在于,法官根据罪刑法定原则和罪责刑相适应原则,以盗窃罪构成要件事实的形式推理为主,以其他酌定量刑情节的实质推理为辅,在保护金融机构财产和保障公民取款自由之间取得平衡,对二被告均在法定刑以下量刑。而两起案件的区别之处在于,法官在前案中自始至终以"充分体现法律效果和社会效果的统一"为目标,②在后案中则强调价值多元化对实现个案正义的障碍。③

与公共政策介入破坏社会主义市场经济秩序案件的场合相似,公共机构的财产保护与公民个人的财产保障之间的政策冲突,容易产生犯罪事实清楚、法律适用模糊的难办案件。即使教义分析和法律技能仍然发挥重大作用,但它们独自不足以有效回应。包括理解、吸纳民意的政治性判断和政策考量不可避免,在难办案件处理中起支配或指导作用。④

五、公共政策在妨害社会管理秩序案件中的具体适用

社会秩序是一种重要的公共价值或利益,妨害社会管理秩序罪作为一种

---

① 当只需对行为人处以无期徒刑时,可能因为考虑这一情节而判处死缓;当不应对其决定限制减刑时,可能因为考虑这一情节而决定限制减刑(参见黎宏:《死缓限制减刑及其适用——以最高人民法院发布的两个指导案例为切入点》,载《法学研究》2013 年第 5 期,第 106—107 页)。其他案件如"崔英杰故意杀人案"(北京市第一中级人民法院(2006)一中刑初字第 3500 号刑事判决书)、"邓玉娇故意杀人案"(湖北省巴东县人民法院(2009)巴刑初字第 82 号刑事判决书)的审理过程无不掺杂着被害人亲属强烈的处罚感情,隐含着对被告人从严处罚的感性冲动,但在考察具体情节后,又表现出对作为弱势群体的行为人的人文关怀,存在对其予以从宽处罚的裁量余地。
② 参见广东省高级人民法院(2008)粤高法刑一终字第 170 号刑事裁定书。
③ 参见广东省惠州市惠阳区人民法院(2014)惠阳法刑二初字第 83 号刑事判决书。
④ 参见苏力:《法条主义、民意与难办案件》,载《中外法学》2009 年第 1 期,第 93、109 页。

主要的行政犯罪以保护社会管理制度利益且实现行政管理目标为己任。例如,2018年1月16日印发的《关于办理恶势力刑事案件若干问题的意见》即开宗明义地提出"加强预防惩治的长效机制建设""体现依法从严惩处精神""正确把握'打早打小'与'打准打实'的关系"等总体要求。尽管加强维护社会生活秩序、经济秩序、伦理秩序、司法秩序、公共秩序具有合理性,但不可因此而漠视对公民权益的保护以及对被告人权的保障。一直以来,"刘涌组织、领导黑社会性质组织案"①"李宁组织卖淫案"②"冯支洋等嫖宿幼女案"③"李庄伪造证据、妨害作证案"④"马某等聚众淫乱案"⑤"颜某寻衅滋事案"⑥等争议案件不时触动着公众敏感的神经,持续检验着公共政策介入社会管理的边界,有效推动着对行政权和司法权不当膨胀的限制。前三起案件因为量刑畸轻、不敢扩大解释、没有厘清相似犯罪的本质区别而对社会法益保护不够,受到广泛质疑;后三起案件则因为定性失当、干涉成年人性自主权、进行类推解释而侵犯个人自由和尊严,引起普遍关注。毫无疑问,国家面对日益增长的社会福利需求所采取的政治方略与公民遵从逐渐强烈的个人自治呼声所从事的理性行动之间总是存在难以弥合的缝隙,作为社会治理重要手段的刑法应当保持谦抑性,在追求防控犯罪这一公共利益最大化的同时,不得借口推行公共政策而危及公民自由,不能蜕变为"社会管理法"。⑦ 只有这样,取缔黑社会性质组织的政策、严禁卖淫嫖娼的政策、维护公共秩序的政策才会在特定社会生活领域发挥应有的功能。

从公共政策学和刑法学的关系来看,必须固守公共政策的最小刑法化,防止社会治理的过度刑法化;从公共政策学和犯罪学的关系来看,必须寻找犯罪发生的深层次原因,制定标本兼治的刑事对策。个案样本的细致解读,正是出于对治本之策的期盼而对治标之策的探索。因为宏大的社会改造工程并非短期可以完成,若将希望寄托于此,那么这些具有"深刻"理论外观的"治本之策"恐怕也就意味着对社会问题具体应对策略的放弃,其实际效果可想而知。⑧

---

① 参见最高人民法院(2003)刑提字第5号刑事判决书。
② 参见江苏省南京市中级人民法院(2004)宁刑终字第122号刑事裁定书。
③ 参见徐琛:《冯支洋等嫖宿幼女案》,载最高人民法院刑事审判第一、二、三、四、五庭编:《刑事审判参考》(总第71集),法律出版社2010年版,第22—29页。
④ 参见重庆市第一中级人民法院(2010)渝一中法刑终字第13号刑事判决书。
⑤ 参见张翔、田伟:《"副教授聚众淫乱案"判决的合宪性分析》,载王利明主编:《判解研究》(总第56辑),人民法院出版社2011年版,第170—192页。
⑥ 参见刘宪权、周舟:《虐童不应定"寻衅滋事"》,载《上海法治报》2012年11月7日,第B7版。
⑦ 何荣功:《社会治理"过度刑法化"的法哲学批判》,载《中外法学》2015年第2期,第541页。
⑧ 赵军:《边缘的权利——女性性工作者被害问题经验研究》,中国法制出版社2011年版,第7页。

六、公共政策在贪污受贿案件中的具体适用

《关于办理职务犯罪案件认定自首、立功等量刑情节若干问题的意见》（以下简称为《办理职务犯罪案件认定自首、立功意见》）、《关于办理贪污贿赂刑事案件适用法律若干问题的解释》等规定的施行，并未从根本上改变我国一直奉行的高压反腐、系统反腐、全面反腐政策。二十多年前审结的"胡长清受贿案"①"成克杰受贿案"②的死刑判决已经彰显了我国深入开展反腐败斗争的坚定决心，随后的"王怀忠受贿、巨额财产来源不明案"③"郑筱萸受贿案"④也延续了这一政策精神。而且，近些年发布的指导案例3号"潘玉梅、陈宁受贿案"⑤和11号"杨延虎等贪污案"⑥表明，最高人民法院意欲以此来实现一般预防，表达国家的基本立场以及反腐败的公共政策。⑦但是，反腐败刑罚资源投入和腐败犯罪立案数量之间却呈现出螺旋上升态势，这迫使国家及时调整反腐败战略重心，并在新时期借助"薄熙来受贿、贪污案"⑧"周永康受贿案"⑨"白恩培受贿、巨额财产来源不明案"⑩"张中生受贿、巨额财产来源不明案"⑪等一系列大案、要案，展示了定罪量刑标准、酌定情节评价、死刑执行门槛等具体制度的变化。

反腐败政策的核心利益在于，造就良好的政治生态，增强党的凝聚力，提高综合国力。因此，倡导以预防为导向的积极治理理念，确立"国家法"与"党内法规"的"二元法"反腐体系，⑫推动刑事制裁和纪律处分的配合适用，节约刑罚成本以应对重特大腐败犯罪，是我国反腐败政策的理性选择，而这一切都有赖于反腐刑事政策和其他反腐政策的明确区分。

---

① 参见江西省高级人民法院(2000)赣刑二终字第02号刑事裁定书。
② 参见北京市高级人民法院(2000)高刑终字第434号刑事裁定书。
③ 参见山东省高级人民法院(2004)鲁刑二终字第6号刑事裁定书。
④ 参见北京市高级人民法院(2007)高刑终字第320号刑事裁定书。
⑤ 参见江苏省高级人民法院(2009)苏刑二终字第0028号刑事裁定书。
⑥ 参见浙江省高级人民法院(2009)浙刑二终字第34号刑事裁定书。
⑦ 周光权:《刑事案例指导制度:难题与前景》，载《中外法学》2013年第3期，第482页。
⑧ 参见山东省济南市中级人民法院(2013)济刑二初字第8号刑事判决书。
⑨ 参见天津市第一中级人民法院(2015)一中刑初字第40号刑事判决书。
⑩ 参见赵秉志:《终身监禁第一案之观察》，载《人民法院报》2016年10月10日，第2、3版。
⑪ 参见佚名:《山西省吕梁市原副市长张中生案二审宣判》，载"中共中央纪律检查委员会 中华人民共和国国家监察委员会官网"；https://www.ccdi.gov.cn/yaowen/202110/t20211029_253215_m.html#，最后访问时间:2022-3-19。
⑫ 参见刘艳红:《中国反腐败立法的战略转型及其体系化构建》，载《中国法学》2016年第4期，第218页以下。

第四节　公共政策介入刑事法治实践的适用条件

立足于法律逻辑学和刑事政策学、刑法教义学的互动关系,在体系构造方面,刑事立法缺位、规范含义模糊、法律之间冲突是公共政策介入刑事法治实践的前提条件;区分政策类别、进行利益衡量、强化案例指导是其关键条件;政策合法有效、遵守法治原则、维护公平正义是其限度条件。

一、前提条件

政策与法律的联系表明,二者的经济基础、阶级本质、指导思想和历史使命相同,都反映了人类对自由、平等、公正等核心价值的向往。当作为正式法源的刑事立法出现缺陷时,作为非正式法源的公共政策披着司法解释或指导性案例的"外衣"进入裁判过程,通过及时而妥善地处理典型案件,成为内化于法律的社会治理工具。在此意义上,具备一定的行为规范要素并符合普遍公共价值观的公共政策,在法律渊源体系中就可以占有一席之地,成为实定法之外的"活法"和"软法"。① 正如1979年9月中共中央发布的《关于坚决保证刑法、刑事诉讼法切实实施的指示》所强调的那样:"执行法律和贯彻执行党的路线、方针、政策是一致的。"因此,深刻认识立法不足,以此为前提密切联系公共政策与刑事司法,促进二者协调统一,就决定了公共政策介入司法实践的关键条件和限度条件。

二、关键条件

公共政策有别于刑事政策。并非所有的公共政策都转化为刑事政策,没有转化为刑事政策的公共政策也能影响刑事司法实践。在内容上,公共政策体现了国家有权部门依据特定目标,整合公共资源,平衡社会利益的管理活动。这种制度安排涵括了有利于社会整体发展的所有系统,不一定与惩罚、预防犯罪直接相关。在形式上,公共政策明显宽于刑事法律,遍及经济、社会、文化、生态等各个方面,既保护法益也维护单纯的行政利益。广义的刑事政策模式可能导致刑事政策的泛政治化,模糊政策与法律的界限,造成立法上和司法上不必要的犯罪化,特别是在处理危害公共安全案件、破坏社会主义市场经济秩序案件和妨害社会管理秩序案件时。实际上,就连广义模式的主张者也承认:"社会政策的使命是消除或限制产生犯罪的社会条件;而刑事

---

① 周永军:《公共政策的法律理解与司法运用》,载南京师范大学法学院编:《金陵法律评论》(春季卷),法律出版社2012年版,第46页。

政策首先是通过对犯罪人个体的影响来与犯罪作斗争的。……清楚地和明确地划分政策与法律的界限是我们的义务。……迄今为止我们还没有很好地履行该义务。"①

公共政策旨在实现某种公共利益,必须平衡各方利益,而法律的性质在于权利界定,需要进行利益分配。换言之,公共政策解决社会领域的价值判断和取舍,价值问题构成了现代公共政策的基石。② 同样,法律只有在涉及价值的立场框架中才可能被理解。它是一种文化现象,是一种涉及价值的事物。③ 司法裁判不可能离开价值判断和利益衡量,否则就会陷入价值虚无主义和利益绝对主义。以上各案的审判过程充分说明,法官一直在进行价值权衡和利益考量。法律制度是理性构建的产物,也是利益平衡的产物,所以,其所追求的或所凝固的制度利益是其核心价值,深刻地影响着它的生存和发展。那么,理清该制度的核心利益,对有关具体利益作广泛的"铺陈"和"罗列",④就成为利益衡量论的中心。一般而言,刑事法律的核心利益包括国家法益、社会法益和个人法益,属于犯罪侵犯的主要客体;刑事法律的普通利益与核心利益有关,属于犯罪侵犯的次要客体或随机客体。当二者产生冲突时,原则上应当保护核心利益,但也不可一概而论,尤其是关涉生命保护、弱势群体权益、公权滥用等争议案件时。因此,刑法教义学必须向当今价值多元的社会开放,通过提炼教义规则来反映价值选择——要么维护传统价值观,要么吸收现代价值观⑤——从而在容纳针对利益分歧的多种解决方案中,做出最佳选择。

刑事指导性案例拓宽了公共政策的介入路径,改变了司法解释统治实践的整体格局,既能创制规则,又能宣示政策。可是,回应公共议题只能是其附带功能,⑥否则,就有违指导性案例的本质属性及其预期目的。其实,案例指导制度的诞生就是类型思维的体现。事物本质是一种特殊中的普遍,事实中的价值的现象。它是指向类型的,从其产生的思维是类型式思维。而类型构成普遍与特殊之中点,比较地说来它是一个具体者、一个特殊中的普遍者。

---

① 〔德〕冯·李斯特:《德国刑法教科书》,徐久生译,法律出版社2000年版,第13页;〔德〕冯·李斯特:《论犯罪、刑罚与刑事政策》,徐久生译,北京大学出版社2016年版,第140页。
② 吴学艇:《公共政策视野下的起诉裁量权》,载《中国刑事法杂志》2004年第6期,第4页。
③ 〔德〕G.拉德布鲁赫:《法哲学》,王朴译,法律出版社2005年版,第4页。
④ 参见梁上上:《利益衡量论》(第二版),法律出版社2016年版,第165—166、173—174页。
⑤ 参见劳东燕:《功能主义的刑法解释》,中国人民大学出版社2020年版,第54—55页。
⑥ 参见黄京平:《刑事指导性案例中的公共议题刍议》,载《国家检察官学院学报》2012年第1期,第36页。

类型不仅与抽象的——普遍的概念相区别,而且与个别事物、个别现象区别。① 假如只是重复司法解释或宣传既定方针,就不具有对将来同类型案件的普遍指导作用,就无法区分指导性案例和公共政策、司法解释,就抹杀了推行该制度的创新意义。所以,只有扩大案例选材范围,挑选类型化的疑难案件,②允许其在有利于被告的方向上填补法律漏洞,认可其在说明规范意义、明确裁判标准、解决条文冲突的情况下对刑罚法规进行解释,才能发挥典型案例名副其实的指导功能。

三、限度条件

公共政策的合法性一方面源自决策主体、程序、内容与宪法、法律的一致性,另一方面源自社会公众对其道义性的认可度。只有获得合法授权的公共组织依照专门决策程序制定的符合公众利益诉求、以实现公共利益为目标的政策,才是重视民意表达的体现,才是决策科学化、民主化的要求,才会取得法律效果和社会效果的统一。本章第一节关于公共政策介入刑事法治实践的历史回顾已经表明,随着政策与法律结构关系的逐步改善、良性互动,公共政策往往以目标、导向、指导、措施、支持、试验、环境等形式发挥作用,③并有力制约着刑事法治实践及其成效。

政策功能的适度发挥有益于制定科学的、和谐的、人本的刑事立法,④必须把握刑事立法回应公共政策的限度,不能暗自违背刑法基本原则,警惕公众对安全价值的政治渴求、积极刑法立法观的已然确立、⑤预防型刑法的机能转向对人权造成的潜在侵害。

政策功能的有效行使也有益于开展公正的、高效的、权威的刑事司法,必须严守刑事司法落实公共政策的底线,不得随意突破刑法基本原则,理性看待法益保护目的的优先性,慎重适用实质解释(机能主义或功能主义刑法解释),谨慎发动重刑裁量权。

---

① 参见〔德〕阿图尔·考夫曼:《类推与事物本质——兼论类型理论》,吴从周译,新学林出版股份有限公司1999年版,第105—111页。
② 参见林维:《刑事案例指导制度:价值、困境与完善》,载《中外法学》2013年第3期,第509页。
③ 参见何啸:《改革进程:中国共产党政策与法律关系结构的历史转型》,中共中央党校2014年博士学位论文,第73页以下。
④ 参见高铭暄、孙晓:《论国家政治决策与刑法的变革》,载《法学杂志》2009年第1期,第6—7页。
⑤ 参见周光权:《积极刑法立法观在中国的确立》,载《法学研究》2016年第4期,第23页以下。

第五节　公共政策介入刑事法治实践的应用方法

立足于法律逻辑学和刑法方法论、刑法解释论的互动关系,在操作技术方面,案件事实的认定方法、刑法规范的发现方法和裁判结论的确定方法都属于公共政策介入刑事法治实践的应用方法。

一、案件事实的认定阶段

法官要在犯罪构成的指导下对案件事实进行识别,划定事实范围,关注核心事实,确定案件性质。

作为陈述的案件事实并非自始"既存地"显现给判断者,毋宁必须一方面考量已知的事实,另一方面考虑个别事实在法律上的重要性,以此二者为基础,才能形成案件事实。① 可见,案件事实的认定是法律判断的必经过程,以形成事实得规范判断。即通过规范判断认定某种事实,该事实是以规范形式呈现的,由规范刻画其特征。② 这种案件事实有别于客观事实,它是法律推理的小前提。正确认定案件事实,需要各种有效资源,其中既有犯罪构成,也有公共政策。

例如,《刑法》第 37 条规定,对于犯罪情节轻微不需要判处刑罚的,可以免予刑事处罚,但是可以根据案件的不同情况,适用相应的非刑罚处理方法。第 63 条第 2 款规定,犯罪分子虽然不具有法定减轻处罚情节,但是根据案件的特殊情况,也可以减轻处罚。这里的"案件"就是把以犯罪构成要件为指导形象的实体形成过程看做是一种物体。在刑事案件中,这种实体就不能不是刑事性质的,必须受到刑罚法规的适用的东西,而且还必须是具体的、特殊的东西。③ 即犯罪构成本来就是对多姿多彩的案件事实的抽象,进而被立法者类型化为特殊的行为类型。认定案件事实以犯罪构成为指导,目的在于筛选出典型的不法事实。只有这些事实,才能反映行为的社会危害性。此时,客观事实是否应受法律的调整,表面看来依赖于法官的取舍,实际却可能受制于政策,政策反映了一定社会的公共制度取向。④ 这种制度取向通常由立法者借助犯罪构成灌输给全体公民,但法官在刑法有所缺漏的场合,也可将其作为事实认定的补充资料。前述"孙伟铭以危险方法危害公共安全案""马某

---

① 〔德〕卡尔·拉伦茨:《法学方法论》,陈爱娥译,商务印书馆 2003 年版,第 160 页。
② 陈兴良:《刑法教义学中的价值判断》,载《清华法学》2022 年第 6 期,第 10 页。
③ 〔日〕小野清一郎:《犯罪构成要件理论》,王泰译,中国人民公安大学出版社 2004 年版,第 208 页。
④ 陈金钊、熊明辉主编:《法律逻辑学》,中国人民大学出版社 2012 年版,第 254 页。

等聚众淫乱案""颜某寻衅滋事案"均在事实认定有分歧时,通过考察公共政策的利益取向,在法益和现实之间建立了联系,使体现事物本质的规范目的成为比较者,①从而明确争议焦点,为规范判断提供事实依据。

二、刑法规范的发现阶段

法官要在多元规范体系内,检索包括社会因素、个人因素的各种变量,选择适当的刑法解释方法,获取相匹配的刑法规范群的真实含义。

"一旦有人适用一部法典的一个条文,他就是在适用整个法典。"②这既道出了法律发现的重要性,又揭示了其整体性。法官在面对常规案件时,习惯于在统一法秩序的框架内找法,可假如出现疑难案件,就不得不跳出实定法的局限,将视野扩大到政策、判例等非成文法上,客观上形成了多元规范并存和竞争的局面。他在参照公共政策的原则、精神、价值去过滤规范的过程中,会经受舆论、传统、民意、信念、经验、情感等各方面的压力。这会左右法官的价值判断和利益取舍,影响其选出的规范群及其意义。

显然,政策性解释的过程也是利益衡量的过程。利益衡量需要结合社会环境、经济状况、价值观念等具体情形,对各种利益进行比较,具有妥协性、主观性、相对性,而利益的层次结构是首要难题。③ 法官能够在基本利益的位阶问题上达成共识(如"陆勇销售假药、妨害信用卡管理案"),但往往在不同类型的利益之间、不同主体的利益之间产生争论(如"李庄伪造证据、妨害作证案""王志才故意杀人案")。不过,法律关系实质上也是一种权威化了的利益关系,无论是什么利益,只要经过平衡并被凝固在法律制度之中,就会通过制度利益表现出来。④ 所以,一是要科学确定刑法规范内含的制度利益。"在任何时候,刑法解释都要首先考虑到揭示立法原意,只有在绝对必要的情况下,才可以超越立法原意,将刑法规定的含义解释为条文文字客观上体现出的意思。"⑤立法意图反映了当时的社会形势,并通过法律草案及其说明、立法委员会报告、最终文本、修正案等形式表现为规范目的。二是要正确运用有关刑法解释方法。如果刑罚法规含义明确,就采取形式解释将其作为法律推理的大前提;除非刑罚法规存在漏洞,才在实质解释的价值填充后作为法律推理的大前提。因此,形式解释优先于实质解释,只有当形式解释的初

---

① 参见张明楷:《案件事实的认定方法》,载《法学杂志》2006 年第 2 期,第 33 页。
② 〔德〕卡尔·恩吉施:《法律思维导论》,郑永流译,法律出版社 2004 年版,第 73 页。
③ 参见陈金钊主编:《法律方法论》,北京大学出版社 2013 年版,第 178 页以下。
④ 参见梁上上:《利益衡量论》(第二版),法律出版社 2016 年版,第 118—123 页。
⑤ 李希慧:《刑法解释论》,中国人民公安大学出版社 1995 年版,第 81—82 页。

步结论不适当时,才通过实质解释进行修正或替代。① 三是要合理比较公共政策和拟适用的规范。在公共利益高于制度利益且存在刑法漏洞的场合,只允许进行有利于被告的目的性扩张或限缩,否则就是无节制地适用利益衡量,会危及刑法的稳定性。而且,不可简单地认为社会法益高于个人法益,因为个人法益的集合就是社会法益,保护个人法益对维持社会秩序而言是不可欠缺的。② 由于公共利益的不确定性,在进行利益衡量时也要对其充分铺陈,导入制度利益作为过渡,密切公共利益和个人利益的联系。③ 四是要准确选取可供适用的刑法规范。刑法解释是一项复杂的工作,也是一个重复的过程。法官也许经过对各方利益的多次比较,才能从最早框定的规范群中逐步排除不合适的条文,直至保留与事实最为对应的条文。

三、裁判结论的确定阶段

法官要根据罪刑法定原则,综合运用形式推理和实质推理予以定罪量刑,力求法律效果与社会效果的统一,形式法治与实质法治的协调。

案件事实和刑法规范是法律思维的两个极点,借由一定的逻辑规则连接起来。详言之,规范与事实之间能够"推论",是以存在涵摄关系为前提的;规范与事实之间能够"等置",是以存在归类之可能为前提的;而"评价"始终伴随、渗透于涵摄——推论关系与归类——等置关系的建构过程中。④ 在常规案件中,定罪是一个三段论的涵摄思维、演绎推理过程,关注案件事实、刑法规范和裁判结论之间的逻辑关联性。而在疑难案件中,定罪并不只是一种形式推理,还需重视可以削弱、排斥以上权威性依据的法外因素。前者根据前提与结论之间的形式联系进行推断,而后者根据前提与结论之间的历史的、社会的、政治的、价值的等实质联系进行推断。⑤ 这里的权威性依据或实质联系包括公共政策,在某些场合成为罪与非罪的决定要素(如"李宁组织卖淫案")。由于常规案件或疑难案件都可能成为指导性案例,其裁判要点中隐含的公共政策观会以合法方式传递给同类案件,充实其论证过程(如"潘玉梅、陈宁受贿案"),甚至增补额外的适用标准(如"李飞故意杀人案")。这就是政策导向下的类型思维、类比推理的具体运用。

---

① 参见逄锦温等主编:《刑事法治的理想》,人民法院出版社2016年版,第157—159页。
② 〔日〕大谷实:《刑法讲义总论》(新版第4版),成文堂2012年版,第8页。
③ 参见梁上上:《利益衡量论》(第二版),法律出版社2016年版,第164页以下。
④ 张心向:《在遵从与超越之间——社会学视域下刑法裁判规范实践建构研究》,法律出版社2012年版,第390页。
⑤ 参见〔英〕P. S. 阿蒂亚、〔美〕R. S. 萨默斯:《英美法中的形式与实质——法律推理、法律理论和法律制度的比较研究》,金敏等译,中国政法大学出版社2005年版,第1页以下。

量刑活动也无法拒绝公共政策的进入,特别是在社会影响重大的案件中,公共政策经常借助民意的渠道释放出来,对行为的社会危害性和行为人的人身危险性评价起到直接或间接的反映、揭示作用。① 前述"彭某走私弹药案""许霆盗窃案"裁判过程的一波三折,正好体现了公共政策对酌定量刑情节从宽幅度的实质影响。相反,"成克杰受贿案""郑筱萸受贿案"或许是考虑到极为恶劣的社会影响而判处死刑,反映出公共政策的加重刑罚功能,一定程度上破坏了刑事法治原则。

需要强调的是,公共政策必须在刑法体系内才能对刑事裁判过程发挥作用,否则容易形成目的性(机能性)考察和逻辑性(体系性)思考的对立,导致即使裁判结论是合理的,但论证过程是反教义学的局面。②

本 章 小 结

纵观新中国成立以来刑事法治的发展历程,在整体把握不同历史时期政治、经济、社会等情况的基础上,重点着眼于政策与法律之间的结构关系,可以分为逐步扩展阶段(1949年至1956年)、全面超越阶段(1957年至1977年)、初步协调阶段(1978年至2003年)和深度融合阶段(2004年至2022年)。在每个阶段,政策与法律之间的结构关系呈现出不同特点。

一方面,公共政策一般通过转化为刑法规范或者制定立法解释的方式进入刑事立法领域,成为完善刑法的目标。虽然它不提供具体的裁判标准,却奠定了明确的价值取向。即公共政策的立法介入路径有:公共政策介入刑法典、公共政策介入单行刑法和公共政策介入立法解释。另一方面,公共政策往往通过细化为刑事司法政策,决定司法解释的变动,充实司法解释的内容,制约司法解释的效果。即"公共政策——司法政策——司法解释/指导性案例"的介入路径,决定了公共政策可能在不同场合起到不同作用:填补法律漏洞、阐释刑法规范、明确适用标准和解决规范冲突。

由于刑法规范具有抽象性,刑事司法解释就成为法官裁判时的重要依据之一,并在适用过程中贯彻了某种公共政策和刑事司法政策。依托于"犯罪客观要件——犯罪主观要件——犯罪排除要件"的犯罪论体系,公共政策不仅可以通过目的管道先将刑事政策的目标具体化,以此确定不法行为或有责行为的判断方向,而且能够借助具体刑事政策和特定犯罪构成要件的价值对接,进一步阐明构成要件的含义。(1)当公共政策被贯彻到危害公共安全案

---

① 参见周振杰:《刑事法治视野中的民意分析》,知识产权出版社2008年版,第180—184页。
② 参见周光权:《刑法教义学的实践导向》,载《中国法律评论》2022年第4期,第130—131页。

件中时，司法机关可能无视罪名打击半径的合理边界，导致通过对某些行为进行扩大解释甚至类推解释来满足定罪量刑的需求。(2) 当公共政策被贯彻到破坏社会主义市场经济秩序案件中时，司法机关有时根据法益衡量原理，运用适当的刑法解释方法，缓解法律逻辑与价值判断之间的紧张状况，在经济秩序与经济自由、市场经济管理制度利益和生产者、经营者、消费者等个人利益之间做出适当取舍。(3) 当公共政策被贯彻到侵犯人身权利案件中时，司法机关通过创设死缓限制减刑的适用标准，从而丰富了死刑政策的内容，但也为取得良好的社会效果而不惜放宽死刑适用标准。(4) 当公共政策被贯彻到侵犯财产权利案件中时，司法机关经常面临公共机构财产保护与公民个人财产保障之间的政策冲突，需要兼顾教义学分析和政治性判断。(5) 当公共政策被贯彻到妨害社会管理秩序案件中时，司法机关必须固守公共政策的最小刑法化理念，制定标本兼治的刑事对策。(6) 当公共政策被贯彻到贪污受贿案件中时，司法机关应当区分反腐刑事政策和其他反腐政策，树立以预防为导向的积极治理理念，节约刑罚成本以应对重特大腐败犯罪。

立足于法律逻辑学和刑事政策学、刑法教义学的互动关系，公共政策介入刑事法治实践的前提条件是刑事立法缺位、规范含义模糊、法律之间冲突，其关键条件是区分政策类别、进行利益衡量、强化案例指导，其限度条件是政策合法有效、遵守法治原则、维护公平正义。立足于法律逻辑学和刑法方法论、刑法解释论的互动关系，首先，法官要在犯罪构成的指导下对案件事实进行识别，划定事实范围，关注核心事实，确定案件性质。其次，法官要在多元规范体系内，检索包括社会因素、个人因素的各种变量，选择适当的刑法解释方法，获取相匹配的刑法规范群的真实含义。最后，法官要根据罪刑法定原则，综合运用形式推理和实质推理予以定罪量刑，力求法律效果与社会效果的统一，形式法治与实质法治的协调。

第三章 共同正犯脱离的机能性反思

现有共同正犯脱离理论无法充分应对共同正犯脱离案件的适用缺陷,应当在共同犯罪论教义学化之路上,贯彻归责共犯论、回归共同正犯论和重视不作为犯论,据此提出本土化形塑的教义学方案。深化共犯教义学研究是一个系统工程,对于共同正犯脱离问题应当予以体系化、规范化和机能化解决。因此,本章的研究思路是:首先,全面梳理我国共同正犯脱离案件的司法现状,以揭示其适用缺陷;其次,深入分析目前共同正犯脱离的理论争议,并反思其利弊得失;最后,在严格遵守共同犯罪立法的前提下,结合司法经验和理论知识,提出共同正犯脱离理论中国式方案。

第一节 问题的提出

尽管我国《刑法》关于共同犯罪的规定不同于《德国刑法典》《日本刑法典》中的共犯规定,但是,实务中已经出现了许多共同犯罪脱离的案件,其裁判结果的合理性逐渐引起了学界的关注。近年来,我国部分刑法学者主要是在借鉴日本共犯脱离理论的基础上研究这一问题,[1]虽然取得了较为丰硕的成果,但总体而言,这些研究成果对司法实务的需求回应不够,理论原创性不强。在我国共同犯罪理论已取得了长足发展,并正在形成共犯教义学的背景下,[2]不仅需要关注外国刑法学知识,还要关照本土法律规定和回归中国实践。[3] 换言之,只有我国共同犯罪脱离理论重视现行立法中的特殊规定和当前实践中的疑难问题,才能解决共犯立法体系的兼容问题、共犯教义学知识的引入问题和共犯教义学方法的借鉴问题。

为此,司法实践必须首先转变办理共犯脱离案件的政策观念,在将其与共同犯罪刑事政策进行对接后,落实到罪刑法定原则约束下的共同正犯脱离

---

[1] 参见王昭武:《我国"共犯关系的脱离"研究述评》,载赵秉志主编:《刑法论丛》(第12卷),法律出版社2007年版,第130页以下。
[2] 参见陈兴良:《走向共犯的教义学——一个学术史的考察》,载陈兴良主编:《刑事法评论》(第25卷),北京大学出版社2009年版,第432页以下。
[3] 钱叶六:《中国共犯理论发展评价与展望——以〈法学研究〉刊文为主要素材》,载《上海政法学院学报》2018年第3期,第118页。

判断过程中。实际上,司法机关在办理共同犯罪案件时,一直秉承着区别对待的政策方针,并将其转化为宽严相济的刑事政策,不仅注重对犯罪集团的严厉打击,而且没有排斥对脱离者的从宽处罚。例如,《关于当前办理集团犯罪案件中具体应用法律的若干问题的解答》指出,办理团伙犯罪的重大案件,应当在党的方针政策指导下,依照《刑法》等有关规定执行。对犯罪团伙既要坚决打击,又必须打准。办理犯罪集团和一般共同犯罪中的重大案件,应根据犯罪分子在犯罪活动中的地位、作用及危害大小,依照党的政策和《刑法》等规定,实行区别对待。这就为法官全面考察共同犯罪案件事实,科学把握从严情节和从宽情节确定了政策目标。再如,《宽严相济意见》第 30、33 条规定,对于有组织犯罪和犯罪集团,在处理时要分别情况,区别对待。在共同犯罪案件中,对于主犯或首要分子的立功情节,应根据检举、揭发的内容,予以适度的从宽评价。对于从犯或犯罪集团中的一般成员立功,则应当充分体现政策,依法进行从宽处罚。这就为实务人员区分各类脱离者并给予相对宽宥的规范评价提出了政策要求。综上所述,从"区别对待"的公共政策到"相对宽宥"的具体政策的发展过程表明,公共政策对共同犯罪司法实践的介入始终坚守罪刑法定原则,主要借助解释性文件落实政策目标、要求,不仅为共犯教义学研究提供了充足的研究资料,而且打通了刑事政策从刑法体系外进入刑法体系内的管道。

一、我国共同正犯脱离案件的司法现状

笔者选取的研究样本均来自"中国裁判文书网",搜索的关键词为"未遂＋共同犯罪""中止＋共同犯罪""既遂＋共同犯罪""退出＋共同犯罪"以及"脱离＋共同犯罪",设置的裁判截止日期为"2020 年 2 月 29 日",一共得到 82 份裁判文书。经过整理,发现其中共同正犯脱离案件有 75 件,占 91.5%;教唆犯脱离案件有 1 件,占 1.2%;帮助犯脱离案件有 6 件,占 7.3%。为了突出研究重点,本章将样本范围确定为共同正犯脱离案件,在剔除退出共同犯罪的辩称与查明事实不符、根本没有退出共同犯罪的情节、没有证据证实阻止他人实施犯罪等无效样本后,尚余 66 件。

在罪刑法定原则的限制下,尽管法官很少使用"共同犯罪脱离"的概念或者尚未对"共同犯罪脱离"予以解释,但以事实特征或处理方式为标准,可以对上述案件做出相应分类。

(一)以事实特征为标准的案件类型

第一类为单纯脱离型案件。这类案件的特点在于,行为人退出共同正犯

关系一般没有特殊原因（多表现为直接离开犯罪现场），未必表明了脱离意思，对其他人继续犯罪知情，仍然实施参与事后分赃等体现原来合意延续的举动。如在"华水群等故意伤害案"中，一审法院认为，华水群等人持械致一人重伤，在犯罪过程中只是离开现场，没有阻止其他共犯或防止危害结果发生，应对其他共犯的行为承担责任，构成既遂。① 行为人并未及时履行结果回避义务，所以，仅凭他没有对其他人的行为和决意造成有效阻碍的事实，就难以认为其脱离了共同正犯。

第二类为计划变更型案件。这类案件的特点在于，行为人退出共同正犯关系通常具备特定理由（如认为公司资金不该拿而主动停止犯罪、退出合伙并完成结算、产生内部矛盾而不再参与犯罪等），明确表明了脱离意思，对其他人继续犯罪并不知情，未再实施参与事后分赃等体现原来合意延续的举动。如在"朱某等非法获取计算机信息系统数据案"中，一审法院认为，从2015年7月开始，冉某光、朱某等人预谋以通过银行内网查询个人信用报告的方式谋利。同年8月17日，由于内部产生矛盾，朱杰不再与冉俊光等人共同实施犯罪。此后直到9月1日，冉某光等人继续利用上述手段非法获利。朱杰系主犯，但自2015年8月18日脱离共同犯罪，酌情从轻处罚。② 虽然行为人在脱离前对犯罪完成发挥了积极作用，但其他人在脱离后就内部分工、获利分配形成新的合意，行为人的结果回避义务因各人协商一致变更犯罪决议内容而被豁免，可以认为其脱离了共同正犯。在量刑阶段从宽处罚，是对其本应在定罪阶段评价的脱离情节所给予的追认。

（二）以处理方式为标准的案件类型

第一类是作为共同正犯中止处理的案件。此类案件承认行为人构成共同正犯的中止，但没有从共同犯罪脱离的角度予以分析，有混淆共同犯罪中止和共同犯罪脱离之嫌。如在"王某轩等故意杀人案"中，一审法院认为，1992年8月15日傍晚，王某轩用事先准备好的背包带将吴某勒昏后投入机井中，吴某苏醒后往上爬，石某轩心中害怕，就让王某轩回家叫其哥石某德商量此事。石某德闻讯赶到现场，三人商议后让吴某从井中爬出来，后王某轩

---

① 参见广东省始兴县人民法院(2017)粤0222刑初111号刑事判决书。还如"纪某某等虚开增值税专用发票案"（参见云南省安宁市人民法院(2017)云0181刑初333号刑事判决书)、"金某松等强迫交易案"（参见河北省迁西县人民法院(2018)冀0227刑初131号刑事判决书)等。
② 参见湖南省津市市人民法院(2016)湘0781刑初22号刑事判决书。还如"张某强等诈骗案"（参见江苏省无锡市中级人民法院(2016)苏02刑终21号刑事判决书)、"符某忠等开设赌场案"（参见江西省共青城市人民法院(2019)赣0482刑初39号刑事判决书)等。

和石某轩一起开机动三轮车将吴某送走。王某轩系共同犯罪、犯罪中止。①这种处理方式没有区分两种不同的共犯形态,因而属于混同处理型案件。

第二类是作为共同正犯既遂处理的案件。此类案件通过否定行为人构成共同正犯的中止,同时否定了其成立共同正犯的脱离,不存在任何从宽处罚情节。如在"刘某欣等假冒注册商标案"中,二审法院认为,刘某欣回乡期间,其主观上并未放弃假冒注册商标犯罪,而是要求宋某凯接替其继续经营水站,未阻止共犯继续犯罪或阻止犯罪结果发生,故应对共同犯罪承担全部刑事责任。宋某凯系实行犯,在共同犯罪中的地位、作用与刘某欣相当,不宜区分主从犯。② 这种处理方式全面追究行为人的刑事责任,因而属于严格处理型案件。

第三类是作为共同犯罪从犯处理的案件。此类案件在赋予行为人构成从犯具有的法律后果的同时,暗含了对其脱离共同正犯行为的肯定,依法给予适当的从宽处罚。如在"张少红等贪污案"中,一审法院认为,自 2008 年 4 月至 2011 年 11 月底,张少红与孟晓华、黄莉共同实施贪污犯罪;而自 2011 年 12 月至 2014 年 11 月间,仅有孟晓华、黄莉共同实施贪污犯罪;张少红既不再参与分钱,对其余二人之后的行为也不知情。孟晓华、黄莉贪污数额特别巨大,张少红贪污数额巨大。张少红在共同犯罪中所起作用、所处地位、赃款分配上均相较于其余二人要少和次要,系从犯,依法可对其从轻处罚。③这种处理方式一并认定了脱离共同正犯的事实和从犯情节,只是前者并不具有独立的实体法意义,而是附属于后者的规范性评价,因而属于包括处理型案件。

第四类是作为酌定量刑情节处理的案件。此类案件一般不会认定行为人构成共同正犯的中止,但表明了对其脱离共同正犯行为的认可,酌情给予合理的从宽处罚。如在"罗某等赌博案"中,一审法院认为,2015 年 2 月 24 日开始,林某甲伙同罗某聚众赌博。因罗某于同年 4 月 24 日退出合伙并完成结算,且现有证据不足以证明其知晓 4 月 24 日后的涉案账户内收支情况,故认定罗某于 2015 年 2 月 24 日至 4 月 24 日参与聚众赌博。罗某的涉案金额

---

① 参见河南省郑州市中级人民法院(2015)郑刑执字第 2431 号刑事裁定书。
② 参见上海市第三中级人民法院(2017)沪 03 刑终 36 号刑事裁定书。还如"王某良等非法制造、买卖爆炸物案"(参见山东省高级人民法院(2014)鲁刑一终字第 4 号刑事裁定书)、"金某、许某宏等串通投标案"(参见浙江省瑞安市人民法院(2018)浙 0381 刑初 1876 号刑事判决书)等。
③ 参见青海省西宁市城东区人民法院(2015)东刑初字第 266 号刑事判决书。还如"毕某等聚众斗殴案"(参见湖北省荆州市沙市区人民法院(2017)鄂 1002 刑初 167 号刑事判决书)、"高某松等盗窃案"(参见安徽省合肥市中级人民法院(2018)皖 01 刑终 316 号刑事裁定书)等。

为189.1万元,林某甲的涉案金额为223.95万元。罗某系自首,应依法从轻处罚;且提前退出赌博合伙,可酌情从轻处罚。① 这种处理方式承认了脱离共同正犯事实所独立具有的实体法意义,将其规范定位从法定量刑情节序列调整至酌定量刑情节序列,因而属于转移处理型案件。

二、我国共同正犯脱离案件的适用缺陷

实证研究表明,共同犯罪立法具有较大的解释余地、共犯脱离理论的基础知识存在供给不足以及共犯脱离理论的方法论研究不够深入等原因,造成我国共同正犯脱离案件在司法实践中表现出某些缺陷。

(一)共同正犯脱离案件的具体类型混杂

现行《刑法》以作用为主兼顾分工对共同犯罪人进行分类,重视量刑问题的解决,而在一定程度上忽视了定罪问题的解决,因此,我国共同正犯脱离案件的司法现状也呈现出"重量刑而轻定罪"或者"重法律后果评价而轻行为形态分析"的倾向。正是在这种倾向的潜移默化之下,混同处理型案件、严格处理型案件、包括处理型案件和转移处理型案件同时存在,并与单纯脱离型案件、计划变更型案件相互交叉。

(二)共同正犯脱离案件的认定标准不当

一方面,因为《刑法》总则只规定了犯罪预备、未遂和中止三种故意犯罪的未完成形态,这些案件往往以行为人是否成立犯罪中止作为认定共犯脱离的切入点:如果其构成共同正犯的中止,自然也构成共同正犯的脱离;假如其不构成共同正犯的中止,就再进一步讨论其停止形态。这意味着,司法机关尚未正确理解共同犯罪脱离的功能定位,对其运用的认定标准过于严苛。另一方面,由于立法机关没有将共同犯罪脱离法定化,司法机关一般会基于实用主义考虑,根据案件具体情况予以个案处理。在某种意义上,上述两类特色鲜明的案件可以分别采取"规范的因果关系切断说""共犯关系解消说"或"共谋射程理论"进行解读,以上四种处理方式也多少带有"因果关系切断说"等理论的思维痕迹,而且,大多数案件都隐含着"犯罪中止准用说"的裁判逻辑。这表明,司法机关还没有习惯体系性地判断共同正犯脱离案件,对其运

---

① 参见浙江省温州市鹿城区人民法院(2015)温鹿刑初字第1665号刑事判决书。还如"潘某梅等窃取信用卡信息案"(参见浙江省绍兴市中级人民法院(2016)浙06刑终321号刑事裁定书)、"周某斌等销售假冒注册商标的商品案"(参见江苏省南京市中级人民法院(2018)苏01刑终897号刑事裁定书)等。

用的认定标准不够统一。总之,目前我国司法实务并未形成对共犯脱离理论的广泛认同,从而直接导致共同正犯脱离案件的适用标准不当。

(三)共同正犯脱离案件的实际效果存疑

共犯脱离理论的预期效果在于,准确评价退出者的行为,鼓励共犯人及时退出共犯关系,完善共同犯罪的退出机制。然而,我国共同正犯脱离案件的实际效果却是,改善犯罪既遂和犯罪中止处罚机能衔接的政策性考量掩盖了对脱离前后共同正犯关系的规范性评价(如计划变更型案件),量刑均衡的个别考虑优先于共同正犯关系的归责判断(如包括处理型案件),常见量刑情节的理据考察压缩了共同正犯脱离的存在空间(如转移处理型案件)。

第二节 我国共同正犯脱离的理论争议及其评析

随着域外刑法理论引进力度的不断加大,我国刑法学界保持对共同犯罪立法、司法实践的高度关注,将共犯脱离理论置于中国法治视野下进行探索,出现了五种代表性观点。这些学说的确具有浓厚的日本刑法学色彩,但在我国刑法理论语境下也显示出许多自身特点,有必要全面检讨其利弊得失,以夯实共同正犯脱离的理论基础。

一、我国共同正犯脱离的理论争议

(一)"犯罪中止准用说"的主要内容

该说主张,共同犯罪的脱离和共同犯罪的中止之间关系密切,其成立条件主要有:其一,自动放弃共同犯罪故意;其二,实施脱离共同犯罪行为。一旦行为人成功脱离共犯关系,就构成共同正犯的中止;倘若行为人脱离共犯关系失败,则通过考虑其阻止他人实行犯罪或阻止犯罪结果发生的真挚努力而以共同正犯的准中止论处。

(二)"因果关系切断说"的主要内容

该说主张,虽然共同犯罪脱离和共同犯罪中止有着相同的价值目标,但二者属于不同的理论范畴:前者不是后者的救济之策,后者仅是前者的一种特殊情形。成立共同犯罪的脱离,不必要求"自动性"(或"真挚性")、"彻底性"。如果行为人实施脱离行为,切断了自己之前的实行行为与其他人的实行行为在物理上和心理上的因果关系,就成立共同正犯的脱离,对其后的犯罪结果不承担刑事责任。

(三)"规范的因果关系切断说"的主要内容

该说主张,基于对"部分实行全部责任"原则的批判,有必要规范地考察脱离者是否切断了当初的加功行为与其他人行为及其结果之间物理、心理的因果关系。在共同正犯因果关系的认定上,用规范论层面的价值评价修正存在论层面的事实判断。假如行为人因实施脱离行为或者表明脱离意思、付出真挚努力而致使事实上的因果性影响为零,就构成共同正犯的脱离;即使行为人之前的实行行为还残存着物理性影响或心理性影响,但其脱离行为只要消解了法益侵害风险或平复了规范震动,同样成立共同正犯的脱离。

(四)"共犯关系解消说"的主要内容

该说主张,以因果关系的判断为基础,通过考察脱离前后共犯关系的同一性,以确认共同犯罪的脱离是否达到解除既存共犯关系的程度。详言之,如果行为人退出之后,其他人形成新的犯意并继续实行犯罪,就因为既存共同正犯关系的解消而构成共同正犯的脱离。反之,尽管行为人实施了脱离行为,但其他人还是在原有共同正犯关系的作用范围内继续实行犯罪,则不能因为既存共同正犯关系的解消而成立共同正犯的脱离。

(五)"共谋射程理论"的主要内容

该说主张,必须区分作为事实判断的共同犯罪脱离和作为价值判断的共犯关系解消,共同犯罪的脱离问题应当立足于共同犯罪的本质来解决。根据行为共同说,只要引起构成要件结果的实行行为在共谋射程之内,即成立共同正犯。于是,以引起最终结果的行为是否是基于当初的共谋所实施作为判断标准,确定退出之后的行为和结果究竟是由包括行为人在内的既存共犯关系引起的,还是由不包括行为人在内的新的共犯关系引起的。

二、我国共同正犯脱离的理论评析

(一)针对"犯罪中止准用说"的评析

这种观点的特色在于:(1)虽然注意到了共同犯罪脱离和共同犯罪中止之间的区别,但仍然以后者的成立条件去衡量前者能否成立,致使前者只能准用后者的处罚原则;①(2)以中止犯的减免处罚根据尤其是刑事政策的价值目标去设置共同犯罪的脱离要件,强调脱离意思的主观判断;②(3)准中止犯是为了奖励做出真诚努力的行为人而拟制的一种法律制度,必将提出较高的成立要求。③

但是,该说的理论定位错误,将共同犯罪脱离论融入共同犯罪中止论中,从而抹杀了共同犯罪的构成要件理论和共同犯罪的停止形态理论之间的界限。④ 而且,正因为没有明确共同犯罪的本质、处罚根据,它迫于"若不成立中止犯,就成立既遂犯"的立法刚性束缚,产生了在既遂犯责任和预备犯责任之间寻求"折中"的柔性适用逻辑,在共犯关系依然存续的情况下,把本来意义上的既遂犯置换为一种特殊的中止犯。⑤ 因为"自动性"成为脱离共同犯罪的必备条件之一,只好类推适用"造成损害的"中止犯处罚原则进行裁量。这既有违反罪刑法定原则之嫌,也会导致不当的理论归结。即脱离者的责任未必总是轻于既遂犯或未遂犯而重于中止犯或预备犯,不能因为《刑法》规定了犯罪中止的法律后果,就简单地将其作为共同犯罪脱离的准用标尺,进而忽视对脱离行为的客观表现、积极作用的实质评价。退一步讲,即使刑事立法将准中止犯制度予以法定化,但准中止犯与中止犯在真挚性和非实效性上的差异,⑥可能在类比共同正犯的脱离和共同正犯的中止时被遮蔽,从而减小脱离共同正犯的几率。

(二)针对"因果关系切断说"的评析

这种观点的特色在于:(1)判断立场由主观主义转向客观主义,较为忠实地贯彻了"因果共犯论";⑦(2)注重共同犯罪脱离和共同犯罪中止的异同,力图在某种程度上突破共同犯罪中止的条件要求而对共同犯罪脱离进行缓

---

① 参见袁彬:《准中止犯研究》,中国法制出版社2015年版,第279—287页。
② 参见赵慧:《论共犯关系的脱离》,载《法学评论》2003年第5期,第55—61页。
③ 参见赵秉志主编:《犯罪总论问题探索》,法律出版社2003年版,第471—479页。
④ "朱某等非法获取计算机信息系统数据案"就隐含着这样的运作思维。
⑤ "罗某等赌博案"即体现了这样的分析过程。
⑥ 我国台湾地区刑法第27条规定:"已着手于犯罪行为之实行,而因己意中止或防止其结果之发生者,减轻或免除其刑。结果之不发生,非防止行为所致,而行为人已尽力为防止行为者,亦同。前项规定,于正犯或共犯中之一人或数人,因己意防止犯罪结果之发生,或结果之不发生,非防止行为所致,而行为人已尽力为防止行为者,亦适用之。"这是关于中止犯的规定,其中包括了关于正犯或共犯的准中止犯的规定(林山田:《刑法通论 下册》(增订十版),北京大学出版社2012年版,第53页)。
⑦ 参见谢雄伟、张平:《论共犯关系的脱离之根据》,载《学术界》2006年第3期,第165—166页。

和认定;①(3)因果关系的判断不仅是事实认定问题,也必然是价值评价问题;②(4)以共犯因果性的判断为核心,区别对待共谋共同正犯的脱离和实行共同正犯的脱离,以全面实现刑法的谦抑性;③(5)带有明显的理论移植色彩,与前述的"犯罪中止准用说"和后述的"规范的因果关系切断说"等见解并非相互排斥。④

不过,有疑问的是,首先,该说仅以共同犯罪的归责根据为抓手,无法完全确定其归责范围、程度。换言之,共犯处罚根据中的因果关系是广义共犯成立的共通条件,而共同正犯脱离中的因果关系是共同正犯性判断的特定条件,二者绝非同一性质。其次,它没有对因果关系概念予以严格定义,导致认定标准模糊。一方面,假如该说指向的是事实的因果关系,切断因果关系就意味着防止结果发生,构成共同正犯的脱离;但如果结果已经发生,要么说明没有切断因果关系,要么说明虽切断了因果关系,但由其他介入因素产生结果,不能判定是否构成共同正犯的脱离。另一方面,倘若它指向的是法律的因果关系,则存在放宽适用的余地,在消除实行行为的加功效果之际,即成立共同正犯的脱离。⑤ 但是,此处尚未明确缓和认定的限度标准。再次,事实判断有余,规范评价不足。是否采取结果防止措施并不是决定性的标准,只是因果关系的判断要素之一。其实,只要行为人开启了共同实行行为法益侵害的因果流,就不可能回溯性地消除已经产生的影响力,除非设定新的判断标准和具体下位规则。最后,一旦仅着眼于因果关系的判断,大部分情况下脱离共同正犯就相当困难,特别是几乎不可能彻底消除心理性影响。⑥

(三)针对"规范的因果关系切断说"的评析

这种学说的特色在于,(1)在恪守"因果共犯论"基本立场的同时,进一步提高了因果关系判断的规范化水平,显著拓宽了共犯关系的退出渠道。⑦(2)因果关系判断的精细化程度也随之提高,判断基准的具体化产生了主观基准条件(表达脱离意思并为他人所了解)、客观基准条件(停止自己犯行且

---

① 参见林亚刚:《刑法学教义》(总论),北京大学出版社 2014 年版,第 543 页。
② 程红:《中止犯研究》,中国人民公安大学出版社 2015 年版,第 319—320 页。
③ 姚万勤:《日本刑法中脱离共同正犯关系研究及其启示》,载《政治与法律》2014 年第 11 期,第 25—27 页。
④ 参见付晓雅、高铭暄:《论共犯关系脱离的具体认定与法律责任》,载《法律科学》2016 年第 1 期,第 51—52 页。
⑤ 参见周光权:《刑法总论》(第四版),中国人民大学出版社 2021 年版,第 378—379 页。
⑥ "华某群等故意伤害案"就因此被判定不构成共同正犯的脱离。
⑦ 参见陈祖瀚:《共犯脱离理论的评判与提倡》,载《理论界》2019 年第 5 期,第 63 页以下。

解除与他人的共犯关系)以及效果基准条件(规范考察因果关系的实际切断),①或者切断标准的软式化分解为是否消解客观风险的物理因果关系考察以及是否平复规范震动的心理因果关系考察。② 以上两种体系化尝试均在一定程度上增强了规范因果关系判断的可操作性。(3)共同正犯的脱离既是因果关系的判断问题,也是结果归属的判断问题,③旨在谋求共犯责任的进入机制和退出机制、刑法的法益保护机能和人权保障机能之间的平衡。

尽管该说在方法论上的进步值得肯定,但仍有一些缺憾。其一,因果关系本是存在有无的性质判断,而非强弱大小的程度判断。即使共同正犯的因果关系确实有着程度差异,也难以提出一致的规范评价标准。其二,因果关系切断并非共同正犯脱离的唯一根据,因果关系的判断可能掩盖共同正犯关系的考察。无论是从事实的角度还是从规范的角度,它都不能提供充分的教义学阐释。既然共同正犯脱离的判断对象是共同正犯,那么,与其说是切断因果性影响,倒不如说是解除共同正犯性。其三,个别判断标准未能起到分化瓦解共同正犯的作用,有悖于相对宽宥地认定共同正犯脱离的初衷。④ 具言之,第一种体系化尝试对解除共犯关系和切断因果关系存在重复评价之嫌,效果基准条件与主观、客观基准条件之间缺乏整合性;第二种体系化尝试设定的是否付出真挚努力的反向复检条件纯属多余,不能解释为何对是否消解客观风险仅仅进行正面判断。其四,对共犯处罚根据存在误解,片面支持违法相对性判断,重视共同正犯的共犯性而忽视其正犯性。易言之,只有合理界定共同正犯的性质和正确认识"部分行为全部责任"原则的内涵,⑤才不至于陷入因果性判断的窠臼而不能自拔。

(四)针对"共犯关系解消说"的评析

这种学说的特色在于,(1)不仅沿袭"因果关系切断说"的思路,而且结合我国共同犯罪立法和司法实践进行了适度改造,尤其是对组织犯脱离和共同实行犯脱离的重新审视,体现了对本土法治实践的强烈关照。⑥ (2)脱离共同犯罪就意味着解除共犯关系,它关注的焦点是,危害结果发生之后如何

---

① 参见刘艳红:《共犯脱离判断基准:规范的因果关系遮断说》,载《中外法学》2013年第4期,第755页以下。
② 参见王霖:《共犯责任退出机制的反思性检讨:修正因果关系遮断说的构建》,载《政治与法律》2017年第6期,第95页以下。
③ 张明楷:《刑法学》(第六版 上册),法律出版社2021年版,第605—606页。
④ "刘某欣等假冒注册商标案"也因此未被认定为共同正犯的脱离。
⑤ 参见张明楷:《共同正犯的基本问题》,载《中外法学》2019年第5期,第1141页以下。
⑥ 参见刘雪梅:《共犯中止研究》,中国人民公安大学出版社2011年版,第299—300、309—314、326—342页。

适当评价脱离者的罪责。①因此,只有那些对其他人实行行为及其危害结果有实质影响的情节,才能成为共同正犯脱离的成立条件,而别的情节不过是判断资料而已。(3)在共同正犯脱离的成立条件上,可以对脱离意思的表明及其认可予以扩大解释,应当对脱离行为导致共同正犯关系存续的困难程度进行实质解释。②不同类型的共同正犯,其脱离要件有所差异。(4)在共同正犯脱离的具体类型上,对于共谋共同正犯的脱离而言,根据参与共谋的程度及其地位、作用等,以行为人脱离之后其他共谋者的犯罪行为是否基于新的共谋关系所实施为标准;对于实行共同正犯的脱离而言,根据实行行为的发展阶段、危险性大小和时间、地点的连续性等,以行为人脱离之后其他共犯人行为的法益侵害性或共同正犯性是否发生质的变化为标准。③(5)试图摆脱"成立因果关系就无法切断"的窘境,寻找一条通过对比分析共同正犯关系来代替狭隘认定因果关系切断的救赎之道。④

然而,该说依然将因果关系的判断蕴于共犯关系的判断之中,不仅没有区分二者,也未厘清双方之间的关系。而且,共同正犯脱离成立条件的完备,并不能弥补共犯关系解消判断的方法论缺位,与前面两种学说存在同样的不足。所以,仅仅凭借共犯关系是否发生质变的判断公式,未必有助于共同正犯脱离的精密分析,或许需要将其进一步体系化,以避免可能出现的同案异判。此外,对于参与程度高的组织犯、共谋共同正犯中的首谋者和实行共同正犯中的主犯来说,认定共同正犯脱离的要求会非常高,甚至会与共同正犯中止的条件无异。⑤可见,当行为人退出后仍对其他人造成的法益侵害结果残留着一定的因果性影响,或者采取的结果防止措施不足以完全消除脱离前实行行为的危险性时,如何界定共犯关系解消的边界,⑥也是一个亟待解决的难题。

(五)针对"共谋射程理论"的评析

这种学说的特色在于,(1)在对共同犯罪基础理论予以机能化检讨的基础上,提倡共谋射程的管辖范围这一全新的判断视角。为了合理界定共同正犯的归责边界,共谋射程的内容应当包括"有参与共谋的意思""实际参与了

---

① 黎宏:《刑法学》,法律出版社2012年版,第305—306页。
② 参见郑泽善:《共犯论争议问题研究》,中国书籍出版社2019年版,第263—270页。
③ 参见金泽刚:《论共犯关系之脱离》,载《法学研究》2006年第2期,第106—110页。
④ 参见王奎、周阳:《独立预备罪中共同正犯关系脱离的认定与处罚》,载黄明儒主编:《共犯前沿问题研究》,湘潭大学出版社2017年版,第204页。
⑤ "王某轩等故意杀人案"即为适例。
⑥ 参见陈兴良主编:《判例刑法教程》(总则篇),北京大学出版社2015年版,第139—142页。

共谋"和"行为是基于共谋而实施"。①（2）作为研究共同犯罪疑难问题的前提性理论，对正犯实行过限、②实行犯的共犯转化③等问题进行体系性阐释，既提升了学说品格，又体现出很强的理论包容性。（3）在分析思路上，强调实质、客观和规范的认定，通过把握共谋事实、行为分工等方面以加大对共谋共同正犯的限制力度，④从而更合理地划定共同正犯脱离的界限。（4）在分析方法上，提出转用客观归责理论，判断剩余者有无阻断行为人当初基于共谋实施的实行行为所创设的法益侵害风险，其目的在于确认脱离者的共同正犯性。⑤

虽然该说推崇新的研究视角，但在概念界定、体系定位、标准选择等方面还需进一步斟酌。详言之，"共谋射程"属于一个多义的概念，在广义上，它研究的是最终结果是否由共同意思支配之下的共同行为所引起；⑥而在狭义上，它研究的是共同正犯之间的相互利用、补充关系是否处于共谋范围之内。若在广义上使用，它有成为共犯归责基本理论的趋势，导致与共犯关系解消的探讨有所重合——两种学说都旨在解决引起法益侵害结果的因果性判断问题。若在狭义上使用，它强行区分共谋射程的内容和共同正犯的成立条件，肯定二者之间的交叉关系，却没有讨论其相互转化的具体情形。因此，其论证过程有可能如"新瓶装旧酒"一般，无法制止"规范的因果关系切断说""共犯关系解消说"嵌入其中，⑦并未通过再造判断标准和明确判断因素，充分展现自身的方法论优势。

第三节　共同正犯脱离理论本土化形塑的教义学基础

一、中国和日本相关学说的比较研究及其启示

既如前述，我国共同正犯脱离理论不是对日本共犯脱离理论的生搬硬套，比较两国相关学说的发展脉络，具有深刻的启示意义。

综观日本有关共犯脱离的学说，主要有"脱离意思的表明及其认可说"

---

① 参见王昭武：《论共谋的射程》，载《中外法学》2013年第1期，第154页以下。
② 王彦强：《共同犯罪中的罪量要素认识错误》，载《法律科学》2015年第6期，第88页。
③ 参见张永强：《共犯转化的法教义学分析》，载《法学》2017年第6期，第175—177页。
④ 参见王冠军：《试论共谋共同正犯的规范限缩》，载《四川警察学院学报》2019年第3期，第132—134页。
⑤ 参见吴学龙：《共犯关系脱离新论——以脱离前行为产生作为义务为切入点》，载《安徽警官职业学院学报》2018年第6期，第39—44页。
⑥ 王昭武：《共谋射程理论与共犯关系脱离的认定——兼与刘艳红教授商榷》，载《法律科学》2016年第1期，第66页。
⑦ "张少红等贪污案"根据这两种理论分析，也能得出同样的结论。

(即一旦行为人任意地表明从共谋的同伙中退出并获得认可,至此所形成的共同意思主体就归于消灭,成立共犯的中止)、①"障碍未遂准用说"(即对于着手实行后而未达既遂的部分共同正犯,当其切断与其他共犯者之间相互利用、补充的共同关系时,应当追究准用共同正犯之障碍未遂的责任)、②"(规范的)因果关系切断说"③"共犯关系解消说"④和"共谋射程理论"。⑤ 除了前两种学说,后三种学说在被引入我国时,其基本概念和理论内核均得以保留,故不予赘述。与之相比,首先,"犯罪中止准用说"为了克服"障碍未遂准用说"对不构成中止的行为人"退而求其次"地认定为未遂犯的缺憾,积极谋求将其"等量齐观"地认定为准中止犯。这就可以解释为何有人提出立法建议,要求在中止犯的条文中增设准中止犯制度。⑥ 有别于日本学者消极的解释论主张,中国学者希望能在立法论上扭转对共犯脱离例外处罚的局面。其次,我国理论界并非完全否定"脱离意思的表明及其认可"的判断公式,而是将其内化为因果关系切断或共犯关系解消的下位标准。在域外关于犯罪参与体系、共同正犯理论研究成果持续输入的过程中,尽管我国学者吸收了日本学者的研究思路,也以因果关系判断作为切入点,但就其功能定位、适用根据、判断标准尚未达成一致意见,"因果关系切断说""规范的因果关系切断说"带有相当明显的过渡性质。这与其在日本的通说地位无法相提并论。⑦ 最后,

---

① 参见〔日〕吉田常次郎:《刑法上的诸问题》,有信堂1962年版,第74页;〔日〕井上正治:《共犯与中止犯》,载〔日〕平野龙一等编集:《判例演习(刑法总论)》,有斐阁1960年版,第212页。我国学者将其译为"共同意思阙如说"或"共同意思欠缺说"。
② 参见〔日〕大塚仁:《刑法概说(总论)》(第四版),有斐阁2008年版,第347—350页;〔日〕佐久间修:《刑法总论》,成文堂2009年版,第404页。
③ 参见〔日〕平野龙一:《刑法总论Ⅱ》,有斐阁1975年版,第380—385页;〔日〕小林宪太郎:《刑法总论的理论与实务》,判例时报社2018年版,第577—578页。
④ 参见〔日〕大谷实:《刑法讲义总论》(新版第4版),成文堂2012年版,第468—473页;〔日〕丸山雅夫:《共犯关系的解消》,载〔日〕高桥则夫等编集:《日髙义博先生古稀祝贺论文集》(上卷),成文堂2018年版,第571—590页。
⑤ 参见〔日〕十河太朗:《论共谋的射程》,载〔日〕川端博等编集:《理论刑法学的探究》(3),成文堂2010年版,第73页以下;〔日〕桥爪隆:《共谋的射程与共犯的错误》,载《法学教室》2010年第359号,第20页以下。
⑥ 参见赵秉志主编:《犯罪总论问题探索》,法律出版社2003年版,第489—490页;袁彬:《准中止犯研究》,中国法制出版社2015年版,第328—330页。
⑦ 参见〔日〕西田典之:《共犯理论的展开》,成文堂2010年版,第240页以下;〔日〕山口厚:《刑法总论》(第三版),有斐阁2016年版,第376—381页。所谓"通说",是指某种学说的论据与结论对大多数刑法学者和实务家具有说服力,得到广泛支持或普遍接受。据此,成为通说的判断标准是:(1)有说服力的论据;(2)可接受的结论;(3)提供明确的基准;(4)作为获得广泛支持的一般性见解而被接受(参见〔日〕仲道祐树:《论刑法的通说及其表述方式》,载《法学讲堂》2022年第809号,第11页)。在共犯论中,"因果共犯论"一度占据了通说的地位,但实践中出现了动摇这种理论的判例,理论上也有立志于放弃"因果共犯论"和维持"因果共犯论"之别(参见〔日〕龟井源太郎:《共犯论的"通说"——共犯论的争点及其议论》,载《法学讲堂》2022年第809号,第39—40页)。

许多日本学者在批判"(规范的)因果关系切断说"的基础上,开始尝试从不同方面降低因果关系的切断标准,在体系化、规范化和机能化程度上均走在我国学者前面。在提出"共犯关系解消说"和"共谋射程理论"后,较之于我国学者还没有从中提炼出本国特有的认定规则,日本学者结合有关共犯脱离的判例予以类型化分析,从各个角度深入探讨了共犯关系解消的边界和共谋射程的范围。①

显然,我国和日本有关学说的研究进程并不是同步的。一方面,日本刑法学界主要源于对立法背景、判例态度和理论现状的综合考虑而自发研究这一问题,而我国刑法学界基本是在继受日本刑法教义学后才逐步研究这一问题,因而表现出发展阶段上的错位。易言之,我国共同犯罪脱离理论研究正处于转型期,在体系建构、术语表达、路径选择等方面都出现了本国传统观点与外国新近学说的糅合甚至混用的现象,所以,"犯罪中止准用说"等见解中还没有任何一种完全占据支配地位。② 日本共犯脱离理论研究则进入了成熟期,研究重心已从因果关系的判断转向共犯关系或共谋射程的判断,因此,"共犯关系解消说"和"共谋射程理论"构成对通说的有力挑战也是顺理成章的事。③ 另一方面,同为奉行罪刑法定原则的国家,日本刑法学界一直高度重视理论与实务之间的良性互动,学说走向和判例态度相互影响,近期共犯脱离理论的研究热点几乎全部集中在怎样判断共犯关系的解消④和

---

① 参见〔日〕十河太朗:《共谋的射程与共同正犯关系的解消》,载《同志社法学》2015 年第 67 卷第 4 号,第 369 页以下;〔日〕佐久间修:《论共犯的因果性——承继的共犯与共犯关系的解消》,载《法学新报》2015 年第 121 卷第 11、12 号,第 177 页以下。
② 权威教材甚至根本没有讨论这一问题(参见《刑法学》编写组编:《刑法学》(上册·总论),高等教育出版社 2019 年版,第 228 页以下;高铭暄、马克昌主编:《刑法学》(第十版),北京大学出版社、高等教育出版社 2022 年版,第 161 页以下)。
③ 参见〔日〕町野朔:《刑法总论》,信山社 2019 年版,423—426 页;〔日〕松原芳博:《刑法总论》(第三版),日本评论社 2022 年版,第 455—463 页。
④ 例如,在"X、Y、Z、W 强奸案"中,东京地方裁判所认为,虽说 X 一度与 Y 等人完成了强奸 A 的共谋,但和 Z、W 一起,在着手犯罪前表明了放弃基于上述共谋的犯罪实行,Y 对此也予以了认可。据此,相当于理解为,暂且成立的共谋关系在着手犯罪前已经被消灭,作为共谋共同正犯的 X 不应对 Y 之后的强奸行为承担刑事责任(参见〔日〕大阪高判昭和 41 年 6 月 24 日高刑集第 19 卷 4 号,第 375 页)。尽管被告人在着手犯罪前表明脱离的意思并获得 Y 的认可,按照以往的判断基准,可以肯定共犯关系的解消,但 X 离开旅馆是在基于当初的共谋将 A 带到旅馆之后,此时强奸犯罪的危险性由于其之前的行为效果而显著升高,对于没有采取任何结果防止措施的被告人也不是不能否定共犯关系的解消。另参见〔日〕齐藤彰子:《从共犯的脱离与解消》,载《刑事法杂志》2015 年第 44 号,第 19 页以下。

共谋的射程①上。相反,我国刑法理论和司法实践有所脱节,实务界对共同犯罪脱离理论的接受程度不高,通常都停留在"犯罪中止准用说"的路径依赖上,能够运用"因果关系切断说"②进行说理,初步具备"规范的因果关系切断说"③"共犯关系解消说"④和"共谋射程理论"⑤的思维雏形,理论界只能从部

---

① 例如,在"A、B、C伤害案"中,最高裁判所认为,A等三人针对I的侵害造成的作为共同防卫行为的暴行(反击行为),在对方的侵害终了之后B还继续实施暴行(追击行为)时,对于没有施加暴行的A是否成立正当防卫的研究,宜分别考察侵害现在时和侵害终了后。在侵害现在时的暴行被认定为正当防卫的场合,对于侵害终了后的暴行,不是探讨是否脱离了作为侵害现在时防卫行为的暴行的共同意思,而是应当研究是否成立新的共谋。先判定共谋成立与否,再将侵害现在时和侵害终了后的一系列行为作为整体进行考察,应当宣告A无罪(参见〔日〕最判平成6年12月6日刑集第48卷第8号,第509页)。虽然被告人实施的反击行为和追击行为具有时间、地点上的接续性,但A在与B、C临时达成共谋时并非处于主导地位,没有产生强烈的加害意图,因此,B实施的追击行为就不被包含在最初共谋的射程之内。不过,倘若没有理顺共同正犯的判断和违法性阻却事由判断之间的顺序,机械适用违法连带性原理而彻底无视违法相对性原理,也有可能认定A和B、C就追击行为形成新的共谋。另参见〔日〕岛矢贵之:《共犯的诸问题——共犯与错误、共犯的脱离、承继的共同正犯、共谋的射程》,载《法律时报》2013年第85卷第1号,第28页以下。

② 例如,在"吴某冬等绑架案"中,一审法院认为,吴某冬与杨某红共谋绑架黄某甲,当日杨平红买完作案工具返回找吴某冬未果后,单独实施了绑架行为。吴某冬仅是消极地自动放弃个人的实行行为,没有积极阻止杨某红的犯罪行为,并有效地防止犯罪结果的发生,对共同犯罪结果并不断绝因果关系,故不能认定为犯罪中止(参见福建省长泰县人民法院(2014)泰刑初字第16号刑事附带民事判决书)。本案或许是以行为人没有切断绑架行为与危害结果之间心理的因果关系为由,否定共同正犯脱离的成立。

③ 例如,在"张某等非法吸收公众存款案"中,一审法院认为,张某出资运作成立服务部后实施过公开授课行为,没有阻止其他共犯继续实施犯罪或防止犯罪结果发生作出努力,没有切断与共同犯罪的联系。所以,对张浩的行为不应孤立地而应统一地考察,不能只就其行为是否现实地导致危害结果的发生来认定是否存在因果关系。综合本案事实,张浩应就其参与共谋并由王某等人按此共谋吸收公众存款的行为承担罪责(参见辽宁省新宾满族自治县人民法院(2014)新宾刑初字第00133号刑事判决书)。本案可能采取的是整体观察法,根据行为人既没有消除之前共谋行为的客观危险,也没有表达脱离共同犯罪的意思,从而未将其认定为共同正犯的脱离。

④ 例如,在"潘某梅等窃取信用卡信息案"中,二审法院认为,潘某梅与韩某泉产生纠纷后找周某2商量,且二人陆续有商谈,直至2015年5月,双方共同决定将所窃数据及复制设备销毁。周某1在其他人不知情的情况下,利用之前复制的信息伪造了一张信用卡,并于同年7月6日在ATM机上套取现金14万元。潘某梅不仅参与共谋,也承担相应分工,在共同犯罪中发挥了较大作用,故其放弃犯意的行为不符合犯罪中止的条件(参见浙江省绍兴市中级人民法院(2016)浙06刑终321号刑事裁定书)。本案也许采取的是个别观察法,以2015年5月销毁数据、设备为分界线,鉴于行为人表面上退出了原来的共同犯罪,但实际上其他人仍然基于最初的共同犯意继续实行犯罪,不能评价为共同正犯关系发生了质变,不应成立共同正犯的脱离。

⑤ 例如,在"金某、许某宏等串通投标案"中,一审法院认为,金某、许某宏最后调整报价行为,依然有排除其他竞争者,以最优价格中标工程的目的,不属于放弃犯罪意图。双方(金某、许某宏一方和郑某雄一方)对中标单位要求的不同,并不能当然认为是双方犯罪意图的不同,不能直接将金某等人从共同犯罪中剥离。因此,金某等人虽然没有按照郑某雄安排的价格报价,但利用其提供的报价清单修改报价,属于共同犯罪,不属于犯罪中止(参见浙江省瑞安市人民法院(2018)浙0381刑初1876号刑事判决书)。本案明显是考虑到行为人始终是在当初共谋所范围内实施串通投标行为,才对共同正犯的脱离持消极态度。

分案件中勉强推导出其适用立场。

综上所述,我国必须摒弃"拿来主义"的思维倾向,不能总是徘徊在共同犯罪脱离的判断标准、成立条件等具体问题上,而应当将共同犯罪脱离理论置于共同犯罪论教义学化的宏大背景中,兼顾学说引进与学术自主,融合理论前瞻性与实践合理性,调和体系的思考与问题的思考,注重夯实共同正犯脱离理论的教义学基础,继续更新共同正犯脱离学说的教义学知识,合理借鉴共同正犯脱离认定的教义学方法,以进一步完善具有中国特色的共同犯罪理论。

在各种共犯形态中,共同正犯是一种特殊的归责类型。如果行为人开始实施共同实行行为,就具有了结果回避义务,只要其脱离时没有切实履行此种义务,完全消除或显著降低之前行为造成的法益侵害危险,之后其他人的实行行为及其危害结果就属于当初共同实行危险的实现,应当将最终结果归责于行为人。这一论证过程要借助客观归责论作为基本分析工具,分别从归责共犯论、共同正犯论和不作为犯论三个视角展开,其目的在于从归责路径、审查模式和行为构造三个维度提升共同正犯脱离认定的教义学含量。

二、贯彻归责共犯论

共同犯罪的概念不仅是对二人以上犯罪的现实描述,也是对其规范评价。"在系统上,对参加形式的阐释属于不法构成要件说的范畴。"[①]而在法哲学上,"归责在道德性的意义上是判断,通过它,人被视为一个行动的创造者,这个行动随后成为行为及存在于法则之下"。[②] 在共同犯罪理论中,归责思维的贯彻表现在两方面。

(一) 归责共犯论的启发功能

"规范主义式考量与本体论式考量就正确地处理刑法释义学而言,彼此之间……是一种补充的关系,……在规范性原则进一步的展开与具体化时,也必须回顾关照在规范上属于重要、已经厘清的事实层面的'精密的结构'。

---

① 〔德〕约翰内斯·韦塞尔斯:《德国刑法总论》,李昌珂译,法律出版社2008年版,第284页。
② 〔德〕斯蒂芬·斯图宾格:《从旧的归责理论到古典的犯罪概念——对刑法归责概念历史的论述》,潘文博译,载赵秉志、〔德〕Michael Pawlik 等主编:《当代德国刑事法研究》(第2卷),法律出版社2017年版,第42—43页。

所以，……规范性判断始终联系着事实情状……"① 我国关于共同犯罪的立法规定可以被解释为"双层区分制犯罪参与体系"，并且成为共犯教义学研究的逻辑起点。准确地说，主犯和从犯的分类与共同归责的理念相契合，在不法归责的轻重上划分出了核心人物和边缘人物，进而在默认二者法定刑相异的前提下，赋予分工分类法和作用分类法以不同使命，最终通过对其重新界定来更新各自评价功能。② 那么，共犯人之间存在论上的分工配合、支持关系及其规范论上的类型性、实质化评价，即为对共同正犯与狭义共犯予以归责区分的关键所在。虽然犯罪参与人内部的互动关系不仅是共同犯罪区别于单独犯罪的本质所在，而且是实现罪刑法定和限缩处罚范围的必要元素，③ 但分工分类法的实质化在原则上应当受到实行行为形式判断的约束，作用分类法的规范化在操作时必须得到行为类型功能评价的填充，否则无法构筑共同犯罪认定方法的坚实屏障。

在类型学中，共同正犯的概念应当属于一种类型概念。所谓类型概念，是指一个概念中出现了一个可区分等级的要素。这个要素以外的其他要素要么是可层生的，要么为选择性的必要。这些要素相互间具有以下连接：一个可区分等级的概念要素在个案中越是高程度地被实现，其他可分级之要素所必须被实现的程度便可随之降低，或者就越不需要实现其他的选言式要素。④ 于是，共同正犯的概念就建立在两个可被分级的标识基础上，即以分工为中介的相互对情事的支配和共同的行为决意。这两个标识均被不同程度地征表，同时可以相互补充。⑤ 据此，当作为主观标识的共同行为决意相对较弱时，就需要作为客观标识的重要行为贡献予以补强，反之亦然。由于这两个标识的相互支援，共同正犯成为介于单独正犯和广义共犯之间的归责类型，其内部亦可包含实行共同正犯和共谋共同正犯两

---

① Vgl. Bernd Schnemann, Strafrechtsdogmatik als Wissenschaft, in: Hans Achenbach/Wilfried Bottke/BernhardHaffke/Hans-Joachim Rudolphi(Hrsg.), Festschrift für Claus Roxin, zum 70. Geburtstag am 15. Mai, De Gruyter, 2001, S. 1-32.
② 参见何庆仁：《归责视野下共同犯罪的区分制与单一制》，载《法学研究》2016 年第 3 期，第 155—158 页。
③ 王华伟：《犯罪参与模式之比较研究——从分立走向融合》，载《法学论坛》2017 年第 6 期，第 153—154 页。
④ 〔德〕英格博格·普珀：《法学思维小学堂》，蔡圣伟译，北京大学出版社 2011 年版，第 25 页。
⑤ Vgl. Bernd Schünemann, Die Rechtsfigurdes "Täterhinterdem Täter" unddas Prinzipder Tatherrschaftsstufen, ZIS7/2006, S. 306.

种亚类型。①

共同正犯的理论研究成果为确定共同正犯脱离的基础理论提供有益参考。作为一种共同归责类型，共同正犯的本质及其处罚根据对共同正犯脱离的本质及其处罚根据产生直接影响。只有树立共同归责的观念，才能妥当认定共同正犯的本质、处罚根据，并基于二者之间的对立关系，反推出共同正犯脱离的本质、处罚根据——此即归责共犯论的启发功能。

(二) 归责共犯论的统一功能和构造功能

处理共同犯罪案件时，应当首先从不法层面判断是否成立共同犯罪；然后从责任层面判断是否具有责任以及具有何种责任。共同犯罪的特殊性只是表现在不法层面，而非责任层面。② 所以，倘若行为人实施的行为没有违法性或者即使具有违法性，但与其他人的实行行为之间不存在因果性，就不能将构成要件结果归责于他。我国许多学者主张引进客观归责论，不过在是否全面采用阶层犯罪论体系以及如何借鉴结果归属方法上有所分歧。③ 而且，司法机关有时也采取客观归责论处理刑事案件，有选择地运用下位规则和概念术语。④ 以上理论、实践现状均表明，二元的行为无价值论和社会危害性理论都侧重实质评价，涵盖了行为不法和结果不法，一起奠定了共犯的处罚根据。而且，除非行为规范指向法益侵害本身，否则行为无价值论无法成为客观归责论的基础，并推动阶层式思维和归责思维在共同犯罪理论中的

---

① 关于我国应否引进共谋共同正犯理论，学界中有"肯定说"(参见刘艳红：《共谋共同正犯论》，载《中国法学》2012 年第 6 期，第 116—126 页)和"否定说"(参见刘明祥：《从单一正犯视角看共谋共同正犯论》，载《法学评论》2018 年第 1 期，第 79—88 页)两种针锋相对的观点。不过，鉴于我国刑事法治实践现状，只应在特定场合承认共谋共同正犯，理由如下：(1) 我国采取的"双层区分制犯罪参与体系"可以包容共谋共同正犯概念，完全符合罪刑法定原则(参见张明楷：《共犯人关系的再思考》，载《法学研究》2020 年第 1 期，第 146—148 页)；(2) 我国司法实践不仅开始直接使用共谋共同正犯的概念，而且能够正确阐述共谋共同正犯的法理(参见"刘某农等盗窃案"——江西省南昌市东湖区人民法院(2017)赣 0102 刑初 353 号刑事判决书)；(3) 共谋共同正犯也是一种特殊的行为支配类型，具有比狭义共犯更加稳定的一体性(参见〔日〕曲田统：《共犯的本质与可罚性》，成文堂 2019 年版，第 19—20 页)；(4) 部分共谋者的行为能被间接正犯概念、狭义共犯概念所解构，只有那些功能对等型共谋共同正犯有其独立存在价值[参见陈毅坚：《"共谋共同正犯"——一个多余的法范畴》，载丁晓东主编：《北大法律评论》(第 11 卷)，北京大学出版社 2010 年版，第 260—263 页]。
② 张明楷：《共同犯罪的认定方法》，载《法学研究》2014 年第 3 期，第 8 页；〔日〕高桥则夫：《规范论与理论刑法学》，成文堂 2021 年版，第 382—386 页。
③ 参见陈兴良：《客观归责的体系性地位》，载《法学研究》2009 年第 6 期，第 50—51 页；周光权：《客观归责方法论的中国实践》，载《法学家》2013 年第 6 期，第 112—113 页。
④ 参见周光权：《客观归责论与实务上的规范判断》，载《国家检察官学院学报》2020 年第 1 期，第 3 页以下；孙运梁：《客观归责论在我国的本土化：立场选择与规则适用》，载《法学》2019 年第 5 期，第 183 页以下。

运用。此外,客观归责论同当下犯罪构成体系不存在难以调和的矛盾,许多归责要素都有相对应的客观要件,在确定共同犯罪的犯罪构成时没有必要套用阶层犯罪论的话语体系。正因为在这些重要方面存在共通之处,我国共犯教义学无须整体移植客观归责论体系,只需适当吸收客观归责论方法。详言之,客观归责方法论的长处主要有四点:(1)旨在将不重要的因果关系从构成要件的范围内剔除出去,使犯罪成立的判断起点和评价重心被确立在客观方面;(2)重视规范判断的运用,充分发挥限制客观不法成立范围的机能;(3)归纳出较为清晰的个别判断基准,显示出归责评价上的层次性;(4)符合目的理性的犯罪论体系,加强了刑事政策学与刑法学的衔接。

因此,为了进一步提高实务人员办理共同犯罪案件的规范化水平,在基本维持现行犯罪构成理论框架的前提下,只需借鉴客观归责论体系内部下位规则的部分内容。(1)保留实行行为的概念,借鉴"不允许性风险的创设"和"不允许性风险的实现"两个规则中的实质判断立场和反向排除方法。①(2)保留危害结果的概念,借鉴"行为构成的作用范围"规则中根据罪刑规范的保护目的来明确构成要件结果的判断思路。②(3)保留因果关系的概念,借鉴"不允许性风险的实现"规则中事实因果关系和法律因果关系的区分思维以及风险升高与不法行为之间的归因判断。③(4)采纳逐步收缩式的推理过程,显示出往返于经验实证主义和抽象理性主义之间的论证结构,④促进共同正犯判断方法的规范升级。综上所述,借鉴客观归责方法论,既要关注因果过程的通常性,更要重视结果发生的可能性,以弥补结果归属的类型化不足,避免归责基准的多元化乱象。

共同正犯的认定方法对共同正犯脱离的判断标准和判断步骤具有决定作用。作为一种客观归责类型,成立共同正犯意味着可将全部结果归属于行为人,脱离共同正犯则意味着不应将全部结果归属于行为人。客观归责论是目的理性刑法体系的研究成果和刑事政策价值导向的理论产物,无论采取何种判断标准,共同正犯脱离的认定都不能放弃结果归属的立场——这反映了归责共犯论的统一功能;不论怎样设计判断步骤,其都不可缺少结果归属评价和目的理性考察——这体现了归责共犯论的构造功能。

---

① 张明楷:《也谈客观归责理论——兼与周光权、刘艳红教授商榷》,载《中外法学》2013年第2期,第321页。
② 李冠煜:《污染环境罪客观归责的中国实践》,载《法学家》2018年第4期,第132—133页。
③ 劳东燕:《事实因果与刑法中的结果归责》,载《中国法学》2015年第2期,第140—141页。
④ 参见吴玉梅:《德国刑法中的客观归责研究》,中国人民公安大学出版社2007年版,第259—261页。

三、回归共同正犯论

第一,我国《刑法》可以容纳共同正犯的概念,不会构成共同正犯脱离认定的立法障碍。根据平义解释,现行共同犯罪立法的确有别于德国、日本的共犯立法,因而,刑法学界展开了"单一制犯罪参与体系"[①]和"区分制犯罪参与体系"[②]之争。但是,根据目的解释,假如不以分工为标准区分参与形态,不以作用为标准区分参与贡献,就无法实现通过准确追究共犯人的刑事责任来全面预防共同犯罪的立法目的。根据体系解释,刑法典是一个有机联系的统一整体,总则和分则应当采取同样的立法模式,一旦承认分则属于"区分制犯罪参与体系",就不宜认为总则属于"单一制犯罪参与体系"。根据文理解释,《刑法》第25条第1款中的"共同犯罪"可以包括"共同正犯",否则不能充分体现共犯人之间的互动关系,[③]并以实行行为的刑法评价为线索,逐步完成从形式定型到实质影响的判断过程,进而做到定罪标准与量刑基准的功能协调。所以,正犯与共犯的关系对于认识共同犯罪的性质具有重要意义,[④]据此,可以谨慎认定共同正犯的脱离。

第二,我国司法实务逐渐接受共同正犯的概念,没有形成共同正犯脱离认定的实践阻力。例如,在"王某等盗窃案"中,一审法院认为,三人商量好作案手段及分赃方案,然后各自寻找作案目标,并约定如相遇则互相掩护合作。王某虽未参与实行盗窃李某、程某财物,但其与黄甲、黄乙事先进行了共谋,按共谋共同正犯的刑法理论,应当作为共同正犯处理;退一步而言,即使不作为共谋共同正犯处理,王某在共同犯罪过程中提供精神帮助,也应作为狭义

---

① 该论者主张,现行立法中没有出现"正犯"的概念以及与其相同或相似的概念,共犯的定罪不具有从属于正犯的特性,参与形式对参与者的定罪处罚不具有决定作用。它在克服难以区分正犯与共犯弊病的基础上,对各参与者先一律认定为正犯,再分别考虑其作用大小,确实能够解决一些争议问题(参见刘明祥:《论中国特色的犯罪参与体系》,载《中国法学》2013年第6期,第117页以下)。

② 其中,又有"单层区分制犯罪参与体系"和"双层区分制犯罪参与体系"之分。前者指出,《刑法》总则规定了帮助犯、教唆犯,正犯的概念可从狭义共犯的比较中界定出来。即通过作用标准的规范化评价和分工标准的实质化评价将主犯限定为正犯,将从犯解释为帮助犯。而且,《刑法》分则有关真正身份犯、共犯正犯化的规定也凸显了正犯与共犯的相对区分(参见周光权:《刑法总论》(第四版),中国人民大学出版社2021年版,第335—337页)。后者则认为,《刑法》对参与类型和参与程度进行的双层次分类不仅遵循了先形式后实质、先定罪后量刑的思维过程,实现了"正犯——共犯"概念与"主犯——从犯"概念的功能界分,而且维持了构成要件在共犯论中的定型意义,确保了定罪量刑的适当性(参见钱叶六:《双层区分制下正犯与共犯的区分》,载《法学研究》2012年第1期,第127—130页)。

③ 参见张明楷:《共犯人关系的再思考》,载《法学研究》2020年第1期,第148—150页。

④ 参见陈兴良:《共同犯罪论》(第三版),中国人民大学出版社2017年版,第37—38、44—53页。

共犯进行处罚。① 这是肯定(共谋)共同正犯的典型个案。再如,在"程伟君等诈骗案"中,二审法院认为,程伟君虽未参与之后的诈骗,但共同诈骗行为并没有因此而停止,其明知王先民等人会办假证继续行骗,既未脱离共犯关系,亦未阻止其他共犯实行犯罪,其先前已实行的行为对犯罪结果的发生具有心理上的因果性和事实上的因果性,属于分担的共同正犯,按照"部分实行全部责任"原则,应当对共同诈骗行为的结果承担正犯责任。② 此即否定共同正犯脱离的典型个案。可见,共同正犯的概念日益成为司法机关办理共同犯罪案件的理论基石之一。

第三,共同正犯的脱离与共同正犯的中止存在明显区别,应当在把握共同正犯关系内涵的基础上予以辨析。大多数学者均赞同,二者的成立条件、法律后果、责任范围和体系定位差异较大。尽管发生阶段部分重合,但毕竟处于不同的理论层面:共同正犯的脱离是共同正犯论的疑难问题之一,属于共同犯罪论的专有领域,必须站在共同犯罪的犯罪构成理论高度,识别共同正犯关系发生变化的性质、程度;而共同正犯的中止是犯罪形态论的特殊问题之一,属于中止犯论的研究范围,通过援用犯罪中止的判断结论,适用与退出行为责任相均衡的刑罚种类、分量。简言之,在"罪——责——刑"关系上,共同正犯的脱离体现了共同正犯的"罪——责"关系,即共同正犯的罪行轻重决定了共同正犯脱离的难易程度,共同正犯的成立与共同正犯的脱离属于对立关系;③而共同正犯的中止体现了共同正犯的"责——刑"关系,即共同正犯的刑事责任大小决定了共同正犯中止的从宽处罚限度,共同正犯的成立与共同正犯的中止不是对立关系。

第四,其他针对共同正犯脱离的判断视角各有不足,不得不回到共同正

---

① 参见江西省南昌市东湖区人民法院(2016)赣 0102 刑初 231 号刑事判决书。另外,诸如此类的还有"吴某某、明某某贩卖、运输毒品案"(参见宁夏回族自治区高级人民法院(2017)宁刑终 13 号刑事裁定书)等共同犯罪案件。
② 参见浙江省杭州市中级人民法院(2013)浙杭刑终字第 431 号。此外,亦属同类的包括"贺某鑫等盗伐林木案"(参见辽宁省本溪市中级人民法院(2019)辽 05 刑终 12 号刑事裁定书)等共同犯罪案件。
③ 这一论断不仅适用于共谋共同正犯,也适用于实行共同正犯。具言之,"在与放宽共谋共同正犯成立要件的关系上,相对地决定是否放宽从共谋脱离的要件。判例认为,不要忘记,只要存在像意思沟通即心理的因果性,就可以对与从共谋的脱离存在表里一体关系的共谋共同正犯的成立予以宽松的理解"([日]大越义久:《从共犯的脱离——实行着手前的脱离、着手后的脱离、既遂后的脱离》,载[日]芝原邦尔编:《刑法的基本判例(增刊法学教室)》,有斐阁 1988 年版,第 79 页)。而且,在考察作为共犯关系解消内在一面的新的共犯关系的形成时,由于关系到当初共谋的所及范围,尽管以具体的共谋内容作为考察的出发点,但与脱离程度有关的、脱离者已做出的贡献以及基于脱离行为的因果性效果的减弱、残存程度也成为判断的重要因(参见[日]大塚仁等编:《大注解刑法(第五卷)》(第二版),青林书院 1999 年版,第 416 页以下)。

犯理论本身进行判断。具言之,仅考察因果关系的切断,未全面触及共同正犯的成立条件,可能遗漏因果性影响犹在但共同正犯性消除的情形。而且,无论是考察共犯关系的解消,还是考察共谋的射程,它们都只提供了一个大致的判断框架,将因果关系切断作为判断资料或认定规则之一。其实,因果性切断是广义共犯脱离的共通要件,共同正犯性解消是共同正犯脱离的固有要件。① 换言之,切断因果关系只是解除共同正犯性或超出共谋射程的充分条件,而非必要条件;只有否定共同正犯性,才是脱离共同正犯的必要条件。② 所以,应当在因果关系切断分析的基础上更加重视共同正犯性判断。这不仅可以发挥因果性影响的判断功能,而且使其拓展到了相互利用、补充关系的机能评价。对共同正犯论的回归表明,在认定共同正犯的脱离时,既要认可因果关系切断的结论,又要在因果性作用仍然存在时,借助共同正犯性考察以提高脱离原有共同正犯关系的概率。

四、重视不作为犯论

从犯罪过程来看,脱离者的行为与其他人的行为一开始就存在因果关系;而从行为阶段分析,以实施脱离行为为分界线,其他人类似于先行为人,脱离者被视为后行为人,因其参与共谋或分担实行而负有防止结果发生的作为义务。假如脱离者没有切实履行结果回避义务,解散之前的共同正犯关系或者消除当初共谋实现的犯罪效果,就可能对之后的法益侵害事实承担不作为犯的罪责。所以,以后行为人或脱离者的作为义务为连接点,承继的共同正犯理论和共同正犯的脱离理论具有相似的研究动机,并通过参照承继共犯的判断模式而推动共犯脱离认定的方法论发展。

共同正犯既能以作为的方式实施,也能以不作为的方式实施,因此,客观归责论亦可用于以作为方式和不作为方式实施的共同正犯。对于单独犯来说,如果行为人制造或增加了结果发生的危险,就是具有刑法重要意义的作为;反之,如果行为人不制止危险,则是不作为。③ 就共同犯罪而言,对于承继共犯问题新的理解是,先行为人自实施犯罪时起就被科以了避免结果发生的义务,后行为人通过共谋参与其中,与先行为人共有这种保障人地位以消灭实行行为持续的危险状态,所以,作为犯的先行为人与不作为犯的后行为

---

① 〔日〕成瀬幸典:《论从共犯关系的脱离》,载《立教法务研究》2014年第7号,第137页。
② 〔日〕山中敬一:《从共谋关系的脱离》,载〔日〕川端博等编集:《立石二六先生古稀祝贺论文集》,成文堂2010年版,第539页以下。
③ 〔德〕冈特·施特拉滕韦特、洛塔尔·库伦:《刑法总论Ⅰ——犯罪论》,杨萌译,法律出版社2006年版,第358页。

人成立抢劫等罪的共同正犯。① 于是,在共犯脱离的场合,当行为人以作为方式参与共同实行行为时,就制造出了法律所不允许的危险,一旦其打算从中退出,就必须采取行动消灭之前包括自己行为在内的共同实行的危险状态,否则可以认为,脱离者没有避免结果发生的行为与利用其他人实现法益侵害危险的行为具有同等价值。因此,首先,后行为人因中途加入而对先行行为造成的违法状态溯及性地负有结果回避义务,脱离者则从开始实施实行行为时起直至实施脱离行为时止负有结果回避义务,即二者作为义务的产生时间不同。其次,后行为人的结果回避义务覆盖了整个不法事实,故承担全部共同正犯的责任;而脱离者的结果回避义务仅涉及脱离前的共同不法事实,故只承担部分共同正犯的责任,即二者作为义务的负担程度也有差异。

我国不作为犯论的发展历程明显表现出从重视形式判断到重视实质判断、从侧重事实评价到侧重规范评价的理论变迁,所以,作为义务的判断标准既不能直接采用排他支配类学说而仅适用于极其有限的情形,也不能盲目效仿机能类型化学说而重蹈同义反复的覆辙。先行行为成为作为义务的实质根据在于,只要在原则上必须预防给其他法益造成危险,在行为人引起这种危险之后,就应当同样去预防此种危险继续发展成一种符合行为构成的结果。② 据此,将共同正犯脱离的构造与承继共同正犯的构造进行类比,脱离者和后行为人的作为义务发生根据应当从朝向法益侵害的因果流中去寻找。这意味着,当后行为人介入前行为人实施的侵害行为时,即使仅分担了部分实行行为,也会因为具有强烈的利用之前行为造成的违法状态的意图,从而构成承继的共同正犯。同理,当各共犯人已经制造出了较大的法益侵害危险时,倘若行为人并未与其他人达成具体的共谋,在基于相互利用、补允关系而维持违法状态的过程中,通常只有采取适当措施尽量减小共谋行为的原因支配力,才能构成共同正犯的脱离。需要注意的是,鉴于脱离者在共同正犯中的地位、作用各不相同,对其结果回避义务应当予以区别对待。尤其是在计划变更型案件或包括处理型案件中,③尽管脱离者负有的结果回避义务在逻

---

① 〔日〕山口厚:《承继共犯论的新展开》,载《法曹时报》2016 年第 68 卷第 2 号,第 343 页以下。
② 〔德〕克劳斯·罗克辛:《德国刑法学总论》(第 2 卷),王世洲主译,法律出版社 2013 年版,第 572 页。
③ 例如,在"张某强等诈骗案"中,二审法院认为,2014 年 1 月底,张某强受隆逸公司股东郁某龙等人雇佣从事诈骗行为,4 月至 8 月,共骗得包某甲 47 万余元,同年 8 月,张某强、王某力、周某离开公司,郁某龙等人又骗得包某甲 6.2 万余元。王某力、周某属于诈骗数额特别巨大,张某强属于诈骗数额巨大。张某强等三人在共同犯罪中均起次要作用,系从犯。在张某强停止参与诈骗后,基于其实际地位和作用,应认定其已脱离共同犯罪,不需再对郁某龙等人继续实施的诈骗犯罪负责(参见江苏省无锡市中级人民法院(2016)苏 02 刑终 21 号刑事判决书)。本案行为人在共同正犯中处于从属地位,其本应负有消除自己与其他人之间因果性影响的义务,但是,其他人依然通过撤销先前行为的法益侵害关联性而代替其履行了结果回避义务。

辑上与其参与的实行行为危险性成正比,但在其他人的力量对比、共同犯意的改变状况等因素的影响之下,其承担的结果回避义务未必总是与应当采取的结果防止措施相对应。

第四节　共同正犯脱离理论本土化形塑的教义学方案之一:本质及其处罚根据

一、夯实共同正犯脱离的本质

关于共同正犯的本质,虽然我国通说采取"完全犯罪共同说",但当前理论界主要在"部分犯罪共同说"和"行为共同说"之间展开争论。

"完全犯罪共同说"与"责任共犯论"和"极端从属性说"相联系,一概不承认片面共同正犯和过失共同正犯,不仅可能偏离共犯处罚根据论的发展动向,而且过度缩小共同正犯的处罚边界。"部分犯罪共同说"正是出于这些质疑,主张共同犯罪是违法类型,各共犯人的行为只要部分构成要件有重合,即可在重合部分以共犯论处。共同犯罪是违法类型,重合的只是造成法益侵害的部分行为及其后果。① 对此,"行为共同说"批评其有悖于"违法是连带的、责任是个别的"原理,不能正确解释有重罪故意而未直接造成重罪结果等情形,理论根据缺乏明确性,论证过程欠缺一贯性,具体结论缺少适当性,主张数人各自的行为只要是客观上符合同一犯罪构成的实行行为,就能被评价为共同犯罪。共同犯罪的成立,只需各共犯人相互认识到他人和自己一起实施大致相同或者和特定结果之间具有因果关系的行为就够了。②

两种学说所认定的故意共同正犯的范围基本一致,但主要差异在于:首先,前者要求共犯人具有实现特定犯罪的意思联络或共同的犯罪故意,而后者仅要求共犯人具有相互利用、补充的意思联络或共同的行为决意。其次,前者在定罪思维的中间阶段维持罪名的同一性,后者则自始至终不承认罪名的同一性。最后,前者否认过失的共同正犯、片面的共同正犯、不同犯罪之间的共同正犯,而后者对此均予以肯定。③ 总之,"部分犯罪共同说"从集体主义出发,将犯罪之共同性理解为"集团犯罪内部的个人同质行为",在不法判

---

① 参见刘艳红:《实质刑法观》(第二版),中国人民大学出版社 2019 年版,第 307—309 页。
② 参见黎宏:《刑法总论问题思考》(第二版),中国人民大学出版社 2016 年版,第 422—424 页。
③ 参见张明楷:《共犯的本质——"共同"的含义》,载《政治与法律》2017 年第 4 期,第 8 页以下。

断中掺杂责任判断,具有主观归罪、重复评价、自相矛盾等缺陷,[①]不利于合理认定共同正犯的处罚根据,会对共同正犯的脱离设置较高的门槛。相比之下,"行为共同说"从个人主义出发,将犯罪之共同性理解为"个人违法基础上的协同犯罪",坚持在符合犯罪构成的实行行为层面进行客观判断,与"因果共犯论"和"限制从属性说"是一以贯之的,[②]有利于准确把握共同正犯的处罚根据,适度宽松地认定共同正犯的脱离。因此,应当根据"行为共同说"去认识共同正犯的本质。

以行为共同性的存在为前提,当在其他人看来,不得不重构共同正犯关系以实现法益侵害危险时,且在脱离者看来,脱离行为导致原有共同正犯关系难以为继时,即意味着行为共同性的解除。共犯解消的根据与共犯成立的根据是相反关系,[③]或者说,共同正犯性否定原理的基础是共谋关系的完全解消,[④]所以,假如认为共同正犯的本质在于"行为共同关系之证立",那么,共同正犯脱离的本质则在于"行为共同关系之解消"。在共同正犯论中,共同正犯的本质和共同正犯脱离的本质存在体系关联,借助"行为共同说"能够对"行为共同解消说"给予精准定位和提供解释指引,彰显归责共犯论的启发功能。而且,各共犯人之间实行行为关系的变化广度、深度也要通过脱离前后结果回避义务的履行状况、其他人对脱离者行为贡献的接受程度方可认定,无法绕过不作为犯论的精细分析。

二、阐释共同正犯脱离的处罚根据

共同正犯的处罚根据是"部分行为全部责任"原则,对其内涵的理解,不仅取决于正犯与共犯的区分,而且取决于共同正犯的性质。

关于正犯与共犯的区分,我国刑法学界主要存在"形式客观说"(以是否实施符合基本构成要件的行为作为标准)[⑤]和"实质客观说"(以对犯罪进程

---

① 参见陈洪兵:《"二人以上共同故意犯罪"的再解释——全面检讨关于共同犯罪成立条件之通说》,载《当代法学》2015年第4期,第41—43页。
② 参见张开骏:《共犯限制从属性说之提倡——以共犯处罚根据和共犯本质为切入点》,载《法律科学》2015年第5期,第92—94页。
③ 〔日〕原田国男:《判批》,载〔日〕法曹会编:《最高裁判所判例解说刑事篇》(平成元年度),法曹会1991年版,第179页。
④ 〔日〕山中敬一:《从共谋关系的脱离》,载〔日〕川端博等编集:《立石二六先生古稀祝贺论文集》,成文堂2010年版,第565页。
⑤ 参见钱叶六:《双层区分下正犯与共犯的区分》,载《法学研究》2012年第1期,第132—143页;张开骏:《区分制犯罪参与体系与"规范的形式客观说"正犯标准》,载《法学家》2013年第4期,第65—69页。

是否具有实质支配或对结果发生是否起重要作用作为标准)①两大阵营的争论。显然,只要不对实行行为进行严格的形式判断而允许适当的规范评价,以上两类学说就具有相同的判断立场和评价视角,只是判断标准和评价对象不同而已。即使正犯概念只承担定罪功能,也要对其进行实质判断,因此,"形式客观说"并非主张纯粹意义上的事实判断。然而,"实质客观说"借助支配概念将正犯塑造成一种特殊的构成要件类型,综合主客观要素去衡量行为的可支配性,所以,它也没有要求严格意义上的客观判断。总之,根据罪刑法定原则,应当采取客观主义立场和类型思维方法,在区分正犯与共犯时有限度地采取"行为支配论"。由于行为支配这一指导性标准必须借助各种事实形态加以具体化,②对正犯类型同样需要利用主客观标识予以辨别。而且,参与形态判断是参与贡献判断必不可少的中间环节,因此,正犯概念负责展现行为形态以容纳必要的定罪情节,主犯概念则负责体现行为作用以囊括充分的量刑情节。易言之,正犯的认定只需要考虑行为手段、危害结果、所处地位、犯罪决意等最低限度的罪中情节,而主犯的认定既要考察定罪剩余的罪中情节,还要考察犯罪起因等罪前情节和逃避处罚等罪后情节。这不仅避免了通说一次性整体考虑主犯情节的弊端,③而且实现了两种概念的分层考察及其各自功能的辩证统一。

关于共同正犯的性质,我国学者相继提出了"共犯性说"(共同正犯是二人以上共同故意实行犯罪的共犯)、④"正犯性说"(共同正犯是与其他单独正犯共同犯罪的单独正犯)⑤和"正犯性与共犯性说"(共同正犯同时具有正犯性与共犯性)⑥三种见解。实际上,观点一并非无视共同正犯的正犯性,而是意图借助个人主义原理来说明其相互关系;⑦反之,观点二也没有否认共同正犯的共犯性,只是利用行为支配理论去评价其整体计划之下的角色分工。⑧所以,观点三是可取的。它既契合我国共同犯罪立法,又可以解释共同正犯与单独正犯、狭义共犯在事实判断和规范评价上的差异。据此,共同

---

① 参见周光权:《刑法总论》(第四版),中国人民大学出版社2021年版,第337—339页;刘艳红:《论正犯理论的客观实质化》,载《中国法学》2011年第4期,第131—140页。
② [德]克劳斯·罗克辛:《德国刑法学总论》(第2卷),王世洲主译,法律出版社2013年版,第14页。
③ 《刑法学》编写组:《刑法学》(上册·总论),高等教育出版社2019年版,第245页。
④ 参见马克昌主编:《犯罪通论》(第3版),武汉大学出版社1999年版,第525—526页。
⑤ 参见黄荣坚:《基础刑法学(下)》(第三版),中国人民大学出版社2009年版,第531—533页。
⑥ 参见张明楷:《共同正犯的基本问题》,载《中外法学》2019年第5期,第1143页。
⑦ 参见[日]川端博:《共犯论序说》,成文堂2001年版,第17—19页。
⑧ 参见[德]汉斯·海因里希·耶赛克、托马斯·魏根特:《德国刑法教科书》(总论),徐久生译,中国法制出版社2001年版,第789—790页。

性和正犯性联合构筑起共同正犯的成立条件，防止其轻易走向因果性扩张或支配性扩张的任一极端，能够提高共同正犯脱离认定的精准化程度。在此基础上引入的"行为支配论"将共同正犯评价为，因各共犯人通过分工协作形成的机能性行为支配，从而控制整个犯罪事实。机能的行为支配是指，行为人通过收回自己的贡献就可以使全体计划无法得以实施。① 可见，它通过强调对整体犯罪事实的操控程度，对已经具有实行合意的共犯人都套上了相互之间不可替代的功能"枷锁"，由其互补性参与和因果性贡献奠定了共同正犯处罚根据的基础。

仅从因果性结果归属的观点，也许可以说明作为"共同"正犯的答责，但还有必要考察根据犯罪的共同决意所进行活动的任务分担具有的意义这一相互性行为归属的基础，才能说明作为共同"正犯"的答责。② 尽管各个共同正犯的行为支配程度或许低于单独正犯、间接正犯的行为支配程度，但完全可以借助其他正犯的行为作用或彼此之间的行为决意予以补足。换言之，在共同正犯中，因（心理上的）因果性而得以扩张归责范围（归责扩张机能）、因相互利用相互补充的关系而使得各人的贡献被一个犯罪事实所统合（统合机能）、因（缓和的）行为支配而赋予了正犯性（正犯性赋予机能），这三者重叠性地为"部分行为全部责任"的效果奠定基础。③ 其中，统合机能不仅是归责扩张机能在各人贡献上的反射效应，而且是正犯性赋予机能在支配事实上的升级表达。统合机能既被部分包容于归责扩张机能中，一起体现扩张性因果归属原理，也被部分包容于正犯性赋予机能中，携手说明支配性相互归属原理。因此，当共犯行为具有归责扩张性和事实统合性，基于行为合意而形成心理性约束力时，就应构成共同正犯而非教唆犯；当共犯行为具有事实统合性与功能支配性，由于分工配合而产生重要控制力时，也应成立共同正犯而非帮助犯。

以上对共同正犯处罚根据的分析表明，"部分"和"全部"只是对行为方式和具体结果的事实陈述，倘若对"行为"与"责任"之关联进行规范判断，"部分行为全部责任"的正确说法就是"全部行为全部责任"。④ 一旦行为人成功退出既存的共同正犯关系，就意味着仅参与了共谋或分担局部行为，脱离前实

---

① 参见〔日〕桥本正博：《"行为支配论"与正犯理论》，有斐阁 2000 年版，第 186 页以下。
② 参见〔日〕高桥则夫：《共犯体系和共犯理论》，冯军、毛乃纯译，中国人民大学出版社 2010 年版，第 270 页以下。
③ 〔日〕松原芳博：《刑法总论重要问题》，王昭武译，中国政法大学出版社 2014 年版，第 291 页。
④ 〔日〕佐伯仁志：《刑法总论的思之道·乐之道》，于佳佳译，中国政法大学出版社 2017 年版，第 321 页。

行行为的因果性、正犯性不能辐射到脱离后的危害结果上。所以,心理性约束力的减弱、消失和犯罪控制作用的降低、消除,使行为人由"共犯"这一集合概念变成"脱离者"这一单独概念,其处罚根据也蜕变为"部分行为部分责任"。简言之,只要透过本体论观察而进行规范论思考,就会发现,没有所谓的"部分行为全部责任",只有"全部行为全部责任"或"部分行为部分责任":①前者作为共同正犯的处罚根据,推演出后者作为共同正犯脱离的处罚根据。在共同正犯论中,共同正犯的处罚根据和共同正犯脱离的处罚根据同样存在体系关联,通过解读"部分行为全部责任"原则,可以为阐释"部分行为部分责任"原则拓宽归责思路和确定分级标识,践行归责共犯论的启发功能。同时,各共犯人归责范围、程度的改变,必须权衡脱离之前每个成员创设的连带贡献作用与脱离之后合理措施产生的整体阻止效应,也需要不作为犯论的配合适用。

第五节 共同正犯脱离理论本土化形塑的教义学方案之二:判断标准和判断步骤

一、明确共同正犯脱离的判断标准

我国共同正犯脱离理论均采取了单一判断标准,日本共犯脱离理论更青睐于多元判断标准,但根据共同正犯脱离的本质和处罚根据,多元判断标准完全可精炼为一个判断标准。共同正犯论并不排斥以因果性判断作为思考起点,而是意图将其与正犯性判断形成有序联接,并在贯彻归责思维的过程中,使共同正犯脱离的判断标准能够统摄因果性结果归属的否定要素和相互性行为归属的否定要素。

(一)因果关系的判断不能独立于共同正犯关系的判断之外

作为"共犯关系解消说"或"共谋射程理论"的"进阶版",有论者指出,如果对因果性的内容进行规范考察,那么,学界近年来出现的关于难以消除因果性影响的问题意识,也可以在因果性的判断框架之内予以评价。但是,关于共同正犯之正犯性的判断并不能被纳入危险实现的判断构造之中。② 即认定共同正犯的脱离必须顾及共同正犯的性质。还有学者主张,规范性考虑

---

① 阎二鹏:《共犯本质论之我见——兼议行为共同说之提倡》,载《中国刑事法杂志》2010年第1期,第29页。
② 参见〔日〕桥爪隆:《论共犯关系的解消》,载《法学教室》2015年第414号,第98页以下。

本身是正当的,但区别于"因果性切断"的判断,应当在"新共犯关系的形成"(犯罪事实同一性)的判断中予以考虑。① 即规范评价的主要工作要被后置于犯罪事实同一性的考察阶段。另有论者认为,要肯定共同正犯关系的解消,应当先探讨之前的行为与结果的因果性是否被切断,再研究脱离之后的行为是否基于相互利用、补充关系而实施。目前已详细分析了因果性切断的判断方法,但未必清楚地讨论了共同正犯性的判断基准。② 即需将因果性切断和共同正犯性一起整合到共同正犯关系解消的判断过程中。显然,这三种观点具有相似的理论构造,都从因果性切断到共同正犯性解除进行逐层剖析,使因果关系判断成为共同正犯关系判断的组成部分。

(二)我国相关理论的重合部分即指向共同正犯关系的判定

持"共犯关系解消说"者指出,共犯关系脱离基准应为共犯关系是否被解消,即在行为人脱离共犯关系之后,其他共犯是否通过犯意的再确认而形成新的共谋,并据此继续实施犯罪。③ 即行为人解除旧的共同正犯关系表明,其他人只能基于新的共谋去实施实行行为。持"共谋射程理论"者也主张,是否成立脱离,取决于脱离之后的行为是否属于退出之前的共谋的射程之内的行为。若退出行为达到了剩余共犯要继续完成犯罪就必须基于新的共谋而实施的程度,就可以认定解消了既存的共犯关系,成立共犯脱离。④ 即行为人不在最初的共谋射程管辖下表明共同正犯关系的衰亡,其他人在新的共谋射程范围内表明共同正犯关系的新生。可见,是否解消共同正犯关系可以被收入共谋射程的问题清单中,如何划分共谋射程区域也需要借助共同正犯关系解消的判断方案。

(三)不必通过配合适用日本有关理论去认定共同正犯关系

理论界认为,不论"共犯关系解消说"和"共谋射程理论"涉及哪一问题领域,是否存在心理因果性都很重要,因此,可能通过并用两个视角而否定共犯关系。例如,X为脱离做了一些工作,且Y、Z实施了超出当初共谋内容的犯罪,即使运用各自的视角去个别判断,也不足以否定处罚,但是,通过并用两

---

① 参见〔日〕原口伸夫:《从共犯的脱离、共犯关系的解消》,载《法学新报》2015年第121卷第11、12号,第213页以下。
② 参见〔日〕十河太朗:《共谋的射程与共同正犯关系的解消》,载《同志社法学》2015年第67卷第4号,第393页以下。
③ 郑泽善:《共犯论争议问题研究》,中国书籍出版社2019年版,第262页。
④ 王昭武:《共谋射程理论与共犯关系脱离的认定——兼与刘艳红教授商榷》,载《法律科学》2016年第1期,第67页。

个视角进行整体评价，就能以当初共谋的因果性未及于结果为由，否定共同正犯的成立。① 同样，实务界也承认，虽然许多判例使用了"共谋关系的解消""共谋关系的消灭""从共谋的脱离"这样的术语，但它们明确表达的不仅仅是因果性，而是作为共同正犯实体解消有无的问题。② 所以，无须同时采取两种理论去判断共同正犯的脱离，只要在界定共谋射程的内容时兼顾因果性和共同正犯性，就可以采取单一视角去认定共同正犯关系的解消，以防止由于重复评价而不当拔高判断标准。

(四) 结果回避义务的履行可能是共同正犯关系考察的关键

行为人是否负有结果回避义务以及承担何种结果回避义务，需要展开个案判断和阶段分析。即不应一般性地课予脱离者阻止犯罪的义务，否则就是将单独犯的中止犯标准适用于共犯脱离的判断。只要脱离行为切断了与其他人的行为及其结果的因果关系，则不应因没有阻止他人犯罪而承担责任。而在首谋者、教唆者劝阻无效或提供工具者收回无效的情况下，就有必要以通知被害人或警察的方式阻止犯罪。③ 在少数案件中，当行为人处于共同正犯的边缘地位，即使径行退出犯罪计划或并未阻止他人继续犯罪，其他人无须填补其活动分工的功能空白也能保证原来共谋危险之现实化时，就意味着免除了行为人的作为义务，可以评价为因果性归属之否定。相反，在部分案件中，当行为人处于共同正犯的重要地位，假如实施退出行为或采取必需措施已不足以消除因果性影响，除非采取充分措施以进一步阻止他人继续犯罪，其他人若不及时顶替其任务分配的贡献缺口将无法确保以前共谋危险之现实化时，才表明行为人履行了作为义务，应当认为是支配性归属之变更。因此，结果回避义务的豁免与否及其履行情况要么对因果性归属的考察起到一锤定音的作用，要么打开了一扇支配性归属对比分析的窗户。

总而言之，"共犯关系解消说"和"共谋射程理论"的研究视角、分析框架并没有本质区别，我国共同正犯脱离理论应以行为人退出原有共同正犯关系或形成新的共同正犯关系作为唯一的判断标准。当然，日本共犯脱离理论关于多元判断标准的研究成果具有构建判断步骤的方法论借鉴价值。此时，共同正犯脱离的认定不能忽视对结果回避义务的探讨。

---

① 参见〔日〕桥爪隆：《论共犯关系的解消》，载《法学教室》2015年第414号，第98页以下。
② 参见〔日〕成濑幸典：《论从共犯关系的脱离》，载《立教法务研究》2014年第7号，第134页。
③ 参见马荣春：《论共犯脱离》，载《国家检察官学院学报》2014年第4期，第120页。

二、构建共同正犯脱离的判断步骤

共同正犯脱离的判断标准是行为人退出原有共同正犯关系或形成新的共同正犯关系,其判断步骤自然应以共同正犯性考察为中心。而且,考虑到因果关系是共同正犯成立的必备条件,预防犯罪是处罚共同正犯的预期目标,可以共同正犯性考察为基点并向前后延伸,形成共同正犯脱离的判断步骤。适度宽容认定共同正犯脱离的政策性主张,在扩张性因果归属条件和支配性相互归属条件之间建立起内在关联。从因果性判断到共同正犯性判断的逐步演绎,也展现出各共犯人义务负担的变化过程。

(一)判断步骤的设计思路

关于共同正犯脱离判断步骤的具体安排,必须说明的是:

第一,共同正犯脱离理论的研究动机决定了应以共同正犯性判断为主,以因果性切断判断为辅。与其说这一理论旨在回答"脱离者在满足什么条件的情况下不必对脱离后的行为负责",不如说它其实回答的是"脱离者在满足什么条件的情况下不必作为脱离前的共同正犯对脱离后的不法事实负责"。[①] 由于因果性判断至多只能划定归责范围,必须运用共同正犯性判断以确定归责程度。单一面向的因果性判断是多维面向的共同正犯性判断的前提,而全盘考察共同正犯性是初步检验因果性切断后的深化。

第二,两个步骤各司其职,不能混淆因果性归属判断和支配性归属判断。如果说"从共犯关系脱离的问题不是促进意义上的因果性引起问题,明显属于该结果目前是否处于共同管辖之下的规范问题(共同义务有无的问题)",[②] 实际上意在强调结果归属判断的功能有限,还需通过拟制其他共犯人应否采取补救措施以展开行为归属判断。简言之,扩张性因果归属判断关注的是能否将共同正犯结果归属于行为人自身的实行行为,并不涉及基于计划分工的整体贡献关联,此时无须考虑其他人是否填补因脱离留下的犯罪空白,仅适用于脱离者行为效果未及于全体正犯或者虽及于全体正犯但尚未主导法益侵害经过的场合。支配性相互归属判断关注的则是能否将他人的行为贡献归属于行为人自己的实行行为,已涉及任务分担之下的彼此功能答责,此时需要考虑其他人是否顶替因脱离留下的犯罪缺口,可适用于脱离者

---

① 姚培培:《论共犯脱离基准:因果关系切断说的重构》,载《清华法学》2020 年第 2 期,第 83 页。

② 〔日〕金子博:《共犯者侵入住宅后着手实行强盗前从现场脱离的否定共谋关系解消的案例》,载《立命馆法学》2010 年第 4 号,第 293 页。

能够主导法益侵害经过的场合。

第三,将共同正犯性考察分为正面认定和反向排除两个环节,其中的预防必要性检验具有相对独立性。一方面,预防必要性作为共同正犯性分析的指导形象。既然犯罪是被科处刑罚的行为,就意味着犯罪是具有可罚性的行为。根据刑罚的正当化根据,可罚性应当包括当罚性(行为的无价值判断)和要罚性(行为人的目的论判断)。二者不能相互割裂,而是表里一体的。① 合目的性思考完全契合共同正犯脱离理论的政策需求,适合于相对宽宥地认定共同正犯脱离。不过,共同正犯脱离旨在确定共同正犯的归责范围、程度,而可罚性判断意在厘定一般犯罪的主客观可归责性,二者虽处于不同层面,但鉴于因果性归属成立后的支配性归属认定常有争议,预防必要性判断仅限于对这一部分事实的再次检验,以有别于可罚性判断对所有犯罪事实的综合考察。另一方面,预防必要性只是共同正犯性审查的一个环节。犯罪论体系向应罚性和需罚性的开放既不表明二者的混淆,也不代表需罚性能凌驾于应罚性之上。因为需罚性是在应罚性基础上增加的额外标准,可以更有力地限制犯罪成立。② 共同正犯脱离理论也应当处理好责任和预防的关系,使预防目的的考虑不会超过行为不法的限度,特别是在规范因果性未被切断而对犯罪同一性存在对立意见时,针对既存的结果归属反复给予预防目的的检验已无多大意义,只需要在共同正犯不法限度内为行为归属之过滤提供辅助说明,以论证行为人获得脱离政策优待的妥当性。

(二)规范因果性切断的初次筛选

共同正犯作为一种共犯形态,因果性归属大体划定了其归责边界。然而,因为事实上几乎不可能完全消除脱离之前行为的因果性影响,为了在刑事政策上相对宽容地认定共同正犯的脱离,只好从规范上寻求因果性切断的缓和判断尺度。

1."切实性尺度"的提出

该见解主张,犯罪的主谋人若要退出共犯关系,尽可能做出消除自己制造的犯罪力的真挚努力是必要的。虽未阻止犯行,但为了尽可能地消除已经提供的犯罪力而对其他人施加负的作用力的话,据此打算脱离者制造了与未

---

① 参见〔日〕松原芳博:《犯罪概念和可罚性——关于客观处罚条件与一身处罚阻却事由》,毛乃纯译,中国人民大学出版社 2020 年版,第 1—6 页。
② 参见姜涛:《刑法中的犯罪合作模式及其适用范围》,载《政治与法律》2018 年第 2 期,第 99—101 页。

加功共犯之类似状况,就应承认共犯的脱离。① 易言之,与其说是与结果之间的因果性,不如说有意义的是行为人所采取的作为行动、举止的脱离的适格性。站在行为人的立场,采取了通常足以消灭自己所造成危险的措施的话,不必讨论是否存在异常的经过,根据这一措施本身就可以肯定脱离。② 因此,一旦行为人实际消除了之前实行行为的危险性,即使尚未彻底切断因果关系,也构成共犯的脱离。

不过,行为效果相互抵消的评价难以量化,反而会使因果关系的判断变得模糊。即使这有助于增大单纯脱离型案件中因果性切断的可能,却不必要地加重了计划变更型案件中行为人的结果回避义务。

2. "相当性尺度"的倡导

该见解主张,由于法的因果关系是危险的引起与其实现之间的关系,为了对其进行否定,要求承认这样的事态:脱离者消除、消灭(至少是相当程度地降低)自己的行为产生的危险或因果性影响,对于以后的行为和结果,能够评价为只有其他实行者承担刑事责任。③ 换言之,要对防止结果发生的行为进行规范的评价,判断因果性是否减弱到了不必对结果(包含未遂的结果在内)进行归责的程度。而且,存在能够认定是基于新的意思而实施的特殊情况时,也没有必要创造出绝对不再基于当初的共谋继续某种事态的状态。④ 所以,假如行为人显著降低之前实行行为的危险性,即使没有完全消除因果性影响,也成立共犯的脱离。

但是,相当性程度本身不是一个能够精确把握的范畴,在作为其理论根据的"相当因果关系说"内部,就存在着从"排除行为射程外的情况"到"经验上是通常的"各种标准的争论,容易借规范判断之名而随意否定或肯定因果关系,甚至存在代行共同正犯性判断之嫌。

3. "必要性尺度"的尝试

鉴于上述两种尺度的适用缺陷,应当立足于我国审判实践确定因果关系切断的相对缓和的尺度。这既不是要求恢复到当初无共谋关系的状态,或者创造出原先共谋与继续实行犯罪毫不相干的状态,也并非追求结果防止措施的力度与之前行为危险性的程度基本相适应,甚至阻止犯罪的效果等量抵消促进犯罪的作用。实际上,只要行为人消极地实施退出行为或积极地采取适

---

① 参见〔日〕松宫孝明:《刑法总论讲义》(第4版补正版),钱叶六译,中国人民大学出版社2013年版,第238页。
② 参见〔日〕盐见淳:《论共犯关系脱离》,姚培培译,载田立主编:《山东大学法律评论》,山东大学出版社2018年版,第11—14页。
③ 〔日〕井田良:《讲义刑法学·总论》(第2版),有斐阁2018年版,第561—562页。
④ 〔日〕前田雅英:《刑法总论讲义》(第6版),曾文科译,北京大学出版社2017年版,第324页。

当的结果防止措施,能够被评价为显著降低之前行为的影响力或明显减少其他人继续犯罪的危险性,就意味着切断了因果关系。

在单纯脱离型案件或包括处理型案件中,行为人参与的实行行为危险性越高,其所承担的结果回避义务就越大,除了个别例外情形,其采取结果防止措施的必要性也越大,即行为人的实行行为贡献度与其结果防止措施必要性呈现正比关系。如在"张江等开设赌场案"中,一审法院认为,张江受雇管理赌博 QQ 群,参与 20 余天即退出,分得 5 千余元,系从犯。在 2017 年 5 月至 9 月期间,该团伙非法获利 41.5 万余元。① 行为人在众多共犯人中处于从属地位,受到以前共谋的影响不大,只要直接实施脱离行为,就可终止个人行为的危险状态并打破与他人的合意约束。

而在计划变更型案件或转移处理型案件中,尽管行为人因为参与共谋同样负有相应的结果回避义务,但其采取结果防止措施的必要性明显受制于因果性判断和共同正犯性判断的功能界分,即行为人的共谋行为危险性与其结果防止措施必要性不成比例关系。如在"周明等诈骗案"中,一审法院认为,周明与其他二人合伙成立公司,招募多人利用虚假交易平台诱骗投资款,在实施犯罪后较短时间内主动退出平台经营,不再从事相关业务和参与分赃。周明退出经营后并没有制止其他人继续犯罪,量刑时予以酌情考虑。② 虽然行为人并未阻止其他人继续诈骗投资款,但犯罪谋议实现的危险状态持续时间不长即戛然而止,消除了之前行为的因果性作用。

简言之,我国应当采取"必要性尺度"以判定因果性是否切断。一旦行为人实施脱离行为或采取必需措施,就能够切断因果关系;若是其采取充足的结果防止措施,则不仅切断了因果关系,而且解除了共同正犯关系。③ 结果防止措施的必要性构成因果性切断规范判断的下限,而结果防止措施的充分性构成因果性切断规范判断的上限。

(三) 共同正犯同一性的重点考察

共同正犯作为一种正犯类型,支配性归属清晰衡量了其归责轻重。对于尚未规范性切断因果关系的行为人来说,只有显著降低或完全消除自身行为贡献,并且改变犯意或明显减弱心理性约束力,才能评价为退出原有相互利用、补充关系或形成新的相互利用、补充关系。

---

① 参见浙江省宁海县人民法院(2019)浙 0226 刑初 106 号刑事判决书。
② 参见浙江省杭州市中级人民法院(2019)浙 01 刑初 27 号刑事判决书。
③ 于是,采取充分的结果回避措施就成为因果性切断判断和共同正犯性判断的通用素材,并连接起两个判断步骤(参见〔日〕十河太朗:《共谋的射程与共同正犯关系的解消》,载《同志社法学》2015 年第 67 卷 4 号,第 397—398 页)。

1. 共同正犯性的判断资料

日本学者在对共犯关系的解消成为问题的裁判例进行类型化的基础上，通过综合考察主客观事实以确定剩余者的实行行为是否基于当初相互利用、补充关系所实施。其中，客观事实包括之前共犯行为的贡献度、影响力及其消除，当初共谋与实行行为的关联性；主观事实包括犯意的中断、共同犯罪意思的消灭、减退，动机、目的的变更。① 对此，我国也有论者表示赞同，并强调"退出之前的行为的贡献程度与影响力大小"以及"时间与地点上的间隔程度"等因素至关重要。② 问题在于，日本的共犯脱离案件类型与我国的共同正犯脱离案件类型并非完全对应，我国刑法理论没有必要全盘照搬日本学者总结的判断资料。

根据共同正犯的本质及其处罚根据，因果性判断仅为广义共犯共通的"外侧界限"问题，正犯性判断才是共同正犯固有的"内部界限"问题。③ 在行为样态上，共同正犯的正犯性在于，各人实施的都是基本犯罪构成客观方面的行为；而在功能表现上，共同正犯的正犯性即为，各人的行为贡献综合成为一个犯罪整体，并为之承担责任。共同正犯是一种特殊的归责类型，兼有重要行为贡献和共同行为决意两个可分级标识。在判断是否解除共同正犯性时，同样需要结合上述主客观标识和我国特有案件类型来选取关键因子。具言之，共同正犯性的客观判断事实应当包括：一是脱离之前个人行为的危险性程度；二是脱离之后共犯罪行的降低程度；三是脱离时间、地点的间隔程度；其主观判断资料应当包括：一是个人犯意的改变程度；二是共同犯意的减弱程度。

2. 犯罪同一性的正面认定

"行为共同说"和"部分行为全部责任"原则正是通过关注违法行为的共同性判断，将共同正犯现象理解为由复数的人格主体所创设的集团性拘束力，借助分业形态强化各个人的结合。④ 相反，"行为共同解消说"和"部分行为部分责任"原则将共同正犯脱离现象理解为，自由的人格主体消除最初集团性拘束力，恢复近乎单独犯罪的个体作业状态。⑤ 但是，在判断脱离前后犯罪同一性时，相关事实针对不同类型案件也发挥了较大的个性化评价

---

① 参见〔日〕十河太朗：《共谋的射程与共同正犯关系的解消》，载《同志社法学》2015 年第 67 卷第 4 号，第 398—406 页。
② 参见王昭武：《共谋射程理论与共犯关系脱离的认定——兼与刘艳红教授商榷》，载《法律科学》2016 年第 1 期，第 67—69 页。
③ 参见〔日〕龟井源太郎：《正犯与共犯的区别》，弘文堂 2005 年版，第 3、94 页以下。
④ 〔日〕川端博：《共犯的理论》，成文堂 2008 年版，第 26—27 页。
⑤ 〔日〕明照博章：《从共犯关系的脱离与正当防卫》，载《松山大学论集》2016 年第 28 卷 3 号，第 102—103 页。

功能。

在单纯脱离型案件或严格处理型案件中,即使行为人产生脱离意思并实施退出行为,但个人地位越高、之前行为的贡献度越大,摆脱最初共同正犯关系控制的难度也越大,除非自己起到的那部分作用之后几乎可以忽略不计或已经被他人所替换,否则不可能独善其身。例如,在"马某等盗窃案"中,一审法院认为,马某经事先预谋、踩点后,纠集他人入室盗窃,虽在分次运赃期间离开了犯罪地点,但安排同伙继续提供犯罪工具,并参与后续分赃,应对整个共同盗窃结果负责。① 作为共同盗窃的提议者和谋划者之一,行为人不仅没有通过收回工具、及时报警等措施降低或消除之前行为的支配力,而且没有表明放弃犯罪以中断相互之间的意思联络,不能否定共同正犯的同一性。又如,在"吴某生等非法制造、买卖、邮寄枪支案"中,一审法院认为,吴某生与他人商谈制造、销售枪支零部件牟利,虽中途口头放弃犯罪,但他人一直使用其加工的气枪零部件进行销售,最终被查获。② 行为人在共同犯罪中的地位与他人不相上下,却根本没有通过停止加工枪支零部件等行为抵消自己对犯罪完成的促进作用,从行为贡献的重要性和实行决意的共同性来看,其他人继续犯罪无须再造相互利用、补充关系。

在计划变更型案件或严格处理型案件中,虽然行为人较高的行为危险性也许会使其他人的实行行为与之前的共谋之间存在密切关联,但是,较短的参与时间、没有实施延续原来犯罪合意的行为、个人动机的异常变化等事实可以改变其他人的功能支配性和意思支配性,行为人至少能因偏离当初的犯罪计划而置身事外。例如,在"胡某军等诈骗案"中,二审法院认为,胡某军和他人经预谋,开办公司并以办公用品入股,以进行虚假原油交易的方式骗取客户资金,虽在开始犯罪后一个月就从公司退股并获得分红约 2 万元,但隐瞒其他股东单独从交易平台获取手续费的 1‰作为个人盈利,导致被害人严重损失。③ 作为共同诈骗犯罪的发起人之一,行为人在近两个月内仍以秘密分红方式继续实现当初的犯罪策划,退出行为并未显著降低共同诈骗行为的法益侵害性,没有采取停止分红、劝说他人放弃犯罪等方式避免自己的行为效果被用于后续犯罪,还维持着共同正犯的同一性。再如,在"吴某宏等非法吸收公众存款案"中,二审法院认为,吴某宏伙同他人以高额投资返利为诱饵,向不特定老年人吸收资金,虽举报同伙违法犯罪事实,但并未如实陈述共

---

① 参见上海市闵行区人民法院(2018)沪 0112 刑初 1686 号刑事判决书。
② 参见湖北省神农架林区人民法院(2017)鄂 9021 刑初 7 号刑事判决书。
③ 参见浙江省宁波市中级人民法院(2017)浙 02 刑终 509 号刑事裁定书。

谋非法吸收公众资金事实,犯罪数额巨大。① 作为商行的法定代表人,行为人在约四个月期间既未自觉产生脱离意思以动摇原来的共同行为决意,也未采取投案方式以切实消除之前具体分工实现的危险性,其他人没有形成不包括行为人在内的相互利用、补充关系。

综上所述,我国必须区别因果性切断的判断和共同正犯同一性的考察,不宜将共同正犯性考察归结为因果性切断判断;因果性切断问题仅聚焦于因果性影响力或采取结果防止措施必要性的微观层面,后者则着眼于共同实行事实的异同或共谋内容偏差阈值的宏观层面。② 对于难以评价为因果关系切断的部分案件,应当增设共同正犯性正反审查的二次程序。

3. 预防必要性的反向排除

犯罪成立的判断过程指向刑罚目的,对共同正犯性的考察也概莫能外。刑法规定共同正犯,目的在于遏制行为人和其他人一起制造法益侵害危险和要求其消除法益侵害危险。如果脱离前后的犯罪事实存在差异,可以视为既有共同正犯关系的解体或新的共同正犯关系的重组,那么,行为人应当构成共同正犯的脱离。这样考虑的理论根据就是,行为人自律性意思决定阻却了其他人的正犯性。即当放弃犯意后再形成和做出计划变更时,脱离者所参与的罪行能够被评价为其他自律性主体所实现的犯罪。这样的话,脱离者作为参与主体实质上看来就失去了正犯性。③ 共同正犯脱离理论追求的价值目标蕴含着明显的预防必要性考虑,希望借助一定的归责限制尽快促成共同正犯集体的分裂。据此,对可能失去正犯资格的行为人进行预防犯罪必要性审查,正是为了保证只追究其脱离为止的刑事责任。

责任和预防的关系是贯穿于犯罪论的重要问题之一,决定着刑罚机能的发挥程度。于是,对于采取有效结果防止措施或彻底退出犯罪合伙的脱离者,应认为其减轻或削弱整体不法程度,共同正犯事实的控制权已转移到其他人手中,从而反映其预防必要性的下行趋势。相反,对于没有采取结果防止措施或径行离开犯罪现场的脱离者,宜认为其延续或增大共同不法程度,犯罪实行过程的波动仍在预定计划的可接受范围内,从而反映其预防必要性的平行或上行趋势。因此,鉴于行为不法和犯罪预防的关系,在具体分析相关情节和预防必要性规范关联的基础上,有必要从预防必要性大小逆向验证共同正犯性存否。尤其是在某些争议案件中,随着共同实行行为的进展,脱

---

① 参见福建省三明市中级人民法院(2019)闽04刑终381号刑事裁定书。
② 否则,由于具备因果性而缺乏正犯性的行为人对于脱离之后的犯罪事实本应构成狭义共犯,却由于切断因果性而不构成任何共犯(参见〔日〕松原芳博:《行为主义与刑法理论》,成文堂2020年版,第224—225页)。
③ 〔日〕小林宪太郎:《刑法总论的理论与实务》,判例时报社2018年版,第577页。

离者的预防必要性保持稳定甚至有所加强时,应当以此为线索重新审视共同正犯性判断。

例如,在"王某等故意杀人案"中,吴某为杀蔡某准备了菜刀并邀请王某帮忙。一天夜里,二人在蔡某必经的小巷将其拦住。吴某捅了蔡某一刀,扎中其腹部。蔡某负伤逃跑,吴某、王某紧追,此时被警察发现,二人仓皇逃离。王某逃回家中后就睡觉了。吴某在现场某处躲藏,待警察走后,又四处寻找蔡某,并在蔡家附近找到,遂持刀连捅蔡某数刀,致其倒地身亡。对此,肯定共同正犯脱离的论者主张,由于警察的追捕,王某被迫表达了脱离意思,吴某对其逃离行为有了充分认知,二人的共犯关系已经崩坏。此后吴某实施的行为是在没有共犯关系之后仍然决定独立完成犯罪的新意图,王某只应构成故意杀人罪未遂。① 然而,否定共同正犯脱离的学者指出,吴某只是知道王某逃走但不知其回家睡觉,不能认定吴某知晓王某已放弃了犯罪意图。而且,即使王某回家睡觉,也能意识到吴某会继续犯罪。因为吴某前后实施的行为存在地点上的连续性,犯罪动机、目的没有变化,其杀死蔡某属于实现了共谋的内容,王某仍应成立故意杀人罪既遂。② 在本案中,王某在实施了部分具有紧迫危险性的杀人行为后,迫于警察追捕的压力而逃离现场,不仅未采取有效措施降低或消除之前杀人行为的效果,仍然有较大的一般预防必要性,而且未利用行为状况有所改变的机会主动中断与吴某的犯意联络,保留着当初的特殊预防必要性。若承认王某构成共同正犯的脱离,其可能被给予的归责缓和评价和因预防必要性大而应当做出的归责严厉评价之间就自相矛盾。其实,吴某、王某已经着手实行杀人,相互分担犯罪实现的必要贡献,吴某的行为作用中包括了王某的行为作用,反之亦然。王某想要从故意杀人罪共同正犯中解脱出来,就必须通过夺走菜刀、及时报警、救助蔡某等方式避免死亡结果的发生。可见,从王某行为的预防必要性切入,假定脱离者身份的共同不法降低份额与其显示的整体危险升级幅度无法相容,他并不成立共同正犯的脱离。

又如,在"杨某等盗窃案"中,杨某提议并与其他三人经合谋、踩点之后,于某日凌晨,先后两次进入某公司仓库内窃得手机摄像头共计73750个,价值250余万元。其中,四人窃得摄像头2万余只,在驾车返回途中,杨某因故中途离开,另三人待其下车后商议返回仓库盗窃剩余摄像头,又窃得5万余

---

① 参见刘艳红:《共犯脱离判断基准:规范的因果关系遮断说》,载《中外法学》2013年第4期,第764—765页。
② 参见王昭武:《共谋射程理论与共犯关系脱离的认定——兼与刘艳红教授商榷》,载《法律科学》2016年第1期,第70—71页。

只。事后由杨某负责联系销赃,获赃款18万余元由四人拆分。对此,肯定共同正犯脱离的观点主张,在杨某离开时,四人均认为已经完成了当初合谋的盗窃行为,杨某对其他三人之后实施的盗窃行为并不知情,可以说"共同完成犯罪的意思"已经消灭。而且,尽管是由杨某提议实施盗窃,"退出之前的行为的贡献程度与影响力"较大,且"当初共谋的行为与退出之后的行为在内容上存在共同性、关联性",但两次盗窃行为存在时间上尤其是地点上的间隔,行为状况已经发生变化。这属于三人基于新的盗窃故意而实施的行为,杨某仅就第一次盗窃行为承担盗窃罪罪责。① 但是,否定共同正犯脱离的意见指出,作为整个盗窃活动的组织策划者,杨某之前能明确认识到其行为会造成财物损失的后果,但未能明确认识到造成多大的损失,而且,其积极参与销赃表明认同其他三人的盗窃行为。三人之后实施的行为也正因为杨某先前实施的组织、策划等行为得以顺利进行,杨某应对两次盗窃活动承担刑事责任。② 在本案中,杨某负责组织、策划、实施、销赃等工作且参与分赃,能够掌控整个盗窃犯罪事实,既没有直接要求同伙改变犯罪计划,又在实施了第一次盗窃后着手销赃、参与分赃,一直具有极大的预防犯罪必要性。假如认定杨某构成共同正犯的脱离,其只被归属的部分盗窃不法事实和因预防必要性极大而应被归属的全部盗窃不法事实之间就相互抵触。实际上,四人均已着手实施盗窃,杨某可以主导其他三人的行为效果,其余三人的行为效果也都归属于他。由于前后两次盗窃时间间隔很短且不存在地点间隔,其他三人对杨某中途离开事实的明知根本不能促使犯罪目的发生变化,而且,事后销赃、分赃行为无疑是对当初共谋内容的维持、确认。除非杨某在第一次盗窃后明示解散该盗窃团伙或其他人择日自行再去该仓库盗窃,否则无法改变原来的共谋计划并使其发生偏离。显然,从杨某行为的预防必要性来看,脱离者身份赋予的解除原来相互归属事实的效力与其保全旧的贡献支配关系的状态完全相悖,他也不成立共同正犯的脱离。

本 章 小 结

尽管实务中已经出现了许多共同犯罪脱离的案件,但共犯脱离理论对其回应不够,理论原创性不强。当务之急是,转变办理共犯脱离案件的政策观

---

① 参见王昭武:《共谋射程理论与共犯关系脱离的认定——兼与刘艳红教授商榷》,载《法律科学》2016年第1期,第70—71页。
② 参见范凯、诸佳英:《共同盗窃被告人盗窃完毕后离开对他人二次盗窃行为是否担责》,载《人民法院报》2015年2月11日,第6版。

念。从"区别对待"的公共政策到"相对宽宥"的具体政策的发展过程表明,公共政策对共同犯罪司法实践的介入始终坚守罪刑法定原则,主要借助解释性文件落实政策目标、要求。在共同正犯脱离案件中,以事实特征为标准,可以分为单纯脱离型案件和计划变更型案件;以处理方式为标准,可以分为作为共同正犯中止处理的案件、作为共同正犯既遂处理的案件、作为共同犯罪从犯处理的案件以及作为酌定量刑情节处理的案件。共同犯罪立法具有较大的解释余地、共犯脱离理论的基础知识存在供给不足以及共犯脱离理论的方法论研究不够深入等原因,造成共同正犯脱离案件的具体类型混杂、认定标准不当和实际效果存疑。

我国刑法学界主要有"犯罪中止准用说""因果关系切断说""规范的因果关系切断说""共犯关系解消说"和"共谋射程理论"五种观点。这些学说的确具有浓厚的日本刑法学色彩,但在我国刑法理论语境下也显示出许多自身特点。相比而言,我国和日本有关学说的研究进程并不是同步的。我国共同犯罪脱离理论研究正处于转型期,日本共犯脱离理论研究则进入了成熟期。日本刑法学界一直高度重视理论与实务之间的良性互动,学说走向和判例态度相互影响;而我国刑法理论和司法实践有所脱节,实务界对共同犯罪脱离理论的接受程度不高。因此,必须注重夯实共同正犯脱离理论的教义学基础,继续更新共同正犯脱离学说的教义学知识,合理借鉴共同正犯脱离认定的教义学方法,以进一步完善具有中国特色的共同犯罪理论。对此,要分别从归责共犯论、共同正犯论和不作为犯论三个视角展开,其目的在于从归责路径、审查模式和行为构造三个维度提升共同正犯脱离认定的教义学含量。详言之,首先,应当重视归责共犯论的启发功能、统一功能和构造功能,树立共同归责观念,适当采取客观归责方法。其次,应当以共同正犯关系的判断取代因果关系切断的分析。它不仅可以承担因果性影响的判断功能,而且能拓展至相互利用、补充关系的机能评价。最后,应当以后行为人或脱离者的作为义务为连接点,通过参照承继共犯的判断方法,推动共犯脱离认定的方法论发展。

共同正犯脱离理论的本土化形塑可以从以下四方面展开。一是夯实共同正犯脱离的本质。假如认为共同正犯的本质在于"行为共同关系之证立",那么,共同正犯脱离的本质则在于"行为共同关系之解消"。二是阐释共同正犯脱离的处罚根据。只要透过本体论观察而进行规范论思考,就会发现,没有所谓的"部分行为全部责任",只有"全部行为全部责任"或"部分行为部分责任":前者作为共同正犯的处罚根据,推演出后者作为共同正犯脱离的处罚根据。三是明确共同正犯脱离的判断标准。我国共同正犯脱离理论应以行为人退出原有共同正犯关系或形成新的共同正犯关系作为唯一的判断标准。不过,日本共犯脱离理论关于多元判断标准的研究成果,具有构建判断步骤的方法论借鉴价值。四是构建共同正犯脱离的判断步骤。考虑到因果关系是共同正犯成立的必备条件,预防犯罪是处罚共同正犯的预期目标,可以共同正犯性考察为基点并向前后延伸,形成共同正犯脱离的判断步骤:第一步,规范因果性切断的初次筛选;第二步,共同正犯同一性的重点考察,包括犯罪同一性的正面认定和预防必要性的反向排除两个环节。根据适度宽容认定共同正犯脱离的政策性主张,这就在扩张性因果归属条件和支配性相互归属条件之间建立起内在关联。

第四章　量刑责任概念的机能化辨析

我国刑法理论通说一直把社会危害性作为量刑的主要根据,但其存在定义含混、结构不清、评价笼统等缺陷,所以,本章认为,量刑时应当以"量刑责任"取代"社会危害性"作为首要基准。量刑责任是对犯罪严重性程度的可谴责性与可罚性评价,它与刑事责任、答责性之间有着明显区别。既不能无条件地引入机能责任论,也不应完全将责任阶层和量刑阶段合二为一,必须分阶段地考察量刑责任和量刑预防,把预防必要性考虑置于量刑责任的判断框架之外。提倡量刑责任的概念,有利于充分发挥量刑基准的功能与合理评价行为人的刑事责任。结合我国理论与实践,量刑责任的判断基准应是修正的(形式)行为责任,以防止预防判断凌驾于责任判断之上,避免责任概念的过度机能化。

第一节　社会危害性理论的现实困境

以德国、日本为代表的大陆法系国家刑法理论普遍认为,量刑基准问题是量刑论最重要的研究课题之一,量刑时应当处理好责任和预防的关系。① 随着我国量刑理论研究的深入,这一思路对我国刑法学界形成了有力冲击。而且,我国司法机关在处理某些社会关注度高的案件时,传统的量刑原则也与量刑公正的目标相悖。以上问题凸显了我国进行量刑规范化改革的必要性,即除了刑法规定的法定刑幅度过宽和独立的量刑程序缺位以外,量刑情节的适用欠缺明确标准与科学的量刑方法才是其根本症结所在。② 只有克服这些制度、理论上的障碍,才能实现量刑规范化改革的政策目标。总体而

---

① 参见〔德〕Franz Streng:《德国的刑事制裁——兼具经验性视角的概观》,〔日〕小池信太郎监译,载《庆应法学》2016年第34号,第130—133页;〔德〕Julia Schneider、〔日〕黑泽睦:《德国量刑法概说——日本与德国的比较法对话》,〔日〕黑泽睦监译,载《法律论丛》2019年第91卷第6号,第387—390页。
② 参见熊选国主编:《〈人民法院量刑指导意见〉与"两高三部"〈关于规范量刑程序若干问题的意见〉理解与适用》,法律出版社2010年版,第6—7页。这里面可能还有片面强调重刑、缺乏对量刑均衡原则的深入理解以及过度重视量刑适用统一等不当观念的原因(参见张明楷:《量刑的三大观念批判》,载梁根林主编:《当代刑法思潮论坛(第三卷):刑事政策与刑法变迁》,北京大学出版社2016年版,第43—55页)。

言,量刑规范化改革是为了实现社会公平正义,维护人民法院的司法权威和公信力,确保国家长治久安,而实现量刑公正是彰显此次改革重大意义的价值基础。① 如果不能通过扬弃社会危害性理论和确定合理的量刑基准以实现量刑公正,则满足广大公民对刑事审判工作新要求、新期待,深入贯彻宽严相济的刑事政策,提高量刑的可预测性,推进立法的精细化等政策目标将缺少有力抓手。因此,我国的量刑理论研究应当以量刑公正为价值目的,据此反思社会危害性理论的缺陷以及量刑法的不当机能化,指导量刑责任概念的界定,确定适当的量刑责任判断基准,充分发挥量刑责任的功能优势。

一、社会危害性概念无法充分发挥量刑基准的功能

德国学者彼得斯曾经在二十世纪三十年代正确揭示了作为分析量刑过程的各种要素:① 评价的基础;② 评价的观点;③ 评价的基准。在此,① 意味着刑罚目的,② 是发现从各个刑罚目的推导出的量刑情节的观点,③ 决定同样从各个刑罚目的推导出的量刑情节的评价方向和重要性。② 由于并合主义已成定论,当责任刑(与责任相适应的刑罚)同预防刑(预防犯罪所需要的刑罚)不一致时,就必须解决这一冲突。那么,量刑基准是指为阐明责任和预防的关系、明确量刑情节的范围以及确定量刑情节的评价而由刑法明确规定的或由理论归纳出的指导原理或适用准则。然而,我国刑法学界对于社会危害性的含义及其构造的严重分歧,直接影响了其充分发挥量刑基准的功能,不利于实现量刑公正。

早在新中国刑法学研究的起步阶段,就有学者提出,犯罪的社会危害性包含着犯罪分子的再犯罪的可能性,后者存在于犯罪及罪前罪后犯罪人的表现和态度等现实之中。③ 可是,这混淆了社会危害性和人身危险性两个性质迥异的范畴,会导致量刑评价的无所适从。此后不久,又有学者主张,人身危险性就是由行为人具有的应受谴责的主观因素的总和所支配的实施危害行为的必然趋势。它主要包括三个因素:(1) 认识因素;(2) 情感因素;(3) 意志因素。④ 不过,这又混淆了主观恶性和人身危险性两个紧密联系的概念,会造成量刑时过分注重个体要素。与此相反,近年来有论者认为,社会危害

---

① 参见刘远、汤建国主编:《量刑规范化理论探要》,中国人民公安大学出版社 2010 年版,第 3—5 页。
② 转引自〔日〕城下裕二:《量刑基准的研究》,成文堂 1995 年版,第 13—14 页。
③ 参见朱建华:《论犯罪的社会危害性的内在属性》,载《法学研究》1987 年第 1 期,第 52 页。
④ 参见冯军:《论社会危害性的内部结构与刑事责任的根据》,载中国法学会刑法学研究会编:《全国刑法硕士论文荟萃(1981 届—1988 届)》,中国人民公安大学出版社 1989 年版,第 95 页。

性概念之所以受到学者们的批判,最主要的原因是在判断对象上加入了主观要素,导致社会危害性内涵含混、伦理色彩浓厚,外延模糊、缺乏可操作性。所以,在判断行为的社会危害性时,不应考虑行为人的主观内容,而只能从该行为客观上是否侵犯了刑法所保护的社会关系或利益的角度来考虑。① 即所谓社会危害性,首先是指行为给社会造成的客观具体的外在侵害。② 但是,这显然不能准确衡量行为人刑事责任的轻重,不得不在社会危害性之外增添主观的评价要素。

除了以上少数说,通说的论证同样值得推敲。一般认为,所谓犯罪的社会危害性,就是指行为对刑法所保护的社会关系造成这样或那样损害的特性。没有行为人的主观罪过心理就不可能有客观上的犯罪事实,并且客观危害的大小也常常与主观恶性的大小有关。③ 尽管社会危害性表现为客观损害与主观恶性的有机统一,但它毕竟与人身危险性有所区别。"刑法学之下的人身危险性单指再犯可能性,……从社会危害性出发并超脱于社会危害性进行构建行为人中心理论,这是人身危险性的特色所在。"④所以,在准确区分二者的基础上,量刑时要全面考虑反映社会危害性的情节和反映人身危险性的情节。但问题是,这种区分并不容易。以民愤能否作为一种酌定量刑情节为例,肯定论者和否定论者均承认它能影响行为的社会危害性和行为人的人身危险性。具言之,前者认为:"民愤的大小,体现着犯罪对人们既存的价值观念的破坏程度……同时,民愤的大小又反映了人们对犯罪的否定评价的严厉性程度……"⑤但是,民愤所体现的一般预防必要性既可来源于罪行的严重性,也可来源于罪犯的反社会性。后者认为:"民愤虽然在多数场合反映犯罪对社会危害程度及犯罪人人身危险性程度,但由于民愤本身只是一种评价,故不能作为司法量刑这一评价的根据。"⑥然而,民愤究竟是在上述哪一方面起作用,论者同样语焉不详。

二、社会危害性理论不利于合理评价行为人的刑事责任

我国学者一度正确揭示了刑事责任的根据:"刑事责任根据中的社会危害性与人身危险性,具有对立统一的辩证关系。……确定刑事责任必须以行

---

① 参见黎宏:《判断行为的社会危害性时不应考虑主观要素》,载《法商研究》2006年第1期,第99页。
② 黎宏:《刑法学》,法律出版社2012年版,第44页。
③ 参见高铭暄主编:《刑法学原理》(第一卷),中国人民大学出版社2005年版,第389—391页。
④ 陈伟:《人身危险性研究》,法律出版社2010年版,第36、41页。
⑤ 邱兴隆、许章润:《刑罚学》,中国政法大学出版社1999年版,第244页。
⑥ 周静、张宝华:《酌定量刑情节范围探讨》,载《法学评论》1993年第6期,第27页。

为的社会危害性作为主要根据,同时兼顾行为人的人身危险性。"①我国法院也基本上能够做到在量刑时,既考虑行为人所犯罪行的轻重,又考虑其应负刑事责任的大小。② 然而,我国刑法学界对社会危害性理论的研究无法充分发挥其量刑基准的功能,直接影响到司法机关不能合理评价行为人的刑事责任,也降低了量刑的公正性。

与理论界对待"民愤"的态度暧昧不明相似,实务界对待"社会影响"的看法同样莫衷一是。2008年3月,最高人民法院从2006年至2007年因政策把握问题不核准死刑的案件中选出具有一定典型性的19个案例,并向全国法院印发。其中,以社会影响为酌定情节的"表现"事实宽泛,包括发案地群众及村干部反映、被害人家属上访闹事、有关宗教组织说明、当地恶性暴力案件多发、当地群众普遍同情、当地党政和司法部门说明,涉及的范围涵盖能够对当事人社会危害性、人身危险性及对社会其他成员产生一般预防影响的直接或间接有关的全部情节。③ 可是,司法机关在判决中仍未阐明,社会影响情节是如何左右行为的社会危害性判断或行为人的人身危险性评价。不仅在这批未核准死刑的案件中是这样,而且在某些判处死刑的案件中也是如此。

例如,对十余年前发生"徐建平故意杀人案",一审法院认为,本案虽因家庭矛盾而引发,徐建平也是因一时火起而杀人,但其杀人后分尸灭迹,又畏罪潜逃,社会影响恶劣,情节特别严重,已不足以对其从轻处罚。遂认定其犯故意杀人罪,判处死刑。④ 然而就在一审判决前后,近200人上书法院为徐建平求情,请求法院枪下留人,其中多数为知识阶层人士,理由是他为中国纺织行业、地方轻纺科技事业作出过突出贡献。⑤ 不过,二审法院没有采纳上书表达的意见,维持了一审法院的判决。⑥ 无独有偶,对前几年发生的"林森浩故意杀人案",一审法院也认定其犯故意杀人罪,判处死刑。随后,复旦大学177名学生联名上书二审法院,请求不要判处林森浩死刑,理由是从其一贯表现来看,并非极为凶残之人。不过,有学者表示,请愿表达的意见对二审结果影响不大。⑦ 从前一案例似乎发现,二审法院是将社会影响事实作为体现

---

① 王晨:《刑事责任的一般理论》,武汉大学出版社1998年版,第171—172页。
② 这不仅是《刑法》第5条规定的罪责刑相适应原则的要求,也是《量刑指导意见》第1条规定的量刑指导原则的要求。
③ 参见周金刚:《酌定量刑情节的泛化现象研究》,载张仁善主编:《南京大学法律评论》(第33期),法律出版社2010年版,第170—175页。
④ 参见浙江省绍兴市(2003)绍中刑初字第15号刑事附带民事判决书。
⑤ 参见董碧水、薛建国:《科学家杀妻分尸 竟有200人上书法院呼吁枪下留人》,载"新浪网":http://news.sina.com.cn/s/2003-06-06/0952194330s.shtml,最后访问时间:2022-4-1。
⑥ 参见浙江省高级人民法院(2003)浙刑一终字第137号刑事裁定书。
⑦ 参见温如军:《复旦177名学子联名写信为投毒案凶手求情》,载"新浪网":http://news.sina.com.cn/c/2014-05-07/145730079117.shtml,最后访问时间:2022-4-1。

社会危害性的情节，主张徐建平的突出贡献不足以减轻其刑事责任程度；从后一案例可以推断，二审法院会把社会影响事实作为体现人身危险性的情节，主张林森浩的良好品行不足以消减其刑事责任大小。在笔者看来，实务界对社会影响情节的不同处理，可能出于以下原因：一是，社会危害性理论的教义学程度不高；二是，法院解释水平有待提高；三是，裁判说理不足；四是，量刑规则缺失。其中，第一点是最关键的。

第二节　责任的内涵与量刑责任的内涵

无论是在哪个国家，责任的含义都难以确定。所以，在界定量刑责任的内涵之前，有必要先在各自的制度、学说背景下明确责任的内涵。

一、责任的内涵

对于德语中"Schuld"一词，有的学者译为"责任"，有的学者译为"罪责"。责任或罪责概念在德国刑法学中占据了极为重要的地位，以至于李斯特指出，罪责是犯罪的概念特征，无罪责即无刑罚。犯罪概念只是慢慢地吸收罪责特征于自身的，罪责学说的发展是衡量刑法进步的晴雨表。这一话语的含义极为丰富，它表明罪责是一个多义的概念：在狭义上，罪责从某一方面阐释了犯罪的特征，因为犯罪的特征包括作为行为的犯罪、作为违法行为的犯罪和作为有责行为的犯罪。[①] 在广义上，罪责概念表达了对犯罪行为的整体评价，即对没有罪责的行为不得科以刑罚，罪责将犯罪和刑罚联结起来。这一分别从狭义和广义两个方面理解责任的见解，对其后的责任理论产生了深远影响。

由于在思维方式和体系建构上深受德国刑法学的影响，日本学者一般也从广义和狭义两个方面来界定责任。例如，木村龟二认为，刑法上的责任意味着与构成要件符合性、违法性并列的第三个犯罪成立要件，也意味着论及符合构成要件的违法行为、对以实施符合构成要件的违法行为为由的行为人进行的非难可能性即谴责性这种无价值性或无价值判断。作为表示这种意义的责任概念的术语，英美法用的是 culpability, guilty，德国法用的是 Schuld, Schuldhaftigkeit，法国法用的是 culpabilité。但是，《德国刑事诉讼法》第 263 条规定的 Schuldfrage 这种场合的 Schuld，除了这里所指的刑法上的责任外，还意味着包含构成要件符合性和违法性的犯罪性。而且，不要忘了，

---

① 参见〔德〕冯·李斯特：《德国刑法教科书》，徐久生译，法律出版社 2000 年版，第 176、199、251、266 页。

法国法中的 culpabilité 这种情形,是在具备该法作为犯罪成立要件的法律要素、实质要素、违法要素、道德要素四者即在犯罪性的意义上被使用的。① 可见,广义的责任是犯罪性的责任(刑事责任),而狭义的责任是构成要件性的责任(有责性)。

与德国、日本不同,我国普遍采用"刑事责任"这一术语。通说强调,刑事责任是刑事法律规定的,因实施犯罪行为而产生的,由司法机关强制犯罪者承受的刑事惩罚或单纯否定性法律评价的负担。刑事责任是介于犯罪与刑罚之间的纽带。犯罪是刑事责任的前提,刑事责任是犯罪的法律后果。刑事责任是刑罚的前提,刑罚是实现刑事责任的基本方式。因此,应当按照"犯罪论——刑事责任论——刑罚论"的框架来构建刑法学的体系。② 显然,刑事责任具有独特的体系功能和全面的评价作用。

以上观点的分歧,主要源自三个方面。

(一)犯罪论体系的差异影响对责任的界定

在德国,不同的犯罪论体系衍生出不同的责任概念,就是一个很好的例证。首先,李斯特和贝林从实证主义的思考方式出发,提倡古典的犯罪论体系,由此演绎出心理的罪责概念。接着,费舍尔、黑格勒等学者通过引入新康德主义哲学,构建了新古典犯罪论体系,提倡规范的罪责概念。其后,由韦尔策尔、韦伯等主导的目的行为论的犯罪论体系根据存在论的思考方法,将违法性意识从故意中分离出来,使罪责概念逐渐被客观化。最近,以罗克辛、雅各布斯为代表的目的理性的犯罪论体系从刑罚目的设定的角度出发,直面责任对科处刑罚的实质意义,创设了机能的责任概念。可见,责任的多义性很大程度上是由犯罪论体系的多样性决定的。

(二)责任本质学说的对立影响对责任的界定

虽然德国、日本学者大多认为广义的责任是法律后果上的责任,狭义的责任是犯罪类型性的责任,但就责任的具体含义,学者之间见解不一。原因在于,关于责任的本质、对象及其内容一直没有定论。整体而言,道义责任论、社会责任论与法的责任论是关于责任本质的学说,行为责任论、性格责任论与人格责任论是关于责任对象的学说,结果责任论、心理责任论、规范责任

---

① 〔日〕木村龟二:《犯罪论的新构造》(上),有斐阁 1966 年版,第 285—286 页。
② 参见高铭暄、马克昌主编:《刑法学》(第十版),北京大学出版社、高等教育出版社 2022 年版,第 200—204 页。

论、功能责任论和商谈责任论是关于责任内容的学说。① 上述争议涉及责任内涵的各个方面,而这些方面又彼此联系。例如,行为责任论、人格责任论和心理责任论都以道义责任论为基础,而性格责任论、机能责任论也以社会责任论为出发点。显然,它们都能归结为是围绕责任本质或根据的看法,倘若在这一问题上采取不同的立场,自然就会得出不同的责任概念。

(三)中国特色的刑法理论影响对责任的界定

我国与德国、日本等大陆法系国家刑法理论迥然有别,之所以使用不同于"罪责"或"责任"的"刑事责任"这一基本范畴,至少有两点体系上的理由。其一,刑事责任在我国刑法总论体系中占据一席之地。对此,无论是"罪责刑平行说"(主张犯罪论、刑事责任论和刑罚论相互独立),还是"罪责平行说"(主张刑事责任是与犯罪并列的刑罚的上位概念),都承认刑事责任在我国刑法总论体系中的应有地位。其二,刑事责任在我国犯罪构成理论体系中缺乏独立地位。刑事责任并非单独的犯罪构成要件,而是旨在说明:为何统治阶级无法容忍犯罪,要谴责犯罪人违反法规范的意志选择并强制其承受某种负担。换言之,行为人能够实施合法行为却选择去犯罪,一旦国家需要他以承受某种制裁的方式恢复被损害的社会关系时,就产生刑事责任。

总而言之,在大陆法系国家刑法学中,"责任"在广义上指作为刑法基本原则的责任主义中的责任,在狭义上指作为犯罪成立要件之一的有责性;在我国刑法学中,相当于"责任"的概念是"刑事责任",指行为人因其犯罪行为反映出的违反法规范的态度,而应当承受的国家对该行为作出的强烈否定评价和对行为人进行的严厉谴责。

二、量刑责任的内涵

在德语圈最重要的两个国家中,以下命题一直是刑法学界关注的焦点:"责任既是刑事可罚性的条件,也是刑罚裁量的尺度。"② 这就产生两个问题:第一,什么是作为刑罚裁量尺度的责任即量刑责任?第二,它与作为刑事处罚条件的责任即有责性有何区别?在此,先回答第一个问题。③

德国学者耶赛克从责任的分类着手,明确了责任的不同属性。他主张,责任是意志形成的非难可能性,以适用中的联系为标准,可将其分为责任原

---

① 参见陈家林:《外国刑法理论的思潮与流变》,中国人民公安大学出版社2017年版,第371—378页。
② 〔德〕汉斯·海因里希·耶赛克:《德国与奥地利刑法中责任概念的流变》,陈金林译,载陈兴良主编:《刑法学评论》(第28卷),北京大学出版社2011年版,第72页。
③ 第二个问题留待本章第三节再来讨论。

则、构成刑罚基础的责任和量刑责任。责任原则是指,刑事处罚中只应根据行为人的行为在其责任范围内进行非难。构成刑罚基础的责任是指,刑罚的制定建筑在对行为非难可能性的基础之上,是否定要件的总体评价。量刑责任是指,综合各种量刑因素后,对行为人应当承担责任的总体评价。其实,构成刑罚基础的责任和量刑责任不过是反映了责任原则的不同侧面。因为,罪责原则表明,刑罚是以罪责为先决条件的,另一方面,刑罚要与罪责相适应。① 其中,量刑责任就是罪责原则在第二个方面发挥作用的表现。

日本学者曾根威彦在继承德国刑法理论的同时,进一步阐明了"相应于责任的量刑"必须注意的内容。他指出,首先,从根本上讲量刑的重要基准就是责任的程度。因为刑法上的责任意味着从事了违法行为(不法)的行为者所应承受的规范性非难或谴责,最终决定责任大小的就是违法性大小和有责性大小(狭义上的责任)相乘而得到的后果——即犯罪本身的轻重(广义的责任)。量刑必须服从罪刑法定主义以及尤其是罪刑均衡原则的支配。因此,刑罚的轻重首先要对应于犯罪的轻重。② 那么,量刑责任就是对行为违法性和行为人有责性综合评价的结果。

受制于传统研究范式,我国仅有部分学者明确提出量刑责任的概念。最初,理论界仅停留在复制大陆法系国家刑法理论的层面,认为责任概念根据其适用特点,可以分为责任原则、刑罚成立责任与刑罚裁量责任三种:责任原则指刑罚只能以行为的应受谴责性为基础并在其范围内加以适用;刑罚成立责任指行为的应受谴责性所具有的可罚性前提;刑罚裁量责任指所有对量刑有影响的应受谴责性因素。③ 近年来,有学者开始针对司法解释的缺陷探讨量刑责任的适用边界,认为所谓量刑责任,实际上是指特殊预防的必要性(如累犯、再犯等)。显然,影响量刑责任的要素,既不可能作为违法要素对待,也不应当作为犯罪成立条件之一的有责性处理。换言之,量刑责任以行为已经构成犯罪为前提,影响量刑责任的情节只是单纯的量刑情节。即使按照传统的四要件理论,也是如此。④ 不过,还有论者主张对量刑责任进行功能性解读,即与犯罪论中的责任相比,量刑领域内的责任具有自己更为广泛的意义和功能。受刑罚目的的影响,量刑责任从可比较性和量上,对犯罪论中的不法和有责进行了功能性调整和差异化处理,主要体现在量刑情节的阶层化判

---

① 参见〔德〕汉斯·海因里希·耶赛克、托马斯·魏根特:《德国刑法教科书》(总论),徐久生译,中国法制出版社2001年版,第29、490页。
② 参见〔日〕曾根威彦:《量刑基准》,王亚新译,载〔日〕西原春夫主编:《日本刑事法的形成与特色》,李海东等译,法律出版社、成文堂联合出版1997年版,第146—147页。
③ 参见李海东:《刑法原理入门(犯罪论基础)》,法律出版社1998年版,第101—102页。
④ 参见张明楷:《简评近年来的刑事司法解释》,载《清华法学》2014年第1期,第20页。

断以及对不同刑罚预防目的的兼容两个方面。① 对此,另有学者立足于我国量刑理论和实践指出,定义量刑责任概念应当坚持刑法客观主义的立场。量刑责任是行为责任,责任的大小即行为的严重程度。量刑责任不是一个全能的、包含所有量刑情节的概念。②

以上观点的分歧,可以带来三点启示。

(一) 量刑责任是一种责任范畴

尽管可以从不同角度把握责任的实体,但有一点却是共通的,即责任评价的对象只能是行为人实施的具体行为,并从其内在心理上探讨可非难的根据。所以,量刑责任作为在量刑阶段对行为人所承受负担轻重的评价范畴,同样应将具体的犯罪行为作为评价基础。此外,关于责任要素的性质,如今已在只有存在心理要素和规范要素的场合,才能给予责任非难这点上达成了共识。因此,量刑责任在着眼于个别的行为责任时,还必须检讨行为当时是否存在回避刑罚处罚的可能性。这样,量刑责任体现了对个别犯罪行为的规范性非难或法的谴责。

(二) 量刑责任是一种区别于预防的责任范畴

诚如德国学者齐普夫所言,责任和预防的明确区别,是"理解量刑论的关键"。虽然在具体情况下区别二者不一定容易,但大体而论:责任主义的限定机能是从处罚过程中的个人侧面产生的要求,而预防目的的考虑是从处罚过程中的国家侧面产生的要求。责任是科处刑罚的前提,预防则是在其前提下应当追究的刑罚目的。通过考虑责任的回顾性和预防的展望性,明确区别责任和预防。③ 于是,问题并不在于是否应当区分责任和预防,而在于如何区分责任和预防。不能因为难以区分责任和预防,而否定区分责任和预防的必要性。量刑责任是责任概念在量刑阶段发挥特定机能的原理,有别于一般预防和特殊预防。

(三) 量刑责任是一种旨在全面评价行为可罚性的责任范畴

作为一种责任的范畴,量刑责任以对具体犯罪行为规范意义上的可非难

---

① 参见赵书鸿:《论作为功能性概念的量刑责任》,载《中外法学》2017 年第 4 期,第 1033—1043 页。
② 参见潘文博:《德国量刑责任概念的源流、问题与启示》,载《政治与法律》2019 年第 4 期,第 42—44 页。
③ 参见〔日〕川崎一夫:《体系的量刑论》,成文堂 1991 年版,第 90—91 页。

性或刑法立场上的可谴责性为主要内容;作为一种广义的责任,量刑责任以行为的违法性和行为人的有责性为基本构造。"犹如刑法中的违法性特别作为可罚的违法被特殊化一样,责任也具有刑法上的意义(刑事责任),所以必须作为可罚的责任被特殊化。"①换言之,"与在违法论中规范的违法上加以可罚的违法的判断相似,规范的责任上也加以可罚的责任的判断"。② 据此,量刑责任由可罚的违法与可罚的责任组成;只有达到应当科处刑罚程度的违法性和适于用刑罚予以非难程度的有责性,才能成为量刑责任的构成要素。

综上所述,量刑责任不仅是一种道义责任、行为责任,而且是一种规范的责任、可罚的责任。那么,量刑责任可被概括为:对犯罪严重性程度的可谴责性与可罚性评价。

第三节　整体评价视角和目的理性视域夹缝中的量刑责任

作为责任论与量刑论的共有概念,量刑责任与刑事责任、答责性之间有着明显区别。这不仅源于各自判断角度的差异,而且取决于犯罪论、刑罚论和刑事责任论的功能界分。

一、量刑责任与刑事责任

量刑责任是对犯罪严重性程度的可谴责性与可罚性评价,而刑事责任指行为人因其犯罪行为反映出的违反法规范的态度,而应当承受的国家对该行为作出的强烈的否定评价和对行为人进行的严厉谴责。可见,二者在评价立场和评价功能上具有相似性,但是,它们又存在四点区别。

第一,判断基准不同。量刑责任的判断基准是形式的行为责任,③由违法性和有责性共同决定。违法性和有责性大体上分别体现了行为的客观危害和行为人的主观恶性,能够反映罪行轻重。而刑事责任的判断基准是社会危害性和人身危险性,既要考察罪行轻重,又要兼顾预防目的。因此,刑事责任的判断基准多于量刑责任。

第二,判断对象不同。量刑责任的判断对象是违法性要素和有责性要素,限于说明罪行轻重的罪中情节。而刑事责任的判断对象既有体现社会危

---

① 〔日〕佐伯千刃:《刑法讲义(总论)》,有斐阁1968年版,第232页。
② 〔日〕浅田和茂:《刑法总论》(补正版),成文堂2007年版,第278页。
③ 本章第五节将对此将予以详述。

害性的要素,也有体现人身危险性的要素;既有罪中情节,也有罪前、罪后情节。所以,刑事责任的判断对象也多于量刑责任。

第三,判断目的不同。量刑责任的判断是为了彰显责任的报应本质,而刑事责任的判断是为了实现责任报应和预防效果的统一。

第四,判断阶段不同。量刑责任的判断存在于对预防目的的考虑之前,而刑事责任的判断存在于对预防目的的考虑之后。因此,可以把作为量刑指导原则的罪责刑相适应原则①理解为:量刑既要考虑被告人应负量刑责任的轻重,又要考虑被告人最终承担刑事责任的大小。

总之,相对于刑事责任综合回顾性判断和展望性预判,属于从整体上对犯罪行为和犯罪人进行否定性评价和谴责的范畴而言,②量刑责任仅仅给予回顾性判断,属于侧重对犯罪行为进行否定性评价和谴责的范畴。

二、量刑责任与答责性

有德国学者以刑事政策上的刑罚目的考量为出发点,重视刑法中责任和预防的矛盾解决,在批判各种传统的罪责构造和目的内容的基础上,提倡答责性论。他认为,在犯罪构造的范围内,责任③是在违法性之后进一步表示的,并且通常是引发刑事可罚性的评价。这种责任必须取决于两种现实才能够加到不法上去:行为人的罪责和应当从法律中提取出来的刑法威胁的预防

---

① 《刑法》第 5 条规定:"刑罚的轻重,应当与犯罪分子所犯罪行和承担的刑事责任相适应。"《量刑指导意见》第 1 条进一步指出:"量刑既要考虑被告人所犯罪行的轻重,又要考虑被告人应负刑事责任的大小,做到罪责刑相适应,实现惩罚和预防犯罪的目的。"而且,有关司法解释也贯彻了该原则。例如,《办理危害药品安全案件解释》第 13 条规定:"明知系利用医保骗保购买的药品而非法收购、销售,金额五万元以上的,应当依照刑法第三百一十二条的规定,以掩饰、隐瞒犯罪所得罪定罪处罚;指使、教唆、授意他人利用医保骗保购买药品,进而非法收购、销售,符合刑法第二百六十六条规定的,以诈骗罪定罪处罚。对于利用医保骗保购买药品的行为人是否追究刑事责任,应当综合骗取医保基金的数额、手段、认罪悔罪态度等案件具体情节,依法妥当决定。利用医保骗保购买药品的行为人是否被追究刑事责任,不影响对非法收购、销售有关药品的行为人定罪处罚。对于第一款规定的主观明知,应当根据药品标志、收购渠道、价格、规模及药品追溯信息等综合认定。"再如,《办理破坏野生动物资源案件解释》第 3 条规定:"在内陆水域,违反保护水产资源法规,在禁渔区、禁渔期或者使用禁用的工具、方法捕捞水产品,具有下列情形之一的,应当认定为刑法第三百四十条规定的'情节严重',以非法捕捞水产品罪定罪处罚……实施前款规定的行为,具有下列情形之一的,从重处罚……实施第一款规定的行为,根据渔获物的数量、价值和捕捞方法、工具等,认为对水生生物资源危害明显较轻的,综合考虑行为人自愿接受行政处罚、积极修复生态环境等情节,可以认定为犯罪情节轻微,不起诉或者免于刑事处罚;情节显著轻微危害不大的,不作为犯罪处理。"

② 参见《刑法学》编写组编:《刑法学》(上册·总论),高等教育出版社 2019 年版,第 277 页。

③ 即答责性,在德文中为同一单词(Verantwortlichkeit),只是中文译法不同而已。

必要性。① 于是,这一术语意味着,出于预防理由而对某种应当受到刑罚惩罚行为的消极评价,而且,罪责和预防必要性同时构成使行为人接受刑罚处罚的条件。

然而,作为一种在应负刑法性责任的观点下对不法行为的评价,即使附加预防性需要的内容,答责性本身仍然只能给刑罚提供基础,而不能为量刑提供充分依据。所以,论者本人也赞成阿亨巴赫、布伦斯等关于刑罚基础的责任和量刑责任的分类。他指出,在法逻辑上,量刑时考虑的责任与为刑罚提供基础的责任有关。刑罚只能被以"程度"和"量"为本质的责任所决定,量刑时考虑的责任首先以基于那种责任为前提。但是,量刑时考虑的责任在其实质的基础上,从为刑罚提供基础的责任中独立了相当的部分。基于以上论述可以明确的是,关于责任和预防之间的关系的认识中,在对答责性范畴框架内的刑罚基础的妥当认识进行充分考察之后,应当转而使用量刑时考虑的责任这一概念。② 显然,如果对责任概念进行目的理性考察,就应区分答责性和量刑责任。而且,即使我国引入机能责任论,也并不意味着非要采取机能的量刑责任概念。

(一)机能责任论存在不少缺陷,难以全面取代规范责任论

我国刑法的知识转型促进了责任含义的本土化剧变,随着研究重心的转移和期待可能性理论的引进,责任观念逐渐向规范责任论演进,③对通说形成了巨大挑战。不仅如此,我国刑事立法和司法实践也采取了规范责任论。例如,《刑法》第 16 条、第 21 条、第 305 条、第 307 条第 1 款等规定均包含了规

---

① 参见〔德〕克劳斯·罗克辛:《德国刑法学总论》(第 1 卷),王世洲译,法律出版社 2005 年版,第 556—558 页。除此之外,雅各布斯教授也主张机能责任论。即在适用有效的刑法时,责任的调查意味着,论证为了向忠诚于法律的市民保证秩序的约束力,而用一个确定的尺度进行处罚的必要性。责任由这种被准确理解的一般预防所确立,并由其所量定(〔德〕格吕恩特·雅各布斯:《行为 责任 刑法——机能性描述》,冯军译,中国政法大学出版社 1997 年版,第 8 页)。但是,针对上述观点的批判意见主要有:(1)处罚一般人的规范稳定化效果的实证性阐释不充分,可能丧失责任的刑罚限定机能;(2)违反应当尊重人类尊严的责任主义,将罪犯个人工具化;(3)为了强化规范的妥当力,缺乏衡量刑罚程度的精密尺度;(4)忽视规范接收者的责任归属,有损积极一般预防目的的实现;(5)仅仅通过适用刑罚无法确保规范信赖,现实生活中还有许多产生刑罚效果的条件;(6)将责任定义为预防的规范标准,就使原本作为刑罚基础的责任发挥了刑罚的机能(参见〔日〕吉田敏雄:《责任概念与责任要素》,成文堂 2016 年版,第 60—62 页)。由于存在这些明显缺憾,本书只对罗克辛教授提出的机能责任论进行评析。

② 参见〔德〕C. Roxin:《刑法中的责任和预防》,〔日〕宫泽浩一监译,成文堂 1984 年版,第 222—223 页。

③ 参见车浩:《责任理论的中国蜕变——一个学术史视角的考察》,载《政法论坛》2018 年第 3 期,第 71—75 页。

范责任论的思想。① 在某种程度上,我国司法机关已经开始承认违法性认识和期待可能性对于责任认定的规范价值。② 另外,机能责任论的内在缺陷,也决定了目前其无法在理论界和实务界占据"制高点"。具言之,一是理论构造不科学。因为责任的本质在于对违法行为的动机形成予以谴责,有着伦理评价的色彩,属于回顾性的范畴;预防的本质在于有效防止将来发生同样的犯罪行为,重在追求功利的效果,属于展望性的范畴。二是颠覆了固有的归责顺序。"即逻辑上应当后行于责任的刑罚论直接作为答责性论展开,是颠倒的议论吧。"③换言之,它将"根据责任决定刑罚的有无"变为"根据预防目的决定答责性的有无",使预防必要性成为可罚性的主要评价要素之一,有被滥用的危险。三是适用效果值得怀疑。作为一个从刑事政策的立场出发推导出的体系性范畴,责任的限定机能注定不会受到重视,很容易被预防的功利效果(尤其是一般预防)所吸收,④所以,其结果只能是,责任概念失去了明确性和有用性,无法区分刑罚的必要性与非必要性。⑤ 四是未处理好责任和预防的关系。虽然它对"处罚必要性"同时赋予了规制原理和构成原理的双重意义,但是,预防(特别是一般预防)基本上不具有刑罚限定机能。因此,该说并不符合现代刑事责任论的发展方向,应当在消极的责任主义之下缓解二者之间的紧张关系。⑥ 五是存在明显的体系偏好。犯罪论体系的演进过程表明,机能的责任概念曾经只为目的理性的犯罪论体系所接纳。即使将我国传统的"四要件体系"改造成为"犯罪客观要件——犯罪主观要件——犯罪排除要件",⑦以密切犯罪论和刑罚论之间的关系为契机,为其提供体系内的容身之处,但受制于体系逻辑性的制约,改良后的犯罪构成理论体系的目的性、机能化程度恐怕也不会超过目的理性的犯罪论体系,在我国难以展开如西方学者所构想那样的对行为人责任的机能化认定。

(二) 仅限于责任判断的例外场合,才有必要一并考察预防必要性

不过,鉴于具体刑事政策与现代犯罪类型之间的互动关系,机能责任论

---

① 参见张明楷:《刑法的基本立场》(修订版),商务印书馆 2019 年版,第 270—273 页。
② 参见方洪:《违法性认识问题的司法判断》,载江溯主编:《刑事法评论》(第 41 卷),北京大学出版社 2019 年版,第 453—466 页;钱叶六:《期待可能性理论的引入及限定性适用》,载《法学研究》2015 年第 6 期,第 127—134 页。
③ 〔日〕浅田和茂:《刑事责任能力的研究——以限定责任能力论为中心》(上),成文堂 1983 年版,第 31 页。
④ 参见〔日〕铃木晃:《克里斯蒂安·舍内博恩:责任原则与一般预防观》,载《中京大学大学院生法学研究论集》1981 年第 1 号,第 164—165 页。
⑤ 参见〔德〕Heinz Müller Dietz:《作为刑罚目的与刑的量定焦点的责任和预防的关系》,〔日〕宫泽浩一译,载《刑法杂志》1979 年第 23 卷第 1、2 号,第 98—99 页。
⑥ 参见〔日〕铃木晃:《论责任的预防性再构成的一次考察——罗克辛的"答责性"论及其批判》,载《中京大学大学院生法学研究论集》1981 年第 2 号,第 65—67 页。
⑦ 参见本书第一章第四节之三的有关论述。

仍有一定的适用空间,可以上述改良后的犯罪论体系为分析框架,促使主观归责的判断由体系外运行转向体系内操作。这样既能更为清晰地剖析刑事责任的构造,又能更加合理地确定行政犯的处罚范围。例如,在新冠疫情防控期间,在刑事政策上应当全面考虑此类传播病毒(或者有严重传播危险)行为的成因,做到群体细分,整体从宽把握。对此,在法教义学上,可以通过责任阶层的预防必要性判断来实现个案中的从宽尺度。当行为人抗拒防疫措施并造成传播后果之后,就符合了妨害传染病防治罪的不法,且具备了罪责。但是,还要考虑对这种既非确诊也非疑似、而仅仅是瞒报自己身份或经历的行为人施加刑罚的预防效果。假如对于那些因为逃避歧视和恐惧隔离而瞒报信息的行为人判处刑罚,无法收到任何教育改造效果,就可对其减免责任。① 这里的预防必要性判断即主要来自对行为人犯罪动机、犯罪手段的认定。再如,在现代社会,为了有效降低环境污染风险,减少经济活动对生态环境的危害,有必要重视相关主体间的交往、沟通与合作。这种主体性重建将带来法律责任内在逻辑的演变,表现为对主观过错的宽容、对泄愤责难的隐退以及对合作精神的张扬。② 可见,法律责任的构造出现了由单维性向多维性、由回顾性向展望性、由报应性向功能性的转变,而在刑法教义学中,机能责任论的提出正顺应了法律责任构造的演进。作为机能性责任概念的必备要素,非难可能性和预防必要性能够共同决定是否对污染环境行为人定罪。对于部分无须严厉谴责的行为人(如主观恶性较小、并非出于营利目的、因为生活所迫等),可以优先考察预防必要性大小;对于污染环境行为不法程度高的行为人,不能以一般预防必要性小为由而减轻责任。因此,对于罪行严重的行为人,不宜直接根据预防目的来决定是否构成污染环境罪,预防必要性的优先判断只能用于部分罪行较轻或显著轻微的犯罪。

(三)针对机能责任论的批判性研究,凸显了区分量刑中的责任和预防的重要性

随着机能责任论在我国学界的影响日益增大,也有学者主张,由于受到预防和不法两面夹击,责任阶层不得不面临日益空洞化的处境。对此,应当吸纳预防并重构责任的内涵,使责任阶层与量刑过程联结在一起,以决定需罚性的大小。在此基础上,以应罚性和需罚性重新定位"罪——责——刑"

---

① 参见车浩:《刑事政策的精准化:通过犯罪学抵达刑法适用——以疫期犯罪的刑法应对为中心》,载《法学》2020年第3期,第72—74页。
② 参见郑智航:《从互惠性到宽容性:法律责任构造逻辑的嬗变》,载《山东大学学报》(哲学社会科学版)2018年第2期,第86—89页。

关系,对犯罪论体系进行颠覆性改造。① 但是,这不仅可能混淆不法和责任、责任和预防,造成预防判断完全优于不法判断和责任判断,而且使得我国犯罪论体系发展付出过高的改革成本,从根本上消解阶层式体系对犯罪成立判断的方法论优势,明显降低量刑步骤对提高量刑规范化程度的促进作用。实际上,这也是机能主义刑法学所依赖的犯罪论体系的固有缺陷。退一步讲,即使承认量刑责任概念包含预防目的要素,与机能责任论的适用情形相似,也应当仅限于根据传统体系可能得出不适当结论的极其例外的场合。例如,虽然对诱惑搜查而引发的犯罪不能以终了后的犯罪严重性降低而减轻责任,但在量刑实务中,将赔偿被害人作为显著的减轻事由是正当的。如果不考虑因赔偿被害人而事后地减少犯罪要素的"(结果)不法",就无法进行说明。② 再如,恢复性司法理念也引起了污染环境罪的量刑判断的明显变化,其中,环境修复情节对基准刑的调节作用愈发得到重视。这一量刑情节正逐渐地常态化、类型化、规范化,并在污染环境罪的个案审理过程中以酌定预防情节的面貌出现,以其对应的预防刑对责任刑向下进行校正。可见,量刑责任旨在实现刑法上的责任后,原则上根据全部反映罪行轻重的因素决定刑事惩罚的严厉性;它本是量刑的直接根据,能够对宣告刑产生实质影响。答责性则旨在实现刑法上的不法后,例外地根据预防需要性决定刑事惩罚的必要性;它只是量刑的间接根据,由客观危害事实、主观恶性因素等推演出来。所以,为了真正实现罪刑均衡,③我国刑法理论应当严格区别量刑责任和答责性,并分阶段地考察量刑责任和量刑预防。

---

① 参见潘文博:《论责任与量刑的关系》,载《法制与社会发展》2016年第6期,第115—119页。
② 参见〔日〕野村健太郎:《国家机关的违法行为与量刑责任》,载《爱知学院大学论丛·法学研究》2015年第56卷第3、4号,第154—155页。
③ 现代量刑基准理论主张,量刑均衡应是相对的均衡、消极的均衡和规范的均衡。相对的均衡要求,在与其他犯行相比较的意义上确定某种犯行处罚的均衡性。这不是犯罪本身轻重的问题,因而不存在绝对的均衡(参见〔德〕Christian Jäger:《在对通常案例处理方法特别考虑下的构成要件与量刑的相关关系——以及考察为量刑提供方向的解释意义》,〔日〕野泽充译,载《法政研究》2018年第4号,第1103页以下)。消极的均衡是指,作为界限原理,消极地排斥同犯行严重性不均衡的刑罚。因为,不仅实务中无法穷尽所有犯罪的轻重序列,还要在其中考虑预防必要性,所以,不可能积极地追求同犯行严重性相均衡的刑罚,作为决定原理的积极的均衡没有实践价值(参见〔日〕小池信太郎:《量刑中的犯行均衡原理和预防性考虑——以最近日本、德国各种见解的研究为中心》(1),载《庆应法学》2006年第6号,第79—81页)。规范的均衡主张,作为价值判断原理,责任幅度上限和下限的利用次数可能不同。宪法比例原则和刑法责任主义不会使量刑停留在经验性摸索的层面,反而通过预防刑对责任刑的影响可以实现宣告刑的实践合理性(参见〔德〕Franz Streng:《德国的量刑——其概要与现代课题》,〔日〕井田良、小池信太郎译,载《庆应法学》2007年第8号,第143—147页)。因此,观念上预想的"重罪重判、轻罪轻判"并没有忠实再现责任和预防的关系。就责任刑的裁量而言,刑罚不能超过责任刑的上限;就宣告刑的确定而言,特殊预防的需要完全可能突破责任刑的下限。显然,与责任相适应的刑罚是非对称性的。既然责任刑都不存在经验上的、对称性的均衡,宣告刑就更不存在这种意义上的均衡。量刑均衡既是形式上的均衡,也是实质上的均衡,所以,区分量刑责任和量刑预防就至关重要。只有在量刑过程中严格区分二者并一以贯之,才能实现形式的量刑均衡与实质的量刑均衡的统一。

第四节　量刑责任概念的方法论优势

相比社会危害性的概念，量刑责任的概念具有以下优势，更有利于实现量刑公正。

一、量刑责任的概念在理论上能够充分发挥量刑基准的功能

第一，关于量刑责任的内涵，大陆法系国家刑法学者没有原则上的分歧。这可以避免社会危害性定义含混的弊端。

量刑责任属于对具体犯罪行为的严重性程度进行整体评价的范畴，明显有别于作为犯罪成立条件之一的有责性。对此，德国学者布伦斯将其精炼为"有责的不法"，而把犯罪论的责任称作"为刑罚提供基础的责任"。[①] 阿亨巴赫则详细地论述了二者的不同。其一，在对象事实的范围上，量刑责任广于犯罪论的责任。例如，量刑时要在一定范围内考虑非构成要件的结果和犯行后的态度。其二，在责任阻却和责任轻微的场合，两种责任存在质的差异。根据《德国刑事诉讼法》的有关规定，在前者的场合，刑事程序必须停止，而在后者的场合，刑事程序的处理全凭法官和检察官的裁量。其三，在对不法的考察上，量刑责任具有区别于犯罪论责任的意义。犯罪体系中不法与责任的分离，不能同样适用于量刑论中。在此，不仅考察在体系上定位于责任的量，而且考察在体系上以不法为根据的各种要素的量。[②]

因此，量刑责任的内涵在这些方面是确定的。(1) 以责任和预防的区分为前提，其内部一般不含有预防要素。(2) 既是对责任属性的判断，也是对责任程度的评价。(3) 违法性与有责性的区别仅具有相对的意义，需要关注的是"有责的不法"而非"无责的不法"。因为只要认定行为成立犯罪，就表明其具备违法性与有责性，剩下的问题就是对违法性轻重和有责性大小的衡量，缺乏有责性的行为从一开始就不会进入量刑责任的评价视野。(4) 通过对所有反映罪行轻重的量刑情节的评价，确定与量刑责任相适应的刑罚即责任刑的幅度。(5) 由于量刑责任是量刑的首要基准，预防犯罪所需要的刑罚即预防刑对责任刑的修正，一律不得超越责任刑的上限，例外情况下才可突破责任刑的下限。(6) 量刑必须分步骤地进行，如今，许多学者都倾向于赞

---

① 转引自〔日〕冈上雅美：《论责任刑的意义与量刑事实的问题点》（一），载《早稻田法学》1993年第68卷第3、4号，第112页。
② 转引自〔日〕小池信太郎：《量刑中消极责任主义的再构成》，载《庆应法学》2004年第1号，第308—309页。

同以下观点：以责任刑的幅度为出发点，通过考虑预防刑对它的影响，最终将宣告刑收缩于一点。①

相反，社会危害性的内涵是模糊的。或许有人认为，可以通过赋予其新的含义以明确其内涵，一种较为可行的方案就是引入违法性理论，用法益的概念充实社会危害性的概念。② 但是，论者是从犯罪本质和犯罪成立的角度进行的反思，没有意识到在量刑过程中，法益概念能否直接起到指导作用。事实上，它作为刑法的基本范畴，尽管可以决定的刑法的任务和目的，但不宜作为一种具体的量刑标准。而且，"法益侵害说"是一种实质的违法性论，与社会危害性概念注重实质评价的立场一致，一旦缺少配套解释规则，同样会得出不妥当的结论。

总之，量刑责任内涵的确定性足以证明其相对于社会危害性概念的优势。即使修正社会危害性概念，也无法达到相同的效果。

第二，关于量刑责任的外延，大陆法系国家刑法学者仅在个别责任要素上有异议。这可以避免社会危害性结构不清的弊端。

对量刑责任外延的确定，基本取决于有关责任本质的立场。大致说来，行为责任论者确定的外延最窄，而人格责任论者确定的外延最广。前一种观点认为，根据罪刑法定主义、（消极的）行为责任主义的刑法基本原则，影响责任判断的情节包括：（1）与违法性有关的情节，如结果的严重性，行为样态

---

① 参见〔德〕C. Roxin：《刑法中的责任和预防》，〔日〕宫泽浩一监译，成文堂1984年版，第141页；〔日〕本庄武：《从刑罚论所见的量刑基准》（1），载《一桥法学》2002年第1卷第1号，第201页。

② 参见陈兴良：《社会危害性理论——一个反思性检讨》，载《法学研究》2000年第1期，第18页。笔者认为，在犯罪论中，如果要维持社会危害性的概念，就必须站在刑法客观主义的立场上对其含义进行限定；假如要放弃社会危害性的概念，可以考虑用"社会损害性"的概念予以替代，尽管它同样无法避免对国家利益、社会利益等超个人法益难以测量的问题，但至少比"法益"概念明确一些。立足于犯罪与损害的关系可以发现，损害不能独立地提供一个犯罪的定义，原因在于：其一，在许多情况下法律认为某些行为具有正当性，不论其损害有多大；其二，有些犯罪造成的损害相对很小，甚至可以忽略不计；其三，损害种类必须进行特定化，自我损害和间接损害不应被包含在狭义的损害定义中；其四，损害与犯罪之间没有必然联系，许多有损害后果的行为并非是犯罪（参见吴峻：《英美刑法规则与判例》，中国检察出版社2005年版，第38—39页）。所以，不能高估犯罪本质对犯罪成立判断的作用。英美刑法理论主张，一般来说，构成犯罪，需要具备刑法上的一些基本前提：（1）行为构成要件，即必须是具有邪恶意图的犯罪行为；（2）犯罪心态，即必须具备主观心理状态；（3）行为和心态同时发生，即引起的损害结果与行为人内心想要达到的结果不能存在较大差距或完全不同；（4）危害性，即犯罪必须是具有危害性的行为；（5）因果性，即对于某些犯罪而言，禁止性行为必须是特定结果的法律原因（近因）；（6）惩罚性，即犯罪必须是受到刑罚处罚的行为（参见郭自力：《英美刑法》，北京大学出版社2018年版，第113—114页）。由于犯罪构成是事实认识与价值判断的统一，其中包含了事实要素和规范要素，犯罪本质只是犯罪成立的必要条件或抽象标准，犯罪成立的判断还需要满足其他条件，以确定罪与非罪的具体区分标准。

(特别是手段的危险性)、共犯关系(是否单独犯、作用的重要性)等;(2) 与非难可能性有关的情节,如行为时的心理状态(动机、目的等)、精神状态、行为所表现的生活环境(期待可能性的判断资料)等。此外,影响预防判断的情节主要是与特殊预防有关的情况,如行为人的性格、个人情况、犯罪前的情况(前科、前历)、犯罪后的态度(恢复损害的努力、和解的成否、刑事程序中的供述态度等)。① 后一种观点则主张,由于构成要件是违法行为的类型,所以构成要件的要素就是违法性的要素。同时,作为违法性阻却事由的要素也能决定违法性的程度。而且,由于责任以对行为人的人格性非难为内容,所以,与其相关的有利于行为人人格的内部评价的事实都具有重要意义。② 于是,在评价违法性的程度时,要考察法益侵害及其危险、行为手段、行为状况等客观的违法要素,以及故意、过失、动机、目的等主观的违法要素;在评价有责性的程度时,要考察责任能力、故意、过失、违法性意识及其可能性、行为人的性格等主观的责任要素,以及期待可能性、人格形成环境等客观的责任要素。

因此,两种见解的主要分歧在于,行为人的性格要素、人格要素究竟是责任要素,还是预防要素?而就其余责任要素的归属,二者并无差异,例如,均承认强烈的处罚感情应作为体现预防必要性的情节,不得在责任刑的范围内直接考虑。

然而,社会危害性的外延并不清楚。实际上,无论怎样调整社会危害性的内部结构,都会造成相似概念的界限不明,进而导致有关量刑情节的评价失当。根本原因在于,它的规范性程度不高,不能独自胜任对犯罪成立和刑罚裁量进行规范评价的工作,必须借助其他的标准才能完成。这在社会危害性与刑事违法性的关系中体现得尤为明显。简言之,"在立法上是社会危害性决定刑事违法性,在司法上则是刑事违法性决定社会危害性"③的命题深刻揭示了社会危害性概念的基因缺陷。正因为如此,不同的解释主体才会任意增减其评价指标。

可见,量刑责任外延的相对明确性是社会危害性概念所无法比拟的,对它进行改造的各种努力并未触及其本质,只有放弃这一概念,转而去寻找一个规范性更强的范畴,才是解决问题的唯一出路。

第三,关于量刑责任的作用,大陆法系国家刑法学者均重视其刑罚限定机能的发挥。这可以避免社会危害性评价过于严厉的弊端。

责任主义是近代刑法的基本原则,量刑时必须遵守责任主义。量刑责任

---

① 参见〔日〕城下裕二:《量刑理论的现代课题》(增补版),成文堂 2009 年版,第 66—73 页。
② 参见〔日〕大塚仁:《刑法概说(总论)》(第四版),有斐阁 2008 年版,第 360—361、447 页。
③ 陈兴良:《社会危害性理论:进一步的批判性清理》,载《中国法学》2006 年第 4 期,第 12 页。

是责任主义适用于量刑阶段的具体表现,责任主义的机能决定了量刑责任的机能。

在德国,有学者曾阐释了责任主义的三种意义:(1)责任是为刑罚提供根据的犯罪标志物,同时也是限制刑罚的实质的犯罪标志物;(2)责任与不法之间具有整合性,责任应当包含具体不法的全部要素;(3)刑罚应当与责任相适应,责任划定了刑罚的上限;基于预防的考虑,刑罚可以低于责任的程度。① 那么,责任主义就意味着"有责任即有刑罚,无责任即无刑罚"。责任主义同时具有刑罚根据机能和刑罚限定机能,这被称为"双面的责任主义"。但是,这不仅容易导致必罚主义和重刑主义,而且明显有违各国的刑罚制度和司法实践。所以,该论者后来修正了自己的主张,认为刑罚以责任为前提,刑罚的量被限定在责任的范围之内。有责的行为并不总是以刑罚为必要,反而为了保障共同生活的和平与自由才能对其处罚。② 于是,责任主义仅意味着"无责任即无刑罚",只具有刑罚限定机能,这被称为"单面的责任主义"。

"双面的责任主义"是一种积极的责任主义,以绝对的报应刑论为根据;"单面的责任主义"是一种消极的责任主义,以相对的报应刑论为根据。不过,无论哪种责任主义,均承认量刑责任的刑罚限定机能,③即刑罚不能超过责任的上限;但就刑罚能否超过责任的下限,前者持否定态度,后者持肯定态度。

另外,即便承认处罚感情对量刑的影响,它也无法超出与量刑责任相适应的刑罚上限,其对宣告刑的影响极其有限。假如以社会危害性作为量刑的主要根据,由于其模糊的内涵和外延,在考虑民愤时可能无法抑制刑罚的冲动,从而导致以下后果:(1)民愤大表明罪行严重,可以超过与罪行严重性相对应的刑罚而加重处罚;(2)民愤大表明罪行严重,可以在与罪行严重性相对应的刑罚幅度内从重处罚;(3)民愤大表明人身危险性大,可以超过与罪行严重性相对应的刑罚而加重处罚;(4)民愤大表明人身危险性大,可以在与罪行严重性相对应的刑罚幅度内从重处罚。其中,第(1)(3)种情况应当极力避免,第(2)(4)种情况必须慎重对待。

显然,量刑责任概念应当主要用于限制刑罚权的发动,以避免重刑主义倾向,而不宜像社会危害性概念那样还能为从重处罚或加重处罚提供根据。

---

① 参见〔德〕Authur Kaufmann:《法哲学与刑法学的根本问题》,〔日〕宫泽浩一监译,成文堂1986年版,第152页。

② 参见〔德〕Claus Roxin:《责任主义的两面性和一面性——论刑法解释学和刑的量定论中责任和预防的关系》,〔日〕齐藤诚二译,载《刑法杂志》1980年第24卷第1号,第30页。

③ 参见〔日〕本庄武:《论量刑责任的刑罚限定机能》(1),载《一桥研究》1999年第24卷第1号,第80页。

二、量刑责任的概念在实践中有利于合理评价行为人的刑事责任

第一,采取量刑责任的概念,有利于提示法官量刑时以责任为主要根据。这能够避免社会危害性作为量刑唯一根据的缺陷。

大陆法系国家都很重视量刑基准的法定化,要求法官量刑时必须以责任为基础。例如,《德国刑法典》第 46 条第 1 款规定:"刑罚之裁量应以行为之责任为基础,并应审酌刑罚对行为人在社会中未来生活之影响。"①此外,《瑞士刑法典》第 63 条、《奥地利刑法典》第 32 条第 1 款、《日本改正刑法草案》第 47 条第 1 项等都作出了类似规定。以上条文中的"责任",就是指的量刑责任。这在实践中可归结为三点:一是责任在量刑时处于最优位,与其保持均衡的刑罚能够起到一般预防的效果;二是除非有例外规定,否则法官不得因为一般预防的必要性大而加重刑罚;三是特殊预防的考虑原则上限于责任刑的范围内,但法官确有必要时也可低于责任的程度量刑。例如,在德国的量刑活动中,与行为严重性相关的变量得到了高度重视,刑罚的预防性需求始终处于边缘化位置。② 日本的量刑实务同样以犯罪行为为基点,将与犯罪事实直接有关的情节作为量刑判断的中心。③

与之相对,我国刑事立法重视量刑原则的法定化,忽视量刑基准的法定化,导致量刑规则的实用性不强。例如,旧《刑法》第 57 条和新《刑法》第 61 条均规定,量刑时应当根据犯罪的事实、犯罪的性质、情节和对于社会的危害程度依法判处,而没有规定人身危险性是法定的量刑根据之一。于是,法官量刑时要么不考虑人身危险性,要么将其视为社会危害性的组成部分。在前一场合,法官可能对某一量刑情节进行重复评价,如行为人故意伤害他人致人死亡的,在选择了"10 年以上有期徒刑、无期徒刑或者死刑"的法定刑后,又以被害人死亡为由从重处罚。④ 即以结果重大或社会危害性严重为由,对"致人死亡"同时在加重犯罪构成情节和从重量刑情节的层面进行了两次评价。在后一场合,法官可能对某一量刑情节进行不当评价,如已满 14 周岁不满 18 周岁的人犯罪的,在选择"应当从轻或者减轻处罚"的原则时,主要根据

---

① 何赖杰、林钰雄审译:《德国刑法典》,元照出版公司 2017 年版,第 33 页。如无特别说明,下文所引条文均来自该版本。
② 参见赵秉志、赵书鸿:《论德国传统量刑理论中刑罚预防目的的边缘化——实证性检验与事实性说明》,载《江海学刊》2013 年第 1 期,第 132—140 页。
③ 参见〔日〕远藤邦彦:《量刑判断过程的总论研究》(第 2 回),载《判例时报》2005 年第 1185 号,第 45 页。
④ 参见张明楷:《结果与量刑——结果责任、双重评价、间接处罚之禁止》,载《清华大学学报》(哲学社会科学版)2004 年第 6 期,第 23 页。

的是其人身危险性较小进而犯罪整体的社会危害性不大。① 即以未成年人的人身危险性容易消灭为由,将判断标准上升至整体社会危害性层面。但是,"未成年人犯罪的社会危害性小"的结论,并不一定总是成立。

其实,社会危害性概念的实体性低下也是源于其规范性不高。由于受制于自身的规范性程度,它无法提供犯罪类型化的可操作性标准,在援引其他标准的过程中,又加剧了其内容的空泛性。对此,也许有人主张,预防必要性或人身危险性也有着很强的规范性和实体性,能够替代量刑责任作为量刑的主要根据。诚然,量刑时应该考虑行为人的预防必要性或人身危险性,但是,它不能成为首要的量刑基准。因为,刑法的客观主义和消极的责任主义必然要求预防必要性的考虑不能逾越量刑责任的范围,否则容易造成量刑失衡。而且,反映人身危险性的情节只与个体因素有关,倘若量刑时以此为基础,罪行本身就会沦为个人危险性的判断资料。这不仅使法定刑的设置失去了限制意义,而且使宣告刑的裁量丧失了统一标准。换言之,预防必要性或人身危险性标准并不比量刑责任具有更大的优越性,量刑的实质公正不应凌驾于形式公正之上。

因此,相比社会危害性等标准,量刑责任更适宜作为量刑的首要基准。这在各国量刑立法实践中已得到充分体现。

第二,采取量刑责任的概念,有利于准确区分影响责任刑的情节(以下简称为"责任情节")和影响预防刑的情节(以下简称为"预防情节")。② 这能够避免社会危害性对个别情节错误评价的缺陷。

---

① 参见赵秉志主编:《犯罪总论问题探索》,法律出版社 2003 年版,第 278—286 页。
② 近年来,我国有学者倡导,未来的量刑理论一定是功能性、实践型的,其应该分别考察"犯罪的过程性情节"和"犯罪人的个别性情节",并确定前者的优先性、决定性地位。具言之,犯罪的过程性情节是与犯罪行为紧密关联、在实施犯罪过程中形成的情节,主要包括犯罪行为的样态、具体手段、犯罪工具、危害结果以及对社会的影响,被害人的受害程度、犯罪的起因、共犯关系、行为人的参与程度以及犯罪故意的类型、犯罪的动机等。量刑一定是以行为责任为中心的,这种犯罪过程性情节基本上就是传统量刑理论中影响责任刑的情节,尤其是决定违法量的情节,其对于量刑有根本性的制约。犯罪人的个别性情节是与一般预防或特别预防有关,以及其他无法还原为预防的"基于刑事政策目的"的情节,它们都与犯罪人紧密关联。这些情节一方面包括犯人的属性,如犯罪人的年龄、经历(前科、累犯等)、性格(常习性)、一贯表现和环境等;另一方面也包括犯罪后的态度,如自首、立功,以及是否认罪认罚(反省、悔罪与赔礼道歉、退赃退赔、弥补被害人损失)等。这些情节表明了行为人回归社会的愿望,能够满足刑罚的预防性需求,但不会成为量刑的决定性因素,其在整个量刑活动中应当处于边缘地位,因为预防目的只能被例外地予以考虑,如果在所有案件中都要绝对地实现特殊预防,势必有诸多困难(参见周光权:《量刑的实践及其未来走向》,载《中外法学》2020 年第 5 期,第 1158—1159 页)。显然,"犯罪的过程性情节"和"犯罪人的个别性情节"即分别对应于"责任情节"和"预防情节",两种量刑情节分类的方法论意义并无二致。为了保证概念术语的统一,突出量刑中责任和预防关系处理这条主线,本书仍然采用"责任情节和预防情节"的分类。

正因为重视量刑理论的研究和积极推行量刑基准的法定化,所以,在量刑时,德国、日本等国法院能够较清晰地区分责任情节和预防情节。

例如,原审科隆地方法院对受到诱惑侦查的诱发而实施了违反《麻醉药法》行为的行为人,适用该法第 29 条第 3 项第 4 号的原则性加重事实(在特别严重的场合)的规定,判处 3 年 6 个月的自由刑。对此,德国联邦法院指出:"在基于国家命令的警察圈套成为使完全没有预谋犯罪的被告人达至实行着手阶段的决定性诱因时,这种诱发因素作为与责任无关的量刑情节,在整体评价中发挥有利于被告人的作用。所以,把未预先决定犯罪的人卷入责任和刑罚中,内在于这种情况的犯罪解决和防止利益的特别危险被现实化。假如被告人为了公共利益而被置于上述危险之中,那么该事实应被评价为减轻处罚事由。此时,在法定刑的范围内可以考虑低于责任刑的量刑。"[①]该判决就将作为引发犯罪动机原因的诱惑侦查作为特殊预防情节,并认可其对责任刑的减轻作用。

再如,日本"永山事件"第一次上告审判决列举了选择死刑时考虑的量刑情节,包括:a. 犯罪的罪质、b. 动机、c. 犯行的样态(杀害手段方法的顽固性、残虐性)、d. 结果的严重性(被害者人数)、e. 遗族的被害感情、f. 社会的影响、g. 犯人的年龄、h. 前科、i. 犯行后的情况等。其中,从 a 到 d 的因素发挥了判断罪质严重性的核心作用,而从 e 到 i 的因素发挥了附加判断的作用。[②] 在本案中,犯罪的社会影响被作为预防情节,符合实务的通常做法,理由在于:[③](1) 社会影响明显与行为责任和人格责任无关;(2) 鉴于严重的社会影响而判处重刑,是考虑一般预防的结果;(3) 社会影响的大小很难预测,符合预防情节的特征;(4) 在特定类型的犯罪中,社会影响作为犯罪构成要件外的结果对责任产生直接影响,或与犯罪本身的评价有重合部分。这表明,当社会影响表现为责任情节时,就没有必要再单独考虑其一般预防的效果,否则会导致重复评价。除此之外,社会影响所体现的一般预防必要性仅存在于缓解民众不安感、维护社会一般信赖的少数场合。

但是,倘若适用社会危害性的标准来衡量诱惑侦查、社会影响等具体情节对量刑的贡献,很难做出上述明确的判定。而且,我国至今尚未建立起科

---

① Vgl. BGH NJW 1986,1476. 转引自〔日〕城下裕二:《量刑基准的研究》,成文堂 1995 年版,第 90 页。
② 参见〔日〕日高义博:《关于死刑的适用基准》,载《现代刑事法》2001 年第 5 卷第 25 号,第 37 页。
③ 参见〔日〕原田国男:《量刑判断的实际》(第 3 版),立花书房 2008 年版,第 18 页。

学的死刑裁量基准体系(即准确区分死刑立即执行、死刑缓期执行①和无期徒刑的裁量基准)同刑事司法实践长期沉迷于社会危害性标准之间存在密切关系。

第三,采取量刑责任的概念,有利于构建科学的量刑步骤。这能够避免社会危害性评价笼统的缺陷。

德国、日本等国的量刑理论和量刑实务都是建立在量刑责任基础之上的,量刑的具体过程就是适用量刑责任基准的过程。量刑时需要决定在某一阶段根据量刑责任划定刑罚的边界,必然涉及到司法实践对量刑步骤的运用。所以,不构建科学的量刑步骤,就不可能合理地评价行为人的刑事责任,也不可能全面实现量刑均衡。

德国的量刑实务基本上贯彻了"幅的理论"(主张责任刑是有幅度的,应当在这种幅度范围内考虑预防犯罪的目的,并决定最终刑罚),法官首先考虑责任的幅度,随后引入预防的目的,通过采取这种分阶段的方法,为系统地审查自身的量刑判断奠定了基础。② 虽然不乏质疑之声,③但这一模式的优点已得到广泛认同。日本的司法实践对上述模式的吸收经历了一个过程,早期的法官习惯先凭借对案件的整体印象,通过与其他案件的比较,进行初步的量刑;再斟酌具体的情节,对初步结论予以修正。④ 近些年来,尽管开始实施裁判员制度,但那种"根据犯情(有关犯罪行为本身的情况)决定量刑的大致框架,在其中考虑一般情状(主要是有关一般预防、特殊预防的情节)决定具体的量刑"的通行做法依然沿用至今,⑤并未出现量刑结果剧烈变化、死刑人数显著增加的现象。⑥ 这种"以责任为主,并兼顾预防"的量刑模式,不仅构建了以责任刑认定和预防刑判断为主线的清晰步骤,而且贯彻了重视对具体量刑情节评价的科学理念。

与之相反,"综合量刑法"在我国长期占据支配地位,是造成量刑失衡的主要原因之一,其步骤一般为:(1) 熟悉案情,在法定刑范围内,参照过去经验,大致估量出应判处的刑罚;(2) 考虑各种量刑情节;(3) 综合估量,确定宣

---

① 根据《刑法》第48条第2款、第50条第2款和第383条第4款之规定,死缓又有普通死缓、死缓限制减刑、死缓终身监禁三种执行方式,依次形成了由轻到重的死刑制度。
② 参见[德]Franz Streng:《德国的量刑——其概要与现代课题》,[日]井田良、小池信太郎译,载《庆应法学》2007年第8号,第136页。
③ 参见[德]汉斯·海因里希·耶赛克、托马斯·魏根特:《德国刑法教科书》(总论),徐久生译,中国法制出版社2001年版,第1052页。
④ 参见[日]不破武夫:《关于刑的量定的实证研究》,严松堂1939年版,第6—7页。
⑤ 参见[日]原田国男:《裁判员裁判与量刑法》,成文堂2011年版,第84—88页。
⑥ 参见[日]城下裕二:《裁判员裁判中的量刑动向与课题》,载《犯罪与非行》2011年第11卷第170号,第60—85页。

告刑。① 必须承认,这很大程度上源于社会危害性内涵不明、外延不清、侧重抽象的定性分析、不便协调与人身危险性之间的关系等弊端。为完善量刑方法,我国也进行了有益的探索,最高人民法院决定从 2014 年起在全国法院正式实施量刑规范化工作,并在《量刑指导意见》中明确了量刑步骤:确定量刑起点→确定基准刑→确定宣告刑。这似乎是对传统量刑方法的颠覆,但实则不然:首先,在规定的量刑起点幅度内,法官必须根据基本犯罪构成事实反映的基本社会危害性程度,确定量刑起点。其次,在出现其他影响犯罪构成的事实时,法官可以根据这些事实增加的社会危害性程度,确定基准刑。再次,一旦存在量刑情节,法官应当根据情节反映的社会危害性程度,确定对基准刑的调节比例。最后,量刑情节对基准刑的调节结果并不完全等于宣告刑,法官可能根据行为整体的社会危害性程度并运用有限的自由裁量权,确定宣告刑。所以,无论怎样强调在量刑的各个阶段引入定量分析法,社会危害性还是在量刑过程中发挥着主导作用,仍然存在依赖经验量刑的危险。

因此,只有在科学的量刑模式中,量刑责任概念的长处才能得到最大限度的发挥。所谓科学的量刑模式,是指用于保障实现量刑基准功能的各种配套制度,其核心就是量刑步骤。对此,德国、日本的量刑实践就是最好的例证。由于社会危害性理论不适于精密的规范分析,导致以它为中心设计的量刑步骤在实践中无法起到预期作用。在今后的量刑规范化改革中,可以适当借鉴德国、日本的量刑基准理论,局部调整现行的量刑步骤,遵循从"幅度"到"点"的思维顺序。既不使责任刑完全吸收预防刑,又不至于用预防刑完全替代责任刑,以实现从作为幅度的量刑起点到作为点的宣告刑的顺利过渡,确保量刑过程中责任主义机能和预防目的机能的协调发挥。

第五节 我国法治语境下的量刑责任判断基准

在肯定我国提倡量刑责任概念的理论意义和实践价值后,还需要明确其判断基准,以充分发挥其刑罚限定机能,真正实现量刑规范化改革所追求的量刑均衡。

一、关于量刑责任判断基准的学说争议

对此,德国刑法学界主要有三种观点:②

---

① 参见喻伟主编:《量刑通论》,武汉大学出版社 1993 年版,第 110—111 页。
② 转引自〔日〕本庄武:《论量刑责任的刑罚限定机能》(2),载《一桥研究》1999 年第 24 卷第 2 号,第 123—132 页。

（一）有责的不法论

布伦斯认为，行为要素属于"有责的不法"。量刑责任并非游离于非构成要件的领域，而与不法有关。即不法与有责性作为孤立的可区分要素不能影响刑罚轻重，责任刑法体系的中心量刑事实就是"有责的不法"。不存在与刑法上的不法无关的责任（有责性），两个概念都是分等级、有程度的概念。量刑责任明显超越了作为责任形态的故意、过失，在某些方面不同于为刑罚提供基础的责任。同时，责任具有进行法的非难的社会答责性的性质。许多被告人与社会格格不入，没有自律性地承认法秩序的实际能力，对于这种不可忽视的广泛的事实上的不自由，法官在量刑时应该适当地考虑责任减轻，赋予责任原理现代的合理内容。

（二）行为要素与结果要素区分论

齐普夫主张，其一，量刑中的责任概念不同于犯罪论的责任概念，由行为要素与结果要素构成。在超出构成要件范围这点上，上述要素不同于犯罪论中的行为不法、结果不法。即行为要素包含构成要件的行为无价值和构成要件外的行为无价值，同样，结果要素中也有构成要件外的要素。那么，两种要素共同具备了量刑时所评价的行为的不法责任内容。其二，关于将结果归属于行为人的条件，对结果要素至少具有预见可能，对行为要素应当存在主观的表象。其三，与布伦斯广泛承认的"征表性构成"仅作为责任的认识手段的见解（即事前事后行为不具有直接的、独立的量刑关联性，不过是行为人意思倾向及犯罪活力的证明上的征候）相反，这种构成只是例外地被使用，事前行为对行为要素、事后行为对结果要素才直接地发挥作用。

（三）行为前情节的评价基准论

舍内博恩指出，不能过分信赖解释论上的完美主义和犯罪学的预测方法，因为有关刑罚及治疗作用的犯罪学知识太不充分，所以只好维持这一进路：把包括人格要素的责任原理作为量刑的决定性规制。例如，有使用同样的枪支袭击银行的A、B二人，A在良好的环境中顺利成长，而B没有生在这样的环境，有前科。在采取缩减人格要素的责任概念的场合，对A，由于不存在社会的缺陷，他几乎没有反复实施行为的危险性，所以判处1年自由刑并适用缓刑；对B，由于存在社会的缺陷，有必要施加防止再犯的处遇，所以选择行为责任提示的刑罚量的上限即6年自由刑。相反，在采取综合人格要素的责任概念的场合，对A，由于已社会化并不欠缺处遇的必要性，但鉴于其初犯且成长环境所显示的人格,所以同样能够适用缓刑;对 B,由于存在严重的社会化障碍,作为责任减轻事由与重大的前科无关,本可受到比 A 更轻的处罚,但基于特殊预防的考虑,所以不能适用缓刑而将刑罚升至 3 年自由刑。因此,这一责任概念与行状责任论的区别在于:"可能成为社会化障碍的各种条件,提供了犯罪人化抵抗能力程度的征表,从而显示了具体行为责任的程度。"

二、相关学说的比较与评析

以上各说试图通过广泛考察量刑责任的对象来明确其判断基准,但均未成功。

"有责的不法论"在有责性不能独立于不法而存在、通常以不法为前提这点上,明确了量刑责任的构造,基本上是可取的。不过,它并未阐明量刑责任判断所需的不法要素和责任要素的种类,所以,其判断基准仍不清晰。

"行为要素与结果要素区分论"则贯彻了行为要素与结果要素相区别的思维,具有很强的体系性。同时,借助归纳事前行为对行为要素的影响、事后行为对结果要素的影响,有利于明确量刑责任的判断基准。但问题是,能否准确区分行为要素和结果要素?这就如同区分行为无价值和结果无价值一样,并不容易。进而,难以回答像前科这样的要素,究竟是直接作为行为要素,还是作为征表人格的行为人要素?如果选择前者,意味着前科加重了非难可能性的程度,会削弱刑罚限定机能;假如选择后者,意味着前科的从严处罚机能未被考虑,会违反罪刑法定主义。

而"行为前情节的评价基准论"支持扩张的行为责任概念和包括人格要素的责任概念,有利于从整体上评价行为人的刑事责任。然而,仅探讨行为前情节的评价基准,而未论及量刑的一般基准,是其重大缺憾。与此相关,论者所举的例子也仅限于行为人的生活环境很好或很差的极端场合,没有研究一般情况下责任减轻的根据。而且,由于责任概念吸收了人格因素,当行为人没有前科时,只能通过缺少预防必要性来说明减轻其人格责任的根据。这就在责任的概念中混入了预防性考虑;在相反的场合,无法保证宽泛的人格要素不会起到加重刑罚的作用。

实际上,三种学说争论的焦点在于,如何把握作为量刑责任判断基础的行为责任。详言之,"行为要素与结果要素区分论"将其理解为形式的行为责任,"有责的不法论"和"行为前情节的评价基准论"则将其理解为实质的行为责任。"形式的行为责任论"(以下简称为"形式论")认为,根据消极的责任主义,思想和性格、人格本身不是处罚对象;应当成为对于追求犯罪预防目的界限的责任,是对个别行为的法的非难可能性的量;只有在形式的行为责任所表现的限度内考虑行为人的人格或环境后,才能再考察责任的轻重。① 这种见解获得了沙夫施泰因、斯特拉腾维特等学者的肯定。"实质的行为责任论"(以下简称为"实质论")却主张,根据法秩序的妥当恢复理论,犯罪后的态度、损害赔偿等属于行为后的、外部的情节也能对责任刑产生影响。与行为责任本身相适应的刑罚(即"本来的责任刑")划定刑罚的上限,同时将其正当化。基于这种实质的责任概念,具体的量刑事实的分类以及量的决定就成为可能。② 这种见解也得到了弗里施、帕夫利克等学者的认可。

本书基本赞同"形式论",认为应当以形式的行为责任作为量刑责任的判断基准,但在某些方面需要加以适当修正,主要理由如下。

第一,"形式论"追求责任概念的纯化,目的是易于比较行为责任的程度以及使人格要素有益于预防判断,③从而明确量刑责任的判断基准。相反,"实质论"力推责任概念实质化的结果是,根据积极的一般预防的观点构成责任刑。例如,有论者就把"法和平动摇的恢复"作为责任刑的实质原理,提出决定量刑责任的是决定法和平动摇程度的要因,通过追究对侵害负有责任者的责任,在某种程度上除去规范妥当力所受到的侵害。④ 但是,这样根据预防的需要去认定责任的实体,反而模糊了量刑责任的判断基准。

第二,"形式论"以消极的责任主义为根据,实则与相对的报应刑论不谋而合,不仅有力地维持了责任的刑罚限定机能,而且有效地防止了对预防必要性的过度考虑。⑤ 相反,"实质论"否定消极的责任主义,将量刑责任的判断基准设定为"法和平动摇的恢复",其特色本在于,在行为所表现的限度内考虑人格后,再考察行为责任的轻重,但问题是,一旦行为与人格相称且责任严重,实际上会超出本来的行为责任论的范围,追究施加于这种人格非难的责任。这在衡量确信犯、常习犯的责任大小时,尤为明显。⑥ 这既有损于责任的刑罚限定机能,也会导致预防目的凌驾于罪刑均衡之上。

第三,在评价具体的量刑情节时,"形式论"比"实质论"更加妥当。以前科为例,前者将其理解为预防要素,后者将其理解为责任要素。这在处理同

---

① 参见〔日〕城下裕二:《量刑基准的研究》,成文堂1995年版,第113、115页。
② 参见〔日〕冈上雅美:《量刑体系中量刑情节的分类》,载《刑法杂志》2006年第45卷第2号,第201—204页。
③ 参见〔日〕川崎一夫:《体系的量刑论》,成文堂1991年版,第92—93页。
④ 转引自〔日〕冈上雅美:《论责任刑的意义与量刑事实的问题点》(二),载《早稻田法学》1993年第69卷第1号,第61—62页。
⑤ 参见〔日〕城下裕二:《消极的责任主义的归结——我国近来量刑理论的批判性研究》,载〔日〕川端博等编:《理论刑法学的探究》(2),成文堂2009年版,第32—36页。
⑥ 参见〔日〕内藤谦:《刑法讲义总论》(下I),有斐阁1991年版,第756—758页。

一案件时,会产生不同的结果。假如行为人以实施诈骗犯罪为职业,根据《德国刑法典》第 263 条第 3 款之规定,就构成情节特别严重的诈骗罪,可处 6 个月以上 10 年以下有期徒刑,相比同条第 1 款对一般诈骗罪规定的 1 个月以上 5 年以下有期徒刑,明显属于加重处罚。"形式论"强调不得以前科为由加重处罚,对其可在 6 个月以上 5 年以下有期徒刑的范围进行处罚,剩余的 5 年以上 10 年以下有期徒刑分配给其他更加严重的加重诈骗罪。相反,虽然"实质论"强调前科只是行为责任的认识手段,最终的评价对象仅是行为责任本身,但行为责任的判断基础包括了间接事实和直接事实,实际上在分配刑罚时考虑了前科。由于判断对象的增加以及对预防实效的悲观,责任刑自然会大幅度上升。可见,若要发挥行为责任主义所具有的"量的"制约机能(即刑罚不得超过与行为责任相当的量)和"质的"制约机能(即责任主义不能让步于特别预防情节蕴含的目的主义),①就应采取"形式论"而摒弃"实质论"。

第四,比起"实质论","形式论"更加契合我国量刑理论。对此,无论是把社会危害性作为主要量刑根据的学者,还是把行为责任作为基本量刑根据的学者,均表示赞同。具言之,持前一观点的学者认为,决定社会危害性大小的因素包括犯罪客体、犯罪结果、犯罪行为的方式、手段、时间、地点、犯罪人的主观心理态度、形势等,不包括人格、个性倾向性、犯罪前的表现、犯罪后的态度等因素。② 显然,这与"形式论"的观点是一致的。而持后一观点的学者主张,行为(刑事)责任的程度可以在三个不同的层次得以表现。其一,基本法定刑。确定基本法定刑的基础是犯罪构成事实。其二,加重与减轻法定刑。是否适用加重或减轻法定刑,取决于是否具备法律规定的加重或减轻法定刑的犯罪事实。其三,犯罪情节影响的处罚轻重。在我国,影响处罚轻重的犯罪情节是上述两种事实之外的反映社会危害程度的其他事实,如防卫过当、犯罪未遂、从犯、犯罪动机等。至于犯罪人的一贯表现、犯罪后的态度等,也只能用于反映人身危险性。③ 可见,这与"实质论"的观点是对立的。因此,诸如行为人的性格、生活环境、前科等情节,不应成为判断量刑责任轻重的要素。

第五,较之"实质论","形式论"更加符合我国量刑规范。我国现行量刑规范主要存在于最高司法机关颁布的解释性文件中,特别是近几年的有关规定,都比较鲜明地体现了"形式论"的特色。例如,《关于依法严惩"地沟油"犯

---

① 参见〔日〕野村健太郎:《量刑情节的分类与行为责任主义》,载《早稻田大学大学院法研究集》2010 年第 134 号,第 271—275 页。
② 参见胡学相:《量刑的基本理论研究》,武汉大学出版社 1998 年版,第 126—159 页。
③ 参见王良顺:《论量刑根据——兼及刑法第 61 条的立法完善》,载《法学家》2009 年第 5 期,第 79—81 页。

罪活动的通知》第3条规定,在对"地沟油"犯罪定罪量刑时,要充分考虑犯罪数额、犯罪分子主观恶性及其犯罪手段、犯罪行为对人民群众生命安全和身体健康的危害、对市场经济秩序的破坏程度、恶劣影响等。再如,《关于依法惩治妨害新型冠状病毒感染肺炎疫情防控违法犯罪的意见》第1条规定,已经确诊的新型冠状病毒感染肺炎病人、病原携带者故意传播新型冠状病毒感染肺炎病原体,拒绝隔离治疗或者隔离期未满擅自脱离隔离治疗,并进入公共场所或者公共交通工具的,或者新型冠状病毒感染肺炎疑似病人故意传播新型冠状病毒感染肺炎病原体,拒绝隔离治疗或者隔离期未满擅自脱离隔离治疗,并进入公共场所或者公共交通工具,造成新型冠状病毒传播的,以以危险方法危害公共安全罪定罪处罚。此外,《办理盗窃案件解释》第4条、《关于办理寻衅滋事刑事案件适用法律若干问题的解释》第8条、《关于依法惩治性侵害未成年人犯罪的意见》第25条、《关于办理环境污染刑事案件适用法律若干问题的解释》(以下简称《办理环境污染案件解释》)第4条、第5条等都做出了类似规定。显然,上述规范均将量刑责任的要素限定在反映客观危害和主观恶性事实的范围内。不过,我国量刑法全盘照搬"形式论",一般性地承认社会影响对量刑的作用,并不可取。易言之,量刑时不可抽象地讨论与违法性或有责性无关的社会影响事实。当社会影响已被动机恶劣、手段残忍、后果严重、时间特殊等具体事实体现时,量刑时就不得再行考虑。当社会影响没有被上述事实体现时,量刑时可以考虑,但这难以想象,因为根本无须顾及与法益侵害没有任何关联的事实。所以,有关量刑规范把"社会影响"单独列为一种量刑情节,纯属多余;司法文书把"社会影响恶劣"同其他情节并列表述,并不合理。这是需要对"形式论"做出的第一点修正。

第六,相比"实质论","形式论"更加贴近我国量刑司法。目前我国量刑实务重视主要由危害行为及其结果所体现的不法有责程度,根据与犯罪构成要件直接相关的事实确定责任刑的幅度,较为忠实地贯彻了"形式论"的思想。例如,在最高人民法院发布的第4号指导案例中,王志才因恋爱纠纷,持赵某某宿舍内的一把单刃尖刀,朝其颈部、胸腹部、背部连续捅刺,致其失血性休克死亡。次日,他服农药自杀未遂,被公安机关抓获归案。王志才平时表现较好,归案后如实供述自己罪行,并与其亲属积极赔偿,但未与被害人亲属达成赔偿协议。对此,山东省高级人民法院经重新审理后认为,王志才罪行极其严重,论罪应当判处死刑。鉴于本案起因、归案后表现,对其判处死刑,可不立即执行。同时考虑到王志才手段特别残忍,被害人亲属不予谅解,要求依法从严惩处,遂判处其死刑,缓期二年执行,同时决定限制减刑。① 再如,在第12号指导案例中,司法机关也提炼出了几乎相同的裁判要旨。② 毋庸置疑,以上两起案件都把故意杀人行为和致人死亡结果作为衡量量刑责任程度的重要依据。但是,"形式论"例外地承认"征表性构成"对量刑的补充作用,而我国法院审判时应否考虑"被害人亲属不予谅解"这一民愤事实,值得反思。易言之,如同前科、赔偿损失等情节一样,民愤可以作为行为责任的认识手段,属于征表性的构成要素之一。这表明,民愤能在一定程度上揭示量刑责任的大小。不过,民愤的征表功能不同于评价功能:前者表明它不能量化为具体的刑度,后者则正好相反。其实,"被害人亲属不予谅解"本身就说明了行为的客观危害严重或行为人的主观恶性极大,不应再予以单独评价。所以,为了防止理论移植过程中造成的功能错位和不当结论,我国司法机关不应考虑"征表性构成",必须否认民愤对量刑的直接影响。这是需要对"形式论"做出的第二点修正。

综上所述,量刑责任的判断基准应是修正的(形式)行为责任,判断对象包括反映罪行轻重的所有要素,但不包括性格、人格、生活环境、前科、社会影响、民愤等不能改变罪行轻重的要素。

本 章 小 结

量刑规范化改革势在必行且要不断引向深入,就必须通过扬弃社会危害性理论和确定合理的量刑基准以实现量刑公正。我国的量刑理论研究也应当以量刑公正为价值目的,据此反思社会危害性理论的缺陷以及量刑法的不当机能化,指导量刑责任概念的界定,确定适当的量刑责任判断基准,充分发挥量刑责任的功能优势。

我国与德国、日本关于责任概念的分歧主要源自犯罪论体系的差异、责任本质学说的对立和中国特色的刑法理论影响。在大陆法系国家,"责任"在广义上指作为刑法基本原则的责任主义中的责任,在狭义上指作为犯罪成立要件之一的有责性;在我国,相当于"责任"的概念是"刑事责任",指行为人因其犯罪行为反映出的违反法规范的态度,而应当承受的国家对该行为作出的

---

① 参见"指导案例4号:王志才故意杀人案",载"最高人民法院官网":http://www.court.gov.cn/fabu-xiangqing-4217.html,最后访问时间:2022-4-17。
② 参见"指导案例12号:李飞故意杀人案",载"最高人民法院官网":http://www.court.gov.cn/fabu-xiangqing-13317.html,最后访问时间:2022-4-17。

强烈否定评价和对行为人进行的严厉谴责。同样,以上各国关于量刑责任概念的分歧有利于明确其含义:量刑责任不仅是一种道义责任、行为责任,而且是一种规范的责任、可罚的责任。它是对犯罪严重性程度的可谴责性与可罚性评价。

一方面,量刑责任与刑事责任在判断基准、对象、目的和阶段上存在差异。总之,相对于刑事责任综合回顾性判断和展望性预判,属于从整体上对犯罪行为和犯罪人进行否定性评价和谴责的范畴而言,量刑责任仅仅给予回顾性判断,属于侧重对犯罪行为进行否定性评价和谴责的范畴。另一方面,如果对责任概念进行目的理性考察,就应区分答责性和量刑责任。即使我国适度引入机能责任论,也并非意味着采取机能的量刑责任概念。该说可以改良后的犯罪论体系为分析框架,促使主观归责的判断由体系外运行转向体系内操作。这样既能更为清晰地剖析刑事责任的构造,又能更加合理地确定行政犯的处罚范围。机能责任论及其所依赖的犯罪论体系存在不少缺陷,难以全面取代规范责任论。仅限于根据传统体系可能得出不适当结论的例外场合,才有必要一并考察预防必要性。因此,针对责任阶层与量刑过程相联结的批判性研究,凸显了区分量刑中的责任和预防的重要性。

相比社会危害性的概念,量刑责任概念的方法论优势表现如下。其一,在理论上,它能够充分发挥量刑基准的功能。首先,关于量刑责任的内涵,大陆法系国家刑法学者没有原则上的分歧。这可以避免社会危害性定义含混的弊端。其次,关于量刑责任的外延,大陆法系国家刑法学者仅在个别责任要素上有异议。这可以避免社会危害性结构不清的弊端。最后,关于量刑责任的作用,大陆法系国家刑法学者均重视其刑罚限定机能的发挥。这可以避免社会危害性评价过于严厉的弊端。其二,在实践中,它有利于合理评价行为人的刑事责任。首先,采取量刑责任的概念,有利于提示法官量刑时以责任为主要根据。这能够避免社会危害性作为量刑唯一根据的缺陷。其次,采取量刑责任的概念,有利于准确区分责任情节和预防情节。这能够避免社会危害性对个别情节错误评价的缺陷。最后,采取量刑责任的概念,有利于构建科学的量刑步骤。这能够避免社会危害性评价笼统的缺陷。

关于量刑责任的判断基准,德国刑法学界主要有"有责的不法论""行为要素与结果要素区分论"和"行为前情节的评价基准论"三种观点。但是,它们试图通过广泛考察量刑责任的对象来明确其判断基准,均未成功。只有以形式的行为责任作为量刑责任的判断基准,并在某些方面加以适当修正,才有助于实现量刑规范化改革的预期目的。(1)追求责任概念的纯化,目的是易于比较行为责任的程度以及使人格要素有益于预防判断。(2)以消极的责任主义为根据,实则与相对的报应刑论不谋而合,不仅有力地维持了责任的刑罚限定机能,而且有效地防止了对预防必要性的过度考虑。(3)在评价具体的量刑情节时,更加妥当。(4)行为人的性格、人格、生活环境、前科等情节不应成为判断量刑责任轻重的要素,更加契合我国量刑理论。(5)更加符合我国量刑规范,但有关量刑规范把"社会影响"单独列为一种量刑情节,纯属多余;司法文书把"社会影响恶劣"同其他情节并列表述,并不合理。这是需要对其做出的第一点修正。(6)更加贴近我国量刑司法,但为了防止理论移植过程中造成的功能错位和不当结论,我国司法机关不应考虑"征表性构成",必须否认民愤对量刑的直接影响。这是需要对其做出的第二点修正。

第五章　收买被拐卖的妇女罪法益的机能化刑法解释

人的尊严是宪法上的最高价值,但它不是一项宪法基本权利。人的尊严是法益的基础,它不是具体犯罪的保护客体。人的尊严是指社会成员基于相互承认和彼此尊重,对其之间形成的平等地位及主体资格免遭否定和促进实现的价值实践。据此,本章提出如下见解:收买被拐卖的妇女罪侵犯了彰显妇女尊严价值的人身自由权利。法益概念只具有一定的立法批判机能和解释指导机能,所以,对本罪的犯罪化合理性及其刑罚化均衡性研究,既要以刑法体系内的法益内容、不法构造、量刑实践为线索,还需从刑法体系外寻找公共政策、社会治理、犯罪学上的根据。详言之,本罪采取了分立式立法技术,与拐卖妇女罪构成非对称型对向犯,且近年来对妇女尊严价值的侵害程度日益提升。然而,即使对本罪的法益侵害性、非难可能性的评价趋于严厉,也不一定要提高法定刑,严格刑罚裁量、强化行政执法和优化乡土秩序都是可以考虑的方案。

第一节　问题的提出

自 2022 年 1 月以来,"丰县生育八孩女子"事件引起了我国社会的广泛关注,许多刑法学者也就收买被拐卖的妇女罪的危害性及其法定刑问题发表了自己的看法。例如,有学者认为,本罪是强奸罪、非法拘禁罪、故意伤害罪等重罪的预备犯,从而体现出对收买行为的提前惩罚和从重打击。如果完全脱离收买之后对女性的身心伤害,单纯的金钱交易行为难以表现对女性尊严价值的蔑视。即使从最基本的正义感出发,也应将女性自愿的情况与非自愿的情形区分开来。"三年以下有期徒刑、拘役或者管制"相对于一个高刑期的重罪设置来说,可以为这种争议和模糊地带留下低刑期的处理空间。假如把重刑提前设置在收买行为阶段,难以妥当处理虽少见但也存在的善意收买者。① 需要注意的是,拐卖妇女罪属于复行为犯,其构成要件行为是拐骗并出卖;而收买被拐卖的妇女罪的构成要件行为是收买,不含暴力、欺骗、利诱等手段;因此,拐卖妇女的行为性质和侵害法益程度重于收买被拐卖的妇女。除了基本法定刑不同外,立法机关对两种犯罪分别采用了包容犯和并合犯的立法方式,进一步加大了二者在加重犯关涉他罪情况下的刑罚轻重差异。现在的问题不是后者的法定刑过轻,而是前者的法定刑过重。因此,"维持说"是正确的。② 但是,另有学者指出,收买行为本身具有独立性,侵犯到个体作为人的基本人格尊严。人格尊严不只是民事上的权利,它也是宪法上的基本权利。除了人性尊严这种超个人法益,收买犯罪还侵害了女性的个人法益。从收买行为的不法程度来看,三年的法定刑与它的危害性之间是不相称的,对此,应当增设一档"三年以上十年以下"的法定刑。立法上提升法定刑的积极意义是表明国家的立场与态度,同时向社会公众传达收买行为属于严重犯罪的信息。如果执法层面面临的障碍无法克服,在立法上适当提高法定刑也能起到一定的威慑效果。③ 回到对向犯理论进行审视可以发现,买卖妇女犯罪的刑罚失衡,与共同对向犯理论并不兼容,即拐卖妇女罪与收买被拐卖的妇女罪的基本法定刑相差悬殊,在共同对向犯中很难找到这样的现象。通过梳理国际公约和其他国家、地区关于买卖人口犯罪的刑事立法,对拐卖和收买适用不同刑罚幅度比较少见。因此,"提高说"有着充分的理论根据和实践依据。④ 可见,关于是否应当提高收买被拐卖的妇女罪的法定刑的不同意见,其实源于对本罪保护客体的认识分歧:维持论者在承认处罚本罪的目的在于保护女性尊严价值的同时,更为强调对其人身自由、身体安全等个人法益的保护;相反,提高论者不仅直接将人性尊严界定为一种超个人法益,而且使其与女性个人法益一起形成本罪的双重法益结构。

据此,笔者以人的尊严是否系收买被拐卖的妇女罪的法益为问题意识,分别从三个方面依次进行探讨:第一,人的尊严在本罪犯罪客体中的理论定位;第二,人的尊严目标指引下本罪法益的内涵及其构造;第三,人的尊严理念填充下对本罪不法性和法定刑的再诠释。

---

① 参见车浩:《收买被拐妇女罪的刑罚需要提高吗?》,载"腾讯网":https://mp.weixin.qq.com/s/jShLtUj0vaBceM21Eli00g,最后访问时间:2022-5-6。
② 参见陈兴良:《关涉他罪之对合犯的刑罚比较:以买卖妇女、儿童犯罪为例》,载《国家检察官学院学报》2022年第4期,第7页以下。
③ 参见劳东燕:《提升收买犯罪法定刑,但不宜买卖同罪》,载"腾讯网":https://mp.weixin.qq.com/s/LYsStoUOaxJnb3-PLKTC6w,最后访问时间:2022-5-6。
④ 参见罗翔:《论买卖人口犯罪的立法修正》,载《政法论坛》2022年第3期,第138页以下。

第二节　收买被拐卖的妇女罪的犯罪客体之争

根据人的尊严在本罪犯罪客体中的不同定位，可以将我国学者的观点分为以下两类。

一、明确以人的尊严作为客体内容的观点

（一）人格尊严说

该说主张，拐卖妇女罪侵犯的客体是妇女作为人的尊严，即人格尊严。因为这种犯罪未必侵犯到妇女的人身自由，对被拐卖家庭造成的间接影响也不应视为客体内容。人身之所以不能买卖，正是因为体现了人有尊严。拐卖妇女行为将人降低为物，侵犯了被拐卖者乃至作为整个共同体的人的尊严。① 由于拐卖妇女罪和收买被拐卖的妇女罪属于对向犯，具有侵害对象的同一性，立法者也将两种犯罪规定在同一章，刑法学界往往认可它们所侵犯的主要客体是相同的。

不过，这种观点并未区分"人的尊严""人性尊严"和"人格尊严"三个概念，对它们的混用不利于揭示本罪的客体，此其一。其二，即使人的尊严或人格尊严能够成为本罪客体，并将其具体化为人身不受买卖的权利，但这仍然是对道德哲学研究成果的套用，没有从自由主义的立场出发深刻说明促进妇女人格完善所需的条件。其三，人格尊严究竟是个人尊严还是社会尊严，性质不明，倘若以此指导本罪的构成要件解释，容易造成处罚不清。

（二）人身自由、人格尊严与家庭稳定说

该说认为，收买被拐卖的妇女罪侵害的客体是复杂客体：被收买妇女的人身自由、人格尊严及其家庭稳定。公民的人身在我国具有不可买卖性，所以，无论行为人的收买行为是否违背被收买人的意志，只要实施了收买行为并将被拐卖的妇女买归自己控制，即构成本罪。② 显然，被收买妇女的人身自由、人格尊严是主要客体，其家庭稳定是次要客体，这从本罪的实行行为上可以得到证明。

---

① 参见马克昌主编：《百罪通论》（上卷），北京大学出版社2014年版，第592页。
② 参见王作富主编：《刑法分则实务研究》（中 第三版），中国方正出版社2007年版，第941—942页。

但是,这种观点的不足之处在于:首先,将家庭稳定纳入到本罪的客体之中并不完全符合司法实践,认为其属于随机客体更加合理。其次,尽管将人身自由和人格尊严并列设置,使原本抽象、多义的尊严概念具有了一定的规范意蕴,但问题是,人身自由之外的人格尊严指的是什么?如果指的是人身自由权、隐私权等具体人格权,则可能构成对人之尊严价值的矮化;假如指的是尚未被类型化、具有普遍性的一般人格权,就不能与人身自由处于同一权利位阶,且需要进一步明确一般人格利益的内容,否则难以通过法益可损害性的验证。

(三)人身自由权、人身不可买卖权说

该说指出,拐卖妇女罪的法益为妇女的人身自由权利、人身不可买卖的权利。人身自由有狭义和广义之分:前者是指人身不受非法拘捕、限制、搜查、讯问和侵犯,后者还包括与人身相关联的人格尊严不受侵犯、人身不可买卖的权利。本罪保护的核心法益应是人身不受买卖的权利,即人不是待价而沽的商品。无论何种情形下,行为危害的都是国家、社会以及公共利益。被拐卖的妇女无权处置这种同国家、社会利益具有紧密联系的人身权,"同意"被卖也侵犯其人身自由权、人身不受买卖权。而收买被拐卖的妇女罪就是将被拐卖的妇女视为商品,并以金钱或其他物品为对价而买入的行为。① 因此,同拐卖妇女罪的客体一样,收买被拐卖的妇女罪也侵犯了妇女的人身自由权、人身不可买卖权。

然而,这种观点将人格尊严视为广义人身自由的下位概念,进而使其与人身不可买卖的权利相并列,不仅打乱了一般人格权内部通行的权利结构层次,不当提高了人身自由权的地位,而且由于缺乏人身不可买卖权利的准确定义,导致它沦为人格尊严利益的同语反复。正因为没有厘清人身自由权、人格尊严和人身不可买卖权三者的内涵与外延,尚未深入揭示人的尊严的本质及其内外价值区别,才造成本罪法益性质不清,摇摆于个人法益(强调尊严的主体性)和超个人法益(重视尊严的社会性)之间。

二、仅仅以人的尊严作为客体论据的见解

(一)以人格尊严作为论据的人格权说

该说主张,无论拐卖人口犯罪采取何种手段,都是为出卖服务的,其本质属性是把人作为特殊商品出卖,从中获取非法暴利。从理论上确认犯罪客体

---

① 参见林亚刚:《刑法学教义》(分论),北京大学出版社2020年版,第53—58页。

时,必须具备两个特性:一要能反映犯罪行为的本质属性;二要能穷尽犯罪行为的周延性。侵犯人身自由、婚姻家庭和侵犯人身权利的主张都不符合上述要求,本罪侵犯的是社会主义制度下公民的人格权。《宪法》第 38 条规定:"中华人民共和国公民的人格尊严不受侵犯。"人格,是指一个人作为权利、义务主体的资格。在社会主义社会中,"人"既是社会关系的主体,又是社会财富的创造者,不是商品,不能成为买卖的对象。把"人"作为商品出售,就严重侵害了其人格权利。① 以此推论,既然拐卖妇女行为侵犯了被卖妇女的人格权,那么收买妇女行为同样侵犯了其人格权。

有疑问的是,人格尊严条款在《宪法》第二章"公民的基本权利和义务"的规范定位,并不必然意味着它就是一种宪法基本权利。以主观防御权能和客观价值决定的双重面向来衡量,即使人格尊严可以用于对抗国家干预,但它难以提供进行利益比较的可操作的价值标准,充其量只能作为一种价值观念,通过发挥自身的统一、指导功能以服务于某种价值体系建设。论者只解释了什么是人格,而没有说明何为尊严。倘若这里的人格权是指人身自由权、生命健康权等具体人格权,人格尊严就自然成为以上人格利益的基础。简言之,尊严概念可以起到价值目标定位的作用,但无力承担基本权利保障的重任。

(二) 以人的尊严作为论据的人之为人自由说

该说认为,本罪法益与拐卖妇女罪一样,都是人之为人的自由。收买的基本特征是将妇女当作商品买进,不要求违背其意志。因为无论被收买人同意与否,都改变不了收买行为在客观上贬低了妇女作为人的尊严这一属性。② 相比前面几种观点,此处更为强调自由保障具有"人之为人"的特性,并上升到妇女尊严的高度,以此统合了买卖妇女犯罪的立法理念。

从语义上分析,"人之为人"实际上是人的尊严的另一种说法,体现了人的内在价值;"自由"是社会生活中实现个人尊严的现实条件,包括人身自由(权利)和人格独立(利益);因此,"人之为人的自由"其实表达的是"自由享有人的尊严"的意思。不过,并非只有买卖妇女犯罪侵犯了人的尊严,故意杀人、非法植入基因编辑、贩卖淫秽物品等行为在特定情形下都会侵犯人的尊严,但理论上也没有将这些犯罪的法益界定为"人之为人的生命""人之为人的健康""人之为人的性自由"。这表明,本罪法益的内涵及其构造还有待于

---

① 参见赵长青:《再论拐卖人口犯罪的构成理论与罪名》,载《现代法学》1992 年第 1 期,第 11—12 页。
② 参见刘艳红主编:《刑法学》(下),北京大学出版社 2014 年版,第 71 页。

（三）以人格尊严作为论据的人身不受买卖性说

该说指出,本罪侵犯的法益是妇女的人身不受买卖性。收买行为没有对被收买妇女家人的法益造成更大侵害,而是拐卖妇女行为的延续。人格尊严是个人的专属法益,个人专属法益除生命权外,被害人都可以进行承诺而阻却违法性。人格尊严与生命、身体健康相比较,较易恢复,故被收买妇女的法益侵犯性较小。[1] 即使承认人格尊严属于个人法益,它与人身不受买卖性也不能等量齐观,否则会重蹈上述第一类观点的覆辙。

但是,人格尊严是否具有法益的适格性,论者对此并未予以详细论证,将其与生命、身体健康进行比较衡量并得出较易恢复的结论,其合理性值得怀疑。而且,既然《宪法》第38条首次在规范上肯定了人格尊严的不可侵犯性,那么,只有将其置于相互承认、彼此尊重的社会交往语境下才有可能实现。所以,人身不受买卖性正好体现了人格尊严的不可剥夺性,人格尊严不能轻言放弃。人身不受买卖是人格尊严的外在表现,被害妇女的"承诺"无法改变本罪法益侵害的事实。

三、中间结论

以上两类学说一方面突出了人的尊严对认识本罪客体的重要意义,并据此讨论收买行为的不法本质和确定收买犯罪的处罚范围。这是其可取之处。但另一方面,各位学者对人的尊严理论缺少基础性研究,导致对其含义、性质、特征的见解分歧,从而造成了一些不必要的理论误解和无谓的学说争议,最终影响了对本罪法益的正确理解以及对本罪罪质、罪量的适当评价。这是其缺陷所在。

第三节 收买被拐卖的妇女罪的保护法益界定

只有先回答人的尊严的概念等前提性问题,才能确定能否将尊严概念引入法益论中;再结合当前关于本罪法益的研究成果,方可阐明其具体内容。

---

[1] 参见王吉春、徐子茜:《轻罪刑事政策的个罪适用——以收买被拐卖妇女罪为切入点》,载《广州市公安管理干部学院学报》2017年第3期,第50—51页。

一、人的尊严的概念阐释

(一) 西方学者对尊严概念所下的定义

人的尊严理论在西方国家有着悠久的哲学渊源,其进入法律领域后也经常见诸于国际性法律文件和多国的宪法规范及其适用实践。

早在古希腊时期,哲学家们就在探寻人的本质时涉及了尊严理论。例如,伊壁鸠鲁主张,人的自由是对理智地选择自己生活方式应负的责任。自由的获得全靠懂得"一切取决于我们自己"和"不仰仗任何人"。快乐是指身体的无痛苦和灵魂的无纷扰,要运用合理的思想去抑制感官的诱惑,从而达到精神的安慰。① 自主性是建构人的尊严的必要条件,正是因为有了尊严,理性的人才与其他生物存在本质区别。

及至文艺复兴时期,对人文主义精神的追求使学者们更加注重人的价值和尊严。例如,皮科指出,人的尊严在于其自由天性,人的自由是其尊严的基础与核心。人的本性是自由的,人作为自由的创造物,可以按照自己的意愿自由地塑造自己的形式,实现任何形式的完善。② 假如没有自由,人会因为欠缺未来发展的可能而无法实现个人价值;只有借助自由的存在,人才能按照自身意志自主行动并参与社会生活;人之所以缺乏人格魅力或者不能获得尊重,其原因就是欠缺独立意识或没有自主学习而造成个人生存、发展能力低下。

启蒙思想家在继承人文主义精神并致力于提高哲学理论体系化水平的过程中,将自由、平等和民主思想推向了新高度。例如,孟德斯鸠认为,政治自由并不是愿意做什么就做什么。在一个有法律的社会里,自由仅仅是:一个人能够做他应该做的事情,而不被强迫去做他不应该做的事情。哲学上的自由,是要能够行使自己的意志,或者,至少自己相信是在行使自己的意志。政治的自由是要有安全,或者至少自己相信有安全。③ 只有将自由同政治、法律相联系,人的尊严才有可能成为连接社会伦理和实定规范的桥梁,并借此获得全面而切实的保护。

康德并未局限于人文主义者对人的尊严采取的形而上学论证框架,而是立足于目的论,使人们得以从道德哲学之外的政治哲学视角去理解人的尊严理论。他主张,在"目的王国"中,人是目的而不是手段,人所具有的理性和自

---

① 参见谷春德主编:《西方法律思想史》,中国人民大学出版社 2000 年版,第 23 页。
② 参见赵敦华主编:《西方人学观念史》,北京出版社 2004 年版,第 137—138 页。
③ 参见〔法〕孟德斯鸠:《论法的精神》(上册),张雁深译,商务印书馆 1961 年版,第 154、188 页。

由超越其他价值,从而构成了尊严。换言之,超越一切价格、不容有等价物予以替代的东西,就具有尊严。人格本身就是人之目的,尊严即人的内在价值,当人具备这一内在价值时,便成为道德上能够自我立法的自治、自决的主体。① 虽然尊重人的理性和自由,就能维护人的尊严,这种建立在道德自由基础上的尊严观难以被验证,但它毕竟为法哲学、国家哲学研究提供了道德根据和共同基础,极大地推动了尊严理念的普遍化,并对《德国联邦基本法》(以下简称为《基本法》)及其适用实践产生了重要影响。

(二)我国学者对尊严概念所下的定义

古代仁人志士在等级观念的支配之下,也提倡作为高尚人格和崇高气节的人之尊严,但尊严观完成从秩序性到普遍性的现代转型,是与人格尊严条款的规范功能发挥以及学界对尊严理念的批判性研究分不开的。

实证研究表明,截至2020年,《宪法》《民法典》《预防未成年人犯罪法》等十五部法律中有"人格尊严"的规定,它们在实践中发挥四种功能:一般个别性权利、基本原则、价值基础和概括性权利。鉴于人格尊严的功能定位不统一,有学者强调固定"人的尊严"概念的必要性,并希望借此厘清相关表述之间的关系。② 尽管论者并未指明尊严概念的含义,但其通过对我国人格尊严制度现状进行梳理后发现存在概念混杂的问题,并据此主张区分人格尊严的部门法规范功能和人的尊严的宪法基础规范功能,这种研究思路是值得称道的。

若想明确尊严概念,就要弄清不同学者对其进行价值设定和规范分析的具体方式。在此问题上,主要存在目录策略(依据特定价值表达整理出尊严概念目录)、最后手段策略(尊严是其他价值穷尽时的最后填补手段)、历史进

---

① 参见〔德〕康德:《道德形而上学的奠基》,李秋零主编,中国人民大学出版社2005年版,第441—444页。

② 参见解晋伟:《我国现行法律中人格尊严保障条款之功能辨析》,载《江苏警官学院学报》2021年第4期,第19页。首先,将人格尊严理解为一般个别性权利的规范如《个人信息保护法》第28条第1款。该款规定:"敏感个人信息是一旦泄露或者非法使用,容易导致自然人的人格尊严受到侵害或者人身、财产安全受到危害的个人信息,包括生物识别、宗教信仰、特定身份、医疗健康、金融账户、行踪轨迹等信息,以及不满十四周岁未成年人的个人信息。"其次,将人格尊严视为基本原则的规范如《治安管理处罚法》第5条第2款。该款规定:"实施治安管理处罚,应当公开、公正,尊重和保障人权,保护公民的人格尊严。"再次,将人格尊严作为价值基础的规范如《民法典》第109条。该条规定:"自然人的人身自由、人格尊严受法律保护。"最后,将人格尊严等同于概括性权利的规范如《妇女权益保障法》第42条。该条规定:"妇女的名誉权、荣誉权、隐私权、肖像权等人格权受法律保护。禁止用侮辱、诽谤等方式损害妇女的人格尊严。禁止通过大众传播媒介或者其他方式贬低损害妇女人格。未经本人同意,不得以营利为目的,通过广告、商标、展览橱窗、报纸、期刊、图书、音像制品、电子出版物、网络等形式使用妇女肖像。"

路(从历史变迁的角度探讨尊严概念的渊源及其实践进路)以及操作模式进路(关注尊严证成其他价值的特定方式)四种选择。考虑到目录策略难以全面呈现尊严概念的独特价值,最后手段策略在尊严概念的功能定位及其实际应用方面存在明显局限,历史进路仍停留在对尊严价值的宪法宣示上,因此,除非采取操作模式进路,否则无法充分说明尊严概念的价值内涵及其证成方式。而且,由于尊严价值对其他价值的证成关系存在梯度差异,强的操作模式与弱的操作模式分别通过强调尊严是所有价值的锚和对尊严的规范关联进行弱化处理走向了两个极端,只有中道的操作模式才会赋予尊严适当的价值内涵,并为其外化为制度实践提供合理根据。① 尊严的价值分析模式研究既明确了尊严价值与某些价值之间的证成关系,深入剖析了尊严概念的价值命题,也进一步拉近了尊严价值和实定法规范之间的距离,大大提高了尊严理论的方法论意义。此时,尊严概念才在共同体语境中真正展现出人之为人的内在价值,并借助其与人权的互惠性结构证成及其转化而决定了自身的规范含义。

或许可以认为,在公法上,人的尊严是一种道德准则和根本价值,它不能直接决定人权和其他法益(权利、利益)的内容,但可以为其提供道德正当性与价值合理性的论证理由。而在私法上,人的尊严不仅具有上述功能,而且可以参与确定诸如人格权、隐私权等权利的界限,并通过人格尊严条款以实现人的尊严概念的规范化转变。依循这一研究路径,理论上应当树立对有关尊严概念予以区别对待的研究意识,并兼顾其主体性和社会性,关注尊严概念在不同法律规范适用场合下沟通、统合、指导、填补功能的发挥。虽然将人的尊严概括为"作为社会共同体的成员为避免彼此之间被单纯地客体化或工具化而相互承认与尊重对方最基本的主体性和自我决定的自由"②,有助于打通社会观念和法律体系的沟通管道以及加强二者之间的价值统合,但这一定义在体现人的尊严的法律规范意蕴和法律实践品格方面,仍有所缺憾。

马克思、恩格斯通过将人的尊严与其创造性活动相联系,既肯定了尊严概念的价值面向和实践基础,又描绘了尊严实现的制度前提和美好愿景。他们指出,尊严是最能使人高尚、使他的活动及其一切努力具有更加崇高品质的东西。能给人尊严的只有这样的职业,是在自己的领域内独立进行创造。生产力的发展之所以是绝对必需的实际前提,还因为如果没有这种发展,那

---

① 参见郑玉双:《人的尊严的价值证成与法理构造》,载《比较法研究》2019年第5期,第173—175页。
② 王进文:《人的尊严规范地位的反思与检讨——基于德国宪法学说和司法实践的分析》,载《人权研究》2021年第4期,第75页。

就只会有贫穷、极端贫困的普遍化,在此情况下,必须重新开始争取必需品的斗争,全部陈腐污浊的东西又要死灰复燃。① 在这里,人的尊严不仅具有人在社会关系中的价值意蕴,而且基于人的自主行为而实现。若想获得并提高自己的尊严,人除了展现自身独特的个性、知识、经验、能力之外,还应当依托所处环境为他人服务、为社会作贡献。尽管马克思、恩格斯在描绘人的解放和发展的宏伟蓝图的同时,肯定了人的尊严的价值性和实践性,但他们尚未完成哲学上的尊严概念向法学上的尊严概念的转化,也无法围绕人的尊严展开法律规范分析和保护客体审查。

(三)本书对尊严概念所下的定义

一旦将人的尊严概念引入法律规范中,就必须回答其规范定位问题,即它是宪法上的最高价值,还是宪法基本原则或者宪法基本权利?

第一,人的尊严无疑是宪法上的最高价值。只有当人人皆享有尊严时,每个人在法律上才都是平等的;虽然平等也是一种重要的法律价值,但它只是每个尊严主体得到相互承认的标志。毕竟人的尊严源于其内在价值,而不是人的外在特征。即人只是且仅仅因为他是人,就获得了和别人一样的尊严。在今天世界各国的法律制度中,普遍以"人的尊严"作为最高的伦理总纲,进而起着统领整个法律体系与法律部门的功能,并发挥着使法律文明化、人道化、同质化的功能。② 假如将人的尊严纳入法律体系中,它便成为一种法律价值;如果人的尊严出现在宪法规范中,就升华为一种宪法价值。《基本法》第1条第1款赋予了人的尊严以不可侵犯性,使其具有了规范效力的绝对性,并成为《基本法》的"元法律性"维度和实证法的实体基础。③ 然而,我国与德国在文化传统、法治进程和思维方式等方面存在巨大差异,人的尊严在德国具有的最高宪法价值地位,并不必然意味着其在我国也是一种绝对价值。根据现行法的相关规定,"人格尊严"在特定情况下代替发挥了"人的尊严"的部分功能,但不能因为人格尊严手段性价值的运用,就放弃对人的尊严目的性价值的追求。在"人权入宪"后,还要积极推动的"人的尊严入宪",以此宣示对严重践踏尊严行为的反对态度,并着力使体现人的固有价值的重要利益免于遭受侵犯。

第二,人的尊严并不是一项宪法基本权利。人的尊严并未获得我国《宪

---

① 参见陈新夏:《人的尊严与人的发展》,载《天津社会科学》2021年第5期,第95、97页。
② 参见胡玉鸿:《个人的独特性与人的尊严之证成》,载《法学评论》2021年第2期,第41、51页。
③ 参见王进文:《"人的尊严"之疏释与展开——历史渊源、比较分析与法律适用》,载齐延平主编:《人权研究》(第21卷),社会科学文献出版社2019年版,第129—130页。

法》和其他部门法的立法确认,造成对人的尊严的价值实现欠缺规范依据的后果,进而导致对其能否作为宪法基本原则或刑法基本原则的讨论只能停留在比较法分析的理论层面,无法结合司法实践展开本土化研究。较之人的尊严作为基本原则的规范效力,对其是否属于基本权利的争论具有更大的制度意义和实践价值。关于这一问题,肯定论者主张,《基本法》明确赋予了人的尊严以基本权利的双重性质:国家既要通过放弃干预的方式对人的尊严加以保护,又要为了人的尊严而对来自第三人的侵犯进行干涉。倘若人的尊严不是基本权利,对其核心价值就无法进行救济。科技发展和社会生活的复杂化对人的尊严的侵害往往溢出传统基本权利形态,此时将其作为备位权利予以保障,不仅维持了人的尊严的最高价值地位,而且避免了架空其他权利和贬损自身价值。[①] 反之,否定论者指出,尊严是一种人之为人而具有的内在价值,即人的不可侵犯性。它主要体现在人之为人而具有的独特且独立、应受尊重和认可的价值状态。这种尊严观蕴含了进入到宪法框架的规范可能,但尊严不同于权利和自由等宪法性概念。人的尊严只给人格权的价值意义提供了弱意义上的支持,并经由人格权发挥弱的规范效力。[②] 笔者认为,人的尊严与人权存在价值关联,但其不可侵犯性特征与基本权利特征并不吻合,因此,它不能成为宪法基本权利中的一员。首先,人的尊严在构成权利渊源的同时,为人权理念的正当性提供了价值根据。权利是各种各样的,权利的基础也是各种各样的。尊严可能是这些权利的基础,但却不是另一些权利的基础。这里的"基础"指的是渊源与正当性,即权利背后存在着尊严这种超实证因素,人权法的正当性是源自人的尊严观念。[③] 其次,只要人的尊严不能被相对化,对其就不能放弃和不可限制。然而,没有任何基本权利可以主张绝对效力,人之尊严并不具有主观权利的特征。同理,法律体系中不存在绝对的、不可衡量的规则或原则,它也不能成为客观规范。总之,人的尊严是基本权利的基础,是规则的规则。它可以作为公共信念的核心内容为整个宪法秩序提供形而上学的基础,并内化为我国法律文化中不可或缺的价值。[④] 最后,人的尊严的法律属性是对法律主体平等地位的宣示和确认,与权利概念有着显著区别。详言之,人的尊严保证了人人拥有平等的法律地位,而法律

---

① 参见王进文:《人的尊严规范地位的反思与检讨——基于德国宪法学说和司法实践的分析》,载《人权研究》2021年第4期,第77—80页。
② 参见郑玉双:《人的尊严的价值证成与法理构造》,载《比较法研究》2019年第5期,第176—181页。
③ 参见〔美〕杰里米·沃尔德伦:《尊严是人权的基础吗?》,张卓明译,载《法治现代化研究》2019年第2期,第166,172页。
④ 参见王晖:《人之尊严的理念与制度化》,载《中国法学》2014年第4期,第113—116页。

地位是派生法律权利的基础。"地位"代表着人在社会关系中所占的位置,受制于历史传统及文化观念;"权利"则表征着行为的自由度,是国家对行为可能性的确定;所以,"权利"常常被用于保证人的"地位"的落实。①

综上所述,人的尊严是指社会成员基于相互承认和彼此尊重,对其之间形成的平等地位及主体资格免遭否定和促进实现的价值实践。此处的"实践"既包括为避免受到共同体和第三人侵犯而导致主体物化的价值主张,表现为消极的尊严概念所蕴含的手段性价值,也包括社会成员为寻求理解和获得尊重的价值要求,表现为积极的尊严概念所蕴含的目的性价值。

二、根据尊严价值对本罪法益的重新解读

人的尊严是法益的基础,它并不是具体犯罪的保护客体本身。"法益"的词源是德语中的"法律性财货"。所谓"财货",不仅其本身实际存在,同时因为对人有用而被赋予某种价值。那么,所谓"法益",就是以具有经验性把握之可能的实体(经验的实在性)、对人的有用性(与人相关的有用性)为理由,而需要法律保护的对象。② 各国刑法学者对法益概念必须具有经验实在性和价值关联性并无异议,对其含义(价值目标和内在构造)却莫衷一是。通常认为,法益即值得法律保护的利益。③ 不过,刑法并非毫无选择地保护所有利益,只有那些重要的生活利益,才会获得刑法的保护。如果没有刑法的制定和认可,前实定的法益概念就不可能上升为实定法的法益概念。基于上文分析,收买被拐卖的妇女罪侵犯了彰显妇女尊严价值的人身自由权利。其一,在内容上,立法者动用刑罚处罚该罪,旨在保护妇女作为人的内在价值。收买妇女的行为通过侵犯其人身自由而将其当作商品买入,既是对其自由利益的损害,更是对其自由权利的侵害。其二,在性质上,这种法益属于个人法益,而非超个人法益。一方面,人格尊严没有指明个体人格利益的具体内容,④无法通过个人法益适格性的审查;另一方面,人身不受买卖也并不意味着对个人处分自由的放弃,⑤不放任被卖妇女自由处分法益,正是社会关系中要求个体自我尊重的表现,不自尊就没有尊严,这足以构成对超个人法益的否定。其三,在功能上,若要实现对妇女人身自由的尊严性保护,就应当以此为根据,并考虑当前收买妇女犯罪刑事政策的变化情况,指导对本罪的构

---

① 参见胡玉鸿:《人的尊严的法律属性辨析》,载《中国社会科学》2016 年第 5 期,第 115—117 页。
② 〔日〕松原芳博:《刑法总论重要问题》,王昭武译,中国政法大学出版社 2014 年版,第 12 页。
③ 〔日〕山口厚:《刑法总论》(第 3 版),有斐阁 2016 年版,第 4 页。
④ 参见陈洪兵:《人身犯罪解释论与判例研究》,中国政法大学出版社 2012 年版,第 233 页。
⑤ 参见张杰:《人口买卖犯罪若干问题研究》,郑州大学 2007 年硕士学位论文,第 10—12 页。

成要件解释和罪刑均衡评价。① 此时,保护人的尊严价值就成为刑事政策和刑法体系的融通管道。

(一) 本罪法益的价值面

本罪法益的价值取向是保护妇女尊严,因此,在厘清人的尊严含义的同时,还要明确其与人性尊严、人格尊严的联系与区别。具言之,就三者的联系来说,人的尊严、人性尊严和人格尊严均指向人的固有价值,即只是因为他是一个人,就应当保护其尊严。而且,"人的尊严"有时也被译为"人性尊严"②,它们几乎具有相同意义,都代表了一种自主性尊严观。③ 此外,人格尊严作为人的尊严的外显表征,往往借助公私法上的人格权概念充实自身内涵。但就三者的区别来说,在外延上,人的尊严较广,人性尊严次之,人格尊严最窄;④在内涵上,与其认为人的尊严是一组人权的缩略语⑤或一系列主体权利的集合,⑥倒不如说它是人权清单或权利集合的基本理念、价值根基和判断前提。以民法中的人格尊严概念为例,除了化身为作为制度性规定的具体人格权而无须专门指出以外,其作为一般人格权的客体或一般人格利益的基础,负责在法律适用时解释各项具体人格权,创造新的具体人格权以及补充不被具体人格权所涵括的一般人格利益。⑦ 可见,人的尊严和人格尊严存在价值落差:前者源于人与人之间不可互换、不能等价权衡的关系,具有普遍性和统领性;而后者距离人格利益更近,只要结合规范目的和个案情况,就能明确这种利益的具体内容及其归责方法,因而具有局部性和适用性。显然,不能止步于人格利益的具象保护层面,而要升华到人的尊严的抽象价值高度,方能证立收买妇女犯罪的处罚正当性。

本罪法益的价值侧面主要指向妇女的自为价值,并通过其为他价值拉近人与人之间、人与社会、国家之间的距离,以使人的尊严在现实生活中得以实现。人的尊严具有主体性和社会性,分别对应于人的内在价值和外在价值。

---

① 对此,本章将在第四部分予以详述。
② 参见张翔主编:《德国宪法案例选释:基本权利总论》(第 1 辑),法律出版社 2012 年版,第 241 页以下。
③ 参见朱振:《基因编辑必然违背人性尊严吗?》,载《法制与社会发展》2019 年第 4 期,第 167 页以下。
④ 王进文:《"人的尊严"之疏释与展开——历史渊源、比较分析与法律适用》,载齐延平主编:《人权研究》(第 21 卷),社会科学文献出版社 2019 年版,第 121 页。
⑤ [美]杰里米·沃尔德伦:《尊严是人权的基础吗?》,张卓明译,载《法治现代化研究》2019 年第 2 期,第 179 页。
⑥ [德]埃里克·希尔根多夫:《德国刑法学:从传统到现代》,江溯、黄笑岩等译,北京大学出版社 2015 年版,第 488—489 页。
⑦ 王利明等:《民法学》(第六版 下),法律出版社 2020 年版,第 890 页。

其中,内在价值是自为价值,指人作为主体自身的意义;外在价值是为他价值,指人对他人、社会和国家的意义。① 假如说个人尊严体现的是人的内在价值,强调个体为他人服务的目的是要求他人为自己服务,人与人之间应当是平等的,社会尊严体现的就是人的外在价值,指出人作为社会中的一员是实现其他主体效用的手段,个人和其他主体之间实际上是不平等的。自为价值是为他价值的前提,为他价值是自为价值的延伸。不保护自为价值,就不可能实现为他价值。立法者规定收买妇女犯罪显然不是为了将妇女作为实现他人目的的手段,而是基于保护妇女自身独特价值的考虑。

本罪法益的价值追求侧重体现消极的妇女尊严,是对个体不可侵犯性的实践认可,而不是为了正面确认每个人通过形塑自己的社会交往规则而对对方给予相应尊重。原因在于,在人类思想史的两种自由观中,消极自由是指一个人或一群人在不受他人干涉和强迫的情况下能够自发活动的状态,其本质是限制自由、最低限度的自由保留;积极自由则源自个体要成为自己主人的愿望,其本质是自我引导、自我主宰。② 为了防止自由的强制和专制的自由,法律应当着重保护消极自由而非积极自由。这表明,只有尊严的消极版本,即认为它是"免于",而不是像积极版本那样认为它是"实现",才能被置于传统的自由主义之中。例如,即使人们想要把自杀当作对尊严的漠视,这也不能作为惩罚自杀未遂的理由。因为这种论据与一种积极的尊严概念的努力并无二致,它超出了刑法自由主义的框架。但当人为改变人类生殖细胞的遗传信息时,一定不能让个体的遗传信息被他人所决定,这是个人自由的一部分。如果一个人必须有某些特征被培育出来,那么他的不可规划的发展自由就被限制了。在服务于他人目的的工具化之中,存在着对消极意义上的尊严的侵犯,根据法益保护的观点,这需要动用刑罚。③

(二) 本罪法益的存在面

本罪法益的存在面向只涉及妇女的人身自由权,妇女的性自由、生命、健康、家庭稳定等权利并非收买行为必然侵犯的对象。所谓收买,是指以金钱或其他有经济价值的物资作价,换取被拐卖妇女的行为。④ 这种将妇女当作商品买入的行为,不仅是出卖妇女行为的交易延续和目的实现,而且是拐取妇女行为的非法状态持续和自由支配转移。收买人要想顺利买入妇女,就必

---

① 陈新夏:《人的尊严与人的发展》,载《天津社会科学》2021 年第 5 期,第 98 页。
② 参见陈福胜:《法治:自由与秩序的动态平衡》,法律出版社 2006 年版,第 67—76 页。
③ Vgl. Roxin/Greco, Strafrecht AllgemeinerTeil, Band. 1,5. Aufl. C. H. Beck, 2020, § 2S. 26ff.
④ 高铭暄、马克昌主编:《刑法学》(第十版),北京大学出版社、高等教育出版社 2022 年版,第 479 页。

须以出卖人实际控制妇女并限制、剥夺其人身自由为条件。[①] 只有对妇女人身自由的非法支配从出卖人转移给收买人,妇女的其他权利才可能受到进一步的侵害,所以,妇女的人身自由是本罪的主要客体,其他权利均为随机客体。

需要注意的是,妇女的人身自由权比妇女的人身不可买卖权或人身不受买卖性更有利于展开利益衡量,判断立法者所欲保护的利益是否显著大于可能损害的利益,而人身不可买卖权或人身不受买卖性是对人的尊严价值及其侵害方式在买卖人口犯罪场景下的具体凝练,糅合了法益保护对象及其手段,且否定表达方式容易使人误解犯罪的本质是义务违反而非法益侵害。即使将本罪法益重新表述为"以人身不可买卖性为核心的人格尊严整体"[②]"不得被当作商品对待的权利"[③]或"拒绝他人将自己作为商品出卖的自由"[④]也无法摆脱上述理论困境。

一般认为,利益是客观内容与主观表现的统一,或者利益是客观对象满足主体需要的利害关系。它与权利的联系和区别在于:利益是权利形成的动机和权利行使的目的指向,权利是维持、实现利益的工具和手段。[⑤] 利益具有目的性和可衡量性,权利具有手段性和可选择性。对权利的比较其实就是对利益的取舍,这取决于利益的抽象重要性及其受干涉的程度。[⑥] 假如某种利益越重要,受干涉的程度越大,它就越应当获得优先保护。收买妇女犯罪对妇女人身自由的限制、剥夺具有"致命性",[⑦]因为这种关键利益的减损乃至丧失将动摇或推翻个人以往直至将来的生活基础,而且,当地社会文化、犯罪治理现状、妇女身心特征等原因也增大了妇女人身自由被侵犯的几率及其严重性。倘若仅就被拐卖妇女的自由本身而言,本罪对身体自由、行动自由、现实自由的侵害大小与非法拘禁罪相当,但从被害人教义学的角度来看,妇女是不同于儿童的自律性主体,其对自己人身自由的处分意思会在一定程度

[①] 当然,这并不意味着出卖人和收买人之间成立共同正犯关系,必须就自己实施的部分拐卖行为或收买行为,而对全部买卖妇女犯罪承担刑事责任。对此,本章第四节之二还将予以进一步论证。

[②] 参见梁根林:《买卖人口犯罪的教义分析:以保护法益与同意效力为视角》,载《国家检察官学院学报》2022年第4期,第20—26页。

[③] 参见劳东燕:《买卖人口犯罪的保护法益与不法本质——基于对收买被拐卖妇女罪的立法论审视》,载《国家检察官学院学报》2022年第4期,第67—68页。

[④] 参见罗翔:《论买卖人口犯罪的立法修正》,载《政法论坛》2022年第3期,第137—138页。

[⑤] 参见张文显:《法哲学范畴研究》(修订版),中国政法大学出版社2001年版,第310—311页。

[⑥] 参见〔德〕罗伯特·阿列克西:《法:作为理性的制度化》,雷磊编译,中国法制出版社2012年版,第172页。

[⑦] 参见〔美〕乔尔·范伯格:《刑法的道德界限——对他人的损害》(第1卷),方泉译,商务印书馆2013年版,第228—229页。

上影响到对收买妇女犯罪刑事责任程度的评价。因此,对收买人的刑事归责似乎不宜采取"强势家长主义"(或"意思否定型家长主义"),而应采取"弱势家长主义"(或"意思补全型家长主义"),①为收买妇女行为的利益衡量预留足够的评价空间,这也契合笔者对本罪法益价值内容及其功能的看法。

第四节 收买被拐卖的妇女罪的法益机能展开

即使将本罪法益界定为体现妇女尊严价值的人身自由权利,也并不意味着可以在其指导下径行确定本罪的形态、不法性以及解决刑罚配置科学问题,因为关于法益机能的内容及其适用边界一直存在争议。

一方面,关于法益概念是否具有立法批判机能,刑法学界存在两种截然相反的态度,甚至涉及到法益概念的存在必要性。否定说主张,如果法益作为体系批判性的概念,就应当提供规范的标准以衡量立法机关制定的刑法规范,此时,需要各种前实证的、先于立法者而存在的标准或内容要素。但是,法益概念对立法的普遍性限制遭到了许多抵制,有问题的法律规范通过非常曲折的、与法益理论自身的设定难以协调的措辞得以正当化。这首先源于法益概念的多义性和模糊性,因而弱化了保护目的和保护手段之间的规范联系,而且其奉行的价值观念只能在极其有限的情况下凭借一己之力作出立法缺乏正当性的判断,相反在某些场合不能有效限制前置化或象征性立法。总之,在作为限制刑法的设想方面,法益理论是无用的。② 肯定说则认为,只要承认刑法的任务与目的是保护法益,就需要以此目的为限对刑事立法进行判定。如果刑法的处罚范围过于宽泛,会使较多人的利益受到剥夺,这本身就有违保护法益目的。法益具有清晰的内涵与外延,能使刑法的处罚界限明确。于是,实质的法益概念提出了刑事立法正当化判断的消极标准和积极标准,即要求废除没有保护法益的罪名和要求为保护新的法益增设罪名。不过,主张它具有以上两个方面的机能,并不是要否认删除与增加刑法条文的具体审查过程。相反,在审查一个犯罪构成要件的正当性时,必须考虑法益保护目的,并进行具体论证。③ 笔者认为,法益概念仍应予以保留,但只有明确其外延,尤其是确定对其存在面的判断资料,才能据此展开立法正当性审

---

① 关于两种刑法家长主义的内容和表现,参见〔日〕松原芳博:《刑法总论》(第3版),日本评论社2022年版,第17—20页。
② 参见〔德〕伊沃·阿佩尔:《通过刑法进行法益保护?——以宪法为视角的评注》,马寅翔译,载赵秉志、〔德〕Michael Pawlik 等主编:《当代德国刑事法研究》(第1卷),法律出版社2017年版,第52—57、70—75页。
③ 参见张明楷:《法益初论》(增订本 上册),商务印书馆2021年版,第229—247页。

查。然而,作为"观念上的石头",①它难免具有抽象性,且在现代社会中的精神化趋势愈发明显,对此,必须借助特别的犯罪结构作为附加的可罚性界限,②通过增补比例原则,与法益保护原则一起完成立法正当性的检验任务。强调刑事立法具体审查过程的必不可少,实际上反证了法益概念立法批判机能的有限性。对于法益保护原则和比例原则之间的关系,理论界主要有"统合论"(尝试将法益理论融入比例原则之中,构成比例性的法益保护的见解)与"阶段论"(提倡为了按照比例原则展开判断,有必要以法益论作为其前提的见解)之争。③ 然而,法益理论无力单独设置逐步推进的审查程序,比例原则又缺少目的审查的关键环节,没有提出手段审查的具体标准,所以,应当以比例原则补充法益保护原则,借助保护目的考察和保护方式分析的配合运用来进行立法正当性审查。

另一方面,关于法益概念是否具有解释指导机能,理论界和实务界基本上没有反对意见,但鉴于法益概念的明确内容仅在传统刑法的核心领域才会有所体现,④即使承认在其指导下的目的论解释方法对犯罪实质解释的重要性,⑤也不应忽视文义解释、历史解释、比较解释等在逻辑上的制约作用,否则,刑法的各种机能之间就可能失衡。

综上所述,法益概念只具有一定的立法批判机能和解释指导机能,对本罪犯罪化的合理性及其刑罚化的均衡性研究,既要以刑法体系内的法益内容、不法构造、量刑实践为线索,还需从刑法体系外寻找公共政策、社会治理、犯罪学上的根据。

一、本罪犯罪化的合理性再论

(一)本罪采取了分立式立法技术

针对 20 世纪 70 年代以来我国拐卖人口犯罪日益猖獗,特别是出现了较多的拐卖人口犯罪集团的治安现状,1979 年 7 月 6 日颁布的《刑法》第 141 条规定了拐卖人口罪。它是以营利为目的实施的拐骗、贩卖人口的行为。构成本罪,必须要有拐卖的行为。易言之,要先对被害人进行蒙骗、诱惑甚至威

---

① 陈志龙:《法益与刑事立法》(第三版),作者发行 1997 年版,第 121 页。
② [德]Claus Roxin:《法益讨论的新发展》,许丝捷译,载《月旦法学杂志》2012 年第 211 号,第 273 页。
③ 参见[日]仲道祐树:《法益论、危害原理与宪法判断——关于刑事立法分析框架的比较法考察》,载《比较法学》2019 年第 53 卷 1 号,第 38 页注 47。
④ 参见[德]冈特·施特拉滕韦特、洛塔尔·库伦:《刑法总论Ⅰ——犯罪论》,杨萌译,法律出版社 2006 年版,第 29—33 页。
⑤ 参见[日]嘉门优:《法益论——刑法的意义与作用》,成文堂 2019 年版,第 46—47 页。

逼,然后将其当作商品卖予他人。① 这种统一规定"拐"的行为和"卖"的行为的立法模式从整体上将拐卖行为塑造为犯罪实行行为,进而被1983年9月2日通过的《关于严惩严重危害社会治安的犯罪分子的决定》(以下简称为《决定一》)第1条、1991年9月4日通过的《关于严惩拐卖、绑架妇女、儿童的犯罪分子的决定》(以下简称为《决定二》)第1条以及现行《刑法》第240条所继承。尽管《决定一》加大了对拐卖人口罪的处罚力度,但为了顺应社会上对拐卖人口犯罪危害性程度的认识变化和突出对拐卖妇女、儿童犯罪的打击重点,②《决定二》增设了拐卖妇女、儿童罪,并成为现行立法的蓝本。

与立法机关将参与拐卖妇女行为的所有环节都囊括其中的立法方式不同,本罪对收买被拐卖妇女的行为采取了单独设罪方式,即收买行为独立成罪,行为人后续可能实施的非法拘禁、故意伤害等行为并不在收买被拐卖的妇女罪的构成要件涵摄范围之内。虽然这种分立式立法源自《决定二》第3条,但1996年8月8日、8月31日的《刑法修改草案》曾删除了《决定二》第3条第3款关于构成非法拘禁、故意伤害等罪的提示性规定,后来立法机关又考虑到该款规定已适用多年,对统一司法具有积极意义,若删除恐引起理解上的混乱,就在10月10日的《刑法修订草案(征求意见稿)》中予以恢复。③ 尽管有别于拐卖妇女罪的整体式立法,但收买被拐卖的妇女罪的分立式立法同样有着较长的刑事立法史。这种立法技术上的区别也贯彻到司法实践中,从《关于依法惩治拐卖妇女儿童犯罪的意见》(以下简称《惩治拐卖妇女儿童犯罪意见》)第14条、④第20条⑤

---

① 参见高铭暄:《中华人民共和国刑法的孕育诞生和发展完善》,北京大学出版社2012年版,第119页。
② 参见刘宪权:《论我国惩治拐卖人口犯罪的刑法完善》,载《法学》2003年第5期,第94—96页。
③ 参见高铭暄:《中华人民共和国刑法的孕育诞生和发展完善》,北京大学出版社2012年版,第462—463页。《决定二》第3条规定:"严禁收买被拐卖、绑架的妇女、儿童。收买被拐卖、绑架的妇女、儿童的,处三年以下有期徒刑、拘役或者管制。收买被拐卖、绑架的妇女、强行与其发生性关系的,依照刑法关于强奸罪的规定处罚。收买被拐卖、绑架的妇女、儿童,非法剥夺、限制其人身自由或者有伤害、侮辱、虐待等犯罪行为的,依照刑法的有关规定处罚。收买被拐卖、绑架的妇女、儿童,并有本条第二款、第三款规定的犯罪行为的,依照刑法关于数罪并罚的规定处罚。收买被拐卖、绑架的妇女、儿童又出卖的,依照本决定第一条的规定处罚。收买被拐卖、绑架的妇女、儿童,按照被买妇女的意愿,不阻碍其返回原居住地的,对被买儿童没有虐待行为,不阻碍对其进行解救的,可以不追究刑事责任。"
④ 该条规定:"犯罪嫌疑人、被告人参与拐卖妇女、儿童犯罪活动的多个环节,只有部分环节的犯罪事实查证清楚、证据确实、充分的,可以对该环节的犯罪事实依法予以认定。"
⑤ 该条规定:"明知是被拐卖的妇女、儿童而收买,具有下列情形之一的,以收买被拐卖的妇女、儿童罪论处;同时构成其他犯罪的,依照数罪并罚的规定处罚:(1)收买被拐卖的妇女后,违背被收买妇女的意愿,阻碍其返回原居住地的;(2)阻碍对被收买妇女、儿童进行解救的;(3)非法剥夺、限制被收买妇女、儿童的人身自由,情节严重,或者对被收买妇女、儿童有强奸、伤害、侮辱、虐待等行为的;(4)所收买的妇女、儿童被解救后又再次收买,或者收买多名被拐卖的妇女、儿童的;(5)组织、诱骗、强迫被收买的妇女、儿童从事乞讨、苦役,或者盗窃、传销、卖淫等违法犯罪活动的;(6)造成被收买妇女、儿童或者其亲属重伤、死亡以及其他严重后果的;(7)具有其他严重情节的。被追诉前主动向公安机关报案或者向有关单位反映,愿意让被收买妇女返回原居住地,或者将被收买儿童送回其家庭,或者将被收买妇女、儿童交给公安、民政、妇联等机关、组织,没有其他严重情节的,可以不追究刑事责任。"

以及《关于审理拐卖妇女儿童犯罪案件具体应用法律若干问题的解释》（以下简称为《审理拐卖妇女儿童案件解释》）第 3 条第 1 款、①第 6 条、②等规定可见一斑。在这里，《惩治拐卖妇女儿童犯罪意见》第 14 条和《审理拐卖妇女儿童案件解释》第 3 条第 1 款对拐卖妇女罪采取了整体解释技术，而《惩治拐卖妇女儿童犯罪意见》第 20 条和《审理拐卖妇女儿童案件解释》第 6 条对收买被拐卖的妇女罪采取的是分立解释技术，此时充分体现了立法权和解释权的紧密联系。

（二）本罪与拐卖妇女罪系非对称型对向犯

刑法学界没有异议地认为，本罪与拐卖妇女罪构成对向犯。所谓对向犯，又称对合犯，狭义上是指以复数行为人相互对向或互为对象的行为为构成要件的犯罪，属于一种必要共犯。但是，这一定义不仅在理论上存在疑问，而且不符合我国刑事立法。因为必要共犯以共犯一罪为特征，而受贿罪和行贿罪不是以共犯贿赂罪为前提，二者具有对合关系并不表明其同时构成犯罪，应当区分对合犯与对合关系。③ 据此，在广义上，对向犯不以双向行为均构成犯罪为条件，但二人行为至少要具有对向性，即以一方行为与另一方行为具有反向作用的关系。其中，买卖型对向犯是对向犯的典型形式。④ 买卖型对向犯包括同罪同罚型（如非法买卖毒品原植物种子、幼苗罪）、异罪异罚型（如非法出售增值税专用发票罪和非法购买增值税专用发票罪）以及卖方构罪型（如非法出卖武器设备罪）三种。拐卖妇女罪和收买被拐卖的妇女罪无疑属于异罪异罚型，但二者不应属于对称处罚型，⑤鉴于它们在处罚范围、程度上的较大差异，应当构成非对称型对向犯。

将对向犯分为对称型和非对称型的意义在于，除了说明处于对向关系的两罪构成要件的相异之外，更重要的是揭示罪名设置区别的根源——立法技术的不同。详言之，立法者预想的拐卖妇女罪的实行行为是"拐"与"卖"相续

---

① 该款规定："以介绍婚姻为名，采取非法扣押身份证件、限制人身自由等方式，或者利用妇女人地生疏、语言不通、孤立无援等境况，违背妇女意志，将其出卖给他人的，应当以拐卖妇女罪追究刑事责任。"
② 该条规定："收买被拐卖的妇女、儿童后又组织、强迫卖淫或者组织乞讨、进行违反治安管理活动等构成其他犯罪的，依照数罪并罚的规定处罚。"
③ 参见陈兴良：《论犯罪的对合关系》，载《法制与社会发展》2001 年第 4 期，第 55—56 页。同理，由于现行《刑法》没有规定买卖人口罪，拐卖妇女罪和收买被拐卖的妇女罪也不构成必要共犯。
④ 参见冯全：《买卖型对向犯论要》，载《赤峰学院学报》（汉文哲学社会科学版）2008 年第 2 期，第 110—111 页。
⑤ 参见刘士心：《刑法中对合行为初探》，载《河北大学学报》（哲学社会科学版）2005 年第 1 期，第 26 页。

一的复合行为，前者是手段行为，后者是目的行为，以完整呈现拐卖妇女犯罪活动的各个环节，但这与拐卖妇女行为可以是单一实行行为的现实相矛盾。因为贩卖妇女不一定以收买妇女为前提，贩卖行为并非不能独立于收买行为而存在。"拐"仅是选择性的手段行为，如在父母出卖亲生子女、妇女主动找到人贩子要求将自己卖掉的场合，就不存在"拐"的问题，但不能将其不认定为犯罪。在此，"卖"的不具备只会影响对犯罪既遂的评价。为了更周延地保护妇女尊严，应当将"拐卖妇女罪"修改为"贩卖妇女罪"，以彰显贩卖行为这一核心要素，并将贩卖行为的完成作为既遂标准。相应地，"收买被拐卖的妇女罪"也应修改为"收买被贩卖的妇女罪"。① 上述修法建言是从罪名确立的角度，进一步展现了作为拐卖妇女共犯行为的整体式规定与对收买妇女行为及其后续危害行为采取的分立式规定在行为构造、危害大小等方面的显著差别。

关于买卖妇女行为罪名调整的反思，其实体现了将两种犯罪由非对称型对向犯"还原为"对称型对向犯的构想。只有将"拐"的行为从拐卖妇女罪中分离出来，才能使"卖"的行为与收买行为成为真正的对向犯，二者对妇女有尊严地享有自由权利的侵犯性质才会相同，侵害程度才会大体相当。例如，《日本刑法典》就在第225条和第226条之二分别将出于营利目的的拐取行为与买卖人身行为独立成罪。以暴行、胁迫和欺骗、诱惑为手段的拐取行为通过将被害人置于自己或第三人的实力支配下而侵害其在原来环境中的生活自由，②这种生活自由当然以人身自由为前提。所谓买卖人身，是指有偿地转移对他人人身关系的非法支配，因而，收买与出卖属于必要的共犯。③ 同拐卖妇女罪和收买被拐卖的妇女罪相对照，出于营利目的的出卖他人行为（第226条之二第4项）与非出于营利目的的收买他人行为（第226条之二第1项）构成必要共犯，但对前者配置的"1年以上10年以下惩役"为何远远重于为后者配置的"3个月以上5年以下惩役"，恐怕只能从刑事政策导向、对妇女尊严价值和人身自由权利的侵害程度以及行为人的可非难性大小上寻

---

① 参见王志祥：《关于调整拐卖妇女、儿童犯罪罪名表述的思考》，载《法治研究》2014年第11期，第12—14页。
② 〔日〕山中敬一：《刑法各论》（第3版），成文堂2015年版，第145页。
③ 〔日〕西田典之：《日本刑法各论》（第7版），王昭武、刘明祥译，法律出版社2020年版，第99页。《日本刑法典》第225条（营利目的等掠取及诱拐）规定："以营利、猥亵、结婚或者对生命、身体的加害为目的，掠取或者诱拐他人的，处1年以上10年以下惩役。"同法第226条之二（买卖人身）规定："收买他人的，处3个月以上5年以下拘禁刑（第1项）。收买未成年人的，处3个月以上7年以下拘禁刑（第2项）。以营利、猥亵、结婚或者对生命、身体的加害为目的，收买他人的，处1年以上10年以下拘禁刑（第3项）。出卖他人的，与前款同（第4项）。以移送至所在国国外为目的，买卖他人的，处2年以上有期拘禁刑（第5项）。"

找答案。

（三）本罪体现了对彰显妇女尊严价值的人身自由权利侵犯的从严评价

第一，自 2022 年 3 月 1 日开展的打击拐卖妇女儿童专项行动在加大对拐卖犯罪分子惩罚力度的同时，致力于坚决铲除拐卖犯罪的滋生土壤，其中就包括买方市场，这是针对买卖妇女犯罪发生原因的务实选择。倘若对收买妇女犯罪处罚过轻或者只要收买人不阻碍妇女返回原居住地就不追究其刑事责任，就无助于贯彻保护妇女尊严的价值理念和"买人犯罪"的基本正义观。不提高收买妇女犯罪分子的违法成本，不使其认识到收买妇女犯罪的刑罚必定性，就不可能打消买主逃避处罚的侥幸心理，也不利于瓦解巨大的买方市场。因此，有关部门对收买妇女犯罪也应采取从严政策，并做到严中有宽，原则上不得对任何一个收买人网开一面，例外时才能为了维护被害妇女权益而适用《刑法》第 241 条第 6 款之规定，以实现刑事政策上的利益平衡。①

第二，作为一种独立的行为犯，收买被拐卖的妇女罪不是强奸、非法拘禁等罪的预备犯。其一，本罪侵犯了彰显妇女尊严价值的人身自由权利。人之为人的尊严是其固有价值，而附着其上的外部自由也有着重要的保护必要性，因而本罪是一种独立的犯罪类型。其二，本罪和随后可能实施的各种犯罪并不构成预备犯与实行犯的关系。德国学者沃勒斯将预备犯类型化为四种典型事例：(1) 以使他人直接决意实行犯罪为目的的行为样态，如对犯罪行为的公然煽动；(2) 传授犯罪专门技能，如指导爆炸物制造；(3) 无权限地制造和携带危险物质，如无权限地制造或携带军用武器；(4) 先行行为成为他人恶行的示范，如对他人具有潜在模仿效果的成人间基于同意的性虐待就不具有答责性。② 本罪与关联犯罪不仅不属于上述任何一种类型，而且收买人承担刑事责任的基础是对妇女尊严的贬损和对妇女自由的限制、剥夺，无须将答责范围扩张至强奸等后行行为上。而且，《刑法》第 22 条第 2 款之所以规定对预备犯可以比照既遂犯从宽处罚，是因为实施预备行为是完成实行行为的必经程序，一旦实施预备行为后没有出现意志以外的原因，行为人所追求的法益侵害危险或结果将得以顺利实现，其指向的正是实行行为危险现实化的过程。但是，收买行为和奸淫等行为并非处于同一法益侵害方向上，

---

① 参见雷建斌主编：《〈中华人民共和国刑法修正案（九）〉释解与适用》，人民法院出版社 2015 年版，第 192—193 页。

② Roland Hefendehl, Andrew von Hirsch, Wolfgang Wohlers(Hrsg.). Die Rechtsgutstheorie: Legitimationsbasis des Strafrechts oder dogmatisches Glasperlenspiel?. Nomos, 2003. 204-206.

保护客体的内容明显不同,对收买妇女犯罪也不是比照强奸等罪从宽处罚,而是适用独立的法定刑。正因为如此,《刑法》第241条第3款、《惩治拐卖妇女儿童犯罪意见》第20条、《审理拐卖妇女儿童案件解释》第6条才对收买妇女及其后续犯罪实行数罪并罚。

第三,即使收买妇女行为和收买儿童行为的法益侵害性相当,对二者也应当给予不同的可谴责性评价和预防效果预测。根据罪刑关系二元论,罪刑关系可以分为已然之罪与报应之刑的因果关系和未然之罪与预防之刑的功利关系。它既要求刑罚的量与犯罪的客观危害、主观恶性相适应,又强调刑罚的严厉性与一般预防、个别预防的需要相适应。立法者所面临的是可能的而非现实的犯罪,他所考虑的是哪些行为应用刑罚预防以及应用多重的刑罚来预防各种行为,这就决定了功利关系中的一般预防应该成为立法上假定的罪刑关系的主要根据。① 对于不能生育、失独家庭来说,收买儿童行为的期待可能性及其征表的人身危险性或许并不大,但妇女的主体性、社会性有别于儿童,满足婚姻、生育等现实需求心理既与收买行为的不法性评价无关,也不属于本罪故意的认识因素和意志因素,而只能作为犯罪动机在某种程度上被认定为收买妇女行为的期待可能性及其征表的特殊预防必要性有所降低。除非这种行为动因出现在许多案件中而成为普遍现象,作为体现个体心理弱点的期待可能性和面向行为人的特殊预防目的才能被抽象化、类型化为影响罪刑关系的重要因素,并在创设本罪的法定刑时予以考虑。然而,对此不仅缺乏相关的实证研究予以支撑,而且若以此为由证立收买妇女犯罪轻刑的合理性,无疑是过分重视特殊预防效果的表现,使预防目的凌驾于罪行均衡之上。在对象人数、行为手段相同的情况下,收买妇女行为的可非难性及其一般预防必要性均大于收买儿童行为,所以,未来立法机关应当将二者分别成罪,并在当前刑事政策的指导下,对收买被拐卖的妇女罪规定较之于收买被拐卖的儿童罪更重的法定刑。②

二、本罪刑罚化的均衡性演绎

无论是提高本罪的基本法定刑,还是新增一档加重法定刑,都意味着对罪刑均衡性的重新评价。这也是本章第一节所述"维持说"和"提高说"的争议焦点。对这一问题的解答,既事关理论上收买妇女犯罪法定刑配置的正当性、合理性,也牵涉实践中通过刑事法治、社会治理所追求的预防犯罪的实

---

① 参见陈兴良:《刑法哲学》(第六版),中国人民大学出版社2017年版,第617—622、624页。
② 但这并不表明目前"三年以下有期徒刑、拘役或者管制"不符合罪责刑相适应原则,亟须提高本罪的基本法定刑或增加规定一档加重法定刑。

效性。

(一)配刑根据:规范考察法定刑设置的法内根据与法外根据

"维持说"和"提高说"都注意到了可能影响本罪刑罚配置的各种根据,但就有关因素对法定刑的影响权重持不同看法。具言之,赞同"维持说"的论者指出,某一犯罪的法定刑是否合理,从法理上要考虑行为的客观危害程度、行为人的罪责以及一般预防的需要。此外,也需要将某罪和最类似犯罪的处罚轻重相类比,从而大致地判断罪刑之间的关系是否均衡。法定刑配置在预防与报应之间不能偏废,必须以法益侵害性和罪责为取向,同时顾及一般预防的需求。沿着这一理念,立法者所设计的刑罚不应是重刑化的,而应是符合宪法上的比例原则的。对于行为人基于各种可以在一定程度上得到谅解的原因而实施的行为,在立法上例外地考虑其非难可能性较低,从而减轻或免除处罚,收买被拐卖的妇女罪亦是如此。一是考虑到收买行为的客观危害性和主观责任范围并兼顾一般预防必要性,针对该行为配置有期徒刑3年是合适的;二是在法定刑配置时嵌入了立法者关于期待可能性问题的类型性思考(生活在相对贫困、闭塞地区且处于社会底层的收买者基于传宗接代、维持其所期待的生存状态等),鉴于这些"可恨之人"的"可怜之处",规定相对较轻的法定刑也有其合理性。① 可见,立法机关在行使制刑权的过程中,必须处理好责任和预防的关系,融合体系性思考和目的性思考,以此衡量收买人的法益侵害性或期待可能性是否降低。支持"提高说"的论者主张,一般而言,法定刑的配置体现的是对行为不法程度的评价,从立法者对收买犯罪所设定的法定刑较拐卖犯罪为低而言,应能得出其对收买犯罪不法程度的评价也远较拐卖行为要低的推论。根据行为刑法的立场,立法对特定罪行法定刑的设置需要由行为的主客观不法程度与一般预防必要性因素来共同决定。因此,除非法外因素能影响到对法益的侵害与主观不法的程度,或者影响到一般预防的必要性,否则,法外因素都不应当对某类行为的不法性质与程度的一般评估产生影响。就罪刑关系的二元性而言,在难以对刑足其罪进行有效合理评估的情况下,应当认为刑当其罪的要求具有优先性。以此检验婚配生子需求、事实形成婚姻家庭关系等法外因素,它们要么不过是收买行为预防效果的非体系性考察,要么对其法益侵害和主观不法不产生影响,都难以作为标

---

① 参见周光权:《法定刑配置的优化:理念与进路》,载《国家检察官学院学报》2022年第4期,第41—52页。

示一般预防必要性低的因素而发挥作用。① 显然,如果没有进入刑法教义学体系内对乡土人情、行为情状、公共利益进行考量,极易造成对收买妇女犯罪法益侵害性和预防必要性的规范评价失准,从而成为一个刑事政策和刑法体系背离的反例。

以上两种见解实际上提出了法定刑配置的基本原则。其一,行为责任和一般预防均为法定刑配置的刑法体系内根据,且行为严重性是主要根据,一般预防目的是次要根据,以恪守刑法谦抑精神与刑法客观主义。其二,法定刑配置也要考虑乡土秩序、当地文化、民众心理等刑法体系外根据,但前提是必须通过行为责任评价和犯罪预防判断两个途径将其转化为具体构成要件要素,才能直接影响法定刑轻重,以兼顾事实认识和价值评价,防止刑法的过度机能化。据此,收买被拐卖的妇女罪的法定刑设计同样必须遵守上述原则。不过,即使采取相同的法定刑设置标准,相关论者在判断结婚生子等家庭因素能否被评价为期待可能性减轻时,得出了截然相反的结论,原因可能是,持"维持说"者以个案的经验认识替代了严密的实证研究,强行在法外因素与责任要素之间建立起规范联系;持"提高说"者坚持以行为不法程度和一般预防目的作为法定刑的配置原理,但从一开始就没有将责任要素纳入判断资料中,存在违反责任主义的漏洞。

(二)法益内涵:准确界定本罪保护法益的性质、内容和结构

既然行为责任或罪行轻重是法定刑配置的主要根据,行为的实质违法性或法益侵害性就是法定刑设计的重要因素。所以,刑法学者对本罪保护法益的认识不同,会对其不法程度的评价造成较大影响,进而做出维持本罪法定刑或提高本罪法定刑的不同选择。

1. "以人身不可买卖性为核心的人格尊严整体说"的内容及其评析

这种见解认为,通说的解释力不足,逻辑不周延。买卖人口罪不是单纯侵犯个人法益的犯罪,其法益结构呈现出个人法益与集体法益的复合性。根据法益原理,买卖人口行为的结果不法并非在所有案件中都必然表现为对被害人的人身自由、人身安全的侵犯或对其意思决定自由、自我决定权的压制,但在现代文明社会,买卖人口犯罪在所有案件中都必然表现为违反人身不可买卖的禁止规范,侵犯以被害人的人身不可买卖性为核心的人格尊严。与此同时,这种犯罪还必然冒犯特定被害人作为一员所属的人类全体的人格尊严,使人类全体面临被普遍物化、商品化和工具化的潜在危险与共情焦虑之

---

① 参见劳东燕:《买卖人口犯罪的保护法益与不法本质——基于对收买被拐卖妇女罪的立法论审视》,载《国家检察官学院学报》2022年第4期,第59—63页。

中。因此,买卖人口犯罪的保护法益是以人身不可买卖性为核心的人格尊严,它具有先在于实定法的规定性、内容的唯一性、主体的种属性、内涵的确定性和充分的解释力。① 虽然该说将结果不法事实上升为具体保护法益的论证思路,是正确的,但将买卖人口犯罪的法益归纳为复合法益结构,实则曲解了其法益性质,由此带来一系列弊端。

(1) 主张人类全体的人格尊严存在被物化、商品化、工具化的危险,将使买卖人口犯罪的保护目的沦为抽象的感情法益,此类犯罪的保护手段不得不借助抽象危险犯,二者联手的后果是,罪刑规范异化为象征性刑法规范,难以限定其处罚范围。

(2) 以人身不可买卖性作为买卖人口犯罪的法益核心,仍保留了本章第二节所述"人身自由权、人身不可买卖权说""以人格尊严作为论据的人身不受买卖性说"的缺陷,既没有区分行为规范本身和行为规范对象,将保护法益与法益侵害类型等同视之,又迂回到了通说的立场上,在某种意义上反证了个人法益属性定位的合理性。

(3) 尽管将人格尊严整体融入保护目的之中,确实提升了人类尊严的刑法要保护性,但通过在个人法益和集体法益的关系上采取"量的不同说",以及强调人类个体尊严与人类全体尊严的密不可分性,仍然没有改变买卖人口犯罪所侵犯的集体法益其实是个人法益的功能媒介和派生产物的事实。更何况,侵犯个人尊严与冒犯全人类尊严之间不一定存在经验上的事实联系和法律上的规范关联。倘若在解决上述问题前,就强行将两种不同性质的法益拼接在一起,除了可以确保这类犯罪侵犯法益的先在性、种属性之外,其唯一性、确定性和解释性反而会成为理论短板。

(4) 在逻辑上,买卖人口犯罪与收买被拐卖的妇女罪是包容关系:前者的外延大于后者,但后者的内涵多于前者。某种犯罪的内涵是罪质和罪量的特殊性,由具体犯罪的构成要件予以体现。所以,不能将买卖人口犯罪的法益照搬到收买被拐卖的妇女罪上,更不能套用前者的法益去评析后者的立法得失及指导构成要件解释,而应在参考前者法益内涵的基础上,结合后者的立法沿革、有关规定、治安状况、民众观念等对直接客体予以限缩。

2. "不得被当作商品对待权+人身自由、安全说"的内容及其评析

这种见解主张,拐卖犯罪和收买犯罪的立法大体上是按照受贿犯罪与行贿犯罪的模式来安排的,二者属于对向犯,刑法理论一般认为侵犯的是相同法益。传统观点以人身自由或行动自由为基础来解读买卖人口犯罪的保护

---

① 参见梁根林:《买卖人口犯罪的教义分析:以保护法益与同意效力为视角》,载《国家检察官学院学报》2022年第4期,第20—26页。

法益,存在三点疑问:一是难以对拐卖犯罪与非法拘禁罪在法定刑设置上的差异做出合理解释;二是和现行法对收买犯罪的数罪并罚规定相冲突;三是将经验层面的伴生现象与规范层面的构成要件相混淆。究其原因,这种法益观存在三个方面的认知偏差:第一,忽视法权的维度,将被害人的权利当作单纯的利益来对待;第二,忽视人类的维度,从单纯个体的角度来界定法益;第三,忽视独立的维度,否认除人身自由或安全之外的权利具有独立被侵害的可能。为避免法益内容与构成要件的交叠,买卖人口犯罪的基本法益应为不得被当作商品对待的权利,其与人身自由之间相互独立,而此类犯罪的附随法益是被害人的人身自由或安全。不得被当作商品对待的权利具有一体两面性,是个人具体权利和基本权利的统一。除了权利性,它还具有宪法性和独立性。① 该说通过更加精细的学理论证提出了一体两面的法益观,表现出了对传统观点的继承和超越,但由于倡导买卖人口犯罪法益的不可削减性和不可让渡性,存在将人格尊严作为保护客体并进行整体保护之嫌。

(1) 传统观点其实可以说明拐卖妇女罪和非法拘禁罪的法定刑差异,因为前者是包容犯,容纳了多种危及人身自由或安全的不法行为;后者是行为犯,仅单独规定了非法限制、剥夺人身自由的行为。

(2) 一旦正确认识收买人口犯罪的保护法益,就能消解通说的法益观与数罪并罚规定的表面冲突。详言之,收买行为对妇女人身自由的限制、剥夺不要求有持续性,而非法拘禁行为对他人人身自由的限制、剥夺必须具有持续性。二者的关系类似于故意伤害致人轻伤和故意伤害致人重伤,属于基本犯和加重犯的关系,而非预备犯和实行犯的关系。因此,《刑法》第241条第3款、《惩治拐卖妇女儿童犯罪意见》第20条、《审理拐卖妇女儿童案件解释》第6条关于对收买妇女及其后续犯罪实行数罪并罚的规定,可以理解为对侵犯性质相同但程度不同的自由法益的行为给予的并罚,即近乎同种数罪的并罚。

(3) 虽然就收买人口犯罪而言,这里的"人口"包括已满14周岁的男女和未满14周岁的男女,其并不以限制或剥夺被害人的人身自由为必要;但就收买妇女犯罪来说,此处的"妇女"限于已满14周岁的女性,其中包括了具有完全处分自由的成年女性,行为人只有以实力控制这部分被害妇女,才能保证其不被解救、不返回原居住地、不被公安司法机关发现,进而满足自身婚配生子等需求,最终实现收买妇女的目的。至于限制、剥夺被害妇女人身自由的时间长短,并不影响收买犯罪的成立。可见,收买犯罪的不法性一方面源

---

① 参见劳东燕:《买卖人口犯罪的保护法益与不法本质——基于对收买被拐卖妇女罪的立法论审视》,载《国家检察官学院学报》2022年第4期,第63—68页。

自收买行为对妇女尊严价值的贬损、蔑视,另一方面由实力支配行为对妇女人身自由的侵害加以补现并予以补足。所谓收买,是指用金钱或其他财物,作为被拐卖妇女的代价,将其买归自己非法支配。① 即收买妇女行为的不法实质是,通过支付对价以取得对妇女人身自由的支配。这里的"对价",既是妇女个体尊严价值的对价,也是妇女人身自由权利的对价。

（4）买卖人口犯罪法益的基本权利属性使此类犯罪的法益成为一种绝对权,几乎成为"人格尊严"的代名词。但是,这在司法实践中难以操作,即使是德国联邦法院和地方法院的判例,也注意到了尊严概念的漏洞填补功能和尊严对抗引发的绝对性调适问题。既然我国并未将尊严上升到一般的哲学和政治原则的高度,《宪法》对基本权利采取的是总体概括限制模式,那么从基本权利限制的角度来说,该法第38条规定的人格尊严并不具有绝对不可限制性。人的尊严的绝对性与基本权利保护的相对性之间的明显落差说明：人的尊严的绝对性反映出的是应然的理念,其相对性反映出作为法律概念的实践品性。② 过分强调作为基本权利的买卖人口犯罪法益,反而会陷入本章第二节中"仅仅以人的尊严作为客体论据的见解"的窠臼。

（5）为了避免法益内容与构成要件的重叠,"不得被当作商品对待的权利"使用了"对待"的概念,但这反而掩盖了买卖人口犯罪的手段特征及其损害特性,并不比"人身不受（可）买卖性"的表述更明确。与其如此,倒不如根据收买妇女犯罪对人身自由的侵犯及其可能造成的危害结果推导出法益内容,更容易进行法益测量性的判断,以防止法益内容的界定与其保护机能发挥之间的脱节。

3. "拒绝作为商品出卖的自由权说"的内容及其评析

这种见解指出,《刑法》存在大量体系性漏洞,其中一个重要缺陷就是对人的保护力度还不如物。在判断买卖妇女犯罪时,假如在人身权之外考虑其他政策性利益,可能导致刑罚保护的不平等。人不是商品,不能被买卖。买卖人口是对人的彻底物化,行为本身就从根本上亵渎了人性的尊严。所以,买卖妇女犯罪侵犯的法益没有区别,均为人身不受买卖的权利。刑法的人身

---

① 张明楷：《刑法学》（第六版 下册）,法律出版社2021年版,第1171页。日本的判例和刑法理论的通说同样认为,收买、出卖他人,是指通过支付对价现实地取得对他人的支配。对他人的支配,不以完全拘束他人的自由为必要,只要使他人处于难以摆脱行为人的影响的状态即可。对此,应当根据拘束的程度、被害人的年龄、行为的具体状况等进行综合判断[张明楷：《外国刑法纲要》（第三版）,法律出版社2020年版,第443页]。然而,这是对《日本刑法典》第226条之二规定的买卖人身罪的分析后得出的结论,不能完全适用于收买妇女犯罪。

② 参见王进文：《人的尊严规范地位的反思与检讨——基于德国宪法学说和司法实践的分析》,载《人权研究》2021年第4期,第78—88页。

权是一种消极自由,即拒绝他人侵犯自己人身的自由。无论是拐卖妇女罪,还是收买被拐卖的妇女罪,刑法所保护的都是拒绝他人将自己作为商品出卖的自由,这种权利的利益内容就是任何人都不得将其作为商品进行买卖。① 该说通过在"人身不受买卖的权利"和"拒绝他人将自己作为商品出卖的自由"之间形成表里关系,坚守了个人法益和权利保护的立场,这是其区别于前面两种学说的地方,但将买人与买物相比较的论据以及对收买妇女犯罪法益的剖析,并非没有问题。

其一,不能通过收买妇女和收买动物的类比,就简单认为买卖妇女应当同刑。法益是一种有价值的利益,本罪的法益是凸显妇女尊严价值的自由利益。与本罪同属于侵犯自由法益的非法拘禁罪、绑架罪并不以保护人的尊严价值为目标,这是由法益保护对象、手段和犯罪故意、目的所决定的。动物不是人,买卖动物的行为不会侵犯动物的尊严,更谈不上对动物自由利益的保护,只可能危及生态环境法益或生物安全法益。不过,根据"生态学——人类中心的法益论",生态环境法益或生物安全法益是当代人及其子孙后代的个人利益和环境利益的集合,这种法益在追求物质文明的现代社会愈发显得脆弱,其保护必要性明显大于个人自由法益。同理,赃物犯罪侵犯的不是个人财产法益,主要妨害了国家机能和作用的正常行使,即此种集合法益的内容是司法秩序背后的国家对犯罪所得、犯罪所得收益的司法追查权。② 当然,之所以保护生态环境法益、生物安全法益和司法追查权,也是为了切实保护每个人能够在良好、优美的环境中生存、发展的权利,以及被害人因犯罪行为而丧失财产时,可以借助国家力量顺利取回自己的财产。显然,上述集合法益的重要性程度和受侵害儿率已经超过了收买妇女犯罪的法益,《刑法》规定更重的法定刑,是合理的。另外,值得注意的是,"人不如物"表面观感的产生,可能与《刑法》第341条、第344条对危害珍贵、濒危野生动物罪、危害国家重点保护植物罪等犯罪规定的法定刑过重有关。此时,不能只考虑提高收买妇女犯罪的法定刑,还要思索是否应当降低破坏自然资源犯罪的法定刑。

其二,即使用"拒绝他人将自己作为商品出卖的自由"填充"人身不受买卖的权利",也无法避免本章第二节对"人身自由权、人身不可买卖权说""以人格尊严作为论据的人身不受买卖性说"展开的批判。换言之,尽管"拒绝他人将自己作为商品出卖的自由"从人性尊严的价值维度阐述了收买妇女犯罪的法益内容,却没有从权利维度挖掘这种拒绝出卖自由的客观来源。实际上,只有收买人现实地支配被害妇女,才能通过拘束其外在行动自由,进而影

---

① 参见罗翔:《论买卖人口犯罪的立法修正》,载《政法论坛》2022年第3期,第135—138页。
② 参见周光权:《刑法各论》(第四版),中国人民大学出版社2021年版,第460页。

响妇女的意志自由。因此,既如本章第三节之二所述,只要承认收买妇女犯罪法益的价值面侧重体现消极尊严,着力保护消极自由,就不应绕过禁止限制、剥夺人身自由去空谈拒绝被出卖的自由。假如妇女的人身自由都得不到保护,又怎么能拒绝他人将自己作为商品出卖呢?

总之,"以人身不可买卖性为核心的人格尊严整体说""不得被当作商品对待权+人身自由、安全说"和"拒绝作为商品出卖的自由权说"三种观点对收买妇女犯罪的法益内涵重新进行的诠释,均有所缺憾。仅仅以此为由而主张提高本罪的法定刑甚至买卖妇女同刑,论据并不充分。

(三) 不法构造:买卖妇女行为成立共同正犯并不表明买卖同刑

收买被拐卖的妇女罪与拐卖妇女罪属于非对称型对向犯,虽然二者都侵犯了彰显妇女尊严价值的人身自由权利,其法益侵害的性质相同,但不同的行为方式造成了法益侵害程度的差异,故收买妇女犯罪的法定刑轻于拐卖妇女犯罪,并非刑罚规定失衡。

有持"提高说"的学者为了驳斥"维持说",采取了检验拐卖行为和收买行为在不法构造中地位的论证思路。具言之,首先,按现行的法益观,拐卖人与收买人对被害人人身自由所形成的强制实际上是先后接续的关系,难以构成必要共犯。可见,如果将人身强制或实力支配作为买卖人口犯罪的不法本质,拐卖行为、收买行为与保护法益之间就不存在规范关联,只有经验上的伴随关系。但是,从个人不得被当作商品对待的权利的角度来观察,二者对该权利的侵害在程度上并无明显差异,正如买卖枪支、弹药、爆炸物罪中的出卖行为与购买行为一样。拐卖行为与收买行为并非正犯与共犯的关系,而是构成共同正犯。其次,通过与盗窃罪、诈骗罪、掩饰、隐瞒犯罪所得、犯罪所得收益罪,危害珍贵、濒危野生动物罪的对照,能够发现现行立法将收买犯罪定位为轻罪的不合理。立足于新的法益观,收买犯罪不是后续犯罪的预备犯,鉴于行为的不法程度和预防必要性,应对其予以严惩。据此,经被害人同意的买卖行为,无法阻却不法,仍然构成犯罪。最后,只要刑罚是与收买犯罪的不法、一般预防必要性的程度相称的,就不存在重刑主义的问题。所谓的重刑主义,只意味着所设刑罚的严厉程度超过行为的不法与预防必要性程度,导致罪刑关系失衡,不能将其作为反驳提升收买犯罪法定刑的依据。① 笔者认为,若要厘清收买妇女行为在买卖人口犯罪不法构造中的地位,必须回答三个问题。

---

① 参见劳东燕:《买卖人口犯罪的保护法益与不法本质——基于对收买被拐卖妇女罪的立法论审视》,载《国家检察官学院学报》2022年第4期,第68—71页。

1. 拐卖行为和收买行为在立法上构成的是何种犯罪的共同正犯？

针对第一个问题，可能的答案有：A. 构成拐卖妇女罪的共同正犯；B. 构成收买被拐卖的妇女罪的共同正犯；C. 构成买卖人口罪的共同正犯；D. 不构成任何犯罪的共同正犯。以下依次进行分析。

(1) 两种行为不构成拐卖妇女罪的共同正犯。表面上看，收买人似乎以买取妇女的方式分担了部分拐卖妇女罪的实行行为，可以成立该罪的共同正犯；但在实质上，"拐"只是"卖"的选择性手段，只有将"拐"的行为从拐卖妇女罪中剥离出去，才能使"卖"的行为与"买"的行为成为真正的对向犯，二者对妇女有尊严地享有自由权利的侵犯性质、程度才会相同。所以，收买行为其实不是拐卖妇女罪的实行行为，而应降格为其预备行为。

(2) 两种行为不构成收买被拐卖的妇女罪的共同正犯。在本罪的构成要件中，收买行为是唯一的实行行为，其不法实质在于，以支付对价的方式而支配妇女人身自由。显然，只有以获取对价的方式而支配妇女人身自由的出卖行为，才与以上行为存在因果关系，并有可能成立共同犯罪。例如，行为人为买取妇女而教唆、帮助他人实施拐卖行为，随后又收买该妇女的，应分别构成拐卖妇女罪的教唆犯、帮助犯和收买被拐卖的妇女罪的实行犯。在这里，无论是否实行并罚，都不构成收买妇女罪的共同正犯。再如，根据《惩治拐卖妇女儿童犯罪意见》第21条第2款之规定，行为人明知他人收买被拐卖的妇女，而向其提供妇女户籍证明或其他帮助的，以本罪的帮助犯论处。还如，按照《审理拐卖妇女儿童案件解释》第8条的规定，行为人明知自己的家人、亲友出于结婚目的收买被拐卖的妇女而参与其中，并起主要作用的，应当承担收买被拐卖的妇女罪共犯的刑事责任。

(3) 两种行为不构成买卖人口罪的共同正犯。现行《刑法》并未像德国、日本、我国澳门、台湾地区刑事立法那样将买卖人口行为独立成罪，并规定较重的法定刑。因此，上述论者提出的拐卖行为与收买行为成立共同正犯的观点，只是一种学理解释，缺乏实定法依据。即由于《刑法》并未规定买卖人口罪，拐卖人和收买人各自实施的行为都不属于对买卖人口实行行为的分担，不可能构成买卖人口罪的共同正犯。无论事先有无进行共谋或者是否基于分工亲自实施了部分行为，拐卖人既不是收买人的共同正犯，收买人也不是拐卖人的共同正犯，否则就是无视《刑法》第240条、第241条规定之罪的构成要件定型性，有悖于罪刑法定原则。

(4) 根据前面三点的分析，拐卖妇女行为和收买妇女行为在实定法上无法构成共同正犯，但这并不妨碍从学理角度探讨二者是否成立共同正犯，对此，需要回归共犯的基础理论进行研究。

2. 拐卖行为和收买行为在理论上是否符合共同正犯的处罚根据?

针对第二个问题,需要以共同正犯的处罚根据来审查拐卖行为和收买行为之间是否存在相互利用、补充关系。关于共同正犯的处罚根据,主要有三种代表性理论:(1)"行为支配"理论。论者认为,实行人是在实现符合行为构成的行为实施过程中的核心人物,而共同实行人是通过分工实施来实现行为构成的。共同实行人的行为控制产生于他在实施中的功能:他接受了一项对实现这个行为计划非常重要的任务,并且通过其所实施的构成行为部分而使其对整个事件的控制成为可能。每个人都通过自己那个部分的贡献而控制了整个事件,而且具有不可替代的功能。① 于是,只有当共犯人制定了一项行为计划,基于分工配合而付诸实施,并各自做出了实质贡献时,才构成共同正犯。(2)"因果性结果归属+相互性行为归属"理论。论者主张,共同正犯的相互依存性,应当根据共同正犯法律效果的"部分实行全部责任"法理阐明。在共同正犯中,由于各人的"违法行为"被相互性地归属,对全体结果承担责任。这种相互性归属,应基于共谋来理解。即共谋是共同正犯行为的事前要件,按照其内容进行结果归属。前者的(相互性)归属与后者的结果归属相结合,赋予了"部分实行全部责任"以根据。② 那么,一旦共犯人达成共谋并实施"自己"的违法行为,个人的行为之间不仅具有共犯的因果性,而且可以将他人的行为及其后果归属于自己,反之亦然。(3)"三元机能"理论。论者指出,通说观点通过个体之间的"相互利用补充的关系"说明全部责任,但其实未必明确。若根据行为主义要求,就将处罚行为人的根据求之于行为对外界的作用,故存在因果性是负责的最低限度要求。因此,将其他共同者的行为也纳入到归责范围内的《刑法》第60条的归责扩张机能可以借助心理的因果性被正当化。通说所谓的相互利用补充的关系可以视为,是为结合机能奠定基础的事情。这种利用补充关系的内容是,各人行为的因果性共动以及基于共有的行为意思而对各行为的统合。此外,该条的正犯性赋予机能是由(较单独正犯更为缓和的)行为支配奠定基础,其具体内容有:通过分担为实现犯罪所必要、不可或缺的贡献,将整个犯罪事实的成立与否掌控在自己手中的"机能的行为支配",以及由合意的约束力所形成的"(缓和的)意思支配"。据此,在共同正犯中,在个人责任原则的范围内,由(心理的)因果性而得以扩张的各人的归责范围(归责扩张机能)、由利用相互补充关系而使各人的贡献被一个犯罪事实所统合(结合机能)、由(缓和的)行为支配而赋予各人

---

① 〔德〕克劳斯·罗克辛:《德国刑法学总论》(第2卷),王世洲主译,法律出版社2013年版,第10、59页。
② 〔日〕高桥则夫:《规范论与理论刑法学》,成文堂2021年版,第385页。

的贡献以正犯性（正犯性赋予机能），这三者重叠性地为"部分实行全部责任"的效果奠定基础。① 共同正犯既是共犯，也是正犯，所以，比起归责扩张机能，结合机能与正犯性赋予机能对共同正犯成立的判断更加重要。

以上三种理论都认可共同正犯的共同性和正犯性，大体可分为扩张性因果归属判断与功能性实行归属判断两个步骤。只要站在行为刑法、个人责任的立场上，对相互利用、补充关系中的"相互性"进行扩张性因果归属的判断，就能说明作为承担全部责任原因的行为的"部分性"；对相互利用、补充关系中的"利用、补充关系"进行功能性实行归属的判断，就能说明作为承担共犯责任结果的"全部性"。此时，要以扩张性因果关系和功能性实行关系为标准，检验拐卖行为与收买行为之间的关系。

首先，无论是行为人拐卖妇女前已经确定买家，还是收买人唆使、鼓励他人拐卖妇女，二者之间因行为合意所具有的心理的因果性都不难得到证明。然而，共犯人之间存在心理的因果力充其量只是为将其他人纳入到买卖人口罪的处罚范围内提供了归责契机，并未对行为人在整个买卖人口犯罪链条中的分工、地位、作用予以规范认定。

其次，考虑到各行为人可以分担拐骗、绑架、收买、贩卖、接送、中转行为中的一种或几种，当犯罪计划确定其拐卖妇女时，拐骗、绑架、收买等手段行为既是对贩卖这一目的行为的"补充"，也能被其所"利用"；当犯罪计划确定其收买妇女时，拐骗、绑架、贩卖等手段行为既可以被收买这一结果行为所"利用"，又是对其的"补充"。显然，拐卖行为和收买行为是根据买卖人口犯罪计划做出的分工，各行为人分别实施了买卖人口罪构成要件的一部分，他们的参与对于确保犯罪计划的成功都是必不可少的。易言之，拐卖行为和收买行为在买卖人口犯罪事实的统合之下，通过分担部分实行行为为实现犯罪合意发挥了不可替代的作用，此时无须考虑是拐卖行为惹起了收买行为，还是收买行为引发了拐卖行为，只需要肯定，拐卖行为的贡献是归属于收买行为的，收买行为的贡献也是归属于拐卖行为的。

最后，值得讨论的是，接送、中转行为能否通过上述两个归责步骤的验证。鉴于接收、运送妇女或者为妇女提供中途场所不仅强化、促进了买卖人口的犯意，而且为出卖或买取妇女创造了便利条件，提高了完成人口交易的几率，故此行为满足扩张性因果归属的要求。但是，只有当一个人在实施中发挥了一种能够决定这个计划成功的功能时，他才对这个事件具有了共同控

---

① 参见〔日〕松原芳博：《刑法总论》（第3版），日本评论社2022年版，第408—410页。

制。① 据此衡量接送、中转行为的贡献度可以发现，他们并非不可替代，不能决定买卖人口犯罪的成败，难言对犯罪实施做出了重要贡献，因此，其没有通过功能性实行归属的审查，立法者不应赋予其买卖人口罪的正犯性。

3. 拐卖行为和收买行为构成共同正犯是否就表明刑罚幅度相同？

针对第三个问题，必须澄清的是，成立共同正犯，并不是说拐卖行为和收买行为在不法构造中居于同等地位，更不表明其刑罚幅度相同。

一方面，即使二者在教义学上能构成买卖人口罪的共同正犯，也只是意味着两种行为之间存在共犯的因果关系与相互利用、补充关系，并不是指拐卖行为和收买行为的法益侵害性完全一样。尤其是在判断功能性实行关系的场合，仅仅以共犯人的实行行为对于犯罪实现过程的支配作为正犯性的认定标准，未免有些抽象，但假如将其类型化为具体情形，就容易肯定共犯人所分担的实行行为之功能已经达到支配整个犯罪事实的程度：（1）一旦撤回其在准备阶段的贡献，会使整个犯罪计划遭受挫折；（2）指向犯罪实现的数个行为贡献的累积；（3）针对其他共同者的心理行使影响力与指向犯罪实现的事实性贡献的相互竞合。② 于是，取决于犯罪阶段、所处地位、具体分工、行为表现等客观要素，不能对拐卖行为的不法性与收买行为的不法性等量齐观。例如，当拐卖人身居幕后，负责制定计划，而收买人仅部分承担买取妇女的任务时，拐卖行为的支配力就明显大于收买行为；当拐卖人和收买人达成了买卖妇女的概括合意，收买人长时期、跨地域地买取多名妇女时，收买行为的贡献度就不亚于拐卖行为；当收买人不仅建议拐卖人提高买卖人口犯罪、强迫卖淫犯罪的组织化程度，而且积极地将被收买妇女的范围由境内拓展至境外时，收买行为的危害作用就显著超过拐卖行为。

另一方面，即使二者成立买卖人口罪的共同正犯表明其法益侵害性相同，也只是符合法定刑配置的部分根据，不能由此推断两种行为可适用同一刑罚幅度。既如前述，法定刑配置主要以行为严重性（客观危害与主观恶性）和一般预防目的为根据，并附带对乡土秩序、当地文化、民众心理等进行规范性考察。退一步讲，即使拐卖行为的客观危害与收买行为的客观危害相同，前者的主观恶性一般也大于后者。尽管最近几年媒体报道了多起社会影响恶劣的收买妇女案件，引起了应当提高收买妇女犯罪法定刑的民意表达浪潮，似乎预示着重罚本罪的消极的一般预防必要性有所提升，但是，为了保障被害人的利益并顺利对其进行解救，在用足用好目前刑罚资源的同时，不宜

---

① 〔德〕克劳斯·罗克辛：《德国刑法学总论》（第 2 卷），王世洲主译，法律出版社 2013 年版，第 66 页。
② 参见〔日〕松原芳博：《刑法总论》（第 3 版），日本评论社 2022 年版，第 420 页。

一味地通过提高收买犯罪的法定刑进行威吓,否则难以对事后恢复妇女人身自由的收买人给予较大的量刑"鼓励",以实现积极的一般预防目的。简言之,无论是从消极的一般预防必要性上看,还是从积极的一般预防必要性上看,拐卖行为均大于收买行为。二者成立共同正犯,并不代表其一般预防必要性相同。

综上所述,意图以拐卖行为与收买行为构成共同正犯作为证成买卖同刑的论据,也不具有足够的说服力。

(四)量刑实践:理性发挥现有规范的否定评价和非难谴责功能

由于收买妇女犯罪的法益侵害性、预防必要性都与拐卖妇女犯罪、破坏自然资源犯罪、赃物犯罪的法益侵害性、预防必要性存在较大差距,前者的法定刑低于后者的法定刑,符合罪责刑相适应原则。然而,持"提高说"的论者根据实证研究的结论,指出司法上打拐不力的根源是立法上对收买犯罪和拐卖犯罪采取的区别对待态度和宽缓处理立场。诚然,刑事立法确立非对称处罚模式,自有其人文环境、罪行轻重、惩治效果等多方面考虑,采取区别对待的政策并非不合理。司法机关对收买犯罪的宽缓处理,既是罪刑法定原则刚性制约的结果,也存在量刑规范化程度不高的因素,不应完全将实务中从严处罚力度不足的原因都归咎于现行法上的法定刑轻。另外,我国学者较为重视在广泛搜索裁判文书的基础上,对买卖妇女犯罪案件的量刑特点从"面"上展开实证分析,但欠缺对典型个案的量刑方法论探究,所以,还需引入个案分析以全面、深入地展现买卖妇女犯罪的量刑实践面貌。

1. 对本罪法定刑过轻而压缩重罚空间的反驳

在目前的立法框架下,"三年以下有期徒刑、拘役或者管制"是与收买犯罪的行为严重性和一般预防必要性相均衡的,对本罪处刑过轻,更多的应当从量刑基准的把握和犯罪情节的评价上找原因,不能不顾收买被拐卖的妇女罪和拐卖妇女罪的立法技术差异、法益侵害性及预防必要性的不同,而简单地从数字上比较两种案件的量刑结果。从整体上看,收买妇女犯罪的量刑均值偏低,非实刑率极高;但根据个案考察,有些案件判处的宣告刑做到了罪责刑相适应,不能因此而指责本罪的法定刑过低。

例如,在"范某某收买被拐卖的妇女案"中,一审法院认为,被告人委托曾某某为其智障儿子娶妻,曾某某征得被告人同意后,将智障患者代某某骗走并向被告人索取酬金。被告人的行为符合收买被拐卖的妇女罪的构成要件,判处管制 1 年。① 本案行为人为解决自己儿子的婚配问题,收买处于精神病显症期的妇女,严重侵犯了被害人对自由权利的尊严行使,其法益侵害事实对应的责任刑幅度应为"一至二年有期徒刑"。而且,被害妇女无辨认、控制能力,这属于增加基准刑的情节。最后考虑到行为人没有自首、不阻碍其返回原居住地等减轻预防刑情节,无须对基准刑进行逆向调节,本案的宣告刑应不低于 1 年有期徒刑。但是,法官对范某某仅判处 1 年管制,未能充分体现其行为的危害性程度,符合之前宏观上经验观察的结论。

再如,在"刘某某收买被拐卖的妇女案"中,一审法院认为,被告人与李某某约定,由其付给李某某 1500 元,李某某将陈某带给被告人为妻。李某某以外出务工为由,将陈某骗至被告人家,二人在其家中居住几天后转至其姐家居住。被告人的行为构成收买被拐卖的妇女罪,但鉴于其没有虐待收买的妇女,归案后及庭审中的认罪态度较好,可酌情从轻处罚,判处有期徒刑 2 年。② 本案行为人以建立婚姻关系为目的,收买他人妻子作为自己的配偶,严重侵犯了被害人有尊严地享受自由的权利,其法益侵害事实对应的责任刑幅度应为"一至二年有期徒刑"。但是,司法机关将限制妇女人身自由的情节没有认定为非法拘禁罪,可能是将其评价为增加基准刑的情节。不过,由于被告人没有虐待被害妇女、认罪态度较好,这些可以作为预防情节,对基准刑进行逆向调节。虽然《量刑指导意见》规定,具有多个量刑情节的,一般根据各个量刑情节的调节比例,采用同向相加、逆向相减的方法调节基准刑,但这混淆了责任情节和预防情节,不符合量刑基准与刑罚的正当化根据。笔者认为,当出现多个逆向竞合的量刑情节时,应当效仿《日本刑法典》第 72 条③规定的量刑方法,按照"先从严再从宽"的顺序,先适用增加基准刑的责任情节,再适用减少基准刑的预防情节,最终决定宣告刑。这样在确定基准刑的最高点后,能为下一步从轻处罚或减轻处罚预留足够的裁量空间,有效避免了无视量刑情节的性质、功能差异而直接进行量化后的数字运算问题。因此,法官对刘某某判处 2 年有期徒刑,较好地协调了责任刑和预防刑的关系,不仅是对上述实证分析的个案研究深化,而且能成为"维持说"的有力论据。

2. 对本罪数罪并罚的从重处罚效果不佳的反驳

从立法沿革、罪刑结构和配刑根据上看,本罪采取了并合犯的立法技术,拐卖妇女罪采取了包容犯的立法技术,从而形成非对称型对向犯的不法结

---

① 参见武汉市蔡甸区人民法院(2016)鄂 0114 刑初 331 号刑事判决书。
② 参见毕节市纳雍县人民法院(2016)0525 刑初 77 号刑事判决书。
③ 该条(加重减轻的顺序)规定:"同时加重和减轻刑罚时,按照下列顺序:(1) 累犯加重;(2) 法律上的减轻;(3) 并合罪的加重;(4) 酌量减轻。"

构,具有正当合理性。在实务中,不能将前者数罪并罚决定执行的刑罚与后者的基本法定刑或加重法定刑进行静态比较,而必须深入所涉罪行数量、法益性质、不法程度、情节内容展开规范分析,否则容易陷入收买妇女犯罪数罪并罚的适用率低、效果差的数据陷阱。

例如,在"赵某拐卖妇女、强迫卖淫案"中,二审法院认为,被告人以出卖为目的,伙同他人多次以"跑单"赚钱、会接应等方式诱骗妇女,先后将三人(其中二人系未成年人)卖至卖淫场所,致使被害人被强迫卖淫,其行为已构成拐卖妇女罪。被告人主动投案,并如实供述自己的主要犯罪事实,其对案件性质的辩解,不影响自首的成立。综合考虑被告人的犯罪事实、量刑情节、认罪态度、悔罪表现和人身危险性,可对其减轻处罚,遂判处有期徒刑 7 年。① 本案行为人因强迫被拐卖的妇女卖淫,构成拐卖妇女罪与强迫卖淫罪的结合犯,按照罪行轻重对应的法定刑,本应在"十年以上有期徒刑或者无期徒刑"的幅度内确定责任刑。但是,行为人拐卖妇女三人的不法情节没有得到充分评价,其自首情节又被认定为减轻预防刑的情节,从而将量刑幅度降至"五年以上十年以下有期徒刑"。在此法定刑区间内,法官最终确定了 7 年有期徒刑的宣告刑。以上量刑步骤鲜明体现了"在责任刑幅度的范围内根据预防性考虑进行修正"的适用思维,②这里值得斟酌的有两点:一是应当适用的基准刑幅度的校正;二是自首情节从宽处罚功能的选择。对于第一个问题,考虑到行为人同时具备两个拐卖妇女罪的加重处罚情节,其量刑起点不仅超过了 10 年有期徒刑,而且要在靠近法定最高刑的区间即"十三至十五年有期徒刑"的范围内确定基准刑。对于第二个问题,《刑法》第 67 条只规定,对于自首犯,可以从轻或减轻处罚。其中,犯罪较轻的,可以免除处罚。据此,难以明确自首情节从宽处罚的适用界限。为了解决这一问题,《办理职务犯罪案件认定自首、立功意见》第 1 条、③《关于处理自首和立功若干具体问题的意见》第 8 条④均将罪行严重性和人身危险性作为判断标准,并以投案的主动性、供述的完整性、及时性和稳定性作为判断资料。所以,在选择自首

---

① 参见江西省抚州市中级人民法院(2020)赣 10 刑终 120 号刑事裁定书。
② 参见李冠煜:《量刑规范化改革视野下的量刑基准研究——以完善〈关于常见犯罪的量刑指导意见〉规定的量刑步骤为中心》,载《比较法研究》2015 年第 6 期,第 121 页。
③ 该条规定:"对于具有自首情节的犯罪分子,应当根据犯罪的事实、性质、情节和对于社会的危害程度,结合自动投案的动机、阶段、客观环境,交代犯罪事实的完整性、稳定性以及悔罪表现等具体情节,依法决定是否从轻、减轻或者免除处罚以及从轻、减轻处罚的幅度。"
④ 该条规定:"对具有自首、立功情节的被告人是否从宽处罚、从宽处罚的幅度,应当考虑其犯罪事实、犯罪性质、犯罪情节、危害后果、社会影响、被告人的主观恶性和人身危险性等。自首的还应考虑投案的主动性、供述的及时性和稳定性等。"

的从宽处罚幅度时,不能只考虑犯罪分子的主观恶性大小和自首的具体情节,①而要按照以下顺序操作。② 首先,正确认识自首情节的性质。自首是反映行为人再犯可能性减小的情节,并非体现其一般预防必要性降低的情节。其次,根据罪行严重性大体区分自首情节的功能。罪行轻重表现为有责的不法程度,只有对罪行较轻者,才能予以免除处罚,否则只能给予相应的从宽处罚。最后,通过考察投案的主动性、供述的完整性等仔细甄别自首的从宽处罚幅度。由于自首不以悔过自新为必要前提,对于罪行较重者,应根据有关司法解释列举的要素,决定是从轻处罚还是减轻处罚。在本案中,与行为人实施的拐卖妇女行为和强迫卖淫行为对应的基准刑幅度远远高于一般作为划分轻重罪标准的"三年有期徒刑",其不属于罪行较轻者。而且,鉴于其拐卖妇女多人多次,并导致妇女被强迫卖淫,社会危害性很严重,人身危险性相当大,尽管具有自首情节,但并未认罪认罚,也没有取得全部被害人谅解,对其不能评价为再犯可能性显著降低,在选择从宽处罚幅度时要从严掌握。参考《量刑指导意见》规定的调节比例,对于自首情节,可以减少基准刑的40%以下;犯罪较轻的,可以减少基准刑的40%以上或者依法免除刑罚。假设法官没有遗漏拐卖妇女三人的不法事实,将基准刑确定为13年有期徒刑,将自首的调节比例确定为20%,宣告刑即为10年4个月有期徒刑。可见,如果没有对案件中的责任情节给予充分评价,又不当调高了预防情节的从宽比例,会造成不应有的减轻处罚的结果,冲淡了加重法定刑的从严处罚效应。

再如,在"王某平收买被拐卖的妇女、强迫卖淫案"中,一审法院认为,被告人明知宋某、刘某系被他人拐卖,仍将二人买下,打算让其卖淫牟利。后被告人伙同他人,将宋某、刘某带至某美容店,为迫使其同意卖淫,非法限制二人人身自由达3天左右。某日,宋某、刘某利用同被告人等一起外出之机,在公共场合下跪并哭着要求让其回家,引起群众围观,后乘机逃离,到公安机关报警。被告人明知是被拐卖的妇女而予以收买,其行为已构成收买被拐卖的妇女罪,但就这一事实在庭审中自愿认罪,对此酌情予以从轻处罚;以胁迫等手段强迫他人卖淫,其行为已构成强迫卖淫罪,但由于意志以外的原因未能使被害人就范,依法应认定为犯罪未遂。综上,被告人犯收买被拐卖的妇女罪,判处有期徒刑1年2个月;犯强迫卖淫罪,判处有期徒刑5年3个月;两罪并罚,决定执行有期徒刑6年。③ 本案行为人收买两名被拐卖的妇女后,又强迫其卖淫,应当予以数罪并罚。就前一种犯罪而言,其责任刑幅度应为

---

① 参见周光权:《刑法总论》(第四版),中国人民大学出版社2021年版,第462页。
② 参见张明楷:《刑法学》(第六版 上册),法律出版社2021年版,第739页。
③ 参见浙江省杭州市余杭区人民法院(2011)杭余刑初字第636号刑事判决书。

"一至二年有期徒刑",同时鉴于行为人当庭自愿认罪,按照《量刑指导意见》规定的调节比例,可以减少基准刑的10%以下,故对其量刑不会超出上述刑罚区间。假如法官将基准刑确定为1年6个月有期徒刑,将自愿认罪的调节比例确定为10%,就可判处1年4个月有期徒刑,与实际判处的1年2个月有期徒刑非常接近。就后一种犯罪来说,其责任刑幅度应为"六年至八年有期徒刑",并且因为行为人犯罪未得逞,按照《量刑指导意见》规定的调节比例,可以比照既遂犯减少基准刑的50%以下,故综合考虑罪行的实行程度、危害结果的大小、未得逞的原因等,应当将调节结果控制在上述刑罚区间内。倘若法官将基准刑确定为7年有期徒刑,将未遂犯的调节比例确定为25%,就可判处5年3个月有期徒刑,与实际判处的刑罚完全一样。照此计算,在5年3个月以上6年7个月以下有期徒刑之内决定实际执行的刑期,是符合罪刑均衡要求的。当然,由于被害妇女不止一人,拘禁时间较长,且犯罪未得逞的原因十分偶然,对涉案行为的有责不法事实还可进行更为严厉的评价。假如能将本案的宣告刑调整为6年3个月有期徒刑,会更加妥当,也能充分彰显数罪并罚制度对数个被判处有期徒刑之罪的限制加重处罚功能和刑事政策目的的考量。

应当强调的是,根据笔者的计算,"赵某拐卖妇女、强迫卖淫案"之所以应被判处10年4个月有期徒刑,是由其"强迫被拐卖的三名妇女卖淫+自首"情节所决定的;"王某平收买被拐卖的妇女、强迫卖淫案"之所以应被判处6年3个月有期徒刑,也是由其"强迫被收买的两名妇女卖淫+自愿认罪+犯罪未遂"情节所决定的。如果前一案件存在未遂情节,并赋予25%的调节比例,则宣告刑仅为7年9个月有期徒刑,相比后一案件应被判处的刑罚并非过于悬殊,都没有超过10年有期徒刑。但假如后一案件顺利完成,且被害妇女为三人,则收买被拐卖的妇女罪的基准刑应提高为2年6个月有期徒刑,在考虑当庭认罪情节10%的调节作用后,可判处2年3个月有期徒刑;强迫卖淫罪的基准刑需上调至9年有期徒刑,并不存在其他量刑情节;最后要在9年以上11年3个月以下有期徒刑之内决定实际执行的刑期,此时的宣告刑就很有可能超过10年有期徒刑。

总之,以上个案量刑分析的启示在于,既不能夸大加重法定刑的从严处罚效果,也不宜对并罚刑的限制加重效应持悲观态度。关键是司法机关能够树立科学的量刑理念,运用方法论上的量刑基准,对各种量刑情节进行全面判断和准确评价,实现对刑罚裁量权的规范行使。

3. 对本罪特别从宽处罚条款的适用无助于强化打击的反驳

收买犯罪特别从宽处罚条款的制定有其历史背景和政策目的。20世纪八九十年代,我国普法工作还不够全面、深入,部分民众的法律意识淡薄,不能正确认识收买犯罪的社会危害性,致使对被收买的妇女、儿童非法拘禁、伤害致残、阻碍解救等现象比较突出。为减少暴力抗法,优化解救条件,保障被害人权益,《刑法》第241条第6款规定了收买犯罪的免责条款。① 随着我国法治状况的显著改善和人权理念的深入人心,绝大多数公民都具有了"买卖人口是犯罪"的法律意识。但在实践中,收买人特别是收买儿童者一般不会虐待儿童,因此,司法机关通常对收买犯罪"法外施恩""网开一面",没有严格按照立法规定追究收买人的刑事责任,导致对买方市场的打击力度不够,客观上也造成拐卖犯罪屡禁不止。为提高收买人的违法成本,进一步提升惩治买卖犯罪的法律效果和社会效果,在恪守立法权和司法权分工制衡的过程中,除了要求司法机关通过正确适用刑法,提高定罪率、实刑率和重刑率,以发挥刑罚的及时性、必定性和均衡性之外,立法机关还必须借助免责条款的废止,消除买方不会受到刑事制裁的侥幸心理,以此宣示坚决打击收买犯罪的价值立场。所以,《修正案(九)》第15条将该款修改为特别从宽处罚条款。② 反之,倘若实务部门不改变以往无罪率高、缓刑率高、轻刑率高的现状,仅仅将希望寄托在提高收买犯罪的法定刑和关上不予追责的大门,其所追求的刑法上的严罚结果和社会治理层面的实效难以实现。只有提高收买犯罪的量刑规范化水平和完善收买犯罪的刑事立法双管齐下,并将前者置于相对于后者的优先地位,才能向社会公众准确、有效地传递我国办理买卖人口案件刑事政策的价值取向和基本内容,全面、切实地提高公民的守法意识、法忠诚感和规范信赖,从根本上实现积极的一般预防目的。

  在立法意图上,本款是刑事政策性的规定,目的是促使收买人善待被拐卖者,以更好地维护被害人的权益。③ 虽然《刑法》第241条第6款只对按照被买妇女意愿,"不阻碍其返回原居住地的"情形可以从宽处罚做出了规定,但《惩治拐卖妇女儿童犯罪意见》第20条第2款还使本罪的免责条款能适用于将被收买妇女"交给公安、民政、妇联等机关、组织,没有其他严重情节的"情形。尽管免责条款因刑法修改而自动失效,但这一规定的精神仍然可以保留,即收买妇女犯罪的特别从宽处罚条款属于注意规定,刑事立法仅对其适

---

① 《修正案(九)》颁布前,该条规定:"收买被拐卖的妇女、儿童,按照被买妇女的意愿,不阻碍其返回原居住地的,对被买儿童没有虐待行为,不阻碍对其进行解救的,可以不追究刑事责任。"
② 《修正案(九)》出台后,该条规定:"收买被拐卖的妇女、儿童,对被买儿童没有虐待行为,不阻碍对其进行解救的,可以从轻处罚;按照被买妇女的意愿,不阻碍其返回原居住地的,可以从轻或者减轻处罚。"
③ 雷建斌主编:《〈中华人民共和国刑法修正案(九)〉释解与适用》,人民法院出版社2015年版,第192页。

用范围做了不完全列举,司法解释中的有关规定也是广义上的特别从宽处罚条款,如《审理拐卖妇女儿童案件解释》第5条。①

在情节功能上,本款容纳了恢复妇女、儿童人身自由,鼓励保护被害人法益,说明行为人特殊预防必要性减少的各种情节,②需要对其从宽功能及其幅度予以精细认定,以平衡被害人的权益保障和刑事政策的功利需求。例如,在"武某庭收买被拐卖的妇女案"中,一审法院认为,被告人经人介绍,将姚某红买来为妻,其行为已构成收买被拐卖的妇女罪。鉴于其没有阻碍被买妇女返回原居住地,且有自首情节,对其可以从轻处罚,判处有期徒刑6个月,宣告缓刑1年。③ 本案的犯罪情节可概括为:单独收买妇女一人+不阻碍返回原居住地+自首。由于行为人的法益侵害事实对应的责任刑不高,且具有较多的预防情节,因而可以适用缓刑。再如,在"时某和、时某捷收买被拐卖的妇女案"中,一审法院认为,二被告人从付某处收买被拐卖的缅甸籍女子某某,其行为已构成收买被拐卖的妇女罪,均系主犯,但按照被拐卖妇女的意愿,不阻碍其返回原居住地,且时某和有坦白情节,时某捷有自首情节,均自愿认罪认罚,可依法予以从轻处罚,判处有期徒刑1年,缓刑1年。④ 本案的犯罪情节可概括为:共同收买妇女一人+不阻碍返回原居住地+坦白/自首+认罪认罚。二行为人都是主犯,并非增加基准刑的情节,而在坦白或自首的情节以外,还有认罪认罚情节,对其虽不能进行重复评价,但比起单一的自首情节,肯定会对基准刑起到更大的向下调节作用。综上所述,在这两起案件中,"不阻碍其返回原居住地"发挥了大致相当的从宽处罚功能,且在其他预防情节的配合下,有力证明了对行为人执行刑罚的特殊预防必要性大大降低。

(五)治理模式:坚持与改良综合治理视角下的非对称处罚模式

在提出修法建议之前应当追问的是,造成收买妇女犯罪屡禁不止的根本原因究竟是立法上的法定刑过低,还是司法上的量刑畸轻,抑或执法上的解救不力?只强调完善有关立法,忽视提高案件审理质量,不注重培育、改善平等保护妇女的人文环境和法治意识,或许可以在短期内对收买人形成一定的心理威慑,但这种毕其功于一役的修法举措并非遏制收买犯罪的治本之策,

---

① 该条规定:"收买被拐卖的妇女,业已形成稳定的婚姻家庭关系,解救时被拐买妇女自愿继续留在当地共同生活的,可以视为'按照被买妇女的意愿,不阻碍其返回原居住地'。"这其实是变相承认了"不阻碍对其进行解救"也是一种收买妇女犯罪的从宽处罚事由。
② 张明楷:《刑法学》(第六版 下册),法律出版社2021年版,第1173页。
③ 参见安徽省涡阳县人民法院(2015)涡刑初字第00755号刑事判决书。
④ 参见安徽省泗县人民法院(2021)皖1324刑初14号刑事判决书。

司法者、执法者同样可能绕过被提高的法定刑而对犯罪分子"法外施恩"或"网开一面"。若要切实有效地保护妇女对自由权利的尊严行使,就应当既从严惩治拐卖妇女犯罪,又相对宽宥地处罚收买妇女犯罪,并在动用国家刑罚力量惩罚买卖妇女犯罪的同时,着力完善社会治理机制,以形成刑法体系内外的治理合力。

第一,运用法治思维纠正失范的乡土秩序,加强现代社会的综合治理。从立法上加大对妇女儿童的保护力度,只是提供了保护其身心健康和合法权益的底线。改变处于弱势的妇女儿童的合法权益是一个系统工程,[1]需要相关部门形成合力,齐抓共管,多措并举。有限的关于拐卖妇女犯罪的实证研究也表明,经济发展水平与本罪的发案率密切相关。收买妇女行为反映的是社会问题和社会需求的失衡现实,只要旺盛的市场需求存在,买卖妇女的价格就会攀升。在巨大的利润面前,犯罪行为只会变得更加隐蔽、犯罪的组织化程度越加鲜明、犯罪手段进一步"转型升级"。[2] 与其将规制重心放在由法定刑威吓产生的消极的一般预防效果上,不如通过着力改变收买妇女现象事实情境中的行动模式和文化心理以提高积极的一般预防效果。乡土秩序中的行动和心理以差序格局、熟人社会、礼治为先为主要特征,在收买妇女犯罪的事实情境中就表现为:(1) 差序格局的异化引发此类犯罪线索发现难、追诉到位难;(2) 熟人社会的异化引发此类犯罪实际处罚轻;(3) 礼治为先的异化引发此类犯罪逆反作用强。[3] 对此,仅仅借助刑事政策的司法适用以推动乡土秩序转型,远远不够,还要加强源头治理,促进当地经济发展,提升民众教育水平,切实维护妇女权益,提高妇女社会地位。

第二,依法行使行政处罚权,强化对妇女合法权益的前置性保护。在对乡土社会展开综合治理的过程中,强化行政执法也是重要一环。收买妇女犯罪不仅侵犯了妇女的尊严价值和自由权利,而且可能侵害其性自决权、人身安全等合法权益。根据《治安管理处罚法》第 40 条、第 42 条至第 45 条、第 66 条、第 67 条之规定,不在刑事司法前端的行政执法中落实对妇女人身权的全面保护,在日常生活中就难以形成并固化妇女尊严不可侵犯、平等保护妇女、收买妇女是犯罪的规范意识,在此心理支配下,更遑论民众能提供收买犯罪线索,配合执法机关解救,主动抵制基于婚配生子等需要的收

---

[1] 周光权:《对侵犯妇女儿童权益犯罪刑法完善的理解》,载《人民检察》2015 年第 18 期,第 43 页。
[2] 参见王康庆:《拐卖妇女儿童犯罪实证分析——来自裁判文书的证据》,载"腾讯网":https://mp.weixin.qq.com/s/6D_TJ8vIpV_EVHWrBN2Rzw,最后访问时间:2022-5-26。
[3] 参见卫磊:《收买被拐卖的妇女罪背后的乡土失序与规范重构》,载《青少年犯罪问题》2022 年第 3 期,第 20—21 页。

买行为。

第三,效仿贿赂犯罪的治理模式,对买卖妇女犯罪进行不对等处罚。实际上,"维持说"和"提高说"都没有否认,买卖犯罪的立法模式同贿赂犯罪的立法模式相似。① "行贿——受贿"与"拐卖——收买"的可比性不仅表现在对象输送方向、行为配合关系上,而且内含于对合犯的发生机理上;如果说公权力缺乏法治的有效监督,是受贿罪发生的重要原因,那么乡土规范缺乏法治的理性洗礼,应当是收买犯罪发生的重要原因。关于贿赂犯罪的定量研究显示,不对称重罚受贿并且附条件大幅度宽宥行贿的设计,兼顾立法内外部科学性,同时考虑治标与治本需求的价值取向,是贿赂犯罪治理策略的现实选择,具有最佳抑制效果。② 但是,收买被拐卖的妇女罪与行贿罪的保护法益、不法内涵有别,因此,不能照搬贿赂犯罪的治理模式,而应根据宽严相济的刑事政策和保护妇女尊严的价值理念,既要确保对收买妇女犯罪应处尽处,以宣示"收买即犯罪"的严正立场,又要依法适用特别从宽处罚条款、认罪认罚从宽制度等,以切实保障被害妇女的人身权利。

第四,收买妇女犯罪的刑罚配置是正当合理的,无须提高本罪的法定刑。从理论上讲,为了提高立法质量,犯罪化时要进行立法前的行为入罪必要性分析、立法中的罪状设计科学性论证、立法后的司法定性有效性评估,③刑罚化时要重视入刑必要性分析、制刑科学性论证、量刑有效性评估。假如缺乏这些方面的实证分析,就只能根据刑罚配置原理对本罪的刑罚配置均衡性进行探讨。整体而言,要尽量对较轻罪行配置5年以下有期徒刑。有期徒刑的配置应最大限度地实现刑与罪的均衡,并注意罪与罪之间有期徒刑的协调。④ 行为人在以实力支配妇女时,为了实现出卖目的而需将妇女"变现",他作为人口"资源"的控制者,具有强烈的犯罪倾向。收买人必须有求于他,才能满足自身对妇女"资源"的需求。即使近年来对收买妇女犯罪的法益侵害性、非难可能性和一般预防必要性的评价趋于严厉,也不一定非要提高法定刑,可以先在现有罪刑规范下把好立案关、定罪关、量刑关,以切实减少犯罪黑数,准确认定犯罪性质,合理分配刑罚资源。《刑法》对拐卖妇女犯罪投

---

① 参见陈兴良:《论犯罪的对合关系》,载《法制与社会发展》2001年第4期,第55—56页;劳东燕:《买卖人口犯罪的保护法益与不法本质——基于对收买被拐卖的妇女罪的立法论审视》,载《国家检察官学院学报》2022年第4期,第63—64页。
② 参见赵军:《贿赂犯罪治理策略的定量研究》,载《法学研究》2022年第6期,第166—169页。
③ 参见张永强:《预防性犯罪化及其限度研究》,中国社会科学出版社2020年版,第245—258页。
④ 参见邓文莉:《刑罚配置论纲》,中国人民公安大学出版社2009年版,第222—230页。

人的刑罚量已经达到极限,所以,在修法之前,规范刑事司法,严格行政执法,提高治理水平,才是践行妇女尊严价值保护的实践品格和预防收买被拐卖妇女犯罪的治本之策。

本 章 小 结

关于应否提高收买被拐卖的妇女罪的法定刑,"维持说"与"提高说"提出了截然相反的意见,产生争议的根源是,二者对现行《刑法》能否发挥保护妇女尊严价值和人身自由权利的功能,存在不同看法,因而,有必要从机能主义刑法学的角度,对本罪的保护法益、不法内涵、罪刑均衡等相关问题进行研究。

根据人的尊严在本罪犯罪客体中的不同定位,我国刑法学界的争论表现在:一是明确以人的尊严作为客体内容的观点;二是仅仅以人的尊严作为客体论据的见解。两类学说各有利弊:一方面突出了人的尊严对认识本罪客体的重要意义,并据此讨论收买行为的不法本质和确定收买犯罪的处罚范围;但另一方面对人的尊严理论缺少基础性研究,导致对其含义、性质、特征的见解分歧,从而造成了一些不必要的理论误解和无谓的学说争议,最终影响了对本罪法益的正确理解以及对本罪罪质、罪量的适当评价。

人的尊严理论在西方国家有着悠久的哲学渊源,其进入法律领域后也经常见诸于国际性法律文件和多国的宪法规范及其适用实践。古代仁人志士在等级观念的支配之下,也提倡作为高尚人格和崇高气节的人之尊严,但尊严观完成从秩序性到普遍性的现代转型,是与人格尊严条款的规范功能发挥以及学界对尊严理念的批判性研究分不开的。在法律规范中,人的尊严无疑是宪法上的最高价值,然而,它并不是一项宪法基本权利。据此,人的尊严是指社会成员基于相互承认和彼此尊重,对其之间形成的平等地位及主体资格免遭否定和促进实现的价值实践。此处的"实践"既包括为避免受到共同体和第三人侵犯而导致主体物化的价值主张,表现为消极的尊严概念所蕴含的手段性价值,也包括社会成员为寻求理解和获得尊重的价值要求,表现为积极的尊严概念所蕴含的目的性价值。

人的尊严是法益的基础,它并不是具体犯罪的保护客体本身。收买被拐卖的妇女罪侵犯了彰显妇女尊严价值的人身自由权利,保护人的尊严价值成为了刑事政策和刑法体系的融通管道。其一,本罪法益的价值取向是保护妇女尊严,价值侧面主要指向妇女的自为价值,价值追求侧重体现消极的妇女尊严。其二,本罪法益的存在面向只涉及妇女的人身自由权,妇女的性自由、生命、健康、家庭稳定等权利并非收买行为必然侵犯的对象。妇女的人身自由权比妇女的人身不可买卖权或人身不受买卖性更有利于展开利益衡量,这体现了"弱势家长主义"(或"意思补全型家长主义")。

　　法益概念只具有一定的立法批判机能和解释指导机能,对本罪犯罪化的合理性及其刑罚化的均衡性研究,既要以刑法体系内的法益内容、不法构造、量刑实践为线索,还需从刑法体系外寻找公共政策、社会治理、犯罪学上的根据。详言之,本罪犯罪化合理性的论据是:(1)本罪采取了分立式立法技术;(2)本罪与拐卖妇女罪系非对称型对向犯;(3)本罪体现了对彰显妇女尊严价值的人身自由权利侵犯的从严评价。本罪刑罚化均衡性的理由有:(1)在配刑根据上,规范考察法定刑设置的法内根据与法外根据;(2)在法益内涵上,准确界定本罪保护法益的性质、内容和结构;(3)在不法构造上,买卖妇女行为成立共同正犯并不表明买卖同刑;(4)在量刑实践上,理性发挥现有规范的否定评价和非难谴责功能;(5)在治理模式上,坚持与改良综合治理视角下的非对称处罚模式。

第六章　民营企业家涉产权犯罪的机能主义刑法解释

实证研究表明,我国司法机关在处理民营企业家涉产权犯罪时没有完全贯彻依法全面平等保护产权的理念,难以区分违法行为与犯罪行为,尚未形成犯罪认定的方法论体系。① 对此,本章的研究思路是:首先在指导观念上,探讨如何践行"依法全面平等保护产权"的理念,并在价值基础上,将其与宽严相济刑事政策、刑法基本原则保持一致;其次,在解释路径上,研究怎样借鉴目的理性的犯罪论体系,并通过采取机能主义刑法解释论,吸收客观归责论、机能责任论和复合模式论的合理之处;最后,在具体适用上,分析如何将以上方法运用到民营企业家涉产权犯罪案件的认定过程中,以充分实现刑法机能的协调统一。

第一节　问题的提出

为有效保护各种所有制经济、实现经济持续健康发展和促进社会和谐稳定,我国非常重视对民营企业家产权的法治保障。2016年以来,党中央、国务院、最高司法机关陆续发布了《关于完善产权保护制度依法保护产权的意见》(以下简称为《意见一》)、《关于充分发挥审判职能作用切实加强产权司法保护的意见》(以下简称为《意见二》)、《关于充分履行检察职能加强产权司法保护的意见》(以下简称为《意见三》)等多份文件,指出要充分发挥政策导向,坚持平等保护、全面保护、依法保护,加大对非公有财产的刑法保护力度,取得好的法律效果、社会效果和政治效果。2018年11月1日,习近平总书记在民营企业座谈会上重申三个"没有变",对一些民营企业历史上曾经有过的一些不规范行为,要以发展的眼光看问题,按照罪刑法定、疑罪从无的原则处理,要甄别纠正一批侵害企业产权的错案冤案。2019年2月25日,他在中央全面依法治国委员会第二次会议上又强调,要把平等保护贯彻到立法、执法、司法、守法等各个环节,依法平等保护各类市场主体产权和合法权益。同年

---

① 参见袁彬、张馨文:《我国民营企业产权刑法保护的司法困境与出路》,载赵秉志等主编:《改革开放新时代刑事法治热点聚焦》,中国人民公安大学出版社2018年版,第280—283页。

12月4日,中共中央、国务院又发布了《关于营造更好发展环境支持民营企业改革发展的意见》,强调营造市场化、法治化、国际化营商环境,加大对民营企业的刑事保护力度,依法惩治侵犯民营企业投资者、管理者和从业人员合法权益的违法犯罪行为。2020年1月1日开始施行的《优化营商环境条例》也从市场主体保护、监管执法、法治保障等方面做出了更为具体的规定,旨在推动社会主义市场经济高质量发展。2021年8月23日,全国工商联、司法部又制定了《法治民企行动方案(2021—2025年)》,对培育法治文化,加强企业合规管理提出了总体要求。2022年9月15日,国务院办公厅发布的《关于进一步优化营商环境降低市场主体制度性交易成本的意见》规定了推动降低市场主体准入成本、经营负担、办事成本的各项举措,有助于在市场经济管理的过程中根除经济犯罪的社会根源。上述政策精神既体现了加强民营企业家产权司法保护的重要意义,又反映了近年来其刑法适用存在的明显不足。

一、民营企业家涉产权犯罪司法实践概况

根据2015年至2017年北京师范大学中国企业家犯罪预防研究中心发布的《企业家刑事风险分析报告》,民营企业家犯罪频次逐年递增,所涉罪种和罪名数量不断增加,其中,涉产权犯罪在罪种结构分布中所占比重最大,适用率排名前三的分别是破坏社会主义市场经济秩序罪、侵犯财产罪和贪污贿赂罪(见表一)。①

表一 民营企业家犯罪的罪种频次统计

罪种	年份		
	2015年	2016年	2017年
危害公共安全罪	19次	30次	35次
破坏社会主义市场经济秩序罪	403次	1007次	1311次
侵犯公民人身权利、民主权利罪	2次	3次	4次
侵犯财产罪	220次	417次	353次
妨害社会管理秩序罪	18次	88次	102次
贪污贿赂罪	120次	170次	301次
渎职罪	0次	1次	0次
涉产权犯罪所占比重	95.01%	92.89%	93.3%

---

① 尽管2018年至2020年发布的《企业家刑事风险分析报告》取消了对民营企业家犯罪的罪种频次统计,但根据其罪名分布情况分析,涉产权犯罪在罪种结构中所占比重仍然最大。

而在罪名结构分布中,非法吸收公众存款罪、虚开增值税专用发票、用于骗取出口退税、抵扣税款发票罪、非国家工作人员受贿罪等属于"破坏社会主义市场经济秩序罪"中的高频罪名;职务侵占罪、挪用资金罪、拒不支付劳动报酬罪等属于"侵犯财产罪"中的高频罪名;单位行贿罪和行贿罪则属于"贪污贿赂罪"中的高频罪名(见表二)。①

表二 民营企业家涉产权犯罪的罪名频次统计

罪种、罪名		年份		
		2015年	2016年	2017年
破坏社会主义市场经济秩序罪	走私普通货物物品罪	2次	81次	41次
	非国家工作人员受贿罪	37次	45次	66次
	骗取贷款、票据承兑、金融票证罪	19次	61次	69次
	非法吸收公众存款罪	104次	232次	414次
	集资诈骗罪	12次	45次	68次
	虚开增值税专用发票、用于骗取出口退税、抵扣税款发票罪	95次	279次	334次
	合同诈骗罪	52次	107次	133次
侵犯财产罪	诈骗罪	28次	47次	42次
	挪用资金罪	50次	96次	77次
	拒不支付劳动报酬罪	42次	60次	93次
	职务侵占罪	98次	211次	141次
贪污贿赂罪	单位行贿罪	47次	88次	181次
	行贿罪	62次	49次	66次

二、民营企业家涉产权犯罪司法认定困境

以上实证研究表明,由于刑事政策的调整、立法对国有企业和民营企业的区别对待、现代民营企业管理制度的缺位等原因,司法机关在处理民营企业家涉产权犯罪时未能充分贯彻依法全面平等保护产权的政策理念,难以区分违法行为与犯罪行为,尚未形成犯罪认定的方法论体系。这一司法困境具体表现为扩张性司法(扩大解释下的民营企业犯罪风险提升)、选择性司法

---

① 以上罪名同样处于2018年至2020年发布的《企业家刑事风险分析报告》统计的民营企业家高频罪名清单中。

(区别对待下的民营企业竞争失衡)和滥权性司法(疑罪从轻下的民营企业脱罪艰难),①导致犯罪界限模糊和刑法机能失衡。

因此,下文拟重点研究的问题是:(1)民营企业家产权刑事司法保护政策理念的内涵以及其与宽严相济刑事政策、刑法基本原则之间的关系;(2)民营企业家涉产权犯罪的刑法解释工具和判断步骤;(3)民营企业家涉产权犯罪的刑法解释功能化在典型案例中的具体运用。

第二节 民营企业家产权刑事司法保护的政策理念

"理念"与"观念"相似,是对事物根本价值、基本意义、最终目标的正确认识。法律理念即为对法律本质、根本原则及其运作规律的理性认识和整体结构的把握,既具有认识论功能,也具有方法论功能。② 刑法理念则是法律理念在刑事法治领域的具体贯彻,表现为对刑法的性质、地位、机能、犯罪与刑罚等基本问题的理性认知,并在与中国当代经济社会发展相契合的过程中逐渐生成并不断更新。③ 改革开放的深化和经济体制的转型不仅推动民营企业家产权刑事司法保护理念的自发产生,而且促使其在新的政策导向和社会氛围中做出改变。《意见一》将"坚持平等保护、坚持全面保护、坚持依法保护、坚持共同参与、坚持标本兼治"作为进一步完善现代产权制度,推进产权保护法治化的基本原则。《意见二》和《意见三》也基于发挥自身职能作用的考虑,主要从"坚持平等保护、坚持全面保护、坚持依法保护"三方面要求予以严格落实。所以,司法机关应当将"依法全面平等保护产权"的政策理念作为办理民营企业家涉产权犯罪案件的指导观念,慎重入罪,合理出罪。

一、民营企业家产权刑事司法保护政策理念的价值基础

依法全面平等保护产权的政策理念对加强民营企业家产权司法保护提出了更高要求,有利于彻底改变非公有制经济刑法保护与公有制经济刑法保护显著失衡的局面。它既符合法哲学的正义观,同社会主义核心价值观保持一致,又注重市场经济主体的价值追求,在经济安全与经济自由之间取得适当平衡。

亚里士多德很早就认为,正义的核心是平等,平等具体分为比例的、几何

---

① 参见袁彬、张馨文:《我国民营企业产权刑法保护的司法困境与出路》,赵秉志等主编:《改革开放新时代刑事法治热点聚焦》,中国人民公安大学出版社2018年版,第280—283页。
② 李双元等:《中国法律理念的现代化》,载《法学研究》1996年第3期,第47页。
③ 参见高铭暄、曹波:《当代中国刑法理念研究的变迁与深化》,载《法学评论》2015年第3期,第1页。

的和类比的,表现为两种不同形式:平衡的正义和分配的正义。前者系根据法律对等地位,给付与回报(商品与价格,损害与赔偿)之绝对平等,而后者系根据功绩、能力和需求等标准来分配权利和义务——如考虑收入的多寡来征收不同的税款,或依资历和技能决定公务员的晋升。① 但是,正义的实现不可能是无条件的,它经常同其他法律理念产生冲突,只能考虑不同的情况进行个性化处理。例如,有学者主张,正义和合目的性为一方,法的安定性为另一方,即使它们可能处于尖锐的矛盾之中,但将决定权赋予哪个原则,在不同的时代会有不同的倾向。总之,被更替的法律时代的片面性则刚好能够证明法律理念充满矛盾的多面性。② 法律理念的紧张关系在当代依然存在,并对刑法理念产生重要影响。一旦将正义的内容界定为平等,那么,平等即是一个关系上的平等,一个相当的,一个类推。存在的类推性是可以在认识与关系上去得到一个秩序的前提。秩序只是基于一种存在的类推,此存在的类推介于一致性与差异性之间,介于绝对平等与绝对不同之间。③ 所以,按照分配正义和法律正义的要求,刑罚的正当化根据并非单一的范畴,而是罪刑均衡和犯罪预防,与刑法的任务、机能一样,共同服务于法益保护和人权保障的价值目标。

作为承载国家民族精神追求和社会评判是非标准的社会主义核心价值观同样倡导"平等"的价值取向,使其发挥社会主义法治实现程度的衡量功能。在法治理念层面,它是社会主义公平正义的内在品质,要求对社会所有成员平等对待,反对特权,禁止歧视;④在法治原则层面,它既是一项宪法基本原则,也是一项刑法基本原则,要求我国公民在宪法和刑法面前一律平等,不允许任何人有超越宪法和刑法的特权;在法治精神层面,它是社会主义法治实践的指导思想,要求树立鲜明的价值导向,把实践中广泛认同、较为成熟、操作性强的道德要求上升为司法适用原则、裁判标准。⑤ 据此,司法机关应当坚持平等价值的引领,对相同状态下的企业家权利进行相同保护,对类似的企业家犯罪予以类似处理。

---

① 参见〔德〕阿图尔·考夫曼、温弗里德·哈斯默尔主编:《当代法哲学和法律理论导论》,郑永流译,法律出版社2013年版,第63—65页。
② 参见〔德〕G. 拉德布鲁赫:《法哲学》,王朴译,法律出版社2005年版,第73—77页。
③ 〔德〕阿图尔·考夫曼:《法律哲学》(第二版),刘幸义等译,法律出版社2011年版,第179页。
④ 公丕祥主编:《社会主义核心价值观研究丛书·法治》,江苏人民出版社2015年版,第47页。
⑤ 参见佚名:《以社会主义核心价值体系为魂,全面筑牢司法解释的价值基础》,载"最高人民法院官网":http://www.court.gov.cn/zixun-xiangqing-119611.html,最后访问时间:2022-6-19。

依法全面平等保护产权的政策理念不仅事关民营企业家的个体权益,而且涉及经济刑法规范的保护目的。详言之,"平等保护"是对企业产权保护力度的要求——既要追求形式平等,也要追求实质平等;"全面保护"是对企业产权保护范围的要求——既包括有形财产权,也包括无形财产权;"依法保护"是对企业产权保护方法的要求——既要将政策精神导入司法实践,又要确保政策性考量不逾越法制化框架。由于涉产权犯罪大部分属于经济犯罪,司法机关对经济犯罪法益侵害性的判断将在很大程度上决定其处罚必要性、适当性。通说认为,经济犯罪侵犯的同类客体是社会主义市场经济秩序,即国家通过法律对由市场资源配置的经济运行过程进行调节和实行管理所形成的正常、有序的状态。① 在性质上,它是一种社会法益、集合(集体)法益、超个人法益;在内容上,它具有非排他性、非敌对性、不可分配性;② 在机能上,它前置性地保护个人自由法益,持续性地维护多数人的安全利益,系统性地预防经济风险产生。可见,经济秩序法益与经济自由法益之间存在内在关联,侵害前者会在将来危及后者,不保护后者会使前者缺乏明确性、实质性和重要性。作为产权刑事司法保护理念的价值基础,倡导依法全面平等保护产权意味着必须调整经济刑法规范的保护目的,在维护社会主义市场经济秩序的同时更为重视保障民营企业家的经济自由,在保证社会主义市场经济稳定的同时更加注重消除企业家产权保护的内外差别。

二、民营企业家产权刑事司法保护政策理念与宽严相济刑事政策

以"平等"作为民营企业家产权刑事司法保护政策理念的价值基础,目的在于实现刑法正义。由于平等是正义的核心,在追求平衡正义和分配正义的过程中,司法机关对于民营企业家涉产权犯罪不仅要做到同案同判,而且要注意个案差异。因此,以形式平等作为比较前提、以实质平等作为比较基准,暗合了区别对待的指导思想和适用准则。民营企业家产权刑事司法保护政策理念与宽严相济刑事政策在价值目标和精神属性上相契合,践行依法全面平等保护产权的政策理念应当符合宽严相济刑事政策。

(一)民营企业家产权刑事司法保护政策理念与依法从"宽"的政策要求

为贯彻依法全面平等保护产权的政策理念,前述三个《意见》都强调,严

---

① 高铭暄、马克昌主编:《刑法学》(第十版),北京大学出版社、高等教育出版社 2022 年版,第 371 页。
② 参见〔日〕原田保:《刑法中超个人法益的保护》,成文堂 1991 年版,第 231 页以下;钟宏彬:《法益理论的宪法基础》,元照出版公司 2012 年版,第 194 页以下。

格遵循法不溯及既往、罪刑法定、在新旧法之间从旧兼从轻等原则,以发展眼光客观看待和依法妥善处理改革开放以来各类企业特别是民营企业经营过程中存在的不规范问题。充分考虑非公有制经济特点,严格区分经济纠纷与经济犯罪的界限,准确把握经济违法行为入刑标准,准确认定经济纠纷和经济犯罪的性质。对于法律界限不明、罪与非罪不清的,司法机关应严格遵循罪刑法定、疑罪从无、严禁有罪推定的原则,防止把经济纠纷当作犯罪处理。这就分别从经济犯罪的本质属性、判断方法和评价结果三方面指导司法机关对民营企业家实施的涉产权违法行为进行认定,以降低或消除其可能面临的刑事风险。在现代风险社会中,人类必须冒险行事,所以,宽容就成为最重要的伦理要求之一。宽容必定能够使有责任感的人勇于任事,而无须对行动失败的法律后果有所疑惧。而不宽容会造成灾难性的后果,导致主其事者在作有疑义的决定时回避责任。① 宽容精神既是刑法谦抑主义的内在要求,也是依法全面平等保护产权理念的价值蕴含。这表明,对于民营企业家实施的涉及公司、金融、票据等领域的违法行为,即使具有一定的社会危害性,也应充分考虑历史成因、制度局限、技术、经营的创新背景、不确定的风险预期等因素,秉承宽容精神对其慎重处罚,依法作轻罪或无罪处理,不至于因为保护市场经济秩序而过分抑制个人创新自由。

(二)民营企业家产权刑事司法保护政策理念与依法从"严"的政策要求

为贯彻依法全面平等保护产权的政策理念,前述三个《意见》均指出,对民营企业在生产、经营、融资活动中的经济行为,除法律、行政法规明确禁止外,不以违法犯罪对待。依法惩治破坏市场经济秩序、侵犯各类产权主体财产权的犯罪,突出打击涉众型经济犯罪、破坏公平市场营商环境的犯罪、严重损害公众投资者特别是中小投资者权益的犯罪。依法惩治侵犯知识产权和制售假冒伪劣商品犯罪,突出打击链条式、产业化、情节恶劣的侵犯知识产权犯罪。这就分别从司法政策和工作机制两方面指导司法机关对民营企业家实施的涉产权违法行为进行认定,以合理评估其将要面临的刑事风险大小。这表明,对于民营企业家实施的事关信贷管理秩序、公平竞争秩序、公众投资者财产权益等法益的犯罪行为,应当综合考察其犯罪对象、实行行为、危害结果、主观恶性和人身危险性等要素,根据严重的社会危害性和较大的预防必要性,依法作有罪或重罪处理,不至于因为保护个体法益而有所忽视集合(集体)法益。

---

① 参见〔德〕阿图尔·考夫曼:《法律哲学》(第二版),刘幸义等译,法律出版社2011年版,第320—321页。

(三) 民营企业家产权刑事司法保护政策理念与宽严"相济"的政策要求

为贯彻依法全面平等保护产权的政策理念,前述三个《意见》还规定,大力宣传党和国家平等保护各种所有制经济产权的方针政策和法律法规,使平等保护、全面保护、依法保护观念深入人心,营造公平、公正、透明、稳定的法治环境。尽管它们没有明确如何适用"相济"的政策要求,但是,营造保护非公有制产权的法治环境,需要发挥保护民营企业家合法权益典型案例的示范效应。最高司法机关近三年发布的相关典型案例均取得了良好的法律效果、社会效果和政治效果,①善于并用"宽"和"严"两种手段,对不同的民营企业家犯罪予以区别对待,在对严重犯罪依法从严惩处的同时适度从宽评价,而在对较轻犯罪依法从宽处罚的同时适当从严评价,有效平衡了经济秩序法益和经济自由法益。

三、民营企业家产权刑事司法保护政策理念与刑法基本原则

只有严格遵循刑法基本原则,才能贯彻依法全面平等保护产权的政策理念。它们不仅在价值取向上一致,而且在主要内容上重合。如果违反罪刑法定原则,依法保护企业产权就缺少了法制约束;一旦突破适用刑法平等原则,平等保护企业产权就失去了作用空间;假如背离罪责刑相适应原则,全面保护企业产权就丧失了评判标准。因此,民营企业家产权刑事司法保护政策理念的价值基础和经济犯罪刑事政策的精神内核通过刑法基本原则注入到刑法规范之中,进而指引司法实践合理认定涉产权犯罪。

首先,罪刑法定原则为贯彻依法全面平等保护产权的政策理念提供了规制界限。罪刑法定原则要求形式侧面与实质侧面的统一,追求形式法治与实质法治的协调。虽然二者相互依存,但也存在冲突。我国实行罪刑法定的时间不长,不能过分强调以实质侧面克服形式侧面的局限。对于实质上值得科处刑罚但缺乏形式规定的行为,应以形式合理性优先。② 而且,

---

① 2017年12月28日,最高人民法院决定再审"张文中诈骗、单位行贿、挪用资金案""顾雏军虚报注册资本,违规披露、不披露重要信息,挪用资金案",并于2018年5月31日撤销原一案件的原审判决,改判张文中无罪,又在2019年4月10日撤销原判对顾雏军犯虚报注册资本罪,违规披露、不披露重要信息罪的定罪量刑部分和挪用资金罪的量刑部分,对其犯挪用资金罪改判有期徒刑5年。而且,2018年1月30日,最高人民法院发布第一批保护产权和企业家合法权益典型案例(共计七件),此后,又于2018年12月4日发布第二批保护产权和企业家合法权益典型案例(共计六件)。2019年1月17日,最高人民检察院发布首批涉民营企业司法保护典型案例(共计四件)。随后,各地司法机关也发布了多起民营企业保护典型案例。

② 参见张明楷:《罪刑法定与刑法解释》,北京大学出版社2009年版,第61—73页。

罪刑法定原则能够充分保障公民的预测可能性，培养、塑造并强化其守法意识，它对于预防作用具有重要意义。① 当民营企业家实施的涉产权违法行为不符合犯罪构成的定型化规格时，司法机关就不能对其定罪。罪刑法定原则通过限制司法权的发动而保障民营企业家的人权，确保对任何企业家犯罪的处理均不逾越刑事法制的框架，既做到了形式平等，又有利于预防犯罪。

其次，适用刑法平等原则为贯彻依法全面平等保护产权的政策理念提供了规制方向。适用刑法平等原则要求平等追究行为人的刑事责任，不仅包括对情节相似的民营企业家犯罪平等追究刑事责任，也包括对情节相似的国有企业家犯罪和民营企业家犯罪平等追究刑事责任。这既是适用法律平等原则在刑事司法中的体现，也是平等受到法律保护和同等追究法律责任在刑事司法中的应用，所以，平等保护和平等处罚实际上是对立统一的。② 假如片面强调前者，就会因为刑罚规制不力而违反适用刑法平等原则；一旦片面强调后者，也会因为权利保障缺失而违反适用刑法平等原则。尽管适用刑法平等原则通过重视刑事归责的实践功能而保障民营企业家的人权，但仅仅指出其具有受到刑事制裁的可能性，缺少清晰的归责逻辑和可行的归责基准，无法进行目的检验和后果考察。

最后，罪责刑相适应原则为贯彻依法全面平等保护产权的政策理念提供了规制标准。罪责刑相适应原则要求罪行轻重、刑事责任大小和刑罚高低之间保持适当关系，与比例原则在哲学基础、法理蕴含方面都是相合的。③ 虽然比例原则已经成为世界各国宪法裁判的首要原则，但其缺乏明确的适用标准，赋予法官过大的自由裁量权，无法给予足够的人权保障，④因此，应当客观评价将其引入刑法适用过程中目的合理性、处罚必要性、后果适当性的判断所具有的方法论意义。由于比例原则的三项子原则层层推进，司法机关在遵守罪责刑相适应原则的同时，要以比例原则作为补充，⑤对民营企业家实施的违法行为进行逐项审查和递进判断。罪责刑相适应原则内含的归责逻辑与比例原则提出的归责步骤相互结合，能为某种行为是否应当被犯罪化进

---

① 参见〔德〕克劳斯·罗克辛：《德国刑法中的法律明确性原则》，黄笑岩译，载梁根林、〔德〕埃里克·希尔根多夫主编：《中德刑法学者的对话：罪刑法定与刑法解释》，北京大学出版社2013年版，第31—32页。
② 张军：《非公有制经济刑法规制与保护论纲》，中国人民公安大学出版社2007年版，第44—46页。
③ 秦策：《理念、制度与方法：比例原则的法教义学面相》，载《法治现代化研究》2017年第4期，第35页。
④ 参见范进学：《论宪法比例原则》，载《比较法研究》2018年第4期，第114—118页。
⑤ 参见张明楷：《法益保护与比例原则》，载《中国社会科学》2017年第7期，第99—108页。

行精确评价。这不仅避免了比例原则的简单套用,而且提升了罪责刑相适应原则的解释能力。

第三节 民营企业家涉产权犯罪的刑法解释路径

在依法全面平等保护产权政策理念的指导下,司法机关应当正视传统犯罪构成理论的利弊得失,根据涉产权犯罪的刑事政策和刑法目的,适当借鉴目的理性的犯罪论体系,选择合适的刑法解释方法,注重对民营企业家涉产权违法行为的实质判断,形成可行的犯罪认定步骤,准确区分违法行为与犯罪行为。这既贯彻了加强民营企业家产权司法保护的政策精神,又深化了我国经济刑法教义学研究。

一、机能主义刑法学的方法论优势及其中国化展开

长期以来,"四要件体系"因为具有历史必然性、现实合理性、内在逻辑性、相对稳定性而受到理论界和实务界的广泛青睐,[1]成为犯罪成立判断的唯一标准,以较为简便的方式对惩罚犯罪和保障人权发挥了积极作用。但不可否认的是,传统犯罪构成理论也存在某些缺憾:一是整体性、依存性有余,位阶性、递进性不足;二是没有严格区分违法与责任,有时可能混淆定罪要素和预防要素;三是不能确保一般判断、事实判断、违法判断在前,例外判断、规范判断、责任判断在后;四是不仅无法体系性地解答共犯论、刑罚论等具体问题,而且无法妥善解决部分疑难案件。[2] 所以,某些学者主张引进"阶层式体系",在理论上重构我国犯罪构成体系,在实务中运用犯罪认定的阶层思维。不过,"阶层式体系"并非完美无缺,"四要件体系"也不是一无是处:前者一直面临唯体系论、重复评价构成要素、实质判断逐渐前移等质疑,后者却能比较清楚地区分形式判断与实质判断、积极要件与消极要件、客观因素与主观因素,且不存在体系林立造成的选择困境。笔者认为,应当兼顾体系性思考和问题性思考,化解思考的经济性和思考的开放性之间的对立。犯罪论体系的构建不仅要关注体系本身的逻辑自洽性,更要关注体系运用的实质妥当性,

---

[1] 参见高铭暄:《刑法续言》,北京大学出版社2013年版,第155—159页;马克昌主编:《犯罪通论》(第3版),武汉大学出版社1999年版,第65—69页;王作富、黄京平主编:《刑法》(第七版),中国人民大学出版社2021年版,第37—39页;陈忠林主编:《刑法(总论)》(第六版),中国人民大学出版社2019年版,第77—84页。

[2] 参见陈兴良:《刑法哲学》(第六版),中国人民大学出版社2017年版,第714—717页;张明楷:《阶层论的司法运用》,载《清华法学》2017年第5期,第21—24页;周光权:《犯罪构成要件理论的论争及其长远影响》,载《政治与法律》2017年第3期,第21—24页;车浩:《阶层犯罪论的构造》,法律出版社2017年版,第82—85页。

因此,可以适当借鉴递进式、层次性、规范化的判断方法,采取"犯罪客观要件——犯罪主观要件——犯罪排除要件"的组合形式,使要素对接、术语转换和实务操作成为可能。

(一)机能主义刑法学的方法论优势

在19世纪末期,功能主义思想的诞生为法社会学研究提供了三个全新的视角:其一,外部的视角,即将研究重心转向法律与外部环境的相互联系及其作用;其二,系统的视角,即将研究重心转向社会整体系统中的法律现象;其三,全面的视角,即将研究重心转向全面考察法律具有的外显功能和潜在功能、一般功能和渗透功能、表述功能和现实功能。① 由于这一思潮的影响以及对于以往犯罪论体系缺陷的反思,刑事政策与刑法的关系逐渐从疏离趋于融合,表现为刑法的刑事政策化和刑事政策的刑法化。

在理论上,目的理性的思想改变了刑法体系的构建,特别是犯罪论体系的逻辑构造;在实践中,结果导向的思维决定了解释方法的选取,尤其是目的解释对裁判结论的证成作用。为适应社会发展的需要和实现刑事政策的目标,刑法体系开始向机能化方向转变。这就在贯彻刑事政策目的设定的同时,具有了相较于实证法体系更丰富的内涵。② 可见,机能主义刑法体系主要是以经验主义认识论和价值相对主义为前提,提倡社会学的考察方法和目的论的解释方法,探求作为社会统制手段之一的刑法应当发挥功能的体系范式。

但是,刑法体系在向刑事政策开放的同时,也通过法条文义、逻辑规则、适用程序等方面对其进行制约,避免刑事政策的过度机能化。换言之,对其进行体系性控制,本质上也就是刑法解释的限度问题。机能主义犯罪论体系中的主客观可归责性判断,大致对应于我国犯罪构成理论中客观危害和主观罪过的判断;而机能主义犯罪论体系中的预防必要性判断,实际相当于我国犯罪构成理论之外的刑罚目的判断。正是预防目的体系定位的变化,才拉开

---

① 参见马姝:《论功能主义思想之于西方法社会学发展的影响》,载《北方法学》2008年第2期,第34—38页。
② 参见〔德〕克劳斯·罗克辛:《德国刑法学总论》(第1卷),王世洲译,法律出版社2005年版,第133页;Bernd Schünemann, Strafrechtssystem und Kriminalpolitik, in: Geppert, Klaus/Bohnert, Joachim/Rengier, Rudolf (Hrsg.): Festschrift für Rudolf Schmitt zum 70. Geburtstag, 1992, S. 117-138.其实,在传统犯罪论体系中,"应罚性"是对具有社会侵害性的行为是否成立犯罪的判断依据,属于法释义学的探讨对象;"需罚性"是对犯罪成立之后是否予以处罚的判断依据,属于刑事政策的思考课题。不过,机能主义犯罪论体系突破了这种传统看法,认为应在每个阶层同时考虑应罚性(主客观可归责性)和需罚性(预防必要性)。易言之,依规范的保护目的决定应罚性,而依预防必要性决定需罚性(许玉秀:《犯罪阶层体系及其方法论》,作者发行2000年版,第39页)。

了非机能主义刑法体系向机能主义刑法体系变革的序幕。

总之,在逻辑性(体系性)和目的性(机能性)的关系处理上,机能主义刑法学巧妙地将二者融合起来,相对于其他"阶层式体系"和传统"四要件体系",体现出较为明显的方法论优势。

(二)机能主义刑法学的中国化展开

当机能主义刑法学被用于刑法解释过程中,其就成为机能主义刑法解释论。在启动时,它通过导入、铺陈、比较公共政策的精神实质、刑事政策的预期效果和刑法规范的整体目的,确定罪刑规范保护目的的内涵及其边界。在运行时,它既表现出实质性——确立价值判断的中心地位,强调形式逻辑应受价值判断的支配,又表现出回应性——经由目的的渠道,调整合目的性的实质内容而将外在的价值判断引入体系之内。在检验时,它全面考虑法律效果和社会效果,谨慎衡量不追究刑事责任的益处和追究刑事责任的益处,旨在实现法益保护与人权保障之间的平衡。概言之,在理念上,机能主义刑法学重视刑法体系与刑事政策的沟通,强调各种刑法机能的协调配置;在方法上,它适度保留传统刑法学的研究成果,合理借鉴目的理性犯罪论体系的思维模式,着力填补实务与学说之间的明显鸿沟,意图在区分事实识别和政策建议的基础上,将评价重点由后者向前者转移,以适应刑事立法活性化等制度变革趋势,[①]保证价值判断的事实关联性,构建具有时代风貌和本土特色的刑法教义学。

尽管机能主义刑法解释论也面临着实证研究基础薄弱、问题性思考缺乏一贯性、没有严格恪守形式立场、存在过度实质解释之嫌等批判,[②]但是,根据改良后的犯罪构成理论体系,通过采取以下步骤,可以明确其解释限度,并发挥其理论长处:(1)合目的性的多重形塑;(2)犯罪构成要件的形式判断;(3)客观危害的实质判断;(4)主观罪过的实质判断;(5)定性结论内含的利益衡量、功能调和及其后果检验。具言之,一方面,相比形式解释论,机能主义刑法解释论以目的作为公共(刑事)政策与刑法体系的沟通管道,实现了政策理念与刑法体系的价值对接。它借助社会学、政治学、价值哲学和刑事政策学的考察,运用实质合理性标准展开目的解释,消减了政策法外适

[①] 参见〔日〕松泽伸:《机能的刑法解释方法论再论》,载《早稻田法学》2007年第3号,第145—148页。

[②] 参见〔日〕関哲夫:《论机能主义刑法学——机能主义刑法学的检讨》,王充译,载赵秉志主编:《刑法论丛》(第17卷),法律出版社2009年版,第283—289页;赵运锋:《功能主义刑法解释论的评价与反思——与劳东燕教授商榷》,载《江西社会科学》2018年第2期,第187—190页。

用和刑法体系封闭适用的司法乱象,提高了解释结论的可接受性。另一方面,较之传统实质解释论出于对客观归责论、机能责任论的质疑,仍然根据古典的犯罪论体系展开行为定性的做法,机能主义刑法解释论公开接受公共(刑事)政策的目的指引,并对犯罪成立的各判断阶段进行了全面的机能化。

所以,运用机能主义刑法解释论判断民营企业家和民营企业实施的涉产权违法行为,在明确犯罪行为的保护法益之后,从经验性与规范性、逻辑性与目的性相容的立场评价其行为的客观危害与主观罪过,既可发挥具体犯罪刑事政策和刑法目的的指导作用,又能严守罪刑法定原则的形式底线。

二、涉产权犯罪刑事政策和刑法目的的内涵及其认定

机能主义刑法解释论肯定刑事政策与刑法体系之间的密切关系,不过,刑事政策毕竟不是正式的刑法渊源,只有经过特定方式的转译才能进入刑法体系。如果转译方式科学,解释方法适当,刑事政策的目的和刑法的目的就是一致的。这里的"目的"首先在公共政策维度与社会主义核心价值观和马克思主义刑法思想的追求相契合,其次至少包括刑事政策目的维度和罪刑规范保护目的维度的预防犯罪目的、法益保护目的。相比预防犯罪目的对犯罪成立判断的间接作用,法益保护目的能直接作用于构成要件解释。以经济犯罪为例,我国经济行政法、经济刑法都把防范经济风险、保护经济安全作为主要价值取向,并在司法机关的有罪判决中不断得以强化。但是,为了适应市场经济体制转型升级,激发各类市场经济主体活力,经济犯罪刑事政策和经济刑法目的需要进行适当调整,有意识地向保障市场主体权益倾斜。然而,兼顾秩序法益和个人法益并不意味着对其一视同仁,这里需要解决两个问题:其一,秩序法益和个人法益之间是什么关系?其二,秩序法益能否还原为个人法益?

(一)秩序法益和个人法益的关系辨析

对此,理论上主要存在"中间法益论""复杂法益论"和"位阶法益论"的争议。

"中间法益论"认为,与基本生活利益或基本生活秩序相比,辅助生活利益或派生生活秩序是一种"中间法益"。[①] 该说看似拉近了法益与构成要件

---

① 陈金林:《法定犯与行政犯的源流、体系地位与行刑界分》,载《中国刑事法杂志》2018年第5期,第35—36页。

行为之间的距离,却只呈现出了构成要件行为和法益具有紧密联系的外观,没有阐明不同法益之间的"基本与辅助""基本与被派生""中间与终点"的关系,难以发挥法定犯构成要件的类型化作用。

"复杂法益论"主张,许多经济犯罪都侵害了两种法益。例如,走私普通货物物品罪侵犯了进出口监管制度和关税征收制度,非国家工作人员受贿罪侵犯了单位的正常管理秩序和单位工作人员职务的廉洁性,集资诈骗罪侵犯了金融管理秩序和公私财产所有权。① 该说将主要、次要客体的区分等同于对法益地位、功能的安排,但是,主要客体未必触及了犯罪本质,也许借助次要客体才能说明可罚性的根据,因此在指导构成要件解释和刑法立法批判上存在缺陷。而且,部分表面上侵害单一客体的经济犯罪(如非法吸收公众存款罪、虚开增值税专用发票罪、非法经营罪等)可能实际上还造成了财产损害、税款流失、交易失范等结果,却没有被界定为侵害复杂客体的经济犯罪。

"位阶法益论"指出,经济刑法的保护法益一般分为两类:(1)以确保交易的公正和维持社会信用制度、经济秩序为目的;(2)以保护消费者、存款人、投资者等交易参与人的财产性利益为目的。两种法益在同一犯罪类型之中具有重叠性的存在构造,而且,"交易公正"作为制度法益是首要的,"交易参与人的财产性利益"作为一般化的个人法益发挥限制解释构成要件的机能。② 该说承认二者存在保护阶段、价值的差异,分别从制度法益(阻挡层、表层法益)和个人法益(背后层、深层法益)两个层次丰富了法益概念的内涵,有利于限缩构成要件的处罚范围。

本书认为,"位阶法益论"的思维方式值得借鉴,但有以下几点需要澄清。第一,制度本身不是法益,制度具有的利益才能成为集合(集体)法益。制度是规范的集合体,将其作为法益,只会混淆制裁规范的效力和行为规范的对象,从而导致法益理论的崩溃。以制度为载体的集合法益,是指在社会共同生活中,能够促进众人普遍自由发展及其基本权利实现的制度条件。③ 第二,秩序是法律追求的基本价值之一,保护集合法益应当平衡其与自由的关系。所谓的"秩序法益"只说明了法益的价值面向,没有揭示其外显实体,因而缺乏实质内容,难以通过法益概念的因果性损害验证。易言之,即使在理论上使用"秩序法益"的概念,它也是一种假冒的集合法益,而非真正的集合

---

① 高铭暄、马克昌主编:《刑法学》(第十版),北京大学出版社、高等教育出版社2022年版,第386、393、421页。
② 参见〔日〕芝原邦尔:《经济刑法研究》(上),有斐阁2005年版,第4页。
③ 李冠煜:《论集合法益的限制认定》,载《当代法学》2022年第2期,第70页。

法益。① 秩序的实现是以个人自由的适当让渡为代价的,倘若每个人都享有无限的自由,就没有秩序可言。在这个意义上,秩序与自由既是对立的,又是统一的。同理,集合法益的保护也以个人自由的合理限制为前提,如果每个公民都能不受限制地行使权利,国家、社会将陷入混乱,整体安全和自由共同体就难以维系。在这个意义上,集合法益与个人法益既是对立的,又是统一的。第三,集合法益与个人法益的对立性揭示了二者质的差异,集合法益与个人法益的统一性表现了二者量的区别。主张两种法益存在对立关系的"质相异说"和主张两种法益只是量的不同的"质同量异说"都是片面的,②其症结在于没有全面看待二者的对立统一关系。集合法益只能为不特定或多数人平等、完整地享有,对单个对象的侵害就足以表征对整个系统的威胁,在性质上有别于为特定或少数人专享,只有在遭受实际损害或面临现实危险时才会得到保护的个人法益。不过,保护个人自由发展和保护众人自由发展是相辅相成的,因而二者的价值目标一致,只是主体多寡、保护力度不同而已。第四,虽然"位阶法益论"对经济刑法的保护法益进行了双层次的结构安排,但交易公正、社会信用制度、经济秩序都不是适格的集合法益,只有一般化的消费者、存款人、投资者等交易参与人的财产性利益,才赋予了制度法益以实体内容。简言之,该说的作用仅仅是对集合法益与个人法益进行了形式区分,并未说明后者对前者发挥限制解释构成要件机能的根据。在内容上,一般化的个人法益是制度利益的构成因子。只有将其作为制度利益重新认识,而不是理解为直接的法益,才能承认制度依存型经济犯罪的保护法益特征。在此意义上,这类犯罪的保护法益应当作为制度利益予以一元性地把握。③ 显然,作为集合法益的经济刑法法益具有整体性、实体性和独立性特点,由于同个人财产法益存在质的区别,进而产生了量的差异,二者在价值、功能上的联系无法掩盖它们在目的指向、保护手段上的不同。

---

① 考虑到我国刑法理论界对"秩序法益"概念的使用已经约定俗成,下文仍然保留这一表述,但绝不表明它就是一种适格的集合(集体)法益。
② 参见张明楷:《刑法学》(第六版　上册),法律出版社 2021 年版,第 81 页。
③ 参见〔日〕神例康博:《论经济刑法的保护法益——制度依存型经济犯罪中的制度法益与个人法益的关系》,载〔日〕川端博等编:《理论刑法学的探究》(8),成文堂 2015 年版,第 133 页。相对于制度依存型经济犯罪(通过采用一定的经济制度保护观念上的利益)侵犯了真正的集合法益而言,社会变容型经济犯罪(对传统市民法的法益按照经济社会的变化而改变保护方式)侵犯的其实是假冒为集合法益的个人法益(〔日〕神例康博:《论经济刑法的保护法益——制度依存型经济犯罪中的制度法益与个人法益的关系》,载〔日〕川端博等编:《理论刑法学的探究》(8),成文堂 2015 年版,第 119 页)。

（二）个人法益对秩序法益的限制考察

对此，理论界主要存在"肯定说""否定说"和"折中说"的分歧。

"肯定说"认为，经济秩序本质上是社会经济利益的直接或间接表现，一定的经济秩序总是作为维系相应的经济利益格局而存在的；经济利益的任何调整与变动，都将导致经济秩序状态某种程度的变化。因此，经济犯罪最终侵犯的是国家、社会与市场主体的经济利益。[①] 不过，并非所有的经济秩序法益都能被还原为某种经济利益（如部分扰乱市场秩序犯罪对公平、自由市场竞争秩序的破坏），某些非经济秩序法益也能被还原为个人法益（如部分危害公共安全犯罪对不特定或多数人财产权益的侵犯、部分扰乱公共秩序犯罪对他人财产权利的侵犯）。

"否定说"主张，如果法益论限于"个人在集体里的生存及发展条件"或者"他人外部自由的特殊条件"，就会忽略，其实人类的每个群体都有（而且还执行着）自己打上了多种文化烙印的行为规范，而这些规范并不涉及多少比较具体的"利益"。[②] 但是，这不仅不符合我国经济刑法现状，导致集合法益与个人法益之间价值、功能上的对立，而且无助于避免经济秩序法益的抽象性，不利于通过合理发挥法益概念的机能限制经济犯罪的处罚范围。

"折中说"指出，实证法上的观察是，超个人法益的项目有一部分固然可以被还原为个人法益的项目，但是也有一部分超个人法益的项目似乎不一定可以被还原为个人法益的项目。刑法所保护个人法益的项目是最典型的一般人民具体感觉中的利益状态，但是一般人民具体感觉中的利益状态事实上可能不限于刑法所保护个人法益的项目。综上所述，超个人法益与个人法益之间的关系并非绝对的一元关系，也不是绝对的二元关系。[③] 实际上，论者的观点中包含着两个问题：一是对集合（集体）法益概念外延的认识；二是对"还原"的理解。

对于第一个问题，狭义的集合（集体）法益仅指那些完全具备非排他性（不能排除任何人利用公共财）、非敌对性（个人对公共财的利用不会妨碍、减损他人的利用）和不可分配性（不能将公共财拆分成部分或分配给个人利用）[④]的法益，而广义的集合（集体）法益还包括了部分只具有非排他性但不

[①] 张明楷：《刑法学》（第六版 下册），法律出版社 2021 年版，第 943 页。
[②] 〔德〕冈特·施特拉腾韦特、洛塔尔·库伦：《刑法总论I——犯罪论》，杨萌译，法律出版社 2006 年版，第 31 页。
[③] 黄荣坚：《基础刑法学》（上），中国人民大学出版社 2009 年版，第 17—18 页。
[④] Vgl. Roland Hefendehl, Kollektive Rechtsgüter im Strafrecht, Carl Heymann Verlag, 2002, S. 111ff.

具有非敌对性、不可分配性的社会法益(如公共安全)。假如采取狭义的概念,就不可能推导出"折中说";倘若采取广义的概念,就会支持"折中说"的主张。

对于第二个问题,当采取狭义的集合(集体)法益概念时,它与个人法益之间只具有人之关联性,此处的"还原"即为价值论、功能论层面的还原,从而彰显了保护集合法益与保护个人法益之间互相配合、内外协作的关系,那么,侵犯集合法益不一定会侵害个人法益。当采取广义的集合(集体)法益概念时,它与个人法益之间既具有人之关联性,又有着利益对应性,这里的"还原"同时指向价值论、功能论层面和存在论、事实论层面的还原,从而彰显了保护集合法益与保护个人法益之间目的溯源、要素分解的关系,那么,侵犯集合法益很可能会侵害个人法益。

笔者认为,尽管"折中说"与当前经济刑法立法相契合,但刑法理论上宜采取狭义的集合(集体)法益概念,将其对个人法益的"还原"限于价值论、功能论层面,以通过整体性、实体性和独立性认定限制其成立范围,[①]并借助构成要件要素准确测量经济制度利益面临的刑事风险大小,为民营企业家涉产权犯罪的刑事归责提供清晰的目的指引。

(三)涉产权犯罪刑事政策和刑法目的的认定方法

根据"位阶法益论"和"折中说",秩序法益和个人法益之间存在位阶关系,某些秩序法益可以被还原为个人法益。这一论断对于适用我国经济刑法具有极大的启示意义,具体表现在:首先,经济犯罪侵犯的法益以经济自由为首当其冲。市场经济的本质、刑法的根本目的和经济干预的适度开展共同决定了经济刑法的目的在于保护市场主体的经济自由,对秩序法益的评价必须通过具体法益损害的判断来征表。[②] 其次,科学适用经济刑法与合理惩罚经济犯罪的前提是准确区分秩序价值和秩序利益。假如某种秩序不是为了促进不特定或多数人的经济自由发展及其基本权利的实现,且难以借助具体要素进行衡量,就不应上升为经济刑法法益。最后,经济刑法必须同时保护经济制度法益和经济主体的个人法益。如果某种行为违反了经济管理制度,却

---

① 参见李冠煜:《论集合法益的限制认定》,载《当代法学》2022年第2期,第72—75页。
② 参见何荣功:《经济自由与经济刑法正当性的体系思考》,载《法学评论》2014年第6期,第57页以下;张小宁:《论制度依存型经济刑法及其保护法益的位阶设定》,载《法学》2018年第12期,第148页以下。

没有侵害任何一个经济主体的财产权益,则在入罪时应当保持克制。①

---

① 法官应当透过位于表层的手段法益、直接法益,发现处于深层的目的法益、终极法益。通常认为,行贿罪侵犯的客体是国家工作人员职务行为的廉洁性,但这缺乏经验实在性,无法指导构成要件解释。鉴于职务行为的廉洁性主要包括职务行为的不可收买性和职务行为的公正性,而公民对国家机关的信赖和职务行为的公正性往往取决于职务行为的不可收买性,所以,将行贿罪的直接客体界定为职务行为的不可收买性,不仅明确了法益概念的自身构造,而且增强了保护目的的解释功能(参见〔日〕川端博:《贿赂罪的理论》,成文堂 2016 年版,第 102—107 页;李希慧主编:《贪污贿赂罪研究》,知识产权出版社 2004 年版,第 240 页)。考虑到行贿罪和受贿罪属于对向犯,即使认为受贿罪的保护法益为国家工作人员职务行为的不可收买性,其中也可能包括了职务行为的公正性。近年来,关于受贿犯罪的保护法益,我国刑法学界的理论动态值得关注。具言之,第一种观点为"不可收买性说"。该说批判"公正性说"存在以下缺陷:(1)会改变受贿罪的性质,与滥用职权罪的处罚不协调;(2)对侵害公正性的职务行为与结果,都必须评价到受贿罪的不法之中;(3)使受贿数额无法体现法益侵害程度,不能说明为何对索贿从重处罚;(4)导致利用正当职务索取、收受财物的行为不构成受贿罪;(5)致使事后受财行为不能以受贿罪论处,除非行为人事先和他人有约定;(6)将"为他人谋取利益"限缩为"为他人谋取不正当利益"。因此,普通受贿的保护法益应是国家工作人员职务行为的不可收买性、不可出卖性或无不正当报酬性,主要理由在于:(1)根据我国《宪法》《公务员法》有关规定,国家工作人员不得通过职务行为从相对方获得不正当报酬;(2)即使国家工作人员没有实施不公正的职务行为或者实施了完全公正的行为,也不得利用职务取得不正当报酬;(3)加重的普通受贿的保护法益除了职务行为的不可收买性之外,还可能包括职务行为的公正性;(4)不可收买性所表述的不是禁止规范本身,而是禁止规范所要达到的目的。它是一种具有经验实在性的法益(参见张明楷:《受贿犯罪的保护法益》,载《法学研究》2018 年第 1 期,第 149—159 页)。第二种观点为"公正性说"。该说批判"不可收买性说"有着以下不足:(1)难以说明斡旋受贿罪、利用影响力受贿罪、对有影响力的人行贿罪的本质;(2)重点在于谴责公职人员利用职务便利收受财物形式的对价,会将受贿罪异化为一种财产犯罪;(3)对职务行为不可收买性的信赖过于主观,可能把影响职务公正性的抽象行为包括在内。所以,受贿罪的保护法益应为国家工作人员职务行为的公正性,主要优势在于:(1)能够说明立法者处罚斡旋受贿罪、利用影响力受贿罪的正当性;(2)职务行为的公正性,既包括裁量事项实体内容的公正性,也包括做出裁量结果过程的公正性;不仅指职务行为的形式合法性,而且指职务行为履行细节的裁量公正性;(3)完全没有侵害职务行为公正性危险的受财行为,可能构成其他财产犯罪;(4)事先没有约定的事后受财行为,原则上不成立受贿罪。除非具有事后收受职务行为对价的心理期待或内心联想,才成立受贿罪。对此,主要通过考察双方交往情况、行业"潜规则"、工作关系等因素进行判断(参见黎宏:《贿赂犯罪的保护法益与事后受财行为的定性》,载《中国法学》2017 年第 4 期,第 233—244 页)。第三种观点为"公职不可谋私利说"。该说批判"廉洁性说"具有以下缺憾:(1)未具体表明指向的是职位本身的廉洁性还是职务行为的廉洁性;(2)无法按目的论思考方式对相关规定的含义予以反思性重构;(3)廉洁性是针对国家工作人员提出的义务,难以解释其他受贿犯罪;(4)难以在不法本质与构造上对非国家工作人员受贿犯罪做出统一解读。据此,受贿犯罪的法益应为公职的不可谋私利,其教义学逻辑主要体现在:(1)将为受贿犯罪提供兼具体系内外功能统一的法益概念;(2)可以准确理解受贿犯罪的规范本质与不法构造;(3)能够适当处理与受贿犯罪构成要件相关的争议;(4)确保对受贿行为与行贿行为的关系作出合理解读;(5)可对斡旋受贿罪等的不法构造作出妥当说明;(6)能够合理论证缺乏事先约定的事后受财的可罚性(参见劳东燕:《受贿犯罪的保护法益:公职的不可谋私利性》,载《法学研究》2019 年第 5 期,第 125—133 页)。假如将受贿罪也视为一种广义上的制度依存型经济犯罪,就应当结合有关公务员管理制度对其法益进行界定。但是,不能将受贿罪的法益界定为"公务员垄断性、排他性的报酬制度"(〔日〕和田俊宪:《贿赂罪的思考》,载〔日〕高山佳奈子、岛田聪一郎编集:《山口厚先生献呈论文集》,成文堂 2014 年版,第 374 页),而要将其修正为"公务员垄断性、排他性地获取报酬的制度条件"。这种制度条件包括所有国家工作人员独占性地获取正当报酬的财产需要以及在此基础上不受外界干扰地执行职务的公正追求。

鉴于我国公共经济政策的变化,为了缓解价值对立可能引发的利益冲突,确定涉产权犯罪刑事政策和刑法目的时,应当采取以下方法。

第一,全面梳理刑法内外的价值条件。法益在性质上是社会学的基础和规范宪法价值的结合,在构造上兼具事实的侧面和价值的侧面,在内容上属于最终获得法的承认和刑法保护的、值得社会承认的、有价值的重要利益。① 若要明确保护法益的价值基础,就必须全方位搜寻刑法体系内外的价值条件,除了少数不证自明的保护客体外,往往要将刑法体系外的价值目标转换成刑法体系内的价值目标。由于法益概念具有体系批判机能和实践解释机能,除了考虑刑法条文的通常含义、内部协调、历史沿革等实证法因素外,还需联系前实证法的价值基础,包括文化价值、社会价值、宪法价值等。② 依法全面平等保护产权政策理念的兴起会引起公众认知、企业治理朝着更为注重民营企业家合法权益的保障方向转变,并促使前置法基本原则朝着更加重视民营企业家基本权利保护的方向变化,最终推动新形势下报应型刑法向预防型刑法的改变。

第二,科学确定保护法益的价值基础。自20世纪70年代以来,德国学者倡导刑事政策性法益概念,即现代社会中具有普遍的保护必要性,在各种社会机能关系中发现应当实现的价值。③ 它率先打通了刑事政策与刑法体系联系的道路,初步架设了宪法、行政法、民法等刑法外部体系与刑法内部体系沟通的桥梁。涉产权犯罪刑事政策的目的均指向经济秩序、财产安全、职务公正等重要价值,它们不仅是宪法的基本价值,也是其他部门法价值体系中的组成部分。从宪法的角度来看,公民基本权利的实现以及保障其实现的必不可少的现实存在与条件,才是刑法保护的法益;④ 而从其他部门法的角度来看,性质上不是特别重要且程度上不是较为重大的权利,并非刑法调整的对象。⑤ 所以,只有将涉产权犯罪侵犯的利益置于整个法律体系中,并斟酌有关产权保护的各种条件,才能发现政策性目标的价值内涵。在经济体制改革不断深入推进的当下,要想落实依法全面平等保护产权的理念,我国经济刑法应当从侧重保护秩序法益转而侧重保护自由法益,充分保障民营企

---

① 参见〔德〕Albin Eser:《"侵害原理"与法益论中的被害人作用》,〔日〕甲斐克则编译,信山社2014年版,第112—113页。
② 参见〔德〕伊沃·阿佩尔:《通过刑法进行法益保护?——以宪法为视角的评注》,马寅翔译,载赵秉志、〔德〕Michael Pawlik等主编:《当代德国刑事法研究》(第1卷),法律出版社2017年版,第60—70页。不过,对于法益概念是否具有立法批判机能,我国学者还有不同看法(参见陈家林:《法益理论的问题与出路》,载《法学》2019年第11期,第3页以下)。
③ 〔日〕伊东研祐:《法益概念史的研究》,成文堂1984年版,第354页。
④ 张明楷:《宪法与刑法的循环解释》,载《法学评论》2019年第1期,第20页。
⑤ 赵秉志、袁彬:《刑法与相关部门法关系的调适》,载《法学》2013年第9期,第114页。

家的经济自由、财产自由和人身自由。

第三,准确划定各种法益的适用边界。在涉产权犯罪侵害的法益中,以经济管理制度为载体的集合(集体)法益与具体市场主体的个人财产法益有着各自的适用边界。虽然化解社会风险的现实需要显著提高了超个人法益介入经济活动的广度、深度,但经济自由与经济秩序的价值博弈也为其适用门槛奠定了评价基础。"集体法益必须返回到人的利益或者说至少要与人的利益相勾连,才能获得刑法保护的入门资格。……集体法益以制度、秩序为内容,……,都是为了满足人们更自由、更美好生活的需要。"① 作为对个人法益的前置性、系统性和长远性保护,秩序法益之中需要嵌入个人法益以明确自身的评价要素、测量标准和损害程度。因为当今国家构成和社会构成中的市民生活,不仅由个人的自由领域所规定,而且被社会、国家保障系统的机能所规定。只要以宪法为前提,就必然不允许构建无视个人、人类存在的法益概念。② 即使民营企业家实施的涉产权违法行为似乎破坏了市场经济秩序或侵犯了职务行为的纯洁性,但假如与投资者财产受损、国家税收流失、市场交易不公等危害结果没有实质联系时,个人法益就难以填充秩序法益,也不能认为行为人侵犯了经济刑法法益。显然,不在经济秩序法益与个人财产法益之间建立起价值关联,不通过若干具体的财产指标去征表、测量整个经济系统可能面临的危险,经济秩序法益就不过是一个空洞的概念,无力指导对经济犯罪行为和经济违法行为的界分。

第四,正向判定值得刑法保护的法益内容。按照主流观点,刑法上的举止规范乃是服务于法益的保护。刑法禁止威胁或侵害法益的举止方式,或预先规定保障或维护法益的举止方式。③ 除非是需要发动刑罚予以保护的制度特征和个人特征,否则它们就不是刑法中的法益,换言之,犯罪行为侵犯的客体与一般违法行为侵犯的客体存在明显区别。"质的区别说"、"量的区别说"和"质量区别说"之争,④ 就是最好的证明。由立法体例和制裁体系观之,我国或许采取了"质量区别说",但从司法权与行政权的划分、刑罚与行政处

---

① 孙国祥:《集体法益的刑法保护及其边界》,载《法学研究》2018年第6期,第48页。
② 无论是持"法益二元论"者,还是持"法益一元论"者,都赞同集合(集体)法益与个人法益之间必须存在价值或者功能关联性(参见〔日〕嘉门优:《法益论——刑法的意义与作用》,成文堂2019年版,第95—99页)。
③ 〔德〕乌尔斯·金德霍伊泽尔:《刑法总论教科书》(第六版),蔡桂生译,北京大学出版社2015年版,第23—24页。
④ 参见〔德〕Klaus Tiedemann:《德国及欧共体的经济犯罪与经济刑法》,〔日〕西原春夫、宫泽浩一监译,成文堂1990年版,第2—15页;〔日〕福田平:《行政刑法》,有斐阁1959年版,第4—13页;李晓明:《行政刑法新论》,法律出版社2014年版,第112—114页;陈清秀:《行政罚法》,法律出版社2016年版,第16—18页。

罚的本质、功能差异以及社会危害性标准的量化分级作用极其有限等方面考察，提倡"质的区别说"反而可以鼓励司法人员独立判断行政违法是否构成刑事犯罪。① 然而，民营企业家涉产权犯罪基本上都是数额犯或情节犯，且量变引起质变，质变又引起新的量变是"质量互变规律"的核心要义，因此，在确定某种经济价值或财产利益的重要性之后，应当根据"质量区别说"去衡量行为对法益的侵犯的确达到了要用经济刑法予以保护的程度。

第五，反向排除需要适当宽容的受损利益。尽管法益概念的高度涵摄性使其成为刑法的目的，但是，只有对其提出具体化准则，才能在特定情况下发挥其立法批判机能和解释指导机能。德国学者提出的解释方案部分可适用于界定涉产权犯罪的保护客体：(1) 违反基本权利的刑法条文所保护的绝不是法益；(2) 对他人有意识的自陷风险予以协助或支持的行为没有侵犯法益；(3) 若保护对象抽象得无法把握，也不能被视为法益；(4) 如果对某种集体法益的损害总是以某种个人法益受到损害为前提，就不应将其认定为受某一特定规定保护的利益。② 可见，如果民营企业家实施的某种涉产权违法行为仅仅侵犯了特定对象的利益或单纯违反了经济管理制度，或者没有导致公共财产的社会效益丧失、目的落空，或者并未产生妨害职务行为公正性的结果，这些利益就不是经济刑法法益。

三、民营企业家涉产权犯罪刑事归责的价值基准

采取机能主义刑法解释论，意味着涉产权犯罪客观危害判断的机能化和主观罪过判断的机能化，并将涉产权犯罪刑事政策和刑法目的贯彻始终。其中，客观危害判断的机能化要求，根据依法全面平等保护产权的政策理念，适当借助客观归责方法论的判断框架，有序检验涉产权违法行为的法益侵害性和预防必要性。主观罪过判断的机能化则要求，按照依法全面平等保护产权的政策理念，合理借鉴机能责任论的判断标准，深入审查民营企业家本人的非难可能性和预防必要性。此外，因为单位犯罪的处罚原理有别于自然人犯罪的处罚原理，需要单独讨论民营企业归责理论演进和模式选择，适度切割民营企业家的刑事责任与民营企业的刑事责任，以切实提高预防企业经济犯罪的实效。

---

① 张明楷：《避免将行政违法认定为刑事犯罪：理念、方法与路径》，载《中国法学》2017年第4期，第50页。
② 参见〔德〕克劳斯·罗克辛：《对批判立法之法益概念的检视》，陈璇译，载《法学评论》2015年第1期，第55—67页。

（一）民营企业家涉产权犯罪客观危害的实质判断

适当引入客观归责方法论并将其用于判断民营企业家涉产权犯罪的客观危害性，具有较明显的方法论优势。客观归责论认为，归责于客观行为构成是以实现一种在行为构成范围内部的、由行为人创设的而不是由允许性风险所容忍的危险为条件的。① 在归责的意义上，它是有关"实质的不法归属"的理论。② 借助"不允许性风险的创设"、"不允许性风险的实现"和"行为构成的作用范围"三个下位规则，它展现了强烈的规范性、鲜明的类型性和宏大的体系性。但是，客观归责论也存在某些缺憾：其一，作为第一个下位规则的"不允许性风险的创设"没有阐明危险的性质、统一危险判断的方法和展示风险降低规则的实效。其二，作为第二个下位规则的"不允许性风险的实现"未能明确注意规范保护目的的认定方法、划定合义务替代行为的适用边界以及证明风险升高规则的合理存在。其三，作为第三个下位规则的"行为构成的作用范围"无法充分阐释自我危险、同意他人造成危险和危险分配的理论根据。其四，容易优先进行问题性思考，可能突破刑法体系性束缚，打乱审查步骤，弱化人权保障。③ 总之，在理论设计上，它缺少应先行于结果归属判断的实行行为判断；在判断资料上，它仅仅通过考察客观要素而无法完成风险制造关联和风险实现关联的评价；在论题清单上，它过于模糊、凌乱和复杂而不适合作为归责基准。这表明，我国犯罪构成理论不能全盘移植客观归责体系，只应适当借鉴客观归责方法。

1. 客观归责一般方法论的可借鉴性

一方面，客观归责论与我国犯罪构成理论在某些重要方面存在共通之处。首先，在理论基础上，二元的行为无价值论与社会危害性理论均侧重实质评价，都涵盖了行为不法和结果不法。其次，在规范根据上，德国刑法学中的行为规范论在构筑归责基础时，也能指引我国公民积极遵守规范。再次，在构成要素上，客观归责论同"四要件体系"和改良后的犯罪论体系之间并不存在难以调和的矛盾，许多归责要素都有大体上相对应的客观要件。最后，在判断结果上，它们兼有法益保护机能和人权保障机能，往往得出一致的结

---

① 〔德〕克劳斯·罗克辛：《德国刑法学总论》（第1卷），王世洲译，法律出版社2005年版，第246页。
② 〔日〕吉田敏雄：《刑法理论的基础》（第3版），成文堂2013年版，第135页。
③ 参见〔德〕沃尔夫冈·弗里希：《客观之结果归责——结果归责理论的发展、基本路线与未决之问题》，蔡圣伟译，载陈兴良主编：《刑事法评论》（第30卷），北京大学出版社2012年版，第222—254页；〔日〕山中敬一：《刑法中客观归属的理论》，成文堂1997年版，第426—429页；张明楷：《也谈客观归责理论》，载《中外法学》2013年第2期，第311—318页；许玉秀：《主观与客观之间——主观理论与客观归责》，法律出版社2008年版，第6—8页。

论。综上所述,只要放弃所谓的体系偏好,客观归责论完全可以成为判断民营企业家涉产权犯罪客观危害的分析工具。根据新时期产权刑事司法保护理念,在保护客体、实行行为、构成要件结果、因果关系等核心要素都具备的情况下,我国经济刑法理论可以借鉴客观归责论的归责立场、类型和标准。

另一方面,客观归责论与我国司法实践在归责思路上逐渐趋于一致。简言之,若干司法解释条文内含不尽统一的归责基准,而且,有的案件认可结果归属评价的实用性。例如,《审理交通肇事案件解释》第 2 条、《关于进一步加强危害生产安全刑事案件审判工作的意见》第 8 条、《宽严相济意见》第 22 条等有关责任划分、认定的规定,就是提示法官进行危险实现关联和行为构成作用范围的判断。再如,实证研究表明,在面对简单案件时,通说居于正统地位;而在处理疑难案件时,法院有意识地借鉴德国、日本刑法理论,尤其是相当因果关系说起到了较为明显的代替或补充作用。① 尽管相关案件几乎没有使用客观归责论的概念术语,但都重视规范联系和结果归属的判断,为提炼经济犯罪认定的教义学方法提供了经验认识。

2. 经济犯罪认定中的客观归责方法论

客观归责论不仅能用于过失犯的判断,而且可用于故意犯的判断。从故意犯与客观归责的关系上看,故意犯是故意存在后所产生的规范归属问题。在进行实质不法判断时,正如过失犯以过失为前提一样,故意犯以故意为前提。那么,所谓"客观的归属"并不是意味着只与客观的构成要件结果有关,而是意味着遵守客观的规范评价标准。② 在特定类型案件中,我国司法实践已经通过有选择地运用个别归责基准而实质上采取了客观归责方法论。而且,它并非只适用于部分传统犯罪,借用"行为性质判断——结果归属判断"

---

① 参见杨海强:《刑法因果关系的认定——以刑事审判指导案例为中心的考察》,载《中国刑事法杂志》2014 年第 3 期,第 25—33 页;谢雄伟、郑实:《相当因果关系说的中国展开——基于刑事判决的实证考察》,载《河南财经政法大学学报》2016 年第 4 期,第 105—113 页。此处的相当因果关系说,是指为化解"相当因果关系说的危机",在吸收客观归责论合理成分的基础上,对传统的相当因果关系说进行改良后形成的修正的相当因果关系说。虽然修正的相当因果关系说与客观归责论在归责基准、类型化程度等方面存在较大差异(参见李冠煜:《我国刑法因果关系论宜采取修正的相当因果关系说》,载《政治与法律》2017 年第 2 期,第 41—42 页),但二者的方法论并无实质区别,即(1)客观判断优先;(2)重视规范判断;(3)采用类型化的基准(参见李冠煜:《客观归责论的理性反思》,载《清华法律评论》编委会编:《清华法律评论》(第 10 卷 第 1 辑),法律出版社 2021 年版,第 122—124 页)。在机能化的程度即预防目的之间的联系上,二者差别不大。所以,问题的关键不是如何移植客观归责论或相当因果关系说的体系,而是怎样运用实质不法的判断方法以首先在客观面划定刑事归责的界限。

② 参见〔日〕吉田敏雄:《刑法理论的基础》(第 3 版),成文堂 2013 年版,第 134—135 页。

的分析框架,对广义的财产犯罪(含经济犯罪)案件同样具有用武之地。①

因此,在认定经济犯罪时,客观归责论的可借鉴性主要表现在,注重客观性、规范性、类型性和目的性判断。在类型化和规范性的视角下,这里的客观归责论仅指通常的结果归属,即一般结果犯中的结果归属,主要通过具体构成要件符合性的判断和客观归责理论的运用来解决。② 详言之,根据我国涉产权犯罪刑事政策,应当引入客观归责论的个别规则,从实行行为、危害结果和因果关系三方面展开涉产权犯罪客观危害的实质判断。(1) 在实行行为部分,通过对涉产权违法行为内在危险性的实质解释,确定其不存在缺乏可罚的违法性、合规计划等情形,具有显著高于民事违法、行政违法的法益侵害危险性。这基本对应于客观归责论的第一、二个下位规则。(2) 在危害结果部分,通过对涉产权违法行为造成的财产损害、税款流失、交易失范等外界变动的规范评价,确定其不包括不值得科处刑罚的利益,确实侵害了他人的经济自由、财产权益和职务公正性等。这大体相当于客观归责论的第三个下位规则。(3) 在因果关系部分,通过对侵犯产权危险升高与经济刑法保护目的之关联性的价值判断,区分不同的危险实现类型,③确定结果归属的性质及其强度(通常的结果归属抑或缓和的结果归属)。这几乎覆盖了客观归责论

---

① 参见周光权:《客观归责论在财产犯罪案件中的运用》,载《比较法研究》2018 年第 3 期,第 38—45 页。
② 参见张明楷:《论缓和的结果归属》,载《中国法学》2019 年第 3 期,第 263—264 页。其中,对于诈骗罪、合同诈骗罪等实行行为定型性较强的犯罪,通过具体构成要件符合性的判断就能完成结果归属的认定,侧重于结果发生可能性的判断;相反,对于非法吸收公众存款罪、行贿罪等实行行为定型性较弱的犯罪,只能运用客观归责理论去完成结果归属的认定,要兼顾结果发生可能性和因果经过通常性的判断。这表明,无论采取哪种因果关系理论进行实质不法判断,都要确保类型化的有用性和坚持规范性的思考。具言之,其一,作为上位基准的辅助手段,明确区分各事例类型的归类基准及其内部的结果归属基准。其二,参照保护法益,对实行行为、结果进行价值性考虑,正视规范原理、基准的多面性,防止在相当因果关系说和客观归责论之间择边站队(参见〔日〕浅田和茂等编集:《刑事法学的系谱》,信山社 2022 年版,第 285—288 页)。
③ 关于危险实现类型,我国学者提出了各自的分类主张(参见孙运梁:《危险的现实化理论在我国的司法运用》,载《国家检察官学院学报》2020 年第 1 期,第 19 页以下;蒋太珂:《危险现实化评价的类型构造》,载《中外法学》2020 年第 2 期,第 514 页以下)。这些危险实现类型能否涵盖所有涉产权危险行为,尚待进一步研究。另外,作为对传统的相当因果关系说进行修正的产物,危险的现实化说最近受到我国部分学者青睐的现状(参见黎宏:《因果关系错误问题及其应对——以行为危险现实化说的再阐释为中心》,载《法学研究》2022 年第 1 期,第 104 页以下;钱叶六:《刑法因果关系理论的重要发展与立场选择》,载《中国刑事法杂志》2022 年第 4 期,第 95 页以下),并不能否认典型事例、判断基准进一步类型化以及因果经过通常性规范判断的重要意义。以实行行为的危险性是否现实化为结果作为因果关系有无的唯一标准,当然可以无争议地适用于直接危险型案件,但针对间接危险型案件,仍需单独考察介入因素的异常性、贡献度,并与实行行为的危险性进行比较。对于侵犯集合(集体)法益的经济犯罪案件而言,由于涉及行为人、企业、被害人、社会等多方利益,必须重视介入因素对结果归属的影响,以合理分配经济风险和刑事责任。

的所有下位规则。

3. 涉产权违法行为判断的客观归责方法展开

运用客观归责方法判断涉产权违法行为时,需要依次解决以下问题:一是违法性判断的立场;二是基本概念的界定;三是违法判断思路的澄清;四是不同法域违法性的界分;五是轻微违法的处罚阻却。

第一,在运用客观归责方法论判断民营企业家实施的涉产权违法行为时,由于"质量区别说"仅指出了刑事犯罪行为与一般违法行为同时存在质和量的差异,并没有深入探讨二者在违法性程度上的区分方法,所以,还需要从"缓和的违法一元论"和"违法多元论"的立场之争中去寻找适用规则。在日本刑法学界,这两种学说本是关于可罚的违法性理论基础的对立:前一种观点认为,应就整个法域统一地进行违法判断,但其具体表现形式存在各式各样的种类、阶段;而后一种观点主张,各种法律基于各自所追求的法效果而目的性地规定了违法,因而刑法中的违法是固有的。① 它们的主要分歧在于,对于不具有可罚的违法性行为的理解各不相同:前者认为,虽然该行为具有刑法上的违法性,但尚未达到适于刑罚效果的质或量;后者则主张,该行为并不具有刑法上的违法性。以此为根据,我国刑法学界出现了"相对从属性说"和"相对独立性说",并围绕如何理解法秩序统一性原理、违法相对性判断展开争论:前一种观点认为,应当着眼于"目的——手段"关系的协调,从"规范保护目的"的视角具体分析。即在刑法与民法规范保护目的一致的场合,刑法绝对从属于民法;在两者保护目的相异的场合,刑法相对从属于民法;刑法上的相关概念是否应与民法保持一致,也应基于规范保护目的的相同与否进行具体判断。② 而后一种观点主张,刑法并不从属于民法、行政法,不能以民事不法、行政不法作为刑事违法判断的当然前提。法秩序的统一不是违法概念的形式统一,而是各法领域目的的统一。刑事违法判断首要考虑的是刑法自身目的的实现,以其他部门法相关规定为参考(而非参照),行为的有效性并不能否定犯罪成立。③ 随着讨论的深入可以发现,必须回到违法性理论的基本概念、设计思路进行分析。

第二,"法秩序"和"违法性"都是多义的概念,从"法秩序的统一"不能直接推导出"违法性的统一"。"相对从属性说"和"相对独立性说"均不反对法

---

① 参见〔日〕佐伯千仞:《刑法中违法性的理论》,有斐阁1974年版,第16页以下;〔日〕前田雅英:《可罚的违法性论的研究》,东京大学出版会1982年版,第339页以下。
② 参见改之:《法域冲突的排除:立场、规则与适用》,载《中国法学》2018年第4期,第86页以下。
③ 参见简爱:《从"分野"到"融合":刑事违法判断的相对独立性》,载《中外法学》2019年第2期,第435页以下。

秩序统一性原理,其中含有"刑事违法判断具有从属性"和"刑事违法判断具有独立性"两个命题。持"相对从属性说"者强调,现实的法处于实定性法与自然性法的紧张关系之间,整体的法秩序本身也必须以动态的存在来予以理解。① 即法秩序的统一性是违法判断的前提,具有明显的存在论意义。持"相对独立性说"者则指出,如何在法秩序上产生违法效果,应当根据规范各种生活关系的法规单独进行理解。② 即法秩序的统一性是违法判断的目的,具有鲜明的规范论色彩。但是,缺少目的导向的法秩序统一性显然无力解决各个法域之间的冲突,反之,失去体系统摄的法秩序统一性必然破坏法域之间的价值界限。所以,存在论中的法秩序统一性与价值论中的法秩序统一性不能相互排斥,而应相互协调。

第三,正因为法秩序的统一既可归结为体系论上的统一,也可归结为目的论上的统一,违法相对性判断才能同时从"从属性"和"独立性"两方面展开。实际上,这可以追溯到形式的违法性概念与实质的违法性概念之对立。具言之,形式的违法性论主张,违法性的本质是行为违反了法规范规定的作为义务或不作为义务。以此等方式而"形式化"的违法性仍然具有实质的内涵,因为每一次违反规范均会对构成社会共同秩序的信任基础产生不利影响。而实质的违法性论倡导,违法性的本质是对相关法规范所保护的法益产生不利影响。法益侵害意为违反了应当受到法规范保护的观念价值的违法行为,其实践意义在于:它不仅是构成要件制定的衡量标准,也是构成要件解释的价值指引。③ 法秩序在体系论和规范论上的统一,就表现为违法性形式判断和实质判断的并存;正是由于违法性形式判断与实质判断的并存,违法相对性判断才成为可能。因此,在刑事违法的判断思路上,"相对从属性说"是先经过法秩序体系统一性的确认,再进行违法相对性的判断;"相对独立性说"则是首先判断违法相对性,然后检验法秩序目的统一性。而在刑事违法的判断方法上,"相对从属性说"认可刑事违法的从属性优先于刑事违法的独立性,例外时才赋予刑事违法判断的超脱地位;"相对独立性说"则承认刑事违法的独立性优先于刑事违法的从属性,例外时也兼顾刑事违法同民事违法、行政违法的关联性。综上所述,前一种学说比后一种学说更加注重违法判断的体系约束,更能限缩刑罚处罚范围,更加彰显刑法谦抑精神。

第四,在某种意义上,相对从属性的反面就是相对独立性,只要厘清"从

---

① 〔日〕日高义博:《违法性的基础理论》,张光云译,法律出版社2015年版,第11页。
② 〔日〕藤木英雄:《可罚的违法性》,学阳书房1975年版,第121页。
③ 参见〔德〕汉斯·海因里希·耶赛克、托马斯·魏根特:《德国刑法教科书》(总论),徐久生译,中国法制出版社2001年版,第287—289页。

属性"的内涵,就能明确"独立性"的含义。以行政性规制与刑法性规制的关系为例,刑法的行政从属性分为三种:一是概念从属性,即行政法的概念沿用至刑法中,并在相同的意义上进行解释。二是法规从属性,即刑法中行为的可罚性以违反行政法规为前提。三是行为从属性,即行为的可罚性依赖于命令、禁止、许可等某个行政行为。① 其中,概念从属性体现了形式意义的违法从属性,行为从属性体现了实质意义的违法从属性,而法规从属性兼有上述两种意义的违法从属性。显然,只要行政法规和刑罚法规的保护客体具有同质性,刑事违法判断就应从属于行政违法判断;只有行政法规和刑罚法规的保护客体具有异质性,刑事违法判断才应独立于行政违法判断。

第五,尽管"相对从属性说"支持可罚的违法性论,但是,如果采取客观归责方法论以强化刑事违法的实质判断,就无须使用可罚的违法性概念。不过,可罚的违法性论将法益侵害程度分为绝对轻微型(法益侵害程度轻微,因而不值得科处刑罚)和相对轻微型(虽然法益侵害程度并非如此轻微,但经过与保全法益进行比较,剩余的违法性不值得科处刑罚),对于民营企业家涉产权违法行为的规范判断,仍然具有参考价值。② 这意味着,假如民营企业家实施的涉产权违法行为侵犯的法益都是民法、经济法和刑法规范共同的保护目的,该行为在民法或经济法上是违法的,通过考察当时的政策环境、行为人的手段方式、造成的损害后果、被害人的违法表现等因素,就能确定其所侵犯的此种法益是否明显优越于被保护的他种法益,即是否具有绝对轻微的法益侵害性。倘若民营企业家实施的涉产权违法行为侵犯的价值溢出法律规制边界、与个人法益缺乏关联或尚未上升为刑法中的法益,通过考察行为危险性和结果严重性,在进行相关法益的铺陈、比较、取舍之后,即可确定其是否具有法益侵害性和处罚必要性,即是否具有相对轻微的法益侵害性。

(二)民营企业家涉产权犯罪主观罪过的实质判断

适度吸收机能责任论的要素并用于判断民营企业家涉产权犯罪的主观罪过性,具有较大的方法论意义。机能责任论认为,罪责并非是去用经验的方式来勉强地确定他行为的能力。刑罚之严厉性不得超过罪责的严重性,也不能在没有预防之必要性的情况下科处刑罚。③ 在归责的意义上,它是有关

---

① 参见〔德〕Klaus Tiedemann:《德国及欧共体的经济犯罪与经济刑法》,〔日〕西原春夫、宫泽浩一监译,成文堂1990年版,第199—204页;〔日〕中山研一等编:《环境刑法概说》,成文堂2003年版,第41、68页。
② 根据本章第一节的分析,容易产生争议的是相对轻微型法益侵害行为的认定。
③ 参见〔德〕克劳斯·罗克辛:《刑事政策与刑法体系》,蔡桂生译,中国人民大学出版社2011年版,第21、76—78页。

"实质的责任归属"的理论。① 通过罪责概念和预防必要性的双重限制,它提高了罪过认定的门槛,并在反映刑事政策和刑法的目的性考量过程中,扩展了责任阻却事由体系。但是,机能责任论引发了强烈的批判:其一,概念结构分裂。回顾性的责任概念和展望性的预防范畴性质迥异,不可混为一谈,将其强行拼凑在一起,会破坏概念的严密性。其二,改变原有内涵。它从规范上把握意志自由,对外部自由的承认就意味着对他行为可能性的否认,不仅切断了意志自由与罪责概念的联系,而且赋予了"非难"新的意义。其三,判断顺序混乱。虽然责任判断以不法判断为基础,以预防判断为先导,但责任毕竟有别于不法,责任的有无也不能完全由预防犯罪目的所决定,否则,非难可能性的判断与法益侵害性的判断就合二为一,构成要件符合性、违法性的判断也都会依附于预防判断。其四,归责基准模糊。它混淆了归责标准和归责对象,即故意、过失、犯罪动机、犯罪目的等主观要素属于归责对象,预防必要性作为归责标准,应当通过分析归责对象以判定是否达到这一要求,此时,罪责要素成为了预防指示性要素。其五,侵犯人的尊严。一味追求合目的性,可能将罪犯工具化,违反维护人类尊严的宪法原则。假如为了提高公民的守法意识,就对犯罪人科处刑罚,会使罪责的限定机能被一般预防的扩张机能所抵消,其结果是,社会成员沦为积极一般预防的工具。② 这同样表明,我国犯罪构成理论无法整体照搬机能责任论,只能适度改造主观归责方法。

不过,按照规范责任论的观点,罪责乃是一种"可责难性"(在对某种事情有能力,亦即"对此能够"的意义上)。可责难性是指,违法地实现了构成要件明确表明了行为人对于法律规范的错误态度。规范的罪责概念将罪责看成是个规范的结构,而这种结构是建立在社会对于自由和可答责行为的理解之上。③ 责任要素由心理要素与评价要素所组成,责任判断是事实判断与价值判断的统一。尽管《刑法》第 14 条关于犯罪故意的规定隐含着违法性认识要素,第 16 条关于不可抗力的规定、第 305 条关于伪证罪的规定等也体现了期待可能性思想,且司法实践对于涉及违法性认识案件的处理极不统一,④ 直

---

① 参见〔日〕浅田和茂等编集:《刑事法学的系谱》,信山社 2022 年版,第 53—55 页。
② 参见〔德〕Authur Kaufmann:《法哲学与刑法学的根本问题》,〔日〕宫泽浩一监译,成文堂 1986 年版,第 151—167 页;〔日〕川端博:《责任的理论》,成文堂 2012 年版,第 32—34 页;张明楷:《刑法的基本立场》(修订版),商务印书馆 2019 年版,第 277—285 页;黄荣坚:《基础刑法学》(下),中国人民大学出版社 2009 年版,第 398—400 页。
③ 〔德〕乌尔斯·金德霍伊泽尔:《刑法总论教科书》(第六版),蔡桂生译,北京大学出版社 2015 年版,第 209—210 页。
④ 参见方洪:《违法性认识问题的司法判断》,载江溯主编:《刑事法评论》(第 41 卷),北京大学出版社 2019 年版,第 453—466 页。

接运用期待可能性法理免责的判决极其罕见,①但我国刑事法治实践至少已在一定程度上承认了违法性认识和期待可能性对于责任认定的规范价值。虽然刑法教义学应当进一步推行以非难可能性为中心的责任概念,②但对其还要在归责前提、要素、标准和限度方面加以完善。

1. 应当将相对的意志自由作为涉产权犯罪的归责前提

当前关于人类是否存在自由意志的争论,主要集中在"相对的非决定论"(人类具有他行为可能性,即使受到素质、环境的制约,也应当承认自由意志的存在)与"柔和的决定论"(人类的意志遵从法则性,由"自我意义层"或"规范心理层"所决定,只有条件发生变化——具有不同的动因、人格、环境,才有他行为可能性)③之间。较之"相对的非决定论","柔和的决定论"通过在既有的非难之上附加应当产生更强的规范意识等条件,使其衍生出了指向将来预防犯罪后果的一面,更加接近机能主义的刑法观。

我国犯罪构成理论不应否认人的意志自由,必须坚守"非难"的固有含义。因为责任是意志形成过程的可谴责性。人作为被确定是自我答责的生物体,他有能力目的性地(合乎意义地)去重塑自身对于驱动力的因果依附性。④ 为了实现特殊预防目的,需要从犯罪人的行动选择自由上寻找理由;为了实现一般预防目的,需要从一般人的普遍规范意识上寻求依据。因此,不能以技术上难以检验为由而否定意志自由与责任概念的关联性。责任与自由不可分离,没有自由意志就没有选择,没有选择就没有责任。⑤ 只有承认人具有相对的意志自由,才能说明经济刑法保护市场主体经济自由、财产自由的功能依据,以及理性发挥经济犯罪刑事政策预防犯罪效果的功能界限。

2. 应当将期待可能性作为涉产权犯罪的归责要素

没有相对的意志自由,就没有他行为可能性;缺乏他行为可能性,则缺乏期待可能性;不存在期待可能性,也就不存在非难可能性。显然,期待可能性是不可或缺的责任要素,其体系定位、预设功能和类型划分对归责范围、程度具有决定作用,它应当进入我国犯罪构成理论体系中。关于期待可能性的功能定位,理论界有三种代表性的观点。(1)"一般性罪责排除事由说"认为,

---

① 参见钱叶六:《期待可能性理论引入及限定性适用》,载《法学研究》2015 年第 6 期,第 127—134 页。
② 陈兴良:《刑法中的责任:以非难可能性为中心的考察》,载《比较法研究》2018 年第 3 期,第 20 页以下。
③ 参见〔日〕内藤谦:《刑法讲义总论》(下 I),有斐阁 1991 年版,第 775—778 页。
④ 参见〔德〕汉斯·韦尔策尔:《目的行为论导论:刑法理论的新图景》,陈璇译,中国人民大学出版社 2015 年版,第 57、66 页。
⑤ 张明楷:《刑法学》(第六版　上册),法律出版社 2021 年版,第 323 页。

期待不可能是罪责排除事由的具体表述,只在刑法总论中加以讨论。罪责排除事由的证明责任由辩方承担,可以实现思想上的经济性和诉讼上的便利性。① (2)"调节性刑罚恕免事由说"主张,反对将期待可能性作为一般性罪责判断指标,只宜将之作为起调节作用的刑法原则,在损害生命法益的紧急避险案件中作为刑罚恕免事由予以使用。② (3)"限定的责任阻却事由说"则指出,缺乏期待可能性是责任的消极要素。国外刑法理论与实际虽然承认超法规的期待可能性阻却事由,但就我国社会现实与法治状况等而论,应当将期待可能性的阻却事由限定在法定或有权解释的范围内。③ 以上三种学说均赞成期待可能性在犯罪主观方面应当占有一席之地,其可以作为罪责阻却事由发挥出罪功能。然而,根据第一种观点,期待不可能性的成立范围失之过宽,可能不利于法益保护;根据第二种观点,缺乏期待可能性的情形又过于单一,可能不利于人权保障;根据第三种观点,期待可能性阻却事由仅限于《刑法》分则和司法解释的明文规定,适用范围相对明确,但类型化程度有待提高。

在实定法上,某些缺乏期待可能性的情形已被法定化,在犯罪论中,部分缺乏期待可能性的情形在作为义务、注意义务、违法性认识的判断中也被具体化,所以,无期待可能性只能阻却作为犯的故意罪过。此时,即使无精神障碍的行为人具有违法性认识,也不存在抑制自己行动的可能性,④无法期待其实施其他合法行为。因此,通过考察行为时的政策环境、企业经营情况、企业家身心状况、利益冲突局面等因素,如果民营企业家为了民营企业生存发展而不得不实施涉产权违法行为,尽管其认识到自己行为的危害性,但仍然可以无期待可能性为由而排除可非难性。

3. 应当将非难可能性和预防必要性作为涉产权犯罪的归责基准

预防必要性是机能责任论的组成部分,但将其定位为归责要素并不妥当。为了区分客观危害和主观罪过,发挥罪刑均衡和犯罪预防的应有作用,应当将预防必要性界定为归责基准。

首先,归责判断不能混淆归责基准和归责对象。在进行客观归责判断时,如果在因果性上出现一个结果的"归属标准",就在术语上出现了失误。

---

① 参见陈兴良:《期待可能性的体系性地位——以罪责构造的变动为线索的考察》,载《中国法学》2008年第5期,第93—96页。
② 参见刘艳红:《调节性刑罚恕免事由:期待可能性理论的功能定位》,载《中国法学》2009年第4期,第115—120页。
③ 参见张小虎:《论期待可能性的阻却事由及其在我国刑法中的表现》,载《比较法研究》2014年第1期,第73—74页。
④ 〔日〕平野龙一:《刑法总论Ⅱ》,有斐阁1975年版,第258页。

而且,以结果为目标的客观可能性根本不可能是客观构成要素,否则,就把归属的对象混淆为对象的归属。① 同理,在进行主观归责判断时,也不能将责任能力、故意、过失等要素与针对这些要素的评价相混淆。因此,非难可能性是对行为人在违法行为中表现出的不符合法制秩序举止要求的有缺陷态度的谴责,②属于首要的主观归责基准;预防必要性则是对行为人实施违法行为时表现出的逾越规范动机在将来可能重现的预测,③属于次要的归责基准。这不仅修正了通说的犯罪主观要件,而且构建起二元的主观归责基准。

其次,上述归责基准在改良后的犯罪构成理论中能够实际发挥作用。将非难可能性和预防必要性都作为归责基准,可以明确不法和责任、责任和预防之间的界限。一方面,人的不法论与规范责任论的提出,打破了不法和责任的清晰界分。鉴于犯罪论体系愈发机能化,以规范论机能为标准区分二者的观点认为,与不法判断相联系的是规范设定评价标准的作用,与责任判断相关联的则是规范激发法的共同体去实施法所规定之行为的功能。它们既是一般的应为与个体的能为之间的关系,④也是主客观可归责性之间的关系。另一方面,刑事政策与刑法体系的日益融通,进一步加深了责任和预防的相互影响。为了防止政策性考量凌驾于法治原则之上,应当采取在定罪根据论的视野下区分二者的方案。即在非常的人格或特定的情势状态下,原则上应科以刑罚的举止是否和多大程度上仍然还需予以处罚,对此,罪责原则限制刑罚的功能、特殊预防的权衡就都在教义学著作中粉墨登场了。⑤ 在我国刑法理论语境中,责任和预防的二律背反被置换为社会危害性和人身危险性的对立统一。具言之,基于消除犯罪论和刑罚论脱节的考虑,应当将人身

---

① 〔德〕乌尔斯·金德霍伊泽尔:《犯罪构造中的主观构成要件——及对客观归属学说的批判》,蔡桂生译,载陈兴良主编:《刑事法评论》(第30卷),北京大学出版社2012年版,第190页。
② 〔德〕约翰内斯·韦塞尔斯:《德国刑法总论》,李昌珂译,法律出版社2008年版,第216页。
③ 参见〔德〕C. Roxin:《刑法中的责任和预防》,〔日〕宫泽浩一监译,成文堂1984年版,第101—110页。
④ 〔德〕米夏埃尔·帕夫利克:《目的与体系:古典哲学基础上的德国刑法学新思考》,赵书鸿等译,法律出版社2018年版,第51页。这的确不同于刑法教义学对不法、责任的通常理解:(1)判定某行为人的举止是否是刑法上值得关注的违法(等同于"违反法律的"、"禁止的"、"违反义务的"或"违反规范"的)的举止,是需要一定条件作为前提的。这些所有前提条件的总和,便是不法。(2)在责难一个行为人所犯的不法及其可罚的后果之前,需要先行判定他是否应以可罚的方式对其所犯的不法承担责任,而这种判定也是需要一定前提条件的。这些所有前提条件之总和,则是罪责(〔德〕乌尔斯·金德霍伊泽尔:《刑法总论教科书》(第六版),蔡桂生译,北京大学出版社2015年版,第48页)。
⑤ 〔德〕克劳斯·罗克辛:《刑事政策与刑法体系》,蔡桂生译,中国人民大学出版社2011年版,第21页。

危险性与社会危害性并列作为犯罪本质特征。它们既相联系又相区别,科学阐述定罪根据。① 于是,准确评价行为的社会危害性程度,不仅可以产生一般预防效应,而且可以直接决定是否构成普通类型的犯罪;合理预测行为人的人身危险性大小,既可以实现特殊预防目的,又可以补充说明是否成立特定类型的犯罪。总之,倘若不重视不法和责任、责任和预防、刑事政策与刑法体系的区分,要么可能矮化非难可能性的规范判断和限定处罚作用,要么会使预防必要性不太可靠的犯罪预测功能取而代之,从而导致责任判断不当与刑罚处罚失衡。

最后,两种归责基准具有的罪责排除功能有所差异。在机能责任论提出之前,责任理论通常围绕责任要素将出罪事由类型化为:原则型责任阻却原因(无责任能力、故意或过失)和例外型责任阻却原因(无期待可能性)、②主要的责任阻却事由(以归责可能性理论为基础)和次要的责任阻却事由(以期待可能性理论为背景)。③ 而在机能责任论提出之后,责任阻却事由体系得到了明显拓展,以预防必要性排除刑法性责任并非仅仅限于免责的紧急状态或防卫过当,它也可适用于其他特殊案件。虽然行为人此时并不缺乏罪责,但由于放弃刑罚不会动摇法律意识,反而可能巩固守法心理与法律情感,仍然可以因为缺乏预防必要性而排除刑法性责任。只有将无预防必要性作为新型的免责事由纳入已有的免责根据体系之中,才能确保刑事司法判决与社会主导性观念、社会发展需要保持一致。④ 可见,在以应罚性和需罚性为支柱构建的刑法体系中,预防必要性判断拉近了犯罪论和刑罚论的距离,加强了传统罪责概念的减免责任功能。

应当指出的是,由于赋予了预防必要性责任判断基准的地位,机能责任论存在模糊定罪和量刑的风险。为了防止责任判断的过度机能化,对不存在预防必要性而阻却责任的认定,应当遵循禁止重复评价原则。即无责任能力、故意或过失、具有不可避免的违法性认识错误、缺乏期待可能性是独立的责任阻却事由,不得再用来反映没有预防必要性。如果将某一罪前情节(如初犯、偶犯)或罪后情节(如退赔退赃、挽回损失)纳入责任阶层用于说明越轨动机将来不会再现,则不得再在量刑时作为预防情节予以评价。否则,预防

---

① 参见陈兴良:《刑法哲学》(第六版),中国人民大学出版社 2017 年版,第 179—188 页。
② 参见〔日〕佐伯千仞:《责任的理论》,信山社 2015 年版,第 271—277 页。
③ 参见〔日〕西村克彦:《刑事责任能力论》,法政大学出版局 1957 年版,第 75—76 页。
④ 参见马聪:《刑罚一般预防目的的信条学意义研究》,中国政法大学出版社 2016 年版,第 424—429 页。

必要性就只不过是阻却责任的消极论证理由①或者反面验证程序,②而非单独的判断基准或判断要素,其排除责任功能的发挥还是依附于传统的罪责概念。无论是在定罪阶段,还是在量刑阶段,都应当区分不法和责任、责任和预防,以避免过罪化和重刑化。照此逻辑,在机能的责任概念内部仍要区分罪责和预防必要性(如本书第一章第四节对机能主义刑法学的体系选择思路),在量刑时应当区分量刑责任和量刑预防(如本书第四章第三节对量刑责任与答责性区别的阐释),并分别赋予其相应的实体功能。

因此,尽管民营企业家为了追求高额利润而实施了涉产权违法行为,其行为的客观危害和行为人的主观恶性显示出一定的违法性认识和较小的期待可能性,但只要存在其他的责任刑减免情节或预防刑减免情节,就仍然可以无预防必要性为由而提前排除可归责性。

4. 应当将责任主义作为涉产权犯罪的归责限制

修正后的犯罪主观方面以相对的意志自由为归责前提,以责任能力、故意、过失、犯罪动机、目的、期待可能性为归责要素,以非难可能性和预防必要性为归责基准。其中,相对的意志自由论奉行责任主义,而责任主义既是非难可能性的判断根据,又是预防必要性的判断界限。因为相对自由的概念扮演了基础的前置法归责设想,所以对国家刑罚预防性的设置就不会导致不稳定性。③ 为了避免自由意志判断的恣意性,必须强化其与他行为可能性判断的规范性关联。关于他行为能力的判断标准,理论上主要有"行为人标准说"和"一般人标准说"之争。前者是主观标准,后者是客观标准。不过,是否具

---

① 机能责任论主张,当《德国刑法典》第35条这样说紧急状态的行为人:他的行为"没有罪责"时,这就意味着:"即使在有(减弱的)罪责时,也没有责任。"在这种状态中行为的人,总是还"能够"(即使在复杂困难的情况下)符合规范地说明自己的动机。但是,立法者进行了宽容并且排除了责任,只要预防性需要不容拒绝地要求一种刑罚。这样,在禁止性错误的案件中,当行为人满足了通常的对法律忠诚的要求时,人们就也必须允许无罪的出现了(参见〔德〕克劳斯·罗克辛:《德国刑法学总论》(第1卷),王世洲译,法律出版社2005年版,第558、621页)。可见,这是在罪责减轻时以无预防必要性为由补充、强化了免责根据。
② 机能责任论还认为,力图中的中止并不是一个一般的法政策问题,而是一个特定的刑事政策问题。这种中止之中有个"自愿"的概念,这个概念决定着这种中止是否具有免除刑罚的效果,"自愿"概念是规范性的,准确地说,是要从刑罚目的理论的角度来解释的。在这里,关键的地方不是行为人在心灵上对动机实施了多大压制,而是行为人在综合考虑了他的犯罪举止后,最终回到法律的立场上来的这种状态。在力图中发生中止的这种案件,阻碍行为人完成犯罪的良知感越强,法官就越难理解为什么行为人的中止是自愿的,但是,换成我们这里所提倡的思考视角,折磨了法官们很久了的这个心理上的悖论,就不再成为问题了(参见〔德〕克劳斯·罗克辛:《刑事政策与刑法体系》,蔡桂生译,中国人民大学出版社2011年版,第45—46页)。显然,这是从主观罪责和预防目的两方面对力图中止的免刑后果进行了反复检验。
③ 王钰:《罪责观念中自由和预防维度——以相对意志自由为前提的经验功能责任论之提倡》,载《比较法研究》2015年第2期,第115页。

有他行为能力是一种规范的判断,因此采取一般人标准更为合理,即一般人或普通人在当时的特定环境中是否具有实施其他行为的可能性。① 法秩序以尊重个人尊严为前提,以平等保护每个人的自由为己任。如果不维护个人尊严,就不可能保障指向具体行为的自我决定自由。意志自由不仅是经验性的存在,由大多数人类行为的因果法则性所决定,也是规范性的存在,由普通公民的规范意识所体现。于是,对行为人的非难可能性判断以其具有一般人的规范确信为基础,但是,对行为人的预防必要性判断不能超出他行为选择自由的范围。

综上所述,只要承认他行为可能性的功能地位,就是坚持了责任主义;只有坚持责任主义,才能限制犯罪预防。② 那么,当民营企业家实施的涉产权违法行为法益侵害性不大、非难可能性较小,且具有初犯、偶犯、认罪认罚、退赔退赃等其他情节时,据此可将罪责要素和其他情节综合评价为预防必要性显著减轻或者不存在,对这种应罚性轻而欠缺预防性需要的行为作轻罪或无罪处理。

(三) 民营企业涉产权犯罪的处罚原理

民营经济是我国经济制度的内在要素,民营企业是社会主义市场经济的重要主体。在依法全面平等保护产权政策理念的指导下,应当采取新的单位犯罪处罚原理,促使民营企业自觉改善内部管理体制,积极开展经济犯罪预防工作。

1. 以复合模式论中的"统合说"作为民营企业涉产权犯罪的归责根据

法人犯罪的传统学说正在受到新兴理论的有力挑战,主要表现为单一模式论与复合模式论的对立。

所谓单一模式论,是指法人处罚理论只以一种模式为基础的见解,其中又有个人模式论与组织模式论之分。个人模式论将特定自然人的犯罪同一视为法人的犯罪,从而承认法人处罚。根据这一立场,若留心小规模企业代表人的逃税行为,就容易理解。而组织模式论不以特定的自然人为媒介,将法人组织本身作为处罚对象。根据这一立场,要特别注意就大规模企业的公

---

① 陈兴良:《他行为能力问题研究》,载《法学研究》2019年第1期,第122—124页。
② 对此,我国有学者主张用比例原则限制一般预防(陈金林:《积极一般预防理论研究》,武汉大学出版社2013年版,第206页)。但是,比例原则不仅存在方法论缺陷,而且不符合中国、日本等采取刑罚一元主义国家的刑事立法,所以,意图用比例原则代替责任主义来限制犯罪预防的设想恐怕难以实现([日]浅田和茂:《责任和预防》,载[日]阿部纯二等编:《刑法基本讲座》(第3卷),法学书院1994年版,第229—230页)。

害犯罪和经济犯罪而将法人作为处罚对象的场合。① 相比而言,前一种见解通常采取同一视原理,既贯彻了责任主义,又细化了法人责任,但其不足在于:(1) 无法适用于大规模单位实施的犯罪;(2) 没有明确将代表人等人的犯罪同一视为法人犯罪的刑法上的根据;(3) 由此导致对同一视主体范围的争论不休;(4) 选任、监督责任和行为责任的区分仅具有相对意义;(5) 在某些场合难以将特定自然人的行为归属于法人。而后一种见解一般采取企业组织体责任论,既能适应组织体活动的实态,又能贯彻抑制法人犯罪的刑事政策,但其缺陷在于:(1) 对小规模单位实施的犯罪要求过严;(2) 仅在事实判断层面将组织体作为自然人的集合;(3) 没有阐明组织体责任的要件;(4) 很难将法人处罚的范围扩张至过失犯以外的犯罪;(5) 在某些场合可能过于宽松地认定法人过失。

所谓复合模式论,是指法人处罚理论综合个人模式论和组织模式论的见解,旨在最大限度地发挥两种模式论的长处。鉴于二者的兼容关系,日本学者主要按照两种思路予以阐释:其一为"统合说",即根据组织模式的观点,法人处罚的积极意义在于抑制对象的扩张机能(以法人本身为处罚对象,对不能成为自然人处罚对象的法人内部从业人员,间接地且综合地推动犯罪抑制)。而在参与的自然人应当被处罚的场合,由于失去了扩张抑制对象的必要性,根据同一视原理,法人处罚的积极意义在于抑制方法的扩张机能(通过处罚法人,明示来自法人活动领域的违法行为)。其二为"并用说",即根据在法律上被认为是和自然人具有同样的权限和能力的存在性质以及作为组织体的性质两个方面,为克服过去以自然人为媒介的法人归责原理具有的本质问题,不把个人模式作为组织模式的补充,而是承认两种模式独立的存在意义且一并适用。②

我国的复合模式论在适当吸收日本的复合模式论的基础上,结合《刑法》第 30 条、第 31 条的规定,对单位犯罪的处罚根据做出了新的学理解释,代表性的观点也有两种:一种是"组织体刑事责任论",即不依托作为单位组成人员的自然人,从单位组织体的结构、制度、文化氛围、精神气质等因素中推导出单位自身构成犯罪并承担刑事责任的根据。在违法性判断方面,只要发生在单位业务活动中,均可被规范地评价为单位自身的行为;只要有一个人的行为满足具体犯罪的法益侵害要素,即符合单位犯罪的客观要件;只要全体人员的行为集合起来能整体评价为达到法益侵害程度要求,也满足具体单位

---

① 〔日〕樋口亮介:《法人处罚与刑法理论》,东京大学出版会 2009 年版,第 1 页。
② 参见〔日〕川崎友巳:《法人处罚论的今日展开——"企业刑事责任"再论》,载〔日〕濑川晃编集:《大谷实先生喜寿纪念论文集》,成文堂 2011 年版,第 379—385 页。

犯罪的客观要件。在有责性判断方面,当单位决策人员或经其授权的人在职务范围内决定实施某种违法行为的,或者在单位的营业目标、政策方针、科层结构、处罚措施中,有鼓励、纵容或默许其组成人员违法犯罪的内容时,推定单位具有故意。反之,在单位选任不恰当的岗位人选,采用有先天缺陷的工艺操作流程,或应当建立相关制度而没有建立时,或者尽管建立了相关制度,却疏于执行的场合,推定单位具有过失。① 另一种是"单位刑事责任双层论",即参考国外企业刑事责任论"从个人到组织、从主观到客观、从制裁到引导"的发展方向,建立"以司法适用为导向、以组织责任为基础"的新理论,将其作为我国单位刑事责任论的未来选择。所以,在合法性判断的层面,从社会责任论出发,以企业社会责任为基础,要求单位作为一种合法的社会存在,应当承担保证品质安全、防止事故、保护环境等法律责任以及其他防止与单位活动有关的危害结果发生的责任。在适用性判断的层面,则以单位组织责任为基础确定其刑事责任的质与量,其内涵包括:单位刑事责任应存在于单位本身,以单位为预防对象,据此,要以单位组织状况为基础进行判断。单位的组织状况不仅是指单位内部是否存在促进、放任危害社会结果发生的有关政策、制度、规定或管理,而且包括单位是否根据法律规定、自身条件,合理地履行了注意义务。在此过程中,可以分别追究犯罪单位及其内部人员的刑事责任。②

综上所述,"并用说"没有完全整合不同处罚模式的适用顺序、标准,而"统合说"将两种模式统一地理解为满足法人处罚根据的典型范例,根据其要求分别整理法人犯罪的成立要件,使对法人外罚类型的判别更加容易,不会出现法人处罚的空隙。③ 我国的复合模式论之所以要借鉴"统合说",正是基于充分遏制单位犯罪和有效预防企业犯罪的考虑。法人犯罪处罚原理从单一模式论向复合模式论的转变,表现为从个体责任向组织体责任、主观责任向客观责任、消极预防向积极预防的转变。

2. 合规计划的建设及其实施提高了民营企业涉产权犯罪的归责合理性

2019年2月25日,习近平同志在主持召开中央全面依法治国委员会第二次会议时强调,要依法平等保护各类市场主体产权和合法权益,强化企业

---

① 参见黎宏:《组织体刑事责任论及其应用》,载《法学研究》2020年第2期,第81—86页。
② 参见周振杰:《比较法视野中的单位犯罪》,中国人民公安大学出版社2012年版,第70—77页。
③ 〔日〕田口守一等:《刑法应当介入企业活动吗》,成文堂2010年版,第56页。简言之,"统合说"的优势主要体现在对不同法人犯罪处罚模式提出了具体的整合方法,有较强的可操作性,例如,可用于反贿赂合规计划的制定和实施(参见李冠煜:《"刑事一体化"视野下的贪污贿赂犯罪规制研究》,中国社会科学出版社2022年版,第228—232页)。

合规意识。2020年9月30日,发展改革委等七部门共同制定的《企业境外经营合规管理指引》也为更好服务企业开展境外经营业务,推动企业持续加强合规管理提供了一个范本。2022年9月16日,国资委公布的《中央企业合规管理办法》通过对央企的组织和职责、制度建设、运行机制、合规文化、信息化建设做出的一系列规定,要求深化合规管理,突出刚性约束,从而完成了合规管理体系的全覆盖。

鉴于西方国家发生的重大经济犯罪案件及其造成的巨大社会危害,关于合规计划的研究已经引起了理论界和实务界的深切关注。例如,德国学者认为,合规计划通常是通过国家与私人共同规范的方式形成的,以防止来自公司与针对公司的犯罪为目的。它的结构要素包括:应当被遵守的公司价值与目标的定义与宣传、确立最高领导层的责任、建议旨在揭露与查明犯罪行为的信息系统等。在《刑法》和《违反秩序法》中,它对个人责任和公司责任都能产生影响。合规计划在前置领域预先对刑事实体法的规定加以具体落实,充当以安全为导向的刑法文化之引擎。因此,"规制了的自制"理念是与刑事政策上一种——旨在控制公司犯罪的——新的理论与实务模式相连的。① 再如,日本学者主张,之所以自20世纪80年代后期开始逐步推进合规计划,是为了试图展现经营的健全性与安定性,恢复业已下降的企业形象。关于下水道串通投标案件的东京高等裁判所判决恐怕是刑事法上从正面承认合规计划法律效果的开端性案例。它表明,合规计划在对法人的量刑时具有一定效果,也激励了企业引入合规计划。合规文化中存在有重要法律意义的部分和没有重要法律意义的部分,所以,需要具体分析合规文化在解释论上的意义,进一步探讨其发挥正当化机能、免责机能和免除追诉、免刑、减刑机能的条件和边界,以形成有效的企业犯罪制裁体系。② 国外有关刑事合规的研究成果和国内加强民营企业家合法权益保护的迫切需要相结合,共同在我国掀起了一阵合规计划的研究热潮。实证研究表明,目前在一定程度上存在用刑事手段干预经济纠纷和民事冲突的问题,对此,应当转变"重事后惩治、轻事前预防"的错误思路,以惩治企业犯罪的合作模式替代冲突模式,将犯罪的规制义务部分转移给企业,形成国家与企业共治的局面。简言之,引入合规计划具有必要性、正当性和现实性。这既可以通过量刑激励完善企业内控,也能够

---

① 参见〔德〕乌尔里希·齐白:《全球风险社会与信息社会中的刑法:二十一世纪刑法模式的转换》,周遵友等译,中国法制出版社2012年版,第236—272页;〔德〕弗兰克·萨力格尔:《刑事合规的基本问题》,马寅翔译,载李本灿等编译:《合规与刑法:全球视野的考察》,中国政法大学出版社2018年版,第50—77页。
② 参见〔日〕川崎友巳:《企业的刑事责任》,成文堂2004年版,第265页以下;〔日〕田口守一等:《刑法应当介入企业活动吗》,成文堂2010年版,第113页以下。

改进我国企业犯罪的立法及司法政策。① 可见,合规计划的完备程度及其执行实效可能成为民营企业涉产权犯罪认定的重要标准之一。

不过,在不同类型的单位犯罪案件中,合规计划对犯罪成立的评价作用有所差异。

一方面,合规计划不仅可以影响单位犯罪客观危害的判断,而且可以影响其主观罪过的判断。近几年来,我国经济犯罪实体性出罪事由主要限于构成要件阻却型和但书规定型,而合规计划作为一种特有出罪事由类型,往往被视为前面两种基本出罪事由类型的转化处理或简化处理。② 为了扩大经济犯罪出罪事由的范围,亟须加强经济刑法适用的合规导向性。即从刑事政策的角度,将合规计划的有无或实施力度作为一定行为是否入罪的连接点。当企业已经履行了合规义务或具有不可避免的违法性认识错误时,不追究其刑事责任。③ 这表明,合规准则、合规组织、合规承诺、合规沟通、合规记录等企业合规管理体系的构建、实施情况,都属于针对企业自身是否履行结果回避义务、是否实施符合经济刑法的行为、是否升高了侵犯经济自由和经济秩序危险的判断资料。至于企业管理人员和一般职工对合规计划构建、实施的预见可能性和回避可能性,则是对于企业自身是否具有违法性认识、是否可能产生不实施经济违法行为的动机、是否需要科处刑罚以预防经济犯罪的判断素材。因此,对于法益侵害性不大且非难可能性、预防必要性较小的单位犯罪,比较容易通过合规计划出罪;而对于法益侵害性较大的单位犯罪,即使其非难可能性或预防必要性很小,也很难借助合规计划出罪。

另一方面,合规计划对经济犯罪、财产犯罪和腐败犯罪的预防要点提出了相应要求,各自的完备性、有效性程度将直接决定能否认定为无罪。一旦将合规计划导入企业犯罪预防机制,犯罪预防就成为国家和企业的共同责任。④ 企业刑事责任不仅仅是一种组织体责任,更是一种社会性责任、机能化责任。为此,只有健全从事前到事中再到事后,从政策到制度再到措施的全程监管,确定具有组织关联性的经济刑法归责要素,才能促进企业自我监

---

① 参见刘艳红等:《企业管理人员刑事法律风险防控研究》,法律出版社 2018 年版,第 124 页以下;李本灿:《企业犯罪预防中合规计划制度的借鉴》,载《中国法学》2015 年第 5 期,第 178 页以下。
② 参见高诚刚:《经济犯罪出罪事由的刑事司法检视》,载魏昌东、顾肖荣主编:《经济刑法》(第 18 辑),上海社会科学院出版社 2018 年版,第 57—73 页。
③ 孙国祥:《刑事合规的理念、机能和中国的构建》,载《中国刑事法杂志》2019 年第 2 期,第 23 页。
④ 石磊:《刑事合规:最优企业犯罪预防方法》,载《检察日报》2019 年 1 月 26 日,第 3 版。

管与员工自我约束,实现实质性预防作用和程序性抑制作用,①在法治允许的前提下提高内控强度,从根本上降低企业及其职工的刑事风险。详言之,对于民营企业实施的非法吸收公众存款等违法行为,应当在考察企业所处行业、经营范围、规模大小、违规历史、培训情况、监管架构的科学性、财务制度的健全性、内部调查的及时性、责任追究的严厉性、应对措施的合理性等合规要点后,从借款对象特定、履约行为与合同义务相当、资金用途合法、主动退赃退赔、真诚认罪悔罪等情节反映的法益侵害性、非难可能性和预防必要性较小上寻求不予刑事归责的可能性。②而对于民营企业实施的职务侵占等违法行为,除了考察上述防控要点外,只能将尚未造成企业损失、没有实际参与企业经营、以企业名义出借资金给其他单位、挪用本企业资金数额不大且能全部退还等情节作为出罪要点。至于民营企业实施的行贿等违法行为,由于出罪难度较大,必须更加重视合规培训、监督、执行和应对,对因被勒索而行贿、无法体现谋取不正当利益的单位意志、尚未造成国有资产流失或其他严重后果等情节,要进行有利于被告人的评价。总之,以预防民营企业经济犯罪的政策目的以及各种风控点为端口,合规计划完全能内化于犯罪成立判断的全过程之中,进而在一定程度上限缩涉产权犯罪的成立范围。

第四节 民营企业家涉产权犯罪的刑法解释机能化适用

鉴于我国民营企业家涉产权犯罪主要集中在"破坏社会主义市场经济秩序罪"、"侵犯财产罪"和"贪污贿赂罪"三种类型犯罪的司法现状,通过综合考虑这些案件的罪名适用率、争议焦点、疑难程度等特点,下文将以各地法院做出的若干生效裁判文书为分析样本,尝试运用机能主义刑法解释论对其进行批判性反思,以期进一步落实依法全面平等保护产权的政策理念,实现各种刑法机能的协调统一。

---

① 〔德〕托马斯·罗什:《合规与刑法:问题、内涵与展望》,李本灿译,载赵秉志主编:《刑法论丛》(第48卷),法律出版社2017年版,第349—363页;万方:《美国刑法中的合规计划及其启示》,载《人民检察》2018年第11期,第73页。

② 2022年2月24日,最高人民法院发布了修改后的《审理非法集资案件解释》,其第3条至第5条不再区分自然人犯非法吸收公众存款罪和单位犯非法吸收公众存款罪的定罪量刑标准,第6条全面规定了本罪的退赃挽损情节,使其既可适用于基本犯,也能适用于加重犯。该条规定:"非法吸收或者变相吸收公众存款的数额,以行为人所吸收的资金全额计算。在提起公诉前积极退赃退赔,减少损害结果发生的,可以从轻或者减轻处罚;在提起公诉后退赃退赔的,可以作为量刑情节酌情考虑。非法吸收或者变相吸收公众存款,主要用于正常的生产经营活动,能够在提起公诉前清退所吸收资金,可以免予刑事处罚;情节显著轻微危害不大的,不作为犯罪处理。对依法不需要追究刑事责任或者免予刑事处罚的,应当依法将案件移送有关行政机关。"以上条文均可作为非法吸收公众存款罪合规计划的适用依据。

一、民营企业家破坏社会主义市场经济秩序犯罪的刑法解释机能化展开

[案例1：上海某有限公司、吴丙非法吸收公众存款案]2010年6月至2011年10月期间，吴丙身为上海某有限公司的法定代表人和负责人，以公司投资或经营需要资金周转为由，承诺高额借款利息为诱，部分提供房产抵押或珠宝质押，通过出具借据或签订借款协议等方式，非法向涂某某等人吸收存款，共计人民币15460万元。吴丙所吸收资金主要用于偿还他人的借款本息、支付公司运营支出等。迄今，吴丙已向王甲等四人支付全部本息，向涂某某等人偿还部分本息，并以珠宝或房产作价抵款。2012年11月19日，吴丙接公安人员电话通知后主动至公安机关，到案后对上述基本事实不持异议。①

在本案中，就自然人的刑事责任而言，尽管吴丙的借款金额特别巨大，但从借款对象上看，她与绝大部分人存在特定的社会关系；从借款方式上看，她采取一对一的方式进行，一般约定利息和期限，有时并未约定利息或回报，甚至还提供了房产、珠宝抵押；所以，其行为不符合非法性、公众性、公开性、收益性等特征，法益侵害相对轻微，不具有破坏金融管理秩序及他人合法财产权益的严重危险，据此应当否定借款行为的客观可归责性。

然而，就单位的刑事责任而言，根据个人模式论，吴丙作为该公司的法定代表人、负责人，其意志和行为能直接归结为公司的意志和行为，可以对吴丙和公司在定性上做同一评价：如果吴丙的行为构成本罪，则公司也有罪，此时，合规计划作为企业内部治理体系的关键一环，难以制约公司高层管理人员自己决意或纵容他人实施的经济犯罪，无法起到预防单位犯罪的作用；假如吴丙的行为属于民间借贷，公司就无罪，此时，并非合规计划，而是单位主管人员欠缺非法吸收公众存款的违法性和有责性发挥了出罪作用。

[案例2：李某甲、李某乙虚开增值税专用发票案]2012年4月9日，李某甲与何某甲签订转让合同，约定将正新公司及其分公司板厂沟煤矿予以转让。同年5月至9月期间，罗某某找李某乙以板厂沟煤矿名义，先后向丰源集团开具增值税专用发票38份，开票金额共计4148258.40元，其中，增值税额共计602738.40元。丰源集团将38份增值税专用发票全部申报认证抵扣，涉及增值税额共计602738.40元。李某乙虚造了板厂沟煤矿的工人工资表等资料，并制作虚假账目，虚增煤矿产量和费用。2012年5月至2013年11月15日，板厂沟煤矿实际缴纳增值税共计1810902.63元，无多缴、

---

① 参见上海市黄浦区人民法院(2013)黄浦刑初字第1008号刑事判决书。

欠缴。①

在本案中,二审法院通过明确税务犯罪侵犯的集合(集体)法益构造,并以此指导本罪构成要件的实质解释,再次体现了机能主义刑法学及其依托的"犯罪客观要件——犯罪主观要件——犯罪排除要件"体系在我国司法实践中的具体运用。

具言之,从客观要件上看,虽然李某甲、李某乙开具增值税专用发票的行为与实际交易行为不符,但仍然按照销售煤炭数量如实向国家上缴了增值税和相关规费,即使在下一销售环节将增值税发票进行抵扣,也不会造成国家税款流失。由于国家票据监管制度需要国家税收利益予以充实,对国家税收利益的否定就意味着对国家票据监管制度的否定。而且,从主观要件上看,二人之所以实施这一行为,是为了促成超产煤炭的外销,不仅没有偷税、骗税的目的,也不值得动用刑罚进行谴责或防止再犯。因此,上述司法逻辑显然是从本罪规范的保护目的出发,以其价值基础引导税收违法行为的主客观归责判断,既保证了实质违法性没有脱离形式违法性的束缚,又保证了预防必要性必然受到法益侵害性、非难可能性的制约。即使不存在法定的或超法规的犯罪排除事由,也足以通过否定行为人的主客观可归责性而将其出罪。

二、民营企业家侵犯财产犯罪的刑法解释机能化展开

[**案例3:张某中挪用资金、诈骗案**]1997年3月,张某中与泰康公司董事长陈某1商定挪用泰康公司4000万元资金申购新股谋利。张某中、陈某1又与中国国际期货有限公司董事长田某1商定,通过中期公司所兼管的河南省国际信托投资公司的途径转款,以掩盖挪用情节,炒股所得盈利由张、田、陈三人按3∶3∶4比例分配。其间,由于中国人民银行检查,三人遂于1997年7月通过河南国投公司,又从泰康公司转出5000万元用于归还前次挪用款项。同年8月19日,张某1归还泰康公司4000万元,同年9月3日和9日又分两次归还5000万元。其间,炒股共盈利1000余万元。

2002年初,张某中获悉国债贴息政策及原国家经贸委正在组织申报国债技术改造项目后,即与张伟春等人商议决定物美集团进行申报。为方便快捷,张某中与张某春商量后决定以诚通公司下属企业的名义申报,并征得其董事长田某1同意。物美集团遂以诚通公司下属企业的名义,向原国家经贸委上报了第三方物流改造和信息现代化建设两个国债技改项目,并编制报送了项目《可行性研究报告》等申报材料。上述两个项目经审批同意后,物美集

---

① 参见四川省宜宾市中级人民法院(2016)川15刑终113号刑事裁定书。

团与和康友联公司签订虚假设备采购合同,开具虚假发票,获得信息化项目贷款1.3亿元,后用于公司经营。物流项目因客观原因未能在原计划地点实施,也未申请到贷款。2003年11月,物美集团通过诚通公司取得两个项目的国债技改贴息资金共计3190万元,后用于归还公司其他贷款,并在案发后被追缴。①

(一)根据挪用资金行为并未严重违反公司内部信任关系而作无罪认定

在本案中,张某中的行为性质取决于本罪保护法益的界定及其指导下的解释立场、方法的选择。通说认为,挪用资金罪具体侵犯的是单位对财产的占有权、使用权和收益权。倘若以此为依据,从形式上对本罪的构成要件进行宽泛理解,会轻易认定其行为属于"挪用本单位资金借贷给他人",可以构成犯罪。但是,现代市场经济活动是一种大规模的、复杂的、有组织的经济活动,企业内部信任关系的存在是经济活动正常进行的前提条件。如果有人违反这种信任关系,就必定给他人带来财产损害。所以,挪用资金罪是一种特殊类型的背信犯罪,②其对单位财产权的侵犯源于对企业内部信任关系的破坏,二者均属于罪刑规范的保护目的。假如以此为依据,从实质上对本罪的构成要件进行严格解释,就应当将单位决定挪用资金借给其他单位的行为或者以单位名义挪用资金,为单位谋取利益的行为认定为不属于"挪用本单位资金借贷给他人",不宜构成犯罪。

可见,以挪用资金罪的保护法益为指导,对该罪的构成要件进行形塑后,张某中的行为并不具有侵犯单位财产占有权、使用权、收益权和内部人员之间高度信任关系的紧迫危险性,不符合挪用行为的规范构造;其归还后并未造成企业财产损失,也不具有预防犯罪的必要性;他的行为在性质上属于单位之间的资金拆借,是应当予以保障的民营企业经营自由。

(二)根据欺诈行为不会导致国债技改贴息政策目的落空而作出罪处理

张某中等人获得并违规使用国债技改贴息资金的行为涉嫌有意自我损害型诈骗罪,其具有不同于无意自我损害型诈骗罪的特征。详言之,在普通诈骗罪中,被害人没有意识到自己的处分行为不会得到预期经济回报而"自愿"处分财产,因此遭受财产损失;在特殊诈骗罪中,被害人则已经意识到自己的处分行为将导致财产减少而仍然自愿处分财产,除非与经济价值有关的

---

① 参见中华人民共和国最高人民法院(2018)最高法刑再3号刑事判决书。
② 参见刘明祥:《财产罪比较研究》,中国政法大学出版社2001年版,第389—393、409—410页。

社会目的没有实现,才能认定存在财产损失。诈骗罪侵犯的是财产法益而非处分自由,所以,虽然对于被害人所欲达成的目的是否失败的判断不能完全按照"法律的、经济的财产说"进行,但也不应只考察财产的社会价值。经济财产的事实秩序决定了社会运行的价值设定,社会运行的价值设定又决定了财产分配的社会目的。① 一旦财产的占有状态得到经济法律制度的确认,就会基于特定目的分配给不同主体,以期充分实现财产价值。只要财产被用于实现某一社会目的,财产价值得以体现,就不存在财产损失。

据此,尽管张某中等人没有以物美集团名义申报国债技改项目,但根据相关政策性文件,民营企业具有申报资格,且物流项目并非虚构,项目获批后未按计划实施及未能贷款系客观原因所致,已异地实施。以上事实足以说明,国债技改贴息政策中支持企业技术改造的目的没有落空,反而在客观上支持了民营企业发展,②符合依法全面平等保护产权的政策理念。此外,虽然张文中等人用国债技改贴息资金偿还公司其他贷款,但在财务账目上一直将其列为"应付人民政府款项",且物美集团具有随时归还资金能力,其行为既未达到非法占有骗取资金的类型化危险的程度,又不具有诈骗故意,行为的危害性和行为人的罪过性根本没有必要进入刑法规制的领域。反之,只有行为人虚构或隐瞒与分配规则相关的关键事实骗取国家为实现特定社会政治或经济政策目的所提供的公共资源,并且违反上述目的对这些资源加以利用的,③才成立本罪。这表明,以特殊诈骗罪的保护目的为指导,对该罪的构成要件进行形塑后发现,国家主管部门对其控制、支配的公共财产按照审批程序拨付给行为人后,是否按照预期计划产生加强基础设施建设、促进国民经济发展、提供人民生活水平等实效,就成为区分罪与非罪的核心标准。以此评价张文中等人实施的已经落实特定经济政策目的但具有一定行政违法性的行为,自然就能得出无须用刑法予以调整而只需用经济法律、法规进行规制的结论。

三、民营企业家行贿犯罪的刑法解释机能化展开

[案例4:深圳市亚××电子有限公司单位行贿案]2007年,深圳市亚××电子有限公司需要厂房作为研发基地,公司总经理田某经卢某军介绍,从深圳市高新区建设开发公司租得南山区科技园高新南区 R3—B(面积2574

---

① 参见蔡桂生:《论诈骗罪中财产损失的认定及排除——以捐助、补助诈骗案件为中心》,载《政治与法律》2014年第9期,第53—58页。
② 参见车浩:《最高法院改判张文中案:遗憾与贡献》,载"搜狐网":https://www.sohu.com/a/234748959_650721.html,最后访问时间:2022-6-23。
③ 王钢:《德国判例刑法(分则)》,北京大学出版社2016年版,第227页。

平方米)的厂房,为此,亚××公司需要按照每平方米每月 10 元的标准支付好处费给高新区开发公司具体负责厂房租赁的工作人员姜某彬。2007 年至 2008 年,亚××公司通过卢某军送给姜某彬好处费共计人民币 358880 元。①

在本案中,亚××公司为租赁厂房而给予国家工作人员财物的行为能否构成单位行贿罪,关键是如何把握"谋取不正当利益"的内涵。我国司法实践通过采取"违背职务二元说"(即"违反规则——违背原则"),极度扩张了这一要件的外延,所以,若要限制本罪的成立范围,就只能对其重新阐释。根据本章第三节之二界定的行贿罪客体,它在侵犯职务行为的不可收买性的过程中,也侵犯了职务行为的公正性和公民对国家机关的信赖。将行贿罪的客体定位为集合(集体)法益,不仅强化了本罪的法益侵害类型形象,而且有利于同预防必要性建立起规范联系。因此,在解释思路上,应当将保护法益补充到行为结构中,使"谋取不正当利益"承担起表征国家工作人员违背职务的功能;②在解释方法上,首先运用文义解释,将其范围确定为谋取程序上或实体上的不正当利益和谋取增加实体上可得的正当利益;③其次运用当然解释,将谋取的利益性质、内容与正当的利益水平进行对比;④最后运用目的解释,验证判断结论是否体现贿赂与职务行为之间的对价关系、是否存在预防行贿犯罪的必要性。此外,行贿方式、次数、数额、后果以及是否初犯、自首、立功等情节,也在一定程度上影响了罪行轻重的评价和预防目的的判断。

显然,法益保护目的和预防犯罪目的指导下的行贿罪构成要件解释表明,亚××公司经政府部门同意入园在前,与南山科技园签订租房合同在后,既没有通过姜某彬违背公平、公正原则谋取竞争优势,也没有利用其决策权限对早日签约施加重要影响,所以,并未通过行贿破坏职务行为的不可收买性、公正性,不应认为谋取了不正当利益。而且,亚××公司为了顺利入园不得已向姜某彬支付数额巨大的财物,系被勒索而行贿,无法期待其不实施违法行为,不能认为其具有非难可能性和预防必要性,在应罚性和需罚性的评价上都应得出否定结论。

---

① 参见广东省深圳市中级人民法院(2015)深中法刑二终字第 766 号刑事判决书。
② 参见车浩:《行贿罪之"谋取不正当利益"的法理内涵》,载《法学研究》2017 年第 2 期,第 135—136 页。
③ 参见王政勋:《贿赂犯罪中"谋取不正当利益"的法教义学分析——基于语义解释方法的考察》,载《法学家》2018 年第 5 期,第 149—154 页。
④ 参见袁彬:《民营企业产权刑法保护的司法出罪路径及其扩张》,载《法律适用》2018 年第 12 期,第 15—16 页。

本 章 小 结

实证研究表明,由于刑事政策的调整、立法对国有企业和民营企业的区别对待、现代民营企业管理制度的缺位等原因,司法机关在处理民营企业家涉产权犯罪时未能充分贯彻依法全面平等保护产权的政策理念,难以区分违法行为与犯罪行为,尚未形成犯罪认定的方法论体系。

改革开放的深化和经济体制的转型不仅推动民营企业家产权刑事司法保护理念的自发产生,而且促使其在新的政策导向和社会氛围中做出改变。所以,司法机关应当将"依法全面平等保护产权"的政策理念作为办理民营企业家涉产权犯罪案件的指导观念,慎重入罪,合理出罪。这一理念对加强民营企业家产权司法保护提出了更高要求,有利于彻底改变非公有制经济刑法保护与公有制经济刑法保护显著失衡的局面。它既符合法哲学的正义观,同社会主义核心价值观保持一致,又注重市场经济主体的价值追求,在经济安全与经济自由之间取得适当平衡。而且,以"平等"作为民营企业家产权刑事司法保护政策理念的价值基础,目的在于实现刑法正义。由于平等是正义的核心,在追求平衡正义和分配正义的过程中,司法机关对于民营企业家涉产权犯罪不仅要做到同案同判,而且要注意个案差异。因此,以形式平等作为比较前提、以实质平等作为比较基准,暗合了区别对待的指导思想和适用准则。民营企业家产权刑事司法保护政策理念与宽严相济刑事政策在价值目标和精神属性上相契合,践行依法全面平等保护产权的政策理念应当符合宽严相济刑事政策。此外,只有严格遵循刑法基本原则,才能贯彻依法全面平等保护产权的政策理念。它们不仅在价值取向上一致,而且在主要内容上重合。所以,民营企业家产权刑事司法保护政策理念的价值基础和经济犯罪刑事政策的精神内核通过刑法基本原则注入到刑法规范之中,进而指引司法实践合理认定涉产权犯罪。

在依法全面平等保护产权政策理念的指导下,司法机关应当正视传统犯罪构成理论的利弊得失,根据涉产权犯罪的刑事政策和刑法目的,适当借鉴目的理性的犯罪论体系,选择合适的刑法解释方法,注重对民营企业家涉产权违法行为的实质判断,形成可行的犯罪认定步骤,准确区分违法行为与犯罪行为。具言之,第一,正确认识机能主义刑法学的方法论优势。"阶层式"犯罪论体系并非完美无缺,"四要件"犯罪构成理论也不是一无是处,可以适当借鉴递进式、层次性、规范化的判断方法,采取"犯罪客观要件——犯罪主观要件——犯罪排除要件"的组合形式,将逻辑性(体系)和目的性(机能性)融合起来。当机能主义刑法学被用于刑法解释过程中,其就成为机能主义刑法解释论。相比形式解释论,它以目的作为公共(刑事)政策与刑法体系的沟通管道,实现了政策理念与刑法体系的价值对接;较之传统实质解释论,它公开接受公共(刑事)政策的目的指引,并对犯罪成立的各判断阶段进行了全面的机能化。第二,准确认定涉产权犯罪刑事政策和刑法目的。秩序法益和个人法益之间存在位阶关系的思维方式值得借鉴,但以下几点需要澄清:(1)制度本身不是法益,制度具有的利益才能成为集合(集体)法益。(2)秩序是法律追求的基本价值之一,保护集合法益应当平衡其与自由的关系。所谓的"秩序法益"只说明了法益的价值面向,没有揭示其外显实体,因而缺乏实质内容,难以通过法益概念的因果性损害验证。(3)集合法益与个人法益的对立性揭示了二者质的差异,集合法益与个人法益的统一性表现了二者量的区别。集合法益只能为不特定或多数人平等、完整地享有,对单个对象的侵害就足以表征对整个系统的威胁,在性质上有别于为特定或少数人专享,只有在遭受实际损害或面临现实危险时才会得到保护的个人法益。不过,保护个人自由发展和保护众人自由发展是相辅相成的,因而二者的价值目标一致,只是主体多寡、保护力度不同而已。(4)虽然"位阶法益论"对经济刑法的保护法益进行了双层次的结构安排,但交易公正、社会信用制度、经济秩序都不是适格的集合法益,只有一般化的消费者、存款人、投资者等交易参与人的财产性利益,才赋予了制度法益以实体内容。作为集合法益的经济刑法法益具有整体性、实体性和独立性特点,由于同个人财产法益存在质的区别,进而产生了量的差异,二者在价值、功能上的联系无法掩盖它们在目的指向、保护手段上的不同。刑法理论上宜采取狭义的集合(集体)法益概念,将其对个人法益的"还原"限于价值论、功能论层面,以通过整体性、实体性和独立性认定限制其成立范围,并借助构成要件要素准确测量经济制度利益面临的刑事风险大小,为民营企业家涉产权犯罪的刑事归责提供清晰的目的指引。对此,需要通过全面梳理刑法内外的价值条件、科学确定保护法益的价值基础、准确划定各种法益的适用边界、正向判定值得刑法保护的法益内容以及反向排除需要适当宽容的受损利益来明确涉产权犯罪刑事政策和刑法目的。第三,明确民营企业家涉产权犯罪刑事归责的价值基准。客观危害判断的机能化要求,根据依法全面平等保护产权的政策理念,适当借助客观归责方法论的判断框架,以"相对从属性说"从违法性判断的立场、基本概念的界定、违法判断思路的澄清、不同法域违法性的界分以及轻微违法的处罚阻却五个方面有序检验涉产权违法行为的法益侵害性和预防必要性。主观罪过判断的机能化则要求,按照依法全面平等保护产权的政策理念,合理借鉴机能责任论的范畴设定,从归责前提、要素、基准和限制四个方面深入审查民营企业家本人的非难可能性和预防必要性。而且,因为单位犯罪的处罚原理有别于自然人犯罪的处罚原理,传统的单位刑事责任论不符合依法全面平等保护产权的政策理念,需要借鉴复合模式论中的"统合说"作为民营企涉产权犯罪的归责根据,并通过合规计划的建设及其实施提高其归责合理性。

鉴于我国民营企业家涉产权犯罪主要集中在"破坏社会主义市场经济秩序罪"、"侵犯财产罪"和"贪污贿赂罪"三种类型犯罪的司法现状,以各地法院做出的若干生效裁判文书为分析样本,能够运用机能主义刑法解释论对其进行批判性反思,强化出罪的裁判说理,进一步落实依法全面平等保护产权的政策理念,实现各种刑法机能的协调统一。

第七章 合规计划激励机制中量刑责任的机能化阐释

我国当前合规计划激励机制在适用过程中存在方法论缺陷。鉴于量刑责任是首要的量刑基准,需要重点解决其判断问题。"法益可恢复性理论"不能充分说明合规计划从宽处罚的理由,应当根据合规计划激励机制的政策目的,统合、指导并强化对量刑责任、预防目的减轻责任刑和预防刑功能的评价论证。作为一种处罚限制原理,"责任纯化论"将量刑责任的判断标准限定为形式的行为责任,从中剔除预防要素,并通过考虑合规计划的执行时间、情节性质、调节比例等确定其功能界限。

第一节 问题的提出

合规计划通常是指公司治理的预防目标及其价值定位,它在公司守则中被规定下来,以防止来自公司与针对公司的犯罪为目的。在合规计划和私人规范融入国家法律制度中后,为使其有效执行,必须建立稳健的激励机制,才能将它作为打击经济犯罪的替代方案之一。[1] 以上激励机制既有刑事程序法上的,也有刑事实体法上的;既有体现合规计划出罪功能的,又有体现其从宽处罚功能的。整体而言,这些刑法激励机制可以分为五种模式:一是以合规为根据作出不起诉的模式;二是以合规作为无罪抗辩事由的模式;三是以合规作为从轻量刑情节的模式;四是以合规换取和解协议并进而换取撤销起诉结果的模式;五是以对违法行为披露换取宽大刑事处理结果的模式。[2] 为适应社会转型需要和更好保护民营企业合法权益,我国在借鉴国外合规计划的成熟制度和有益经验的基础上,已经有序开展了企业合规的试点工作,并在制度建设、实务操作等方面进行了初步探索。在适用刑法过程中,上述第三种激励模式在某些地方检察机关主导的合规不起诉改革过程中得到了广泛运用,取得了较好的法律效果和社会效果,为进一步完善刑事立法和推进司法改革积累了宝贵素材。

---

[1] 参见〔德〕乌尔里希·齐白:《全球风险社会与信息社会中的刑法:二十一世纪刑法模式的转换》,周遵友等译,中国法制出版社 2012 年版,第 236 页以下。
[2] 参见陈瑞华:《企业合规基本理论》(第二版),法律出版社 2021 年版,第 47 页以下。

[**案例一：燕某林、陆某润虚开增值税专用发票案**]陆某润一度辩称，起诉书指控的事实都是公司安排做的，由于本人的知识所限，对所实施的行为违法性认识不足；且其庭后提交书面意见称，由于自己法律意识淡薄，虽然是受公司的指使而犯下了错误，但知道违法而没有拒绝，仍然触犯了法律，给国家造成了损失，愿意认罪认罚，希望从轻处罚。一审法院认为，陆某润长期在该公司及医药营销领域工作，对增值税发票基本管理制度特别是"货流、票流、资金流"应当一致的基本要求，当是知晓，并应在实际工作中执行，但仍然盲目执行所谓的公司决定，放任危害结果的发生，造成国家税收流失，其行为具有刑事违法性，应当追究刑事责任。另外，燕某林以公司名义所实施的犯罪行为，很多都是直接下达指令给陆某润来完成，陆某润是直接责任人，但无论是接受虚开还是为他人虚开，此种行为在公司持续时间长达一年，票面金额累计达到数亿之巨，这与公司管理不善以致各个环节层层失守不无关系。因此，充分考量这一因素对陆某润刑事责任的影响，才能更好地体现罪责刑相适应，遂综合认罪认罚等情节认定其犯罪较轻，犯虚开增值税专用发票罪，判处有期徒刑 3 年，缓刑 3 年。①

[**案例二：上海市 A 公司、B 公司、关某某虚开增值税专用发票案**]关某某系 A、B 两家公司实际控制人。2016 年至 2018 年间，关某某在无真实货物交易的情况下，让他人为两家公司虚开增值税专用发票共 219 份，价税合计 2887 余万元，其中税款 419 余万元已申报抵扣。2019 年 10 月，关某某到案后如实供述上述犯罪事实并补缴涉案税款。经检察机关调查，涉案企业系我国某技术领域的领军企业、上海市高新技术企业，科技实力雄厚，对地方经济发展和增进就业有很大贡献。公司管理人员及员工学历普遍较高，对合规管理的接受度高、执行力强，企业合规具有可行性，遂督促企业作出合规承诺并开展合规建设。2020 年 12 月，一审法院分别判处 A 公司罚金 15 万元，B 公司罚金 6 万元，关某某有期徒刑 3 年，缓刑 5 年。法院判决后，检察机关联合税务机关上门回访，发现该企业的合规建设仍需完善，遂向其制发检察建议并公开宣告，建议进一步强化合法合规经营。②

从以上两个案例可以看出，合规计划的制定和执行情况作为一种量刑情节，能对涉案单位及其责任人员的刑事责任产生实质影响，只是区别在于：案例一将其作为酌定从宽处罚情节，没有启动独立的合规考察程序；案例二存在将其作为准法定从宽处罚情节的倾向，并在单独的合规考察程序和量刑程序中予以考察。可以预见的是，如果最高立法机关根据企业合规试点经验，

---

① 参见湖北省宜都市人民法院(2018)鄂 0581 刑初 60 号刑事判决书。
② 参见《最高检发布企业合规改革试点典型案例》，载"最高人民检察院官网"：https://www.spp.gov.cn/spp/xwfbh/wsfbh/202106/t20210603_520232.shtml，最后访问时间：2022-8-17。

未来修法时将合规考察引入刑事诉讼制度,或者将合规计划规定为单位犯罪的出罪事由或从宽处罚情节,就意味着合规激励机制的实定法化。然而,囿于现行立法局限、裁判说理简略和刑法教义学程度不高,司法机关在基于合规计划的制定、执行情况进行量刑的过程中,并未详细阐释其功能定位,换言之,该情节究竟是责任情节还是预防情节,并不清楚。案例一的单位责任人员不仅有违法性认识,而且并非完全缺乏期待可能性,法官可能因其期待可能性减小而减轻责任刑;案例二的涉案企业及其管理人员则通过有效的合规考察显著降低了预防必要性,法官可能据此而减轻预防刑。由于责任刑是与责任相适应的刑罚,这里的"责任"是广义上的责任即量刑责任,而预防犯罪所需要的刑罚即预防刑一般只能在责任刑的范围内起调节作用,[①]明确量刑责任的功能边界就对准确评价合规计划与合理释放其量刑从宽效应,至关重要。而且,考虑到缓刑的适用根据及其条件,既然对被告人宣告缓刑,本身就表明其罪行较轻、人身危险性消失、预防必要性很小,[②]这也是对责任刑和预防刑进行综合评价的结果,而均衡量刑的前提同样在于对量刑责任的准确界定。因此,本章打算从合规计划的量刑激励机制切入,重点研究在此过程中的量刑责任判断问题。

第二节 合规计划从宽处罚的正当化根据

在企业合规改革过程中,各地检察机关通过创新工作机制,对其法理依据、具体程序、整改标准、处理结果等展开了许多探索。例如,2020年4月,深圳市龙华区人民检察院出台了《关于涉民营经济刑事案件实行法益修复考察期的意见》(以下简称为《意见》),推行企业合规条件下的法益修复考察期制度。该制度是指,对移送审查起诉的涉民营经济案件,犯罪嫌疑人有修复受损法益意愿的,检察机关可以根据惩罚与教育相结合的原则,在法定审查起诉期间内设置法益修复考察期,原则上对可不羁押的犯罪嫌疑人适用取保候审等轻缓强制措施,由涉案企业提出合规方案,对被侵害的法益进行修复,并视法益修复、认罪悔罪态度等情况,作相对不起诉处理或提出从轻量刑的建议。它的法理基础在于,法益修复具有出罪价值,犯罪既遂后行为人积极实施"法益修复"行为,对于消除社会损害、修复社会关系,便利行为人回归社会具有重大意义。在现有刑事诉讼结构中,检察机关具备出罪的权能,法益修复的出罪价值与制度设计的任务可以由公诉权承担。[③] 再如,同年9月,浙

---

① 参见李冠煜:《量刑基准的研究——以责任和预防的关系为中心》,中国社会科学出版社2014年版,第3页。
② 参见马克昌主编:《刑罚通论》(第2版),武汉大学出版社1999年版,第448—452页。
③ 参见《深圳市龙华区检察院创新设置法益修复考察期制度》,载"搜狐网":https://www.sohu.com/a/414561297_162758,最后访问时间:2022-8-18。

江省岱山县人民检察院发布了《涉企案件刑事合规办理规程(试行)》(以下简称为《规程》),旨在通过协助企业修正整改、监督执行,实现刑事风险的事前预防和事中应对。该制度要求,对移送审查逮捕、审查起诉的涉企刑事案件,在认罪认罚基础上愿意进行合规整改的,根据惩教结合原则,在法定期限内设置合规整改期,由涉案企业提出整改方案并对被侵害的法益进行修复,整改期满经公开听证后,检察机关视法益修复、认罪悔罪态度及各方意见等作相对不起诉处理或提出从轻量刑建议。① 还如,2021年9月10日,湖北省人民检察院、湖北省司法厅、湖北省财政厅等九部门联合印发《关于建立涉案企业合规第三方监督评估机制的实施意见(试行)》,以期结合我省实际规范企业合规第三方监督评估机制。其中,第31条规定,第三方组织应当对涉案企业合规计划的可行性、有效性与全面性进行审查,重点审查以下内容:涉案企业完成合规计划的可能性以及合规计划本身的可操作性;合规计划对涉案企业预防治理涉嫌的犯罪行为或者类似违法犯罪行为的实效性;合规计划是否全面涵盖涉案企业在合规领域的薄弱环节和明显漏洞。本条规定也蕴含了法益修复的思想。此外,个别地方检察机关结合办案实际,制定了适用于特定犯罪的专项合规整改规范,②

---

① 参见《岱山县院出台〈规程〉推出涉企案件刑事合规办案升级版》,载"舟山市岱山县人民检察院官网":http://www.zjdaishan.jcy.gov.cn/djdt/202010/t20201015_2985949.shtml,最后访问时间:2022-8-18。

② 北京市人民检察院第三分院制发的《证券期货犯罪企业合规整改指南(试行)》就旨在为证券期货犯罪领域的合规整改和考察工作提供参考,进一步推进涉案企业合规第三方监督评估机制工作的开展,提升证券期货犯罪涉案企业合规整改的规范性、针对性和有效性。该指南的第25条规定,涉案企业应当就涉案证券期货犯罪专项风险实施了有针对性的合规整改计划。建立有效的风险的预防、识别和应对机制,包括但不限于以下内容:(1)已经根据企业涉及犯罪具体情况,全面梳理与企业经营活动有关的法律、法规和准则,主动识别、控制其经营活动的合规风险,编制证券期货业务合规风险清单,并可根据清单内容在生产经营过程中查找、识别风险事件;(2)已经建立预警机制,对于企业经营管理行为可能扰乱证券市场秩序,或者企业在市场交易及合作中可能存在的其他证券期货合规风险设立预警标准,同时,建立对交易对手方的风险评估制度,避免企业因交易对手方违法违规陷入合规风险;(3)已经建立合规报告制度,合规管理部门要保证合规专项报告信息的准确性、完整性和可验证性,确保决策层及时了解并采取预防、纠正和补救措施;(4)能够开展有效培训,并对证券期货管理制度进行全面贯彻宣讲,企业决策层、财务管理人员、业务人员对于证券期货监管法规有充分的理解,对违反有关法律法规的后果有清晰的认识,树立较强的证券期货风险防范意识;(5)已经建立举报机制,对企业在生产经营活动中存在的证券期货违法违规情况,根据一定的途径和步骤向合规管理部门报告,并对举报者进行保护和奖励,举报由无利益冲突的合规专员进行独立调查,并将调查结果和处理建议向决策层进行汇报、记录;(6)已经完善问责与惩戒机制,对违反企业合规义务政策、流程和程序的人员(包括决策层、各级管理人员和普通员工)采取适当的纪律处分,如训诫、警告、降级、降职调离、解雇、向执法部门报告违法情况等;(7)已保存有关合规风险评估和应对合规风险措施的文件化信息。在整改期内,已在第三方组织等监督人监督下对于未发现的问题进行统一审查,且整改期后仍然能够依照上述文件对相关风险继续进行审查;(8)已经建立持续改进机制,证券期货业务专项合规制度实施期间,合规管理部门针对企业外部法律和政策的调整、企业内部制度、执行问题带来的合规风险等进行定期审查,并向决策层汇报,以及时修正,确保合规制度合法有效。以上八个方面都是合规整改计划有效性的审查对象。

非常重视涉案企业合规整改的效果评价。显然,综观各地检察机关出台的有关文件,实务中倾向于将"法益可恢复性理论"作为企业合规不起诉的理论根据。虽然这一理论对解释合规计划的从宽量刑适用具有一定的说服力,但缺乏对合规计划从宽处罚根据的精准把握,仍需要进一步完善。

一、实务逻辑的缺陷

"法益可恢复性理论"主张,行为人在犯罪既遂后,由于某种动机的驱使,通过自主有效的风险控制实际避免了危害结果的发生,或者通过"法益恢复"行为,使得已经被先前犯罪行为侵害的法益恢复至"完好如初"的状态,对此,可以给予轻刑化或出罪化评价。但是,"特殊中止说"和"个人解除刑罚事由说"各有不足,所以,在考量法益属性的非国家权力性、法益范畴的非人格性、法益侵害方式的非暴力性的基础上,应将报应主义或功利主义的惩罚根据阙如作为法益可恢复性的理论根据。[①] 尽管有观点批判该理论混淆了刑事责任和民事责任的界限,不宜作为法益恢复现象出罪化的法理依据,但大体上仍赞同其理论根据,并将"有罪不罚"的正当根据概括为"报应与预防必要性的缺失"。[②] 不过,以上两种见解都是从责任(报应正义)和预防(功利目的)两方面寻找法益恢复性犯罪的出罪依据,并无实质区别,而且,因为在概念表述、适用对象、修复措施等方面存在缺陷,不能将其套用于合规计划从宽处罚的场合。

(一)"法益可恢复性"的表述不准确

"法益"一般被定义为"在基本法的支配和今日我们国家现实和社会的现实情状下,人们生存和发展条件的集合",[③]或者"是一种条件,在满足了这种条件的情况下,人类在一个社会公正的秩序中,能够衣食无忧地自由发展自我。……必须精确地说明,值得处罚的损害性侵害或危险究竟存在于何处。"[④]上述条件既能直接促进个人自由发展及其基本权利实现,又能通过设立国家管理制度间接促进个人自由发展及其基本权利实现。在前一种情况下,这些条件就上升为个人法益,侧重对单独个体利益的保护;在后一种情况

---

① 参见庄绪龙:《"法益可恢复性犯罪"概念之提倡》,载《中外法学》2017年第4期,第969页以下。
② 参见刘科:《"法益恢复现象":适用范围、法理依据与体系地位辨析》,载《法学家》2021年第4期,第158页以下。
③ 〔德〕Claus Roxin:《法益讨论的新发展》,许丝捷译,载《月旦法学杂志》2012年第211号,第267页。
④ 〔德〕乌尔斯·金德霍伊泽尔:《法益保护与规范效力的保障:论刑法的目的》,陈璇译,载《中外法学》2015年第2期,第555页。

下,某些条件就凝结为超个人法益,侧重对整体制度利益的保护。根据我国《刑法》规定,单位犯罪均为行政犯,侵犯的几乎都是国家法益、社会法益等超个人法益,其中既有集合法益,也有非集合法益。但无论是何种超个人法益,都要经得起对法益概念事实侧面的检验,因为法益必须是真实存在的,才可能成为被毁损和被保护的事物。① 易言之,倘若不能说明法益的可损害性,就无法说明法益的可修复性。在民法理论上,损害是对民事法律关系或民法保护的合法权益的正常状态的破坏或加以不利影响的后果,②即表现为一种害恶。在刑法理论上,损害是对法益的实际侵害或现实威胁,也表现为一种害恶。只不过两种害恶的来源、性质、程度和救济存在明显差异,进而决定了民事责任和刑事责任的本质区别。既然"损害"是对"害恶"的体现,那么"修复"应与"害恶"相关联,更确切地说,必须围绕法益要素讨论其损害性和修复性,③而这些要素就是法益的量度或测量指标。因此,"法益可恢复性"是一种似是而非的提法,"法益损害可修复性"才是一个准确的概念。

(二)对罪行严重的单位不应当适用合规不起诉

"法益可恢复性理论"并不认同将前行为限于轻微罪行,主要理由是,法益是否得以恢复,虽与前行为侵犯法益的性质密切相关,却与侵犯法益的轻重没有直接关系。而且,这不符合我国惩处逃税罪、拒不支付劳动报酬罪的司法实践。④ 沿着同样的理论进路,"(未经定罪的)量刑责任履行说"指出,一方面,法益损害恢复行为首先属于责任刑情节,只有在恢复行为出于行为人自愿并体现其真诚悔悟的条件下,才能作为预防刑情节,因而该行为兼具责任刑情节和预防刑情节的量刑功能。另一方面,事后建立的合规计划无疑是影响预防刑的要素。综上所述,刑事合规应包含恢复和预防两个价值维度,整改结束后是否作出合规不起诉的决定,其判断依据是涉案企业(未经定罪的)量刑责任是否已履行,其具体表现为:(1) 大部分责任刑被折抵,法益损害全部恢复或基本恢复;(2) 合规考察期构建的时空本质上具有"全景敞视监狱"特征,此时预防刑情节的调整能够大致补足责任刑未能履行的剩余量值。整体而言,只要有效的合规整改履行了涉罪企业的量刑责任,就无须严格坚持单一的(罪行)严重性标准和(惩罚)严厉性标准,可以征成重罪合规

---

① Jäger, Strafgesetzgebung und Rechtsgüterschutz bei Sittlichkeitsdelikten, Ferdinand Enke Verlag 1957, S. 12 f.
② 马俊驹、余延满:《民法原论》(下),法律出版社1998年版,第1027页。
③ 〔日〕高桥则夫:《刑法总论》,李世阳译,中国政法大学出版社2020年版,第481页。
④ 参见刘科:《"法益恢复现象":适用范围、法理依据与体系地位辨析》,载《法学家》2021年第4期,第160页。

不起诉的正当性。① 然而,这一结论并不完全适用于合规计划量刑激励机制。

首先,该机制的目的在于,通过考察合规计划的有效性,判断单位员工履行结果回避义务的程度,并以此决定单位刑事归责的程度,实现单位员工责任和单位责任的区别对待。如果工作人员刻意绕过产品质量合规,实施生产、销售劣药行为,对人体健康造成严重危害,主管人员对此不仅不加制止反而予以放任或进行追认的,就表明该合规计划对严重的单位故意犯罪难以起到预防作用,此时不存在任何从宽处罚的余地。

其次,我国惩处经济犯罪、财产犯罪的司法实践大多针对的是自然人犯罪案件,没有将相关犯罪事实放在合规计划的框架下进行分析。假如单位领导事先就置合规计划于不顾,注重眼前利益而决定实施严重不法行为,或者在已经发生严重法益侵害后果的情况下,事后没有采取充分的补救措施,就只能评价为合规计划失效,其激励功能也无从发挥。所以,鉴于罪行轻重和犯罪预防的关系,应当采取单位刑事归责的整体视角而非自然人刑事归责的个人视角考察合规计划的激励效应。简言之,严重的单位罪行会对合规计划的从宽处罚功能构成很大障碍。

再次,只有对罪行较轻的单位犯罪,才能作出合规不起诉的决定。以无须坚持(罪行)严重性标准和(惩罚)严厉性标准为前提,将责任刑折抵和预防刑减轻作为重罪合规不起诉的理论根据,既没有从恢复性正义的视角统合责任和预防的关系,缺少对责任刑折抵理据的深入说明,又破坏了量刑中的责任和预防的均衡关系,使合规整改对企业带来的负担及其具有的恢复性预防主导了重罪合规不起诉的决定。其实,与事前合规不同,在事后合规的场合,法益损害恢复行为通常应当被评价为特殊预防必要性减少,例外时才可被评价为非难可能性降低。这种行为无法在规范上回溯性地消除结果不法,不能进行数字上的折抵计算,其一般并不具有责任情节的性质,"(未经定罪的)量刑责任履行说"只是通过模糊量刑情节的性质以及放大事后合规计划的预防功能去论证重罪合规不起诉的可行性。因此,只有当涉案企业犯的是轻罪时,事后合规计划对应的预防刑才能明显减轻不严重罪行对应的责任刑,再借助合规计划激励机制宽宥处罚政策功能的加持,完成从"量变"(不法有责的量少)到"质变"(犯罪情节轻微)的认定转化。

最后,对于罪行严重的单位犯罪,只能借助合规计划给予相应的量刑从宽。当涉案企业实施了重罪时,即使基于恢复性正义观下相对宽宥地追究企

---

① 参见董文蕙:《重罪合规不起诉的理论证成及适用限制》,载《法商研究》2022 年第 6 期,第 76—81 页。

业及其员工责任的政策考虑,也不能将修复法益损害的举动评价为责任刑折抵,而只能认为是预防刑减轻。犯罪企业之前造成的集合(集体)法益侵害业已存在,其所对应的较高责任刑难以通过合规整改等事后措施进行等量调节,充其量只能根据法益损害修复、自首、坦白、认罪认罚等减轻预防刑情节给予一定程度的从宽处罚。倘若将结果不法要素扩大解释为包括事后减轻损害的事实在内,就违反了刑法客观主义和行为刑法原则,混淆了不法要素和预防要素,是需罚性考量下刑法过度机能化的表现。

（三）忽视对集合(集体)法益可恢复性的分析

《刑法》分则规定了大量侵犯超个人法益的犯罪,部分可以还原为个人法益,如公共安全,部分不能还原为个人法益,如社会主义市场经济秩序。这些具有非还原性、非分配性和非消耗性的制度利益,就是集合法益。"法益可恢复性理论"也不否认可逆法益存在于财产犯罪、经济犯罪侵犯的、与公权力性法益和人身性法益无关的领域,①但并未区分集合法益与非集合法益而展开详细论述,而单位犯罪侵犯的大多数法益均为集合法益,除了市场经济制度利益外,还有国家安全、社会管理制度利益、廉政管理制度利益等。相较于侵犯非集合法益的犯罪往往通过特定实害结果以具体显示个体损害,侵犯集合法益的犯罪由于运用抽象危险犯等前置保护方式,②只能借助局部实害结果以全面表征系统损害,可损害性判断更为抽象,可修复性评价难度更大。易言之,即使某些非集合法益受损后容易修复,能够完全还原到损害之前的合法状态,但所有的集合法益受损后均难以得到百分之百的修复,不可能彻底恢复到之前的正常状态。这表明,该理论不能完全说明合规计划对涉案单位的出罪理由,即使将其用于解释对单位犯罪的从宽处罚案件,也由于难以摆脱传统的个人分析视角而忽视其对社会系统整体的破坏。总之,仅仅以报应主义(报应)和功利主义(预防必要性)作为理论根据,还不够充分,需要引入企业合规改革的政策目的与恢复性正义理念对合规计划的从宽处罚根据进行补强。

二、本书观点的提出

为了避免重蹈我国司法实践没有区分不法和责任、责任和预防的覆辙,准确适用合规计划的量刑从宽机制,不能只满足于借助刑罚的正当化根据进行解读,而应当立足于整体分析视角,在把握不同阶段修复集合法益损害措施

---

① 参见庄绪龙:《"法益可恢复性犯罪"概念之提倡》,载《中外法学》2017年第4期,第985—988页。
② Vgl. Wohlers, Rechtsgutstheorie und Deliktsstruktur, in: GA 2002, S. 133.

有效性的基础上,明确合规计划从宽处罚的正当化根据。量刑从宽要么是降低责任刑,要么是减轻预防刑,抑或二者兼而有之,因此,这必然意味着量刑责任减轻和预防必要性减少,其共同目标是指向合规计划激励机制的政策目的。

(一) 事前合规减轻法益侵害性或者降低非难可能性

当涉案单位已经制定合规计划并强调员工守法,但由于行为人故意或过失地实施了具有业务关联的违法行为,或者单位在根据合规计划完善自身规章制度和组织架构之前,行为人就实施了某种违法业务行为时,尽管难以完全否定单位行为的不法性和有责性,但也不能完全将员工的行为、罪过都归责于单位。鉴于合规计划的存在及其执行情况,如果涉案单位在一定程度上履行了结果回避义务,就不具有对法秩序的明显敌对态度,对其可以评价为法益侵害性减轻或非难可能性降低。

(二) 事后合规降低非难可能性或者减少预防必要性

当涉案单位在员工的违法行为实施完毕或危害结果发生之后,才根据检察机关的要求完善自身合规管理体制,或者开始按照合规计划的规定落实调查、报告、惩戒、奖励、补救等各项措施时,虽然单位行为在形式上和实质上均符合某种犯罪构成要件,但只要责任人员主动认罪,真诚悔罪,尽力使损害的制度利益得到相当程度的修复,即使没有达到高度修复或完全恢复的程度,也可以通过考察合规整改方案的具体内容及其实施效果,认为涉案单位对整改措施的强烈依赖反映了难以期待其在之前的常规制度环境下实施标准化的适法行为,且表现出将来杜绝类似行为的迫切愿望的话,可以评价为非难可能性降低或预防必要性减少。

(三) 合规计划激励机制对传统量刑根据的机能整合

前述《意见》和《规程》都规定,检察机关可以根据法益损害修复、认罪悔罪态度等情况,决定是否对涉案企业提出从轻量刑建议。这实际上体现了企业合规不起诉制度相对宽宥地处理涉案单位及其责任人员的政策考量,不仅符合合规计划的基本宗旨,而且契合我国当前的司法实务。[①] 为了缓解合规

---

① 参见黎宏:《企业合规不起诉:误解及纠正》,载《中国法律评论》2021年第3期,第177页以下。此外,《日本刑事诉讼法》第248条规定:"根据犯人的性格、年龄及境遇、犯罪的轻重、情节及犯罪后的情况,认为没有必要追诉时,可以不提起公诉。"这种起诉裁量主义的根据之一即为刑事政策思想,具有将处遇政策用于起诉活动的一面(参见〔日〕田口守一:《刑事诉讼法》(第五版),张凌、于秀峰译,中国政法大学出版社2010年版,第123—124页)。所以,我国今后在构建企业合规不起诉制度时,不应忽视其中的刑事政策性考量。

不起诉制度于法无据的尴尬,在根据合规整改方案的制定、执行情况,决定对犯罪单位及其内部职工是否从宽量刑或者从宽处罚幅度时,应当遵守《刑法》和《量刑指导意见》的规定,通过拉近刑事政策和刑法体系之间的距离,以便在刑事法治的轨道上对涉案单位及其员工给予政策优待。企业合规改革体现了恢复性正义观,在实务中表现为恢复性司法观,它将相关主体需求满足或社会关系修复作为刑法正义的评价标尺,刑事政策的价值目标在于通过平衡各方利益以实现社会和谐。据此,合规计划量刑激励机制要将报应、预防和恢复目的融为一体,在调和报应该当性、预防必要性与恢复可能性三者关系的基础上,不仅应当维持事前合规计划考察时犯罪、刑事责任和刑罚的固有属性,将恢复性要素添加进传统报应模式中,而且需要确定事后合规计划考察时法益修复行为与刑事制裁后果之间的规范联系,将惩罚性要素注入现代恢复模式之中。

刑法体系论具备综合功能、启发功能、批判功能等多种功能,[①]而量刑法教义学中的法益侵害性减轻、非难可能性降低和预防必要性减少能够被统合在合规计划从宽处罚的政策目标之下,演绎成恢复性报应和恢复性预防两个目的,并根据这些目的的指导应用于设置了合规考察期的涉案企业,特别是对从宽处罚的界限、幅度有争议的案件,要立足于法秩序统一性的高度,更加广泛地查找有关量刑情节,更为精细地评价具体情节功能。如此一来,统合根据机能、指导适用机能和从宽补强机能就重叠性地为合规计划量刑激励机制奠定了方法论基础。

第三节　合规计划激励下的量刑责任判断

无论是从宽处罚还是从严处罚,都必须协调好责任刑和预防刑的关系,由于责任刑是与量刑责任相适应的刑罚,量刑责任是首要的量刑基准,[②]合规计划量刑从宽激励功能的有效发挥,就以量刑责任的规范判断为前提。

一、量刑责任的判断原理

虽然责任抵偿和预防犯罪不仅是刑罚的正当化根据,而且是量刑根据或

---

① 参见〔德〕埃里克·希尔根多夫:《德国刑法学:从传统到现代》,江溯、黄笑岩等译,北京大学出版社2015年版,第193—195页。
② 参见〔德〕C. Roxin:《刑法中的责任和预防》,〔日〕宫泽浩一监译,成文堂1984年版,第115页以下。

量刑基准,①但二者能否直接作为量刑责任的判断原理,尚需进一步讨论。而且,这将决定量刑责任的内涵和外延。

(一)处罚限制原理还是处罚根据原理

通说认为,刑法的目的是保护法益,而刑罚的目的是预防犯罪。显然,刑法的目的与刑罚的目的并不一致,②因为前者为了发挥人权保障机能,会援引责任主义原则限制刑罚权的发动;后者则为了实现预防犯罪的功利需求,只要具备动用刑罚权的前提即可。所以,刑法目的论同时以法益保护和人权保障作为内在制约原理,而刑罚目的论仅将预防犯罪作为内在制约原理,并将责任原理作为外在制约原理。这对认识量刑责任的判断原理颇具启发意义。

责任主义是近代刑法的基本原则,量刑时必须遵守责任主义。所谓责任主义,狭义上是指行为人的行为只有以责任能力与故意或过失为条件,才可能非难行为人,追究该行为人责任的原则,也称为"归责的责任主义"。刑罚必须与责任之量成比例的原则,被称为"量刑的责任主义"。归责的责任主义和量刑的责任主义合在一起,称为广义的责任主义。③ 可见,责任主义具有三种意义:(1) 责任是为刑罚提供根据的犯罪标志物,同时也是限制刑罚的实质的犯罪标志物;(2) 责任与不法之间具有整合性,责任应当包含具体不法的全部要素;(3) 刑罚应当与责任相适应,责任划定了刑罚的上限;基于预防的考虑,刑罚可以低于责任的程度。④ 据此,责任主义即为"有责任即有刑罚,无责任即无刑罚"。责任主义兼有刑罚根据机能和刑罚限定机能,这被称为"双面的责任主义"。但是,它容易导致必罚主义和重刑主义,不符合内在制约原理的功能要求。所以,该论者后来修正了自己的观点,认为刑罚以责任为前提,刑罚的量被限定在责任的范围之内。有责的行为并不总是以刑罚

---

① 参见〔德〕汉斯—约格·阿尔布莱希特:《重罪量刑——关于刑量确立与刑量阐释的比较性理论与实证研究》,熊琦等译,法律出版社2017年版,第31页以下。
② 也有观点主张,刑罚的目的必须与刑法的目的一致,但考虑到刑法是通过预防犯罪来保护法益的,需要根据责任原理对预防目的形成外在制约。然而,刑罚目的(寻求处罚的原理)本身并不以充分的制约原理(禁止超过一定限度处罚的原理)为必要(参见〔日〕饭岛畅:《自由的普遍保障与哲学的刑法理论》,成文堂2016年版,第89页以下)。这与本书见解并无实质区别。
③ 马克昌、卢建平主编:《外国刑法学总论(大陆法系)》(第三版),中国人民大学出版社2021年版,第37页。
④ 参见〔德〕Authur Kaufmann:《法哲学与刑法学的根本问题》,〔日〕宫泽浩一监译,成文堂1986年版,第152页。

为必要,反而为了保障共同生活的和平与自由才能对其处罚。① 那么,责任主义仅意味着"无责任即无刑罚",只具有刑罚限定机能,这被称为"单面的责任主义"。

量刑责任是责任主义适用于量刑阶段的理论产物,责任主义的机能决定了量刑责任的机能。"双面的责任主义"是一种积极的责任主义,可能以绝对的报应刑论为根据;"单面的责任主义"是一种消极的责任主义,只能以相对的报应刑论为根据。不过,无论哪种责任主义,均承认量刑责任的刑罚限定机能,②即刑罚不能超过责任的上限;但关于刑罚能否超过责任的下限,前者持否定态度,后者持肯定态度。相比而言,"单面的责任主义"更加强调量刑责任的刑罚限定机能,不仅符合我国单位犯罪量刑从宽的司法实践,而且可以提示法官根据合规计划的有效性对涉案单位及其责任人员在责任最低刑以下判处刑罚。

(二)责任纯化论抑或预防责任论

根据"单面的责任主义"可以推导出"责任刑加重禁止说",而且必然以不法是量刑的实体为前提。如果将量刑责任界定为"有责的不法",③那么量刑判断就要采取"责任判断——预防判断"的分阶段审查方式,④其中的责任判断是以不法判断为前提的、将行为的违法性中不能归责于行为人的部分从犯罪的严重性中予以排除的活动。⑤ 详言之,一方面,量刑责任的轻重主要源自违法性的大小。违法性的实质是对法益的侵害或威胁。只要是行为人引起的行为不法和结果不法,不仅应当归责于他,而且要对这些不法事实予以非难,因此,不能处罚"无不法的责任"。另一方面,有责性的程度能够在某种程度上影响量刑责任的程度。对于上述反映法益侵害性的不法事实,并不一定要给予充分的谴责,反而可以通过考察非难可能性的减免事由处以低于责任刑下限的刑罚,所以,只能处罚"有责任的不法"。总之,量刑责任的判断只应考虑与犯罪行为具有直接关系的要素,不得包括预防要素,这被称之为"责

---

① 参见〔德〕Claus Roxin:《责任主义的两面性和一面性——论刑法解释学和刑的量定论中责任和预防的关系》,〔日〕齐藤诚二译,载《刑法杂志》1980 年第 24 卷第 1 号,第 30 页。
② 参见〔日〕本庄武:《论量刑责任的刑罚限定机能》(1),载《一桥研究》1999 年第 24 卷第 1 号,第 80 页。
③ Hans-Jürgen Bruns/Georg-Friedrich Güntge, Das Recht der Strafzumessung, 3. Aufl., 2018, S. 185f.
④ 参见〔德〕Franz Streng:《德国的量刑——其概要与现代课题》,〔日〕井田良、小池信太郎译,载《庆应法学》2007 年第 8 号,第 136 页。
⑤ 参见〔日〕小池信太郎:《量刑中消极责任主义的再构成》,载《庆应法学》2004 年第 1 号,第 311 页。

任纯化论"。①

但是,"预防责任论"对其提出了以下批判意见:(1)所谓纯化的量刑责任概念只划定了责任刑的上限,作为宣告刑的组成部分尚未被完全正当化;(2)针对这种责任进行非难的话,就不能评价为与责任相适应;(3)即使存在各种量刑情节,也未必会判处刑罚,所以不能在观念上设定固定的责任情节,但有必要容纳不固定的预防情节;(4)预防目的本身具有处罚限定机能,需要根据目的合理性的观点,对个别的量刑判断与整体的量刑倾向展开批判性验证,使行为人的人权保障不至于被犯罪预防的公共利益所解消。综上所述,责任刑是指,既包含预防原理,又通过责任原理对其进行制约而推导出的刑罚。②

笔者认为,"预防责任论"的批判意见不能成立,仍然应当采取"责任纯化论"作为量刑责任的判断原理。第一,责任"刑"并非完整意义上的"刑罚",只是刑罚裁量的步骤之一。正如"犯罪"也有"违法的犯罪"与"违法且有责的犯罪"之分一样,不能因此而否定这种中间意义的"犯罪"和"刑罚"缺乏正当化根据,否则就犯了以偏概全的错误。第二,根据消极的责任主义,应当重视量刑责任的处罚限定机能而非处罚根据机能。但是,如果责任原理难以限定刑罚处罚,那么预防目的更难限定刑罚处罚。量刑责任和预防目的都不过是处罚的必要条件,在此基础上,还必须从罪行比例的构建、③量刑情节的评价、限制阶段的设定等各方面对责任刑判断和预防刑判断进行限制。第三,不能过于乐观地期待预防目的的处罚限定机能,否则,犯罪预防的公共利益考量会很容易凌驾于行为人的人权保障之上。因此,只能用责任原理对预防目的进行外在制约,不应同时根据二者推导责任刑。第四,即使改变二者的体系位阶,将预防必要性调整为非难可能性的下位指导原理,④无论在内容还是在机能上,也都无法改变非难可能性的判断是回顾性的而预防必要性的判断是展望性的这一事实。如此重构量刑责任的原理及其构造,无非是将应当分为两个步骤考察的责任非难和预防目的浓缩成一个步骤(预防的责任概念)的两个环节(一般预防的内在构成判断和特别预防的外在修正判断)。前述"(未经定罪的)量刑责任履行说"也是这样界定量刑责任的,因而导致对重罪合规不起诉根据论证的混乱。总之,"预防责任论"的思维逻辑正如"机能责

---

① 参见〔德〕Wolfgang Frisch、〔日〕浅田和茂、冈上雅美编:《量刑法的基本问题——量刑理论与量刑实务间的对话》,成文堂2011年版,第110页。
② 参见〔日〕野村健太郎:《量刑的思考纲要》,成文堂2020年版,第13—17页。
③ 参见〔英〕安德鲁·阿什沃斯:《量刑与刑事司法》(第六版),彭海青、吕泽华译,中国社会科学出版社2019年版,第122—129页。
④ 参见〔日〕野村健太郎:《量刑的思考纲要》,成文堂2020年版,第25—31页。

任论"那样,将罪责和预防必要性两个异质元素合并为一个新的责任范畴,①但这恰好反证了,传统的责任概念(有责性和量刑责任)都无法容纳预防目的;将预防目的纳入其中,只会使其成为不具有实体性的责任要素。所以,"责任纯化论"是可取的。这要求法官在办理单位犯罪案件的过程中,应当首先确定合规计划的执行时间,接着明确它的情节性质以及调节比例,最后与其他量刑情节一起按照量刑步骤分别进行评价。

二、量刑责任的判断标准

既然要贯彻"责任纯化论",就不能允许量刑责任的概念包含预防要素。从剔除预防要素的角度看,该说可谓是一种"形式的"责任论(以下简称为"形式论"),相反,"预防责任论"就是一种"实质的"责任论(以下简称为"实质论")。在选择量刑责任的判断标准时,必须遵循前者的立场,防止适用后者可能带来的消极影响。

(一)"行为要素与结果要素区分论"及其评析

根据"形式论",有论者指出:其一,量刑中的责任概念由行为要素与结果要素构成,前者包括构成要件的行为无价值和构成要件外的行为无价值,后者也有构成要件外的要素。其二,将结果归属于行为人的条件是对结果要素至少具有预见可能,对行为要素应当存在主观的表象。其三,与"征表性构成"仅作为责任的认识手段的见解相反,这种构成只是例外地被使用,事前行为对行为要素、事后行为对结果要素才直接地发挥作用。② 本书将这种观点概括为"行为要素与结果要素区分论"。

该说贯彻了行为要素与结果要素的区分思路,通过归纳事前行为对行为要素的影响、事后行为对结果要素的影响以明确量刑责任的判断标准,具有很强的体系论、方法论借鉴价值。当然,准确适用的前提是分别明确事前行为和事后行为的情节性质、功能。它将量刑责任的判断基础基本上理解为形式的行为责任,因此,思想和性格、人格本身不是处罚对象。应当成为对于追求犯罪预防目的界限的责任,是对个别行为的法的非难可能性的量。③ 相比"实质论","形式论"明确拒绝在判断量刑责任时考虑直接体现法益侵害性或社会危害性大小以外的要素。

---

① 参见〔德〕克劳斯·罗克辛:《刑事政策与刑法体系》,蔡桂生译,中国人民大学出版社2011年版,第76—81页。
② Vgl. Heinz Zipf, Strafrecht Allgemeiner Teil Teilband 2, 7. Auflage, C. F. Müller, 1988, S. 564f.
③ 参见〔日〕城下裕二:《量刑基准的研究》,成文堂1995年版,第113—115页。

(二)"形式论"主张的判断标准及其论证强化

根据"形式论",应当以形式的行为责任作为量刑责任的判断标准,借此准确评价合规计划功能要素的实施效果,并最终判定能否从宽处罚,是给予从轻、减轻还是免除处罚。除了上文"责任纯化论"对"预防责任论"的反驳意见外,"形式论"更有助于促进合规计划的制定完善及其功能发挥。

其一,该说可以避免当前各地检察机关有关合规考察制度的规定没有区分不法和责任、责任和预防的弊端,能够提示法官在注意区分不同场合下合规计划的情节属性后,再赋予其适当的从宽处罚功能。例如,《美国量刑指南》总结了以下合规计划的结构要素:(1) 定义与宣传公司价值、目标,分析特定风险,制定、公布公司制度、程序;(2) 确立领导层责任,并向员工进行解释和培训;(3) 建立旨在揭露、查明犯罪的信息系统,确定调查案件的报告、通报方式;(4) 设立控制人员和控制方式,并对此进行外部评审;(5) 构建制裁滥用行为的内部措施;(6) 建立执行、发展上述措施的有效激励机制。① 这些合规要素有的可以起到事前预防犯罪的作用(如(1)、(2)),有的只能发挥事后预防犯罪的效果(如(3)、(5))。当它具备事前有效性时,就是一种减轻违法性或有责性的责任情节;而当其具备事后有效性时,就是一种减少期待可能性或预防必要性的预防情节。从前述《意见》《规程》等有关文件来看,在量刑方法论的精细化程度上还有较大的提升空间,但是,根据"形式说"的主张,对于上述两种不同性质的情节,量刑时不能等量齐观,特别是在决定能否作出合规不起诉时。

其二,该说基本契合我国量刑实践,与量刑规范化改革的方向一致。近几年来,最高司法机关制定的解释性文件、指导性意见都比较鲜明地体现了"形式论"的观点。例如,《办理环境污染案件解释》第 5 条关于环境修复措施(防止损失扩大、消除污染,全部赔偿损失,积极修复生态环境)的规定以及第 6 条第 2 款关于出罪情形(不具有超标排放污染物、非法倾倒污染物或其他违法造成环境污染的情形的,可以认定为非法经营情节显著轻微危害不大,不认为是犯罪)的规定,无不蕴含着量刑情节功能界分的考虑。再如,《量刑指导意见》对合同诈骗罪的罚金刑适用和缓刑适用的规定,较为清晰地列举了应当考虑的责任情节(诈骗手段、犯罪数额、损失数额、危害后果等)和预防情节(退赃退赔、人身危险性、认罪悔罪表现等)。所以,今后在总结实践经验的基础上,可以根据合规计划的一般适用方法和个罪适用表现,将其分别规

---

① 参见〔德〕乌尔里希·齐白:《全球风险社会与信息社会中的刑法:二十一世纪刑法模式的转换》,周遵友等译,中国法制出版社 2012 年版,第 245—246 页。

定在《量刑指导意见》的第三部分"常见量刑情节的适用"和第四部分"常见犯罪的量刑"中。在办理单位轻罪案件时，法官可以按照上述量刑情节的适用方法，处理好单位罪行对应的责任刑与有效合规计划对应的预防刑之间的关系。只有当恢复性正义观下的政策从宽功能能够补齐通过采取法益损害修复措施、经预防刑向下调整后剩余不多的责任刑量值时，才应作出合规不起诉决定。在这里，以法益损害修复措施为中心的合规整改既有恢复性制裁的一面，即对涉案企业施加了带有强制性、威慑性的纠错方式，使其承受着一定的强力干预与额外负担，也有恢复性预防的一面，即涉案企业罪行较轻通常表明其一般预防必要性不大，加之有效的合规计划可以表明其特殊预防必要性显著降低，二者综合评价的结论就是，无须动用刑罚处罚也能实现预防单位犯罪的目的。

三、量刑责任的判断展开

因为量刑责任是一种形式的行为责任，在事前合规的场合，行为责任要素往往比较容易识别，但在事后合规的场合，合规计划的量刑从宽效果就取决于涉案单位、负责人根据合规计划的框架规定所采取的措施对集合法益损害的修复程度。对受损法益的修复一般无须做到从"量变"到"质变"，即并不要求犯罪完成或既遂后，通过法益损害修复行为使受损法益彻底恢复或基本修复，以至于能对行为人做出罪处理，而只要在单位犯罪较轻的情况下，对受损法益进行低度或中度修复，就可以对单位及其责任人员不适用刑罚。假如对较轻的集合法益损害进行了基本修复，就更应评价为从"量变"到"质变"的完成，对涉案单位、负责人无须判处刑罚或免于刑罚处罚。下文将以三种民营企业的高频犯罪为例，①探讨合规计划从宽激励时的量刑责任判断。

（一）金融合规计划中的量刑责任判断

单位金融犯罪侵犯了我国金融管理制度利益，所以，金融合规计划应当系统性地防范金融风险，维护金融管理制度核心利益，为市场经济主体创造公平竞争的环境。以非法吸收公众存款罪为例，它是单位和责任人员违反国家金融管理规定，非法吸收公众存款或变相吸收公众存款，扰乱金融秩序的犯罪行为，其责任情节体现了对象的公众性、行为的公开性、资金的回报性和目的的非法性。事后金融合规计划若要发挥从宽处罚功能，就必须将这些要

---

① 参见北京师范大学中国企业家犯罪预防研究中心：《企业家刑事风险分析报告（2014—2018）》，载《河南警察学院学报》2019年第4期，第19页以下。

素作为风险防控点,①以此考察合规整改方案的实施效果,决定是否减轻本罪的预防刑。对此,江西省高级人民法院于 2020 年 9 月发布的《企业高发犯罪风险防控指引》就指出,企业如果已经实施了非法吸收公众存款行为,应将所吸收的资金用于正常的生产经营活动,确保能够及时清退所吸收的资金,以便争取从宽处理;为其他企业或个人非法吸收资金提供帮助,收取代理费、好处费等费用,要及时退缴上述费用,争取从宽处理;案发前后已归还的数额、集资参与人收回本金或者获得回报后又重复投资的数额不予扣除,仅作为量刑情节酌情考虑。上述举措都可以表现出涉案单位为减轻责任刑或预防刑做出的努力。

[案例三:潘有某、潘元某非法吸收公众存款案]2004 年 7 月,潘有某、潘元某各出资 25 万元合伙注册开了一家纺织有限公司,专做白坯布纺织加工,但公司资金周转困难,于是决定以公司名义向各自的亲戚朋友借款,出具盖有公司印章的借条。这个救急措施让企业动了起来,按时给付的利息也赢得了亲戚朋友的信任。随着公司扩大经营规模,资金需求随之增加,附近村民纷纷赶来要求投资。2018 年,受行业大环境影响,加上被骗了价值 180 万元的货物,公司经营陷入困境。由于二人意见出现分歧,村民担心投资款没有着落便报了警。经过内部分割,退出企业的潘元某拿出 200 多万元现金,与继续办厂的潘有某一起承担起了村民们的投资清算工作,其中 55 户 407 万元约定按 60% 的比例发放现金退掉债权债务关系,其余的 650 万元,102 户村民同意由继续办厂的潘有某负责分六年归还本金。2020 年 5 月 15 日,达成协议并取得债权人的一致谅解后,潘有某来到兰溪市公安局经侦大队投案自首。2020 年 9 月,案件移送到兰溪市人民检察院审查起诉。经调查,确认涉案公司向 43 人非法吸收资金共计 384.07 万元,除去已归还的本金外,造成实际损失 101.63 万元。全部债务人均表示愿意给企业一次机会,出具书面谅解书。2021 年 3 月 30 日,办案人员来到涉案企业,经与被害人和街道相关工作人员交谈,了解到该企业事发之前一贯表现良好,为当地经济发展作出过一定贡献,其通过民间融资的方式具有客观原因,大部分投资人都获得了回报,造成的实际损失不大。企业目前运转及新产品研发情况良好,潘有某还表达了自愿认罪认罚的意愿。针对案情,承办检察官制作了检察意见书,向企业送达了规范公司财务制度、重视技术与数字化运营等 5 条整改意见,提出了相对不起诉的检察意见。同年 4 月 26 日,检察机关专门对完成整改后的企业及其负责人拟作相对不起诉召开公开听证会。街道工作人员、人

---

① 参见刘艳红等:《企业管理人员刑事法律风险防控研究》,法律出版社 2018 年版,第 252—255 页。

民监督员及律师均表示,能够兼顾被害人权益与企业发展,有利于促进社会矛盾化解,一致赞同检察机关的做法。① 按照《审理非法集资案件解释》第3条之规定,本案行为人非法吸收村民投资款数额较大,情节严重,已构成非法吸收公众存款罪,应被处以"三年以下有期徒刑或者拘役"。不过,他们根据检察意见,不仅及时清退资金,维持正常生产经营,积极开展合规整改,而且具有民间融资确有客观原因、吸收资金全部用于公司经营、造成实际损失不大等责任情节以及一贯表现良好、自首、认罪认罚等预防情节,尽管对我国存款管理制度利益及其内含的投资人群体的财产利益的恢复程度不高,但通过考察合规整改的实际效果和其他预防情节的规范评价,可以由预防刑将责任刑下调至接近零的量值,并进一步借助合规计划量刑激励的政策性作用,最终认定为欠缺需罚性,从而作出的合规不起诉决定是符合量刑原理的。

(二) 税务合规计划中的量刑责任判断

单位税务犯罪侵犯了我国税收管理制度利益,因此,税务合规计划需要前置性地预防国家税收损失,维护税收管理制度的核心利益,为市场经济主体提供自由竞争的机会。以虚开增值税专用发票罪为例,它是单位及其工作人员违反国家税收征管规定,虚开增值税专用发票的犯罪行为,其责任情节包括虚开手段、数量、数额、故意。假如打算借助事后税务合规计划的执行进行从宽处罚,就应当着重审查企业税务管理部门是否健全财务、会计制度、是否完全弥补之前存在的税务风险漏洞、是否具备适当的税务风险识别和防控能力,②以此评估合规整改方案的执行结果,决定本罪的预防必要性是否降低。对此,辽宁省人民检察院等十机关于2020年12月制定的《关于建立涉罪企业合规考察制度的意见》第24条就强调,对涉嫌危害税收征管犯罪企业的合规考察,由检察机关与税务机关共同完成。考察机关应结合部门职责权限,围绕涉罪企业合规计划,考察涉罪企业是否存在欠缴税款、滞纳金及罚款情形,复核企业财务、会计制度或者财务会计处理办法是否符合税收规定,经营活动中发票的使用管理是否合法合规,是否按照规定安装、使用税控装置,是否有损毁或者擅自改动税控装置的行为,享受税收优惠政策的合法有效性。如果涉罪企业没有及时、足额缴纳税款、滞纳金,且并未完善财务、会计制度,检察机关认为其拒不配合或拒不执行合规考察的,可以提起公诉,但不

---

① 参见范燕、范宝华:《企业负责人涉嫌犯罪,村民为何依然信任》,载《检察日报》2021年6月1日,第6版。
② 参见华东师范大学企业合规研究中心编:《企业合规讲义》,中国法制出版社2018年版,第398页。

应将以上情形作为加重预防刑的情节。不过,在企业及其负责人受过刑事处罚后又主动完善并积极实施合规管理机制的,可以在未来的单位犯罪量刑过程中作为事前减轻责任刑的情节。

[案例四:慈溪A汽车零部件有限公司虚开增值税专用发票案]慈溪A汽车零部件有限公司因进项抵扣发票不足,由该公司实际经营人岑某某伙同他人,让宁波B金属材料有限公司为本公司开具增值税专用发票26份,用于该公司税款抵扣,税款合计人民币37万余元。检察机关认为,慈溪A汽车零部件有限公司构成虚开增值税专用发票罪,但犯罪情节轻微,具有以下从宽处罚情节:(1)实际经营人岑某某代表该公司如实供述犯罪事实,且自愿认罪认罚;(2)该公司已补缴相应税款,悔罪态度较好;(3)该公司已完成合规整改。综上,根据该公司实施犯罪的事实、情节、性质、对社会的危害程度以及合规整改情况,依法决定不起诉。① 根据《关于公安机关管辖的刑事案件立案追诉标准的规定(二)》第56条之规定,本案行为人并不属于虚开的税款数额较大或者有其他严重情节的情形,构成的是较轻的虚开增值税专用发票罪。而且,他在事后补缴税款——说明法益修复程度较高,完成合规整改——反映预防必要性显著降低,并具有如实供述犯罪事实、自愿认罪认罚、悔罪态度较好的减轻预防刑情节,即使不考虑合规计划激励机制的政策功能,也能因为多个预防情节对较低责任刑的逆向调节而评价为法益侵害性很小、预防必要性阙如,故理应对其决定合规不起诉。

(三)环境合规计划中的量刑责任判断

单位环境犯罪侵犯了我国环保管理制度利益,所以,环境合规计划必须全方位防控生态环境风险,维护环境保护管理制度的核心利益,满足当代公民及未来世代能在优良、舒适的环境中生存、发展的需求。以污染环境罪为例,它是单位和内部员工违反国家环保管理规定,排放、倾倒或处置各种废物、有毒物质、有害物质,严重污染环境的犯罪行为,其责任情节集中在污染物种类、数量、污染时间及其后果等要素上。倘若要通过采取事后环境合规计划以获得从宽量刑的评价,除了重点考察涉案单位的环境应急监控预警、污染物排放和防治、环境损害评估修复等制度的建立和落实情况外,还要具体判断是否努力消除污染、防止损失扩大、积极赔偿损失、设法修复环境,以此规范性评价生态法益的修复程度,相应地调节预防刑的减轻幅度。应当注意的是,由于环境犯罪可能会对市场经济主体的经营自由、财产自由造成间

---

① 参见浙江省慈溪市人民检察院(慈检刑不诉(2021)551号)不起诉决定书。

接影响,在某种意义上具有经济犯罪的特征,司法机关以合规计划考察为契机决定对涉案单位是否起诉或从宽处罚时,不仅要分析污染行为的严重性,而且要预测企业停工停产、对单位负责人执行监禁刑可能带来的经济影响。这种"伴随追诉产生的刑罚以外的影响"[①]虽然不是责任情节,只是起诉决定或刑罚裁量的附随后果,但并不违反起诉裁量主义的根据,实为企业合规不起诉制度、合规计划激励机制的目的指引下对有关量刑情节进行政策性评价的表现。以上规范性评价和政策性评价的结合,既能提高刑事政策和刑法体系的贯通程度,又能实现单位环境犯罪处理的法律效果和社会效果的统一。

[案例五:张家港市L公司、张某甲等人污染环境案]张家港市L化机有限公司系从事不锈钢产品研发和生产的省级高科技民营企业,张某甲、张某乙、陆某某分别系该公司的总经理、副总经理、行政主管。2018年下半年,该公司在未取得生态环境部门环境评价的情况下建设酸洗池,并于2019年2月私设暗管,将含有镍、铬等重金属的酸洗废水排放至生活污水管,造成严重环境污染。苏州市张家港生态环境局现场检测,该公司排放井内积存水样中总镍浓度为29.4 mg/L、总铬浓度为29.2 mg/L,分别超过《污水综合排放标准》的29.4倍和19.5倍。2020年6月,张某甲、张某乙、陆某某主动向张家港市公安局投案,如实供述犯罪事实,自愿认罪认罚。同年8月,张家港市公安局以该公司及张某甲等人涉嫌污染环境罪向张家港市检察院移送审查起诉。检察机关进行办案影响评估并听取该公司合规意愿后,指导该公司开展合规建设。经审查认为,该公司及张某甲等人虽涉嫌污染环境罪,但排放污水量较小,尚未造成实质性危害后果,可以进行合规考察监督并参考考察情况依法决定是否适用不起诉。该公司系省级高科技民营企业,年均纳税400余万元、企业员工90余名、拥有专利20余件,部分产品突破国外垄断。如果公司及其主要经营管理人员被判刑,对国内相关技术领域将造成较大影响。检察机关在认真审查调查报告、听取行政机关意见以及综合审查企业书面承诺的基础上,对该公司作出合规考察决定。随后,公司聘请律师对合规建设进行初评,全面排查企业合规风险,制订详细合规计划,检察机关委托税务、生态环境、应急管理等部门对合规计划进行专业评估。该公司每月向检察机关书面汇报合规计划实施情况。2020年12月,组建以生态环境部门专业人员为组长的评估小组,对公司整改情况及合规建设情况进行评估,经评估合格,通过合规考察。同月,检察机关邀请人民监督员、相关行政主管部门、工商联等各界代表,召开公开听证会,参会人员一致建议对该公司作不起诉处

---

① 参见〔日〕木目田裕、佐伯仁志编:《实务中有效的企业犯罪与合规计划判例精选》,有斐阁2016年版,第238—239页。

理。检察机关经审查认为,符合法律规定,当场公开宣告不起诉决定。① 按照《办理环境污染案件解释》第1条第4项之规定,本案行为人污染环境罪的量刑责任所对应的法定刑不会超过3年有期徒刑,且由于未造成生态环境严重损害的结果,没有被科以生态环境修复义务。因此,除了该公司及张某甲等人开展合规建设,进行合规整改的情节外,自首、认罪认罚也能在一定程度上减少与行为责任相适应的刑量。必须强调的是,企业停产、员工失业、税收损失等情况不是独立的量刑情节,其功能是可以间接反映责任情节轻或预防情节小,实为在量刑基准的约束下影响责任刑或预防刑从宽处罚幅度的参考资料。倘若将"伴随追诉产生的刑罚以外的影响"作为单独的量刑情节予以评价,就是对合规激励政策目的的刑法体系外考察,割裂了政策性评价与规范性评价,反而可能作出不当的合规不起诉决定。

本 章 小 结

我国在借鉴国外合规计划的成熟制度和有益经验的基础上,已经有序开展了企业合规的试点工作,并在制度建设、实务操作等方面进行了初步探索。在适用刑法过程中,以合规作为从宽量刑情节的激励模式在某些地方检察机关主导的合规不起诉改革过程中得到了广泛运用,取得了较好的法律效果和社会效果。然而,囿于现行立法局限、裁判说理简略和刑法教义学程度不高,司法机关在基于合规计划的制定、执行情况进行量刑的过程中,并未详细阐释其功能定位。明确量刑责任的功能边界对准确评价合规计划与合理释放其量刑从宽效应,至关重要,所以,需要研究在此过程中的量刑责任判断问题。

综观各地检察机关出台的有关文件,实务中倾向于将"法益可恢复性理论"作为企业合规不起诉的理论根据。虽然这一理论对解释合规计划的从宽量刑适用具有一定的说服力,但缺乏对合规计划从宽处罚根据的精准把握,仍需要进一步完善。其一,"法益可恢复性"是一种似是而非的提法,"法益损害可修复性"才是一个准确的概念。"法益可恢复性理论"等学说存在缺陷,对罪行严重的单位不应当适用合规不起诉。所以,仅仅以报应主义(报应)和功利主义(预防必要性)作为理论根据,还不够充分,需要引入企业合规改革的政策目的与恢复性正义理念对合规计划的从宽处罚根据进行补强。其二,应当立足于整体分析视角,在把握不同阶段修复集合法益损害措施有效性的

---

① 参见《最高检发布企业合规改革试点典型案例》,载"最高人民检察院官网":https://www.spp.gov.cn/spp/xwfbh/wsfbh/202106/t20210603_520232.shtml,最后访问时间:2022-8-29。

基础上，明确合规计划从宽处罚的正当化根据。量刑从宽要么是降低责任刑，要么是减轻预防刑，抑或二者兼而有之，因此，这必然意味着量刑责任减轻和预防必要性减少，其共同目标是指向合规计划激励机制的政策目的。通过将报应、预防和恢复目的融为一体，统合根据机能、指导适用机能和从宽补强机能就重叠性地为合规计划量刑激励机制奠定了方法论基础。

  合规计划量刑从宽激励功能的有效发挥，以量刑责任的规范判断为前提。首先，责任主义仅意味着"无责任即无刑罚"，只应具有刑罚限定机能。这种"单面的责任主义"不仅符合我国单位犯罪量刑从宽的司法实践，而且可以提示法官根据合规计划的有效性对涉案单位及其责任人员在责任最低刑以下判处刑罚。其次，根据"单面的责任主义"可以推导出"责任刑加重禁止说"。量刑责任的判断只应考虑与犯罪行为具有直接关系的要素，不得包括预防要素，故"责任纯化论"是可取的。这要求法官在办理单位犯罪案件的过程中，应当首先确定合规计划的执行时间，接着明确它的情节性质以及调节比例，最后与其他量刑情节一起按照量刑步骤分别进行评价。再次，"责任纯化论"可谓是一种"形式的"责任论，作为量刑基准的判断标准，它既可以避免当前各地检察机关有关合规考察制度的规定没有区分不法和责任、责任和预防的弊端，能够提示法官在注意区分不同场合下合规计划的情节属性后，再赋予其适当的从宽处罚功能，又基本契合我国量刑实践，与量刑规范化改革的方向一致。最后，在事前合规的场合，行为责任要素往往比较容易识别，但在事后合规的场合，合规计划的量刑从宽效果就取决于涉案单位、负责人根据合规计划的框架规定所采取的措施对集合法益损害的修复程度。对受损法益的修复一般无须做到从"量变"到"质变"，即并不要求犯罪完成或既遂后，通过法益损害修复行为使受损法益彻底恢复或基本修复，以至于能对行为人做出罪处理，而只要在单位犯罪较轻的情况下，对受损法益进行低度或中度修复，就可以对单位及其责任人员不适用刑罚。上述结论在金融、税务、环境合规计划的量刑责任判断中都可以得到验证。

第八章　网络借贷平台客观归责的机能主义刑法解释

实证研究表明,非法吸收公众存款罪、集资诈骗罪、诈骗罪等经济犯罪、财产犯罪案件中经常出现网络借贷平台的身影,但司法机关尚未认定其应当履行的作为义务,存在处罚上的空隙。本章认为,通过分析网络借贷平台的刑法风险来源及其作为义务类型,在解读我国网络犯罪公共(刑事)政策和网络刑法目的的基础上,运用机能主义刑法解释论对平台行为的违法性进行实质的判断,能够弥补客观归责上的漏洞。具体的判断步骤为:第一,结果回避义务违反性的双向认定;第二,法益侵害结果的限制认定;第三,结果归属类型的具体认定。特别是在结果可归属性的判断上,仅存的造成型和义务型有力地限缩了网络借贷平台的处罚范围。这两种结果归属类型都属于缓和的结果归属,但二者的理论基础存在某些差别。

第一节　网络借贷平台犯罪实证研究

随着"互联网+"金融和"共享经济"在中国的飞速发展,网络借贷行业蓬勃发展。网络借贷平台分为两种:一种是个人通过网络平台对企业进行小额贷款(有时称为"个人对企业"或者是P2B借贷),另一种是个人通过网络平台对个人进行小额贷款(更专业地说,应该是"个人对个人"——P2P)。[1] 据"中国经济网"数据调查显示,自2012年底,正常运营平台数量开始大幅下降;截至2016年,正常运营平台数量下降为2448家。显然,经历了萌芽期和快速发展期后,网络借贷机构开始进入规范整顿期。2020年11月中旬,时任中国银保监会监督管理委首席律师刘福寿宣布,我国P2P网络借贷机构正式清零。但是,清零之后反而迎来了"立案潮"。[2] 这既表明政府行业监管

---

[1] See Eugenia Macchiavello, Peer-to-Peer Lending and the Democratization of Credit Markets: Another Financial Innovation Puzzling Regulators, 21 Colum. J. Eur. L. 521 (2015). p. 522.
[2] 参见胡金华、赵奕:《P2P"清零"后近20家平台被立案调查,上海新新贷被立案,仍有21.5亿未兑付》,载"华夏时报网":https://www.chinatimes.net.cn/article/103420.html,最后访问时间:2022-9-23。

能力的加强，也反映出平台运营存在的法律风险并未随之烟消云散。这些风险不仅包括承担行政法律责任的风险，而且包括承担刑事法律责任的风险。近年来，涉众型金融犯罪案件持续高发，犯罪手段呈现出隐蔽性、迷惑性、欺骗性和网络化、专业化、集团化的特点。① 大量网贷平台刑事案件的出现，促使最高立法机关及时做出回应，在《修正案（九）》中增设了相关网络犯罪，旨在维护信息网络安全，保障公民人身、财产权益。② 为贯彻从严惩处网络犯罪的政策精神，最高司法机关也制定了《关于办理非法集资刑事案件适用法律若干问题的意见》（以下简称为《办理非法集资案件意见》）、《关于办理电信网络诈骗等刑事案件适用法律若干问题的意见》（以下简称为《办理电信网络诈骗案件意见》）、《关于办理侵犯公民个人信息刑事案件适用法律若干问题的解释》（以下简称为《办理侵犯公民信息案件解释》）、《关于办理涉互联网金融犯罪案件有关问题座谈会纪要》（以下简称为《办理涉互联网金融案件纪要》）、《关于办理非法利用信息网络、帮助信息网络犯罪活动等刑事案件适用法律若干问题的解释》（以下简称为《办理信息网络犯罪案件解释》）以及《审理非法集资案件解释》等规范性文件。

以网络犯罪为代表的相当数量新罪被纳入《刑法》的规制范围，这意味着积极主义刑法观在中国的确立，③进而导致刑法适用的功利主义趋向加剧、入罪范围明显扩张、行政违法与刑事犯罪界限模糊等一系列后果。尽管上述规范性文件的实施对网络犯罪的统一适用起到了比较明显的指导作用，但仍然没有提供网络平台刑事责任认定的具体标准和判断方法。对此，实务中必须警惕社会治理"过度刑法化"，④全面实现网络刑法机能的平衡和平台刑事归责的适度。

一、网络借贷平台刑事案件概貌

笔者通过登陆"中国裁判文书网"，以"借贷平台"作为关键词，将"裁判日期"设定在"2015年11月1日至2020年12月31日"之间，在"刑事案件"类别中共搜索到828份与网络借贷平台有关的裁判文书。其中，214起案件以"非法吸收公众存款罪"定罪，占比为25.85%；79起案件以"集资诈骗罪"定罪，占比为

---

① 于潇：《最高检：金融犯罪发案率呈多发但略有下降态势》，载"正义网"：http://news.jcrb.com/jxsw/201807/t20180712_1884754.html，最后访问时间：2022-9-23。
② 参见雷建斌主编：《〈中华人民共和国刑法修正案（九）〉释解与适用》，人民法院出版社2015年版，第147—169页。
③ 参见付立庆：《积极主义刑法观及其展开》，中国人民大学出版社2020年版，第10页以下。
④ 参见何荣功：《社会治理"过度刑法化"的法哲学批判》，载《中外法学》2015年第2期，第523页以下。

9.54%;350 起案件以"诈骗罪"定罪,占比为 42.27%;少数案件分别以"合同诈骗罪""信用卡诈骗罪""侵犯公民个人信息罪""掩饰、隐瞒犯罪所得、犯罪所得收益罪""职务侵占罪""帮助信息网络犯罪活动罪""挪用资金罪""非法利用信息网络罪""背信损害上市公司利益罪"定罪,各自占比不超过 1.97%。

可见,近 80%的案件都是以非法吸收公众存款罪、集资诈骗罪和诈骗罪定罪,仅有 20%左右的案件以其他罪名定罪。在案件数量上,诈骗案居首,非法吸收公众存款案和集资诈骗案分列二、三位,但相比前者,后两类案件的犯罪数额更大,情节更为恶劣,法益侵害性更严重。这表明,在网络空间实施的非法吸收公众存款罪、集资诈骗罪、诈骗罪已经成为司法机关打击的重点,而且,由于积极刑法立法观既会造成立法上的犯罪化,也会造成司法上的犯罪化,所以至少在理论上应当避免上述犯罪的过罪化和重罚化,尤其是对非法吸收公众存款罪和集资诈骗罪的认定。

二、网络借贷平台犯罪类型特点

(一)非法吸收公众存款型网络借贷

这类犯罪的特点是,部分网络借贷平台通过高额收益吸引社会公众,或者利用出借人的资金形成资金池,进而将资金高利转贷给他人,或者将借款人的借款需求转化为理财产品转卖给出借人。但是,无论是出借人充值或借款人还款,都必须将款项支付给平台。在款项支付给平台后,由于缺乏健全的资金托管制度,平台对这些资金实际享有控制权、支配权,并非处于中间人地位。例如,在"李某德非法吸收公众存款案"中,一审法院认为,2014 年 6 月 5 日,李某德注册资金 5000 万元成立了浙江桂德投资有限公司,并在网络上注册建立了台商金融 P2P 网贷平台,在未取得任何金融从业资格,亦未采用第三方资金托管的情况下,从事 P2P 网络借贷,向社会公众吸收存款。社会公众在网站上看到借款信息后,通过网贷平台转账或者直接存入其个人账户,李某德再将这些款项借给他人,从而赚取利息差价。同年 7 月至 12 月,他通过上述方式向徐某甲等 515 人吸收存款共计人民币一千九百多万元,并转借他人,后因出借的资金不能收回导致资金链断裂而将网络平台关闭。李某德无视国家金融管理制度,未经国务院银行业监督管理机构批准,利用网络平台向社会不特定公众吸收存款,数额巨大,其行为已构成非法吸收公众存款罪。[①]

[①] 参见浙江省台州市椒江区人民法院(2016)浙 1002 刑初 505 号刑事判决书。还如"江苏普发创投电子商务有限公司、丁某青等非法吸收公众存款案"(参见江苏省泰州市中级人民法院(2019)苏 12 刑终 38 号)。

（二）集资诈骗型网络借贷

这类犯罪的特点是，与非法吸收公众存款罪在客观行为上存在相似之处，即都是面向社会不特定对象非法集资，但是二者区分的关键在于，行为人主观上是否具有非法占有目的、手段是否具有欺骗性。例如，在"徐某集资诈骗案"中，二审法院认为，2009年3月5日，徐某成立温州大展投资控股有限公司，由其一人控制经营。2013年9月开始，该公司就通过乐贷通P2P网络贷款平台的方式，进行网络贷款撮合经营活动，并通过网络媒介进行宣传，向被害人承诺高额收益。2014年6月18日，该公司才取得"民间借贷撮合业务、理财产品推介"的经营许可。徐某在发布借款标的时，故意隐去标的的关键信息，并在标的到期后删除所有信息，将信息资料予以销毁。期间，她曾大量以俞某等人名义发布假标。至2015年4月期间，徐某利用上述网贷平台骗取被害人向网贷平台投入的大量资金，上述资金进入其控制的个人银行账户。案发后，她拒不交代借款标的上借款人和抵押物的信息。徐某以非法占有为目的，使用诈骗方法非法集资，数额特别巨大，其行为已构成集资诈骗罪。①

（三）诈骗型网络借贷

这类犯罪的特点是，行为人以非法占有为目的，通过网络借贷平台并以虚构事实、隐瞒真相的方法取得他人数额巨大款项。例如，在"薛某华诈骗案"中，一审法院认为，2016年10月至2017年2月间，薛某华以已完成推广任务为由，让朱某、董某、耿某、庞某在"优分期""趣店""花无缺"等多个网络借贷平台软件申请贷款，总额为93794元，并承诺朱某等四人后续还款事宜由其负责。薛某华在收到贷款资金后未按时偿还，并将贷款资金挥霍，造成朱某等四人贷款逾期，损失共计81803.52元。薛某华以非法占有为目的，虚构事实，隐瞒真相，骗取他人钱款，数额巨大，其行为已构成诈骗罪。②

三、网络借贷平台适用规则缺失

综观网贷平台所涉罪名，虽然《刑法》对非法吸收公众存款罪、帮助信息网络犯罪活动罪等经济犯罪、网络犯罪的罪状进行了较为详细的描述，但并

---

① 参见浙江省温州市中级人民法院(2016)浙03刑终1896号刑事裁定书。还如"杨某等集资诈骗案"(参见山东省青岛市黄岛区人民法院(2019)鲁0211刑初1721号刑事判决书)。
② 参见河北省邯郸市邯山区人民法院(2017)冀0402刑初137号刑事判决书。还如"田某山诈骗案"(参见浙江省温州市中级人民法院(2020)浙03刑终793号刑事裁定书)。

未对属于二者交叉领域的网络借贷平台犯罪的构成要件做出具体规定。而且,相关司法解释存在明显的方法论局限。一是缺少针对性。例如,《办理非法集资案件意见》因其发布时间较早,仅仅重在惩治和预防物理空间中的非法集资犯罪。二是欠缺系统性。例如,《办理电信网络诈骗案件意见》《办理侵犯公民信息案件解释》各自侧重处理电信网络诈骗刑事案件和侵犯公民个人信息刑事案件,不仅彼此之间没有给予相应整合,而且提出的处理意见多是对刑法基本理论或具体罪刑规范的重申。三是缺乏可行性。例如,尽管《办理涉互联网金融案件纪要》第 8 条指出,对网络借贷领域的非法吸收公众资金的行为,应当以非法吸收公众存款罪分别追究相关行为主体的刑事责任,却并未细致区分网络平台类型以及深刻阐释其所面临的、有别于其他主体的刑法风险,表现出鲜明的实用主义倾向。《办理信息网络犯罪案件解释》更是主要适用于拒不履行信息网络安全管理义务、非法利用信息网络和帮助信息网络犯罪活动罪,忽视了针对平台作为义务的具体规定。

正因为刑事立法、司法解释中专门用于规制网络借贷平台的规范缺位,以上判例几乎都没有对其是否履行监管义务予以认定,也未进行充分说理,更勿论阐明归责方法。例如,在"马某涌等非法吸收公众存款案"中,一审法院就认为,马某涌作为上海巨某资产管理集团有限公司直接负责的主管人员,曹某等作为该公司其他直接责任人员,未经有关部门批准,通过"巨某意"等网贷平台变相吸收公众存款,扰乱金融秩序,数额巨大,其行为均已构成非法吸收公众存款罪(单位犯罪)。① 再如,在"胡某宝等集资诈骗案"中,二审法院也认为,胡某宝等以非法占有为目的,通过某网贷平台虚构资金中介地位、提供虚假标的等方式向社会公众非法集资,数额特别巨大,其行为均已构成集资诈骗罪。② 还如,在"王某虎等诈骗案"中,二审法院径行认为,王某虎等以非法占有为目的,诱骗被害人根据指示在"微粒贷"等借贷平台上借款,利用其信息资料购买游戏点券、点卡后变卖套现,均已构成诈骗罪。③ 然而,在这些案件中,无论是被告人利用自设的平台实施不法行为,还是被告人利用非自设的第三方平台实施不法行为,对其进行刑事归责的司法逻辑都相当模糊。考虑到平台具有迅捷性、普遍性、低门槛性、高风险性等特征,一旦不履行或不适当履行监管义务,将会显著提升被害人财产利益、经济利益受损的概率,有悖于预防网络犯罪的公共政策目的,所以,有必要上升到刑法教义学层面厘清其在各类案件中扮演的角色。

---

① 参见上海市徐汇区人民法院(2019)沪 0104 刑初 1114 号刑事判决书。
② 参见浙江省高级人民法院(2020)浙刑终 108 号刑事裁定书。
③ 参见福建省漳州市中级人民法院(2019)闽 06 刑终 147 号刑事判决书。

不过,形式解释论通常强调形式判断优先,可能导致刑法适用难以适应网络时代需求;而实质解释论往往允许不明显偏离日常用语可能含义的实质判断,在一定程度上能够反映网络社会治理的政策考量。具言之,对涉 P2P 网贷犯罪,持形式解释论者认为,网络时代刑法解释的扩张化对罪刑法定原则形成冲击,应当在不逾越"法条用语的可能含义""一般人的预测可能性"的前提下,先根据网络犯罪的类型确定刑法解释的大致方向,再根据网络犯罪与传统犯罪的等价性确定刑法解释的具体限度。因此,P2P 网贷的债权转让模式及其平台为正常的生产经营活动而进行的自融行为,不应构成非法吸收公众存款罪。① 上述观点是形式解释的当然推论,但其推理过程无法回避对平台义务内容和自融行为危险性的实质考察。持实质解释论者则主张,新时代网络犯罪治理的刑事政策为刚柔并济。面对极具分散性的 P2P 共享网络架构,要对所有受助者如何使用该行为进行全面评价,进而得出这一行为是否构成相应犯罪的结论。既要平衡好网络安全与技术革新之间的关系,又要协调好网络安全与网络自由之间的关系。实质解释的立场和方法具有优越性,但必须警惕刑法解释的机能化现象。② 这种见解其实变相承认了网络刑法的适用必然受到网络犯罪刑事政策的影响,只是尚未在犯罪论体系中明确刑事政策与刑法体系的沟通渠道。

第二节 网络借贷平台的刑法风险来源及其作为义务类型

《网络借贷信息中介机构业务活动管理暂行办法》(以下简称为《网贷中介暂行办法》)第 2 条第 2 款将 P2P 网络借贷平台定性为"信息中介机构",它主要为直接借贷提供信息服务。详言之,平台不参与借贷关系,只提供资格审核、信息发布、信用评级、资金划拨、还款催收等辅助性服务,并收取管理费或服务费。即 P2P 网贷平台作为居间方,处于中介地位,不得从事超出此范围的其他业务。③ 在我国现有金融法制下,担保型 P2P 网络借贷模式和债权转让型 P2P 网络借贷模式没有立足之地,《网贷中介暂行办法》所定义的网络借贷信息中介机构面临的风险来源及其承担的义务类型自然不同于前二者,在此只需单独研究中介服务型 P2P 网络借贷模式下平台的风险来源及其义务类型。

---

① 参见欧阳本祺:《论网络时代刑法解释的限度》,载《中国法学》2017 年第 3 期,第 164 页以下。
② 参见刘艳红:《网络犯罪的法教义学研究》,中国人民大学出版社 2021 年版,第 90 页以下。
③ 参见丁海湖、田飞:《P2P 网络借贷纠纷审判实务问题研究》,载《法律适用》2017 年第 5 期,第 41 页。

一、网络借贷平台的刑法风险来源

网络经济的迅猛发展促使许多网贷平台逐步打破中立性,直接介入到借贷双方的交易之中,甚至变相地为双方交易提供担保或者进行债权转让等违法行为。网络借贷平台的风险就在于平台本身的资金十分有限,如果其承诺的替代支付的资金超过其自有资金,则会造成平台整体性的风险,甚至可能导致平台经营陷入崩溃。[①] 为了保障自身发展,网贷平台不得不以一定方式对抗风险,一些平台便采用"资金池"的方式以解决其流动性问题。然而,这些抵御风险的方式很容易被视作是平台的"自融"行为,并因此触及刑法底线。[②] 由于网络借贷业务的主体包括借款人、出借人、第三方机构和网络借贷平台,所以作为各方当事人重要连接点的平台引发刑法风险的原因是多方面的,需要综合考虑其他主体实施的违法犯罪行为。

(一)借款人行为引发的平台刑法风险

当借款人利用网贷平台进行集资诈骗,或者借款人具有非法占有的目的,骗取他人款项,或者借款人与出借人之间在签订、履行合同时进行诈骗的,从归责的角度来看,平台未必能够独善其身。

(二)出借人行为引发的平台刑法风险

若出借人利用网贷平台,将赃款分割成多份小额资金进行放贷,使赃款合法化,或者套取金融机构信贷资金,转借出去以获取利息差额,可能涉嫌非法吸收公众存款罪、掩饰、隐瞒犯罪所得、犯罪所得收益罪。假如平台监管到位,或许可以减小甚至化解这类风险。

(三)第三方机构行为引发的平台刑法风险

第三方机构一般是网贷平台基于业务需要而参与到借贷关系中的合作机构,包括第三方支付机构、小额贷款公司等。基于平台与第三方机构的合作关系,此类风险主要表现为双方共同犯罪。

(四)网络借贷平台行为引发的刑法风险

既然中介服务型平台并不直接介入借贷双方的债权债务关系,一般就不

[①] 参见王艳丽:《中国P2P网贷的发展与监管制度构建》,载《中国法学》(英文版)2015年第6期,第30页。
[②] 参见乔远:《刑法视域中的P2P融资担保行为》,载《政法论丛》2017年第1期,第23页。

会面临刑法风险。除非平台具有犯罪故意,其实质上成为一种间接融资平台,具有严重的法益侵害性和非难可能性,才可以被评价为独立的归责主体。

综上所述,我国网络借贷平台的刑法风险来源可以分为两类:其一,当网贷平台保持信息中介性质时,平台可能因为不履行监督管理义务的不作为行为而构成拒不履行信息网络安全管理义务罪;①其二,当网贷平台的地位、作用发生变化时,既可能因自身实施的不法行为而构成单独的作为犯,也可能因参与到他人的不法行为之中而构成共犯。

二、网络借贷平台的作为义务类型

《办理信息网络犯罪案件解释》第1条根据网络服务者提供的内容不同,将其分为网络技术服务提供者(信息网络接入、计算、存储、传输服务提供者)、网络内容服务提供者(信息发布、搜索引擎、即时通讯、网络支付、网络预约、网络购物、网络游戏、网络直播、网站建设、安全防护、广告推广、应用商店等信息网络应用服务提供者)和网络公共服务提供者(电子政务、通信、能源、交通、水利、金融、教育、医疗等公共服务提供者)三类。② 不同类型的网络服务平台负有不同的作为义务,网络借贷平台作为其中一类主体,它的作为义务理应与其他网络服务平台的作为义务有所区别。《网贷中介暂行办法》第9条仅仅笼统列举了网络借贷平台应当履行的各种义务,包括信息发布、审核、防范、公告、披露、保密、反洗钱和反恐怖融资、配合调查等义务,③但平台应当履行的行政法上的作为义务不能同等评价为刑法上的作为义务,即通过义务的纵向类型化和义务的横向类型化而将平台作为义务具体化后,还要进行是否创设法益侵害风险以及具有预防必要性的规范判断。

---

① 参见皮勇:《论网络服务提供者的管理义务及刑事责任》,载《法商研究》2017年第5期,第23页。
② 缐杰、吴峤滨:《〈关于办理非法利用信息网络、帮助信息网络犯罪活动等刑事案件适用法律若干问题的解释〉重点难点问题解读》,载《检察日报》2019年10月27日,第3版。
③ 该条规定,网络借贷信息中介机构应当履行下列义务:(1)依据法律法规及合同约定为出借人与借款人提供直接借贷信息的采集整理、甄别筛选、网上发布,以及资信评估、借贷撮合、融资咨询、在线争议解决等相关服务;(2)对出借人与借款人的资格条件、信息的真实性、融资项目的真实性、合法性进行必要审核;(3)采取措施防范欺诈行为,发现欺诈行为或其他损害出借人利益的情形,及时公告并终止相关网络借贷活动;(4)持续开展网络借贷知识普及和风险教育活动,加强信息披露工作,引导出借人以小额分散的方式参与网络借贷,确保出借人充分知悉借贷风险;(5)按照法律法规和网络借贷有关监管规定要求报送相关信息,其中网络借贷有关债权债务信息要及时向有关数据统计部门报送并登记;(6)妥善保管出借人与借款人的资料和交易信息,不得删除、篡改,不得非法买卖、泄露出借人与借款人的基本信息和交易信息;(7)依法履行客户身份识别、可疑交易报告、客户身份资料和交易记录保存等反洗钱和反恐怖融资义务;(8)配合相关部门做好防范查处金融违法犯罪相关工作;(9)按照相关要求做好互联网信息内容管理、网络与信息安全相关工作;(10)国务院银行业监督管理机构、工商登记注册地省级人民政府规定的其他义务。

(一)网络借贷平台作为义务的划分标准

我国刑法学界对于网络服务提供者作为义务的界定素有争议。一种观点指出,接入服务提供者仅仅提供信息传输和接入服务,技术的中立性较为明显,对网上违法内容的监控义务非常低。但是,缓存服务提供者和存储服务提供者对管理的存储空间具有较强的技术支配力,当认识到违法内容存在时便具有了删除、封锁义务。[1] 按照论者的观点,通过比较欧盟、德国和我国有关网络法律、法规,应当引入功能性区分标准,这有利于实现网络服务提供者作为义务的类型化。另一种观点则倡导,宜以服务类型标准为主,辅之以服务对象与服务方式标准,将网络服务提供者分为"为自己信息提供服务者"和"为他人信息提供服务者"(对此又复分为网络接入服务提供者、网络信息定位服务提供者、网络存储服务提供者和网络平台服务提供者四种)。由于不同类型的网络服务提供者对网络信息的管控能力以及与违法网络用户的紧密程度不同,其责任模式与边界也各有差异。[2] 事实上,服务类型标准适合网络服务提供者作为义务的纵向划分,而服务对象、方式标准适于其作为义务的横向划分。笔者认为,以网络平台为载体的平台经济在未来将是极具发展潜力的经济模式,必将引入更多、更新的技术功能以保障平台经济的创新活力,故技术功能标准是可取的。在此过程中,国家也需防范平台运营可能出现的各种风险,通过考察其服务对象、方式等情况以督促其合理履行义务。

(二)网络借贷平台作为义务的具体类型

网络平台的范围涵盖了网络交易平台、网络社交平台、搜索引擎平台、直播平台和资源共享平台等,而网络借贷平台属于网络交易平台的范畴。所谓网络交易平台,系指"为各类网络交易提供网络空间以及技术和交易服务的计算机网络系统"。[3] 以交易对象为标准,网络交易平台又可分为网络商品交易平台、网络服务交易平台和网络资金交易平台。其中,网络商品交易平台和网络服务交易平台并不实际控制交易对象,单独实施犯罪的几率较小,其法益侵害性和预防必要性并不明显;即使被追究刑事责任,也是因为构成

---

[1] 参见王华伟:《网络服务提供者的刑法责任比较研究》,载《环球法律评论》2016年第4期,第54页。
[2] 参见杨彩霞:《网络服务提供者刑事责任的类型化思考》,载《法学》2018年第4期,第164—172页。
[3] 齐爱民、陈琛:《论网络交易平台提供商之交易安全保障义务》,载《法律科学》2011年第5期,第68页。

共犯。网络资金交易平台则对交易资金处于监管地位,可能实施作为或不作为的侵犯财产利益、经济利益的行为,其法益侵害性和预防必要性更大,也许构成单独犯或共犯。

总而言之,网络借贷平台的作为义务判断,应当先根据技术功能标准,将其划入网络存储服务提供者一类,表明它对信息内容具有较强支配力,存在形式上的归责必要性;再根据服务对象标准,将其划入网络平台服务提供者一类,表明它为他人信息使用提供服务,需要实质判断归责有效性。

第三节 网络借贷平台客观归责的路径选择

网络借贷平台的刑法风险分析表明,当风险超过民法、行政法的规制范围时,追究其刑事责任是必要的;而网络借贷平台的作为义务整合表明,当其结果回避义务违反性满足风险实现的归责要件时,追究其刑事责任是适当的。换言之,既要遵循刑事归责的基本法理,也要符合平台运作的特殊机理。在采用风险政策工具予以客观归责时,应当注意公共政策与刑法体系之间的融合,采取以下归责思路:在解读我国网络犯罪刑事政策和刑法目的的基础上,明确有关犯罪的保护法益,进而对平台行为的违法性进行实质的判断,以合理限定其处罚范围。

一、机能主义刑法学的相对优越性及其网络化尝试

近年来,德国、日本等大陆法系国家(地区)的刑法理论研究和刑事法治实践出现了一个共性特征,即刑事政策与刑法的关系逐渐从疏离趋于融合,表现为刑事政策的刑法化和刑法的刑事政策化。在理论上,目的理性的思想影响了刑法体系的构建,特别是犯罪论体系的逻辑构造;在实践中,结果导向的思维决定了解释方法的选取,尤其是目的解释对裁判结论的证成作用。

"在现代,刑法应当发挥何种机能?……刑法反映着文化根基中的价值,是那个时代文化的镜子。因此,如果价值观发生变化,刑法也应随之改变。"①可见,除了反映形式理性的法治原则的约束,衡量规制效果的实质理性也是理论界和实务界通用的考察方法。随着社会关系的日益复杂和利益冲突的逐渐加剧,借助"目的理性"的概念,刑法体系开始向机能化的方向转变。"一个现代的刑法体系应当是有目的地组织的,也就是说,必须是建立在评价性目的设定的基础之上的。……建立这个刑法体系的主导性目的设定,

---

① 〔日〕平野龙一:《刑法的基础》,东京大学出版会1966年版,第93、95页。

只能是刑事政策性的。刑事可罚性的条件自然必须是以刑法的目的为导向。根据这个观点,支持这个传统体系的基本范畴,就作为刑事政策评价的工具表现出来了,从而,这些范畴本身对于一种目的论体系来说,也是不可舍弃的。"①而刑法体系在向刑事政策开放的同时,也通过法条文义、逻辑规则、适用程序等对其进行制约,防止实质合理性思考凌驾于形式合理性判断之上,避免刑事政策的过度机能化。这里不仅需要注意德国刑法学中所谓的"刑事政策"同我国刑法理论语境中的"刑事政策"的区别,而且应当正视机能主义刑法学的优劣,否则,既不利于实现刑事政策与刑法体系的深度融合,也无助于推动机能主义刑法学的实践展开。

(一)公共政策介入网络刑法的概念切换

相比德国学者在刑法观念高度和刑法方法层面对刑事政策进行界定,我国学者往往从公共政策的演进过程(承认政策概念带有一定的政治色彩)以及公共政策与制度的关系(强调政策对刑法制度改革的先导作用)两方面解读刑事政策。

以认罪认罚从宽制度为例,对其应当立足于"刑事一体化"理念,统合相关学科知识,探寻该制度的政策定位和法律根据。此次试点符合党的十八届四中全会决定的要求,属于"政策制度化"的一个样本,遵循了从政策到制度、先行试点再求全面铺开的路径。因此,从渊源上看,认罪认罚从宽宜首先认定为政策,然后才演化为制度。倡导认罪认罚从宽的政策,既是为了弥补刑事立法"严有余而宽不足"的制度缺陷,也是为了满足刑事司法进一步从宽的制度需求。② 虽然德国刑法学中的刑事政策概念和我国刑法学中的刑事政策概念都体现了合目的性的思维方式,但前者具有更大的方法论价值,能够决定刑法体系的逻辑构造和贯穿刑法解释的整个过程,而后者的规范化程度较低,尚未完全找到与犯罪构成理论体系和当前刑事司法实践的融通方式。我国未来网络刑法教义学的发展必须在引入公共政策的过程中,通过识别网络政策的核心价值目标,将其转译为网络犯罪刑事政策的目的追求,并借助刑事政策的价值论、方法论指导,实现网络政策与网络刑法的沟通。

《网络安全法》作为我国第一部全面规范网络空间安全管理的基础性法律,是依法治网、化解网络风险的法律重器。它制定的网络空间主权等原则,

---

① 〔德〕克劳斯·罗克辛:《德国刑法学总论》(第 1 卷),王世洲译,法律出版社 2005 年版,第 133 页。
② 参见卢建平:《刑事政策视野中的认罪认罚从宽》,载《中外法学》2017 年第 4 期,第 1000—1010 页。

提出的网络安全战略,确定的网络空间治理目标,无不蕴含着遏制网络风险、维护网络安全的价值取向。这一政策精神也贯彻到《修正案(九)》以及《办理电信网络诈骗案件意见》《办理侵犯公民信息案件解释》《办理涉互联网金融案件纪要》《审理非法集资案件解释》等经济刑法规范、网络刑法规范中,并内化于有关网络借贷平台刑事案件的审判依据之中。司法机关通过对这些罪犯定罪量刑,不仅维护了网络安全,而且维护了金融秩序,实现了网络刑法的刑事政策目标。

(二)网络刑法学机能主义转型的可能优势

尽管机能主义刑法学缺乏严格的实证调查研究的支持,倡导进行相当灵活的问题性思考,优先考察行为的处罚必要性,可能忽视刑法的人权保障机能,但它根据社会现实需要提出了实用的刑法解释理论,允许对犯罪成立的判断进行刑事政策性考察,拉近了理论和实务之间的距离,有利于长久地保持学术生命力。[1] 在刑事立法领域,机能主义刑法学一般表现为积极刑法立法观,即能动的、预防性立法观;而在刑事司法领域,它具体化为机能主义刑法解释论,即将机能主义刑法学用于犯罪成立的判断过程,将带有目的理性导向的犯罪论体系作为构成要件的评价标尺,以期从理念层面到实践层面实现刑事政策与刑法体系的深度贯通。

网络刑法解释机能化的主要长处在于:第一,运用实质合理性标准展开目的解释,为网络犯罪刑事政策和刑法目的注入价值内核;第二,允许对网络犯罪成立的判断进行刑事政策性考察,避免因过分关注体系的精密性而可能忽略个案的妥当性;第三,以目的作为网络犯罪刑事政策与网络刑法体系的互动窗口,完成了二者价值对接的任务;第四,能够提高网络刑法的开放性、灵活性,消减网络犯罪刑事政策法外适用和网络刑法体系封闭运行的司法乱象;第五,在网络犯罪刑事政策的价值指引下,比形式解释论更善于进行实质判断和反向筛查;第六,在探求网络刑法规范保护目的的场合,比实质解释论更善于展开利益衡量且能保证结论的可接受性。

总之,仅就方法论而言,网络刑法学的机能主义转型使网络借贷平台实施的危害行为判断既要重视网络犯罪刑事政策和刑法目的的指导作用,又要根据罪刑法定原则,明确具体犯罪的保护法益,从目的论、实质性的立场评价其行为不法性的有无及大小。

---

[1] 参见赖正直:《机能主义刑法理论研究》,中国政法大学出版社2017年版,第178—188页。

二、网络犯罪刑事政策和刑法目的的内涵及其确定

网络犯罪刑事政策毕竟不是宽严相济刑事政策的同语反复,适用网络刑法的过程实为网络犯罪刑事政策和刑法规范相互形塑的过程,所以,实务人员必须将眼光不断往返于刑法体系内外,全面进行形式判断和实质判断,以确保值得刑法保护的、有价值的重要利益成为其保护法益。为此,有学者曾论证过限制法益的三种方式:其一,向法律之外的价值秩序看齐;其二,与实际结构和社会制度条件相联系;其三,与基本法的价值秩序相联系。① 其中,第一种方式和第三种方式分别从前实定法的价值体系与实定法的价值序列着手,试图明确法益的价值基础,但由于欠缺具体标准,还需深入到满足公民社会共同生活的基本条件中进行分析。第二种方式则揭示了法益具有适应社会结构、制度体系的特点,虽然它并非社会行为规范、行政管理制度本身,但应当随着时代变迁、社会发展而不断变化,否则难以获得价值认同和立法确认。据此,解释者可以采取以下方式确定网络犯罪刑事政策和刑法目的。

(一)参考相关立法文本

立法文本承载了立法意图,而立法意图反映了当时的社会形势和犯罪状况,并通过法律草案及其说明、立法委员会报告、最终文本、修正案等形式固化为规范目的。"在任何时候,刑法解释都要首先考虑到揭示立法原意,只有在绝对必要的情况下,才可以超越立法原意,将刑法规定的含义解释为条文文字客观上体现出的意思。"②《修正案(九)》之所以完善网络刑法规定,扩大犯罪圈并加大刑罚量,是为了维护信息网络安全。而且,作为网络刑法前置法规范的《网络安全法》第1条也将保障网络安全、维护社会公共利益和他人合法权益作为立法目的。作为网络刑法、经济刑法适用性规范的相关司法解释同样蕴含着维护信息网络安全管理秩序、社会主义市场经济秩序以及他人合法权益的规范目的。总体而言,在宽严相济刑事政策的指导下,我国网络犯罪刑事政策的目的侧重于从严惩处和加强预防网络犯罪,并借助前置法规范及适用性规范的多维交流,在网络刑法目的法定化的过程中,以保护法益

---

① 参见〔德〕伊沃·阿佩尔:《通过刑法进行法益保护?——以宪法为视角的评注》,马寅翔译,载赵秉志、〔德〕Michael Pawlik 等主编:《当代德国刑事法研究》(第1卷),法律出版社 2017 年版,第 60—70 页。
② 李希慧:《刑法解释论》,中国人民公安大学出版社 1995 年版,第 81—82 页。

普遍化、犯罪结构前置化、主体责任严厉化等方式①展现出来。

(二)明确法益价值基础

网络犯罪刑事政策表面上追求的是网络管理秩序、信息网络安全价值,但是,假如网络刑法不能致力于秩序、安全与自由的辩证统一,就无法完全实现刑法的机能和目的。一方面,秩序和安全相互依存、促进,同为法治的基础价值。秩序是指社会生活中行为的规则性、进程的连续性和关系的稳定性。安全是指社会系统运行没有使人受到威胁或让其处于危险的状态。秩序关注的是社会成员在交往领域中行为模式的构建,而安全关注的是减少变化、降低不确定性产生的工具效用。某种程度的秩序能够满足安全需求,某种程度的安全可以促进秩序维持。秩序、安全价值是实现其他法治价值的前提,追求自由、正义需要秩序、安全的保障。另一方面,维护秩序、安全是为了保障自由,它是法治的核心价值。自由是指公民免遭他人干预、强制而行动的能力,它不仅是主观意志和客观规律的统一,而且是个体性和社会性的统一。倘若没有一个稳定、有序的社会环境,广大公民既不能获得充分开展社会活动的机会,也无法具备社会交往所需的制度条件。重视秩序、安全价值的制度体系不仅保障个人自由,维护整体自由,而且划定制度框架内自由行使的界限,追求一种有自由的秩序、安全。因此,网络犯罪刑事政策和网络刑法应当协力保护"服务于个人自由发展的人之特征、事物特征或制度特征",②制裁那些侵犯与个人法益相关联的集合(集体)法益的不法行为,通过营造稳定、有序的网络环境,净化网民自由开展经济交往的空间。

(三)确定制度核心利益

如果赞同法益概念是"在基本法的支配和国家现实、社会现实情状下,人

---

① 有学者总结道,回顾新近以来我国与网络犯罪作斗争的刑事立法和司法应对的演进历程可以发现,网络犯罪刑事对策调整的主要着力点体现在五个方面:(1)适度扩张网络犯罪圈的范围;(2)充分发挥网络刑事法的功能;(3)适度前移网络犯罪的刑事防线;(4)有效惩治网络犯罪黑灰产业链;(5)深度融合法律规范与技术规则(参见喻海松:《网络犯罪二十讲》(第二版),法律出版社2022年版,第14—21页)。也有学者将网络服务提供者犯罪治理的刑事政策表现概括为:(1)规制触角从"前台"向"后台"延伸;(2)规制时机由"事后"向"事前"拓展;(3)规制模式由"共犯"向"正犯"转型;(4)保护法益由"传统"向"新兴"深化(参见陆旭、宋佳宁:《网络服务提供者刑事责任的界域限定与政策转向》,载《海峡法学》2021年第1期,第109—113页)。以上观点所论述的正是网络犯罪刑事政策应用于网络服务提供者刑事归责的具体表现。

② 〔德〕乌尔斯·金德霍伊泽尔:《刑法总论教科书》(第六版),蔡桂生译,北京大学出版社2015年版,第23页。

们生存和发展条件的集合"，①那么刑法保护的法益实际上是促进个人自由发展的必备条件。这些条件既有助于个体人格的完善，也有助于共同体德性的彰显，所以，刑法既要保护个人法益，也要保护集合(集体)法益。鉴于大部分网络犯罪违反了我国信息网络安全管理制度，破坏了信息网络安全管理秩序，从而导致网络空间的交往规则没有得到普遍遵守，广大网民的社会交往实践需求难以获得充分保障，因此，网络犯罪刑事政策和刑法的目的并非保护网络管理制度本身，而是保护有益于个人自由或个人聚合而成的共同体自由发展的网络管理制度条件。当这些条件具备时，社会成员的网络交往需求就获得满足，即制度利益得以实现。由于制度利益是一项法律制度所固有的根本性利益，需要厘清核心利益与非核心利益，并广泛铺陈、罗列各种具体的制度利益，以便进行妥当的利益衡量。② 据此，为了保证网络空间的秩序、安全价值与自由价值不会产生冲突、对立，信息网络安全管理制度的核心利益宜界定为促进一般公民自由利用网络、自主处分数据并自行取得收益的制度条件，包括网络登录权、数据处分权、参与投资权等。

(四) 构建具体审查步骤

破坏网络金融管理秩序犯罪、网络金融诈骗犯罪和扰乱网络金融市场秩序犯罪侵犯的保护客体均为集合(集体)法益，包括所谓的安全法益、秩序法益和广大投资者利益、被害人群体的财产权。而且，鉴于法益机能赖以产生的规范属性，这些法益应为真正的集合(集体)法益，而非不真正的集合(集体)法益。易言之，前者可以同时维护行为规范和裁判规范的效力，能够强化公民对刑法规范的信赖。后者则仅仅维护裁判规范的效力，只能在反射效应上促进公民对刑法规范的信赖。③ 为此，在刑法教义学中，必须构建适当的审查步骤，以识别真正的集合法益，剔除不真正的集合法益，准确界定网络犯罪刑事政策和刑法目的的内涵。有学者主张，在实体刑法中有两种解决途径，彼此功能上是相当的。一是在抽象层面，开启实体刑法一般性规定之可能性，以使特定犯罪行为在特定门槛之下，得以脱身于刑事司法的负荷能力之外。此时，要受到罪刑法定原则之明确性要求的约束。二是在具体层面，缩减核心刑法的界限，尽可能精确地形塑整体法益，并且将其透过个人法益

---

① Claus Roxin：《法益讨论的新发展》，许丝捷译，载《月旦法学杂志》2012 年第 211 号，第 267 页。
② 参见梁上上：《利益衡量论》(第二版)，法律出版社 2016 年版，第 113 页以下。
③ 参见戴锦澍：《集体法益中秩序法益的解构与反思》，载《四川警察学院学报》2019 年第 1 期，第 133—134 页。

来加以功能化。此时,要面临古典刑法和其他部门法制裁方式的节制。① 这表明,应当根据宪法、行政法、刑法的基本原则,全面看待集合法益与个人法益的对立统一性,用一般化的个人财产法益填充网络管理制度利益的内核,以确定网络经济犯罪保护客体的边界。所以,只有切实维护网络秩序、安全,才能实际保护广大用户的网络自由、财产。只有确实保护了不特定或多数人的网络自由、财产,才能以处罚网络经济犯罪的方式来恢复网络刑法规范被破坏的效力。

三、网络借贷平台客观不法的判断基准

目的理性的犯罪论体系即为机能主义的犯罪论体系,要求不法概念的机能化和责任概念的机能化。② 作为该体系的创新成果之一,客观归责论即旨在实现不法判断的机能化。易言之,刑法上的不法,要从刑法的任务中导引出来。辅助性的法益保护是刑法的任务,从刑事政策上的不法构想中产生了客观归责论——法秩序必须禁止人们创造并实现对于受刑法保护的法益而言不被容许的风险,否则,这种风险就要作为一种符合构成要件的行为归属于行为人。③ 运用客观归责论判断平台行为的不法性,除了具有机能主义刑法学的相对优越性之外,还有一些特定的可取之处。

(一)适用范围上的广泛性

为适应社会变化和贯彻政策目标,犯罪论体系不能只面向传统型犯罪,还要能用于现代型犯罪,刑事政策的引入则打破了刑法体系的封闭性。当行为人实施(广义的)财产犯罪时,可以运用客观归责论对不法侵财行为与财产损害结果的关联性给予检验;④当行为人实施网络犯罪时,应当在形式上对行为方式进行类型化认定,在实质上从众多中立行为中筛选出情节严重的违法行为,将其在客观上归责于行为人。⑤ 鉴于网络借贷平台犯罪处于财产犯罪(含经济犯罪)和网络犯罪的交叉地带,所以对其也能适用客观归责论进行

---

① 参见〔德〕Winfried Hassemer:《现代刑法的特征与危机》,陈俊伟译,载《月旦法学杂志》2012年第 207 号,第 255—257 页。
② Vgl. Bernd Schünemann, Strafrechtssystem und Kriminalpolitik, in: Klaus Geppert/Joachim Bohnert/ Rudolf Rengier(Hrsg.):Festschrift für Rudolf Schmitt zum 70. Geburtstag, J. C. B. Mohr,1992,S117-138.
③ 参见〔德〕克劳斯·罗克辛:《刑事政策与刑法体系》(第二版),蔡桂生译,中国人民大学出版社 2011 年版,第 70—76 页。
④ 参见周光权:《客观归责论在财产犯罪案件中的运用》,载《比较法研究》2018 年第 3 期,第 40—45 页。
⑤ 参见李冠煜、吕明利:《帮助信息网络犯罪活动罪司法适用问题研究——以客观归责方法论为视角》,载《河南财经政法大学学报》2017 年第 2 期,第 67—68 页。

犯罪成立的判断。

(二) 适用逻辑上的递进性

客观归责论提出的"不允许性风险的创设""不允许性风险的实现"和"行为构成的作用范围"三个下位规则,以"行为——结果——因果关系"的判断为线索,以"风险创设关联——风险实现关联"的判断为框架,呈现出逐层推进、逐步深入、逐渐收缩的思维特点。不过,我国通行的"四要件体系"毕竟有别于"阶层式体系",即使对传统犯罪论体系予以适当改造,在运用客观归责论时,仍有必要保留实行行为、危害结果和因果关系的概念,并根据不同判断阶段有选择地借鉴下位规则。

(三) 判断对象上的全面性

对于网络借贷平台犯罪而言,要在客观上判断能否将侵犯信息网络安全管理制度条件和市场经济管理制度条件的结果归属于网贷平台的实行行为。详言之,平台行为的不法性包括行为不法和结果不法,前者通过借贷方式、参与者人数、义务关联违反性的判断,可以在因果关系的"起点"剔除部分中立业务行为和侵犯制度条件危险性不大的行为;后者通过规范的保护目的认定,能够在因果关系的"终点"把构成要件结果限定在吸收公众存款金额、诈骗数额、挪用资金数额等罪刑规范所欲阻止的侵害事实中。经过前后两端的规范操作,基本可以确定因果关系的存否。①

(四) 判断结论上的灵活性

客观归责论是目的理性犯罪论体系的产物,这种体系的特色在于,突破了应罚性和需罚性二元对立的传统看法,在犯罪阶层体系中同时考虑二者。应罚性考虑的是行为的主客观可归责性,需罚性考虑的是预防必要性,它们在每个阶层都要被考虑。② 客观归责论之所以有助于实现法益保护目的,是因为从刑事政策的角度上看,必须禁止行为人制造不被允许的、可能侵害法益的风险,才能有效保护法益。③ 由于网络犯罪刑事政策和网络刑法均以预

---

① 剩下的问题是,如何在网络借贷平台与借款人、出借人、第三方机构之间合理分配风险?这与结果发生可能性、因果进程通常性的判断有关,此时需要根据风险实现类型,以实行行为的贡献度、介入因素的异常性和介入因素的作用力为标准,通过考察客观构成要件要素展开综合判断。在进行实质的不法判断过程中,必须明确区分判断阶段(时点)、判断标准(基准)与判断对象(资料)。
② 许玉秀:《犯罪阶层体系及其方法论》,作者自刊 2000 年版,第 39 页。
③ 周光权:《刑法学习定律》,北京大学出版社 2019 年版,第 253 页。

防性目标为导向,对网络借贷平台的客观归责也要考察是否有利于实现预防网络犯罪的目的。这就在法益侵害性的判断标准之外,增加了一道预防必要性的检验程序。

第四节　网络借贷平台客观不法的实质判断

根据机能主义刑法学,在我国网络犯罪刑事政策和刑法目的的指引下,应当对网络借贷平台的结果回避义务违反性、法益侵害结果以及结果归属类型进行三个步骤的判断,以充分认定其客观可归责性的有无及大小。尤其是网贷平台的结果归属类型具有特殊性,需要深入分析。

一、网络借贷平台结果回避义务违反性的双向认定

本章第一节的研究表明,网络借贷平台涉及的罪名大多为结果犯(即使是抽象危险犯,也需要以实害结果的发生作为征表要素);本章第二节的分析显示,网络借贷平台的刑法风险来源分类是其作为义务类型的判断前提。这意味着,平台的结果回避义务是其实行行为的核心要件。特别是对于保护重大集合(集体)法益的不纯正不作为犯,在用分则罪名确立网络服务提供者保证人地位的基础上,结合法律和行政法规,应根据刑罚规范确定性(明确性)的要求,厘清信息网络安全管理义务的具体内涵和类型。[①] 在进行结果回避义务违反性的判断时,可以采取正向认定和反向排除相结合的方式:一方面,从行为无价值和结果无价值的角度,对其实行行为的法益侵害危险性进行实质判断;另一方面,从中立业务行为、合规计划运行的角度,对其行为的实质违法性进行限缩解释。

(一) 创设集合法益侵害危险的行为是网贷平台的不法行为

根据客观归责论的第一个下位规则,当网贷平台制造了网络刑法、经济刑法不允许的风险时,就具有了较大的网络刑法法益、经济刑法法益侵害危险性,只要不存在相应的违法阻却事由,该行为就具有刑事不法性和预防必要性。然而,根据客观归责论的第二个下位规则,一旦平台实现了以上风险,即使行为人积极退赃挽损,也无法回溯性地消除已经产生的法益侵害性,充其量只能适度降低预防必要性。

例如,在"缪某应等集资诈骗案"中,二审法院针对缪某应等人的上诉理

[①] 江溯主编:《网络刑法原理》,北京大学出版社 2022 年版,第 102 页。

由认为,上诉人客观行为违法,并采用虚构事实、隐瞒真相的诈骗手段。具体表现在:一是借助优易公司的名义开设"优易网"第三方在线借贷平台的行为违法。该公司作为从事经营性互联网信息服务中介的经营主体,并未依法获得电信主管部门的经营许可;作为从事融资的经营主体,亦无行政主管机关授权的经营许可。二是虚构借款人、借款标以及优易公司属香港亿丰国际集团投资发展有限公司旗下成员单位的事实,隐瞒借款用途,夸大公司实力,以增强欺骗性。三是以高息为诱饵,不断募集投资款,放大利诱性;采用以后债还前债的方式维持资金链的运作,用返还利息的方式骗取投资人的信任,引诱更多资金流入。四是将绝大部分投资款用于投资期货、炒股,最终导致无力偿还本息,携带余款逃匿,并毁弃存储优易网第三方在线借贷平台交易信息的电脑硬盘以逃避返还资金。综上,原判决认定上诉人犯集资诈骗罪的事实清楚,证据确实、充分,定罪正确。①

根据上述判决说理,针对缪某应等人通过改变平台用途,支配、控制被害人投资款的行为,应当评价为:(1)以作为的方式使网络借贷平台异化为间接融资平台,明显升高了其面临的金融犯罪风险;(2)没有坚守网贷平台应有的中立性,直接违反了不得从事融资业务的规范要求;(3)既创设了集资诈骗的风险(借助公司名义、虚构借款事实、不断募集资金),也实现了集资诈骗的风险(无力返还资金、携带余款逃匿、毁弃有关证据);(4)不仅具有非法募集资金的不法事实,而且满足非法占有投资款的责任要素。因此,上诉人的行为违反了《网贷中介暂行办法》第9条关于网络借贷信息中介机构的义务性规定以及第10条关于不得为自身融资的禁止性规定,具有高度的破坏金融刑法制度条件的危险性。

(二)没有制造或增加集合法益侵害危险的行为不是网贷平台的不法行为

结合客观归责论与中立业务行为理论、合规计划理论,因为法益必须具有因果可损害性,在事前合规计划框架内,如果网络借贷平台在法益侵害危险现实化之前实施了相关的结果回避措施,即使由其他责任人员造成了法益侵害结果,也存在阻却行为不法的余地。而在事后合规计划框架内,假如网络借贷平台在法益侵害现实化之后才采取补救措施,即使表面上恢复了受损的"法益",但实质上只是在某种程度上修复了造成的"恶害",②此时也不影响行为不法性的认定。

---

① 参见江苏省南通市中级人民法院(2015)通刑二终字第00074号刑事判决书。
② 参见〔日〕高桥则夫:《刑法总论》,李世阳译,中国政法大学出版社2020年版,第480—481页。

于是,在操作过程中,需要明确这类案件中中立业务行为的判断标准与合规计划的出罪路径。一方面,网贷平台参与行为是否构成中立业务行为,应当首先分析行为的危险性程度,接着对秩序、安全利益和自由利益进行衡量,最后根据预防必要性大小予以验证。尽管关于中立帮助行为的判断标准,理论界长期存在"主观说"(重视行为主观因素的见解)、"客观说"(强调行为客观贡献的观点)以及"折中说"(全面评价参与故意和参与作用的主张)的分歧,①但考虑到共同犯罪是一种客观归责形态,往往难以否认帮助因果关系的存在,从帮助犯的成立条件入手未必能提炼出有说服力的归责基准,所以,应当站在客观的立场上,对平台参与行为是否创设了集合法益的侵害危险进行规范判断。而且,鉴于制度利益的复杂性和目的追求的功利性,此后可以设置两道过滤关卡:一是比较网络秩序、安全和网络自由,当处罚平台参与行为将不当挤压公民自主开展网络活动的空间时,宜否定可归责性;二是即使平台参与行为对侵害结果发生具有促进作用,但非专业人士利用该帮助行为实施经济犯罪的可能性很小时,也可以缺乏预防必要性为由而强化无罪说理。另一方面,网贷平台参与行为能否借助合规计划出罪,不仅取决于罪刑法定原则与合规不起诉改革的博弈,而且取决于单位犯罪模式、计划实施阶段、业务行为性质、作为义务内容等因素的综合判断。整体来说,合规计划的出罪路径主要有两条:(1)在不法判断阶段,通过无结果回避可能性或已履行结果回避义务而认定为不具备构成要件符合性;即使具有构成要件符合性,也可借助利益衡量,为保护更为优越的利益而将其认定为超法规的违法阻却事由。(2)在责任判断阶段,通过有相当理由的违法性错误、无期待可能性而认定为不存在有责性。② 不过,囿于罪刑法定原则的刚性束缚,合规考察制度尚未转化为成文立法,且平台具有侵害集合法益的危险性,一旦法益受到侵犯,很难彻底修复到最初状态,因此,不得不选择事前合规计划中的结果回避义务审查这条路径,并注意同中立业务行为考察之间的衔接。简言之,这一类型的网络服务提供者依靠在网络空间中构建虚拟的社会关系,从而在提供服务时获取利益,其技术模式、商业利益和社会干预高度融合,故对其应当放弃严格的技术中立立场,转而从其商业意图、技术行为模式和社会危害后果的一致性上来综合判定其行为的刑事违法性及其程度。③ 只要平台不是被专门用于网贷犯罪,没有制造出不允许的风险或创设的是允许性风险,严守"禁止升高集合法益侵害危险"这一底线,按照合规计划履行了应尽

---

① 参见〔日〕外木央晃:《共犯的基础理论》,成文堂2018年版,第375页以下。
② 参见〔日〕甲斐克则:《企业犯罪与刑事合规》,成文堂2018年版,第119页以下。
③ 杨彩霞:《网络服务提供者刑事责任的类型化思考》,载《法学》2018年第4期,第172页。

的监管义务,原则上其行为就没有不法性。

例如,在"白某托职务侵占案"中,一审法院认为,被告人与温州翼龙贷经济信息咨询有限公司签订网络借贷平台使用协议,系"翼龙贷网"石家庄运营中心负责人,具体负责使用该平台进行借贷款业务,向贷款人发放的贷款均由北京同城翼龙网络科技有限公司提供,其利用贷款人还款时将款项打入其掌控的石家庄运营中心财务个人银行卡的便利,将本应该上缴回公司的款项非法侵吞,符合职务侵占罪的构成要件。关于北京同城翼龙网络科技有限公司提供资金的性质及来源,不影响其犯罪构成。二审法院驳回上诉,维持原判。[1]

根据上述裁判说理,对于白某托利用网络借贷平台实施的职务侵占犯罪,应当评价为:(1)该平台所属公司发现石家庄区域的业务数据异常后即开始调查,得知白某托等人侵占投资款的犯罪事实,进而导致案发,在财产法益侵害危险现实化之前通过履行保管、调查、举报等义务,达到了金融合规计划的要求。(2)本案属于典型的自上而下型单位犯罪,白某托等人具有经手公司小额贷款的便利条件,并伪造证照、虚构事实、瓜分款项,在法益侵害的关联度上明显高于平台,它在行为的正犯性和功能的支配性上属于间接正犯中的被利用者。(3)虽然未能完全避免经济犯罪的发生,但有效防止了财产损失的扩大。倘若将财产损失后果归属于平台参与行为,无异于以维护网络金融管理秩序为名,抑制网络小额贷款业务的发展,压缩小微企业获取借贷资金的机会,会对其经济效益带来消极影响。(4)对白某托等人科处刑罚,足以实现法益保护机能和预防犯罪目的,因为其他人没有被告人这么大的支配力、控制力,利用平台广泛开展集资犯罪的概率较低,无论是从法益侵害性还是预防必要性上看,平台均未升高网络刑法法益、经济刑法法益的侵害危险,没有必要对其给予刑罚处罚。

二、网络借贷平台法益侵害结果的限制认定

根据本章第一节的实证研究,网络借贷平台触犯的都是经济犯罪、财产犯罪,传统刑法理论一般将其视为数额犯,犯罪数额是结果不法的主要判断因素。行为人非法吸收公众存款金额、诈骗集资款数额或个人财产数额,与法益侵害结果成正比关系,即犯罪数额越大,对金融管理制度条件的破坏越严重,对集资款或他人财产所有权的占有变更越恣意。而且,当上述结果发生在网络空间时,波及范围更加广泛,行为对象更易扩散,社会危害性更大,

---

[1] 参见河北省石家庄市中级人民法院(2017)冀01刑终814号刑事裁定书。

预防必要性更高。即使存在其他从宽处罚情节，也不足以对基本由犯罪数额决定的责任刑产生显著的积极影响。所以，"甘某兵等集资诈骗、非法吸收公众存款案"①"程某明等集资诈骗案"②"陈某诈骗案"③中的各被告人才会因为"数额特别巨大"或"数额巨大"而承担严厉的刑事责任。但是，也不能因此而陷入"惟数额论"的误区。

（一）犯罪数额是反映集合法益侵害性的重要指标之一

既然犯罪的本质是侵犯法益，网络犯罪的本质就在于侵犯了信息网络安全管理制度利益，经济犯罪的本质就在于侵犯市场经济管理制度利益。既然以犯罪数额作为入罪的主要标准，那么，只有全面地反映资金规模，才能准确地判断其社会危害性程度。④ 正是基于这一理由，《审理非法集资案件解释》第 6 条第 1 款才做出"非法吸收或者变相吸收公众存款的数额，以行为人所吸收的资金全额计算"的规定。据此，办理"周某非法吸收公众存款案"的一审法院正确指出，被告人开设"美冠信投"网络借贷平台，开展网上 P2P 借贷业务，"向同一人反复实施吸收公众存款时，尽管投资人仅用原来的本金反复投资，但这种行为造成的危害后果和行为人向不同的人实施非法吸收公众存款造成的危害后果是没有区别的，其结果都会使金融秩序受到扰乱"。⑤ 通过此案可以确定如下适用规则：认定非法吸收公众存款金额，不得考虑循环投资的情形，对此应当累加计算。然而，集资诈骗罪的法益不同于非法吸收公众存款罪的法益，它还侵犯了财产所有权，不以全部吸收金额而以实际骗取金额认定，符合其规范保护目的，即根据该解释第 8 条第 3 款之规定，认定集资诈骗数额，应当扣除还本付息金额。必须强调的是，经济犯罪数额表面上是结果不法要素，但其实际作用是通过外界变动事实以补强因果力判断或指明法益侵害因果流向，否则，无法反映对经济刑法法益尤其是所谓的经济秩序法益的侵害程度。衡量网络犯罪等侵犯集合法益犯罪的严重性时，也要正确把握法益的性质与结果的功能，例如，对《办理信息网络犯罪案件解释》第 3 条至第 6 条、第 10 条、第 12 条规定的入罪门槛，都应这样理解。

（二）犯罪数额是能与其他情节配合适用的罪量要素之一

从类型化的角度分析，非法吸收公众存款罪、集资诈骗罪、诈骗罪既是数

---

① 参见广东省高级人民法院(2017)粤刑终 58 号刑事裁定书。
② 参见浙江省海宁市人民法院(2019)浙 0481 刑初 389 号刑事判决书。
③ 参见福建省龙岩市中级人民法院(2020)闽 08 刑终 266 号刑事裁定书。
④ 刘为波：《〈关于审理非法集资刑事案件具体应用法律若干问题的解释〉的理解与适用》，载《人民司法》2011 年第 5 期，第 27 页。
⑤ 参见山东省泰安市泰山区人民法院(2016)鲁 0902 刑初 175 号刑事判决书。

额犯,也有向情节犯转化的趋势。① 对于非法吸收公众存款罪,刑法学界一直存在结果犯与行为犯之争,多数学者认为本罪是行为犯,②但更确切地说,它应当属于经济抽象危险犯。结合《审理非法集资案件解释》第 2 条和第 3 条之规定可以发现,即便个人或单位非法吸收公众存款没有达到该解释要求的存款金额、存户数量或损失数额,仍然可以通过"恶劣社会影响或者其他严重后果"的外界变动事实予以补充,使行为整体的危害性上升到值得科处刑罚的程度。反之,即使行为人非法吸收公众存款满足上述数量标准,却用于正常生产、经营活动的,根本没有危及金融秩序,不应构成本罪。③ 易言之,这些结果并非法益侵害结果,而是作为体现因果性客观变动的范畴,其功能是服务于集合法益侵害危险性检验,以密切实行行为与保护法益之间的无价值性关联。通过采用体系解释、实质解释的方法,考虑款项金额、被害人数、损失大小、资金用途等事实,调整罪量因素和罪质因素的结构安排,不仅可以畅通网络金融犯罪的出罪途径,也能合理进行客观归责。例如,在"骆某桁等非法吸收公众存款案"中,一审法院就考虑到被告人"尚未造成恶劣社会影响或特别严重后果",因而认为其非法吸收存款"犯罪情节较轻"。④ 不过,令人遗憾的是,本案没有明确"恶劣社会影响或特别严重后果"的内容,说理稍显不足。鉴于网络犯罪的特点,传统刑事归责的评价标准难以完全适用于网络空间,有必要革新其标准体系的发展思路,⑤以违法所得数额、其他实害结果、危害行为次数等情节填充抽象的社会影响或严重后果情节,构建起科学的集合法益损害测量标准体系。

三、网络借贷平台结果归属类型的具体认定

(一)网络借贷平台结果归属的指导原理

通说对因果经过以常态与否为标准予以类型化,无疑是存在论的体现;

---

① 《关于办理诈骗刑事案件具体应用法律若干问题的解释》第 2 条、第 3 条就突破了诈骗罪归责"惟数额论"的局限,但也有混淆定罪情节与量刑情节、责任情节和预防情节的不足。修改后的《审理非法集资案件解释》第 3 条至第 5 条、第 8 条也将非法吸收公众存款罪、集资诈骗罪的定罪量刑标准基本调整为"数额+情节"模式。
② 刘宪权:《金融犯罪刑法学专论》,北京大学出版社 2010 年版,第 241 页。
③ 周光权:《刑法各论》(第四版),中国人民大学出版社 2021 年版,第 298 页。
④ 参见广东省深圳市宝安区人民法院(2017)粤 0306 刑初 1770 号刑事判决书。
⑤ 参见郭旨龙:《信息时代犯罪定量标准的体系化实践》,载《上海政法学院学报》2015 年第 1 期,第 24—27 页。《办理非法集资案件意见》第 4 条规定:"为他人向社会公众非法吸收资金提供帮助,从中收取代理费、好处费、返点费、佣金、提成等费用,构成非法集资共同犯罪的,应当依法追究刑事责任。"该条显然就是归责标准复合化的体现,有限度地拓展了网络金融犯罪的处罚范围。

而犯罪参与理论以行为支配性程度作为归责基准,完成了向规范论的转变。

一般认为,"行为支配论"对认定正犯提供了极具包容性和富有启发性的指导原理,对此应当给予全方位考察和多角度分析之后,才能确定将其引入到网络借贷平台归责过程的必要性和可行性。(1)一元的行为支配论和多元的行为支配论。这是以判断动机为标准对该理论所做的分类。一元的行为支配论追求为各种正犯形态的正犯性奠定统一的基础,可追溯至"目的行为论"的提倡者。① 而多元的行为支配论出于对判断标准模糊、结论不够妥当等缺陷的反思,从而在方法论上做出革新,要求先对不同的正犯形态赋予不同的正犯性标志,再将其升华为正犯判断的指导思想。② (2)主观的行为支配论和客观的行为支配论。这是以正犯特征为标准对该理论所做的分类。主观的行为支配论强调,那些将其意志决定有目的意识地加以实行的人,就具有了行为控制。③ 客观的行为支配论则强调,对于犯罪支配而言,重要的是谁掌握了满足构成要件的事件过程。④ (3)积极的行为支配论和消极的行为支配论。这是以思维方式为标准对该理论所做的分类。积极的行为支配论注重从正面说明正犯的特征,例如,"对于正犯的确定,决定性的是每个参加人根据他对行为的客观上贡献的种类和大小,以及基于他的意志上参加,对构成要件实现的是否和如何的问题以及在何种程度上以这样方式进行了支配或者共同支配,以至于结果显得(也)是他的目的明确地操纵或者共同安排行为的意志的所为"。⑤ 而消极的行为支配论侧重从反面排除不具备正犯性的情况,例如,多数学说的说理逻辑似乎一开始就把分则各罪原本设定的正犯范畴,透过犯罪支配概念扩张到教唆与帮助等犯罪参与类型。在犯罪参与者欠缺犯罪支配的情形下,再让其退回到共犯的参与地位。严格来说,它倾向于对共犯资格采取消极的排除认定,但正犯资格却是采扩张的解释。⑥ (4)行为无价值的行为支配论和结果无价值的行为支配论。这是以不法根据为标准对该理论所做的分类。行为无价值的行为支配论主张,由于支配性的本质是以符合基本构成要件的行为引起法益侵害,正犯的不法就包括了由行为样态所表征的行为无价值以及由法益侵害所彰显的结果无价值。正犯

---

① 参见〔日〕桥本正博:《"行为支配论"与正犯理论》,有斐阁2000年版,第6—8、16—18页。
② 同上书,第60页以下。
③ 〔德〕克劳斯·罗克辛:《德国刑法学总论》(第2卷),王世洲主译,法律出版社2013年版,第15页。
④ 〔德〕冈特·施特拉腾韦特、洛塔尔·库伦:《刑法总论Ⅰ——犯罪论》,杨萌译,法律出版社2006年版,第291页。
⑤ 〔德〕约翰内斯·韦塞尔斯:《德国刑法总论》,李昌珂译,法律出版社2008年版,第291—292页。
⑥ 参见古承宗:《犯罪支配与客观归责》,元照出版公司2017年版,第101—102页。

不法的结果无价值侧面,对具体犯罪所侵害的法益依据各个犯罪进行判断即可。但是,用于表征行为无价值的行为样态却由于刑法对基本构成要件行为的规定方式不同,在判断上呈现出不同的路径。① 结果无价值的行为支配论则主张,按照结果无价值论的观点,对犯罪事实的支配,应理解为对构成要件事实的支配,尤其应理解为对法益侵害、危险结果的支配。所以,从实质上看,对侵害结果或危险结果的发生起支配作用的就是正犯。亦即,行为人自己直接实施符合构成要件的行为造成法益侵害、危险结果的(直接正犯),或者通过支配他人的行为造成法益侵害、危险结果的(间接正犯),以及共同对造成法益侵害、危险结果起实质的支配作用的(共同正犯),都是正犯。② 本书认为,应当采取多元的行为支配论,为共同正犯提供独立的认定标准;应当采取主客观相统一的行为支配论,为共同正犯确定充分的判断对象;应当采取积极的行为支配论,为共同正犯指明正确的解释思路;应当采取行为无价值的行为支配论,为共同正犯划定合理的处罚界限。

借用"行为支配论"的分析模式,可以对归责类型进行具有中国特色的划分。例如,按支配力(或支配可能性)由强到弱的顺序排列,将归责类型分为造成型(即现实的支配力最高,归责有效性较弱时也足以肯定结果归责)、引起型(即现实的支配力减弱,有必要以相对强大的归责有效性因素做补强)、义务型(即现实的支配力归于零,只是具有支配可能性,距离作为刑法归责核心类型的造成型因果的形象最远,需要最为强大的归责有效性因素来填补)和概率提升型(即可能满足结果归责所要求的归因基准,仅作为对造成型因果的归责空隙的合理弥补),其哲学根基、细部规则、处罚边界有着较大差异。③ 再如,考虑到归属条件、后果的差异,将归属类型分为通常的结果归属(如对于诈骗罪、合同诈骗罪等实行行为定型性较强的犯罪,通过具体构成要件符合性的判断就能完成结果归属的认定)、严格的结果归属(即结果加重犯中的加重结果归属,结果归属的条件比通常的结果归属条件更为严格)与缓和的结果归属(指我国司法实践中大量存在的、上述两种结果归属类型之外的将结果归属于行为人行为的现象,主要表现为结果归属的条件缓和与结果归属的责任缓和),其定罪量刑判断存在诸多值得探讨之处。④ 以上两种对归责类型的划分从不同方面促进了客观归责理论的发展,其所提出的部分归

---

① 谭堃:《论网络共犯的结果归责——以〈刑法〉第287条之二为中心》,载《中国法律评论》2020年第2期,第127页。
② 张明楷:《刑法的基本立场》(修订版),商务印书馆2019年版,第401页。
③ 参见劳东燕:《事实因果与刑法中的结果归责》,载《中国法学》2015年第2期,第145页以下。
④ 参见张明楷:《论缓和的结果归属》,载《中国法学》2019年第3期,第261页以下。

责标准、条件和结果可以适用于网络借贷平台的不法判断。

(二) 网络借贷平台结果归属的理论修正

其一,针对《刑法》分则规定犯罪采取的"归责类型四分法"并非当然适用于网络借贷平台犯罪。因为网络经济犯罪系网络犯罪和经济犯罪的最大公约数,其手段特点决定了归责类型中不可能存在引起型和概率提升型。具言之,引起型结果归责研究的是行为人应否对由第三人行为或被害人行为引起的结果负责,但网贷犯罪一般采取共同犯罪的形式,可能缺少第三人行为介入的技术、人际、时空条件,即使从被害人教义学的角度分析,也难以认为经济犯罪的被害人是自陷风险。理由在于,诈骗罪这种关系犯要求被害人具有的对危险强度的影响可能性会在网络空间的虚拟性、开放性、快速性等特点的作用下被削弱,其需保护性未必小于杀人罪等干预犯。加害人的需罚性不应由此减小,其不法程度并未产生实质变化。但是,概率提升型结果归责研究的是行为人是否对自己创设的、属于各种危险源之一的法益侵害风险负责。它需要运用有关科学法则,查明行为升高危险的几率,否则,只能做出有利于被告人的推定。显然,它只适用于产品责任犯罪、医事犯罪、环境犯罪等特殊领域。因此,网络借贷平台的结果归属类型只有造成型和义务型两种。

其二,对于《刑法》分则规定犯罪运用的"归属类型三分法"也不能直接适用于网络借贷平台犯罪。由于这种犯罪现象的特殊性,网贷平台犯罪的结果归属不同于普通刑事犯罪的结果归属,即使其属于缓和的结果归属,也是一种"另类"的缓和的结果归属。考虑到新型网络共同犯罪的特征,有学者认为,"混合惹起说"面临不能有效应对网络共同犯罪的困境,需要以"行为共同说""最小从属性说"作为理论基础,提出"新混合惹起说"进行认定。详言之,"行为共同说"正面承认不同构成要件之间的共同正犯,直接认定持重罪故意者成立重罪。对于网络共犯直接承认片面(广义的)共犯,在结论上可能更为妥当。而"最小从属性说"与正面承认违法的相对性相契合,仅要求共犯从属于正犯的实行行为,在某种程度上能够坚持共犯的从属性,有效防止共犯成立范围失之过宽。"新混合惹起说"则将共犯的处罚根据界定为,引起了对共犯本身而言能够被谓为符合构成要件且违法的结果,并且该结果也属于正犯的构成要件结果。它在消极意义上要求共犯行为具有违法性,但不要求正犯行为也具有违法性。据此,在认定帮助信息网络犯罪活动罪时,只要正犯实施了符合构成要件的实行行为,帮助者即可成立共犯,既无须举证正犯与共犯之间存在犯意联络,也无须举证正犯行为已经达到刑事违法性的程度。[①]可见,在通过采取"行为共同说"和"最小从属性说"以降低网络共同犯罪结果归属的条件方面,"新混合惹起说"实际上也将其归入到缓和的结果归属类型中。尽管"行为共同说"是可取的,但采取"最小从属性说"不仅会使实行行为的判断流于形式化,拉大构成要件符合性与法益侵害结果之间的距离,[②]还可能和客观归责论之间缺乏整合性,违反作为共犯从属性根据的"构成要件的明确性思想"。[③]

其三,即使要对网络共同犯罪予以缓和的结果归属,也应对其进行有效制约。网络共犯的结果归属仍应坚持"限制从属性说"与"混合惹起说",[④]并借助中立业务行为与合规计划的规范性考察,拓宽平台的出罪渠道。这意味着,以网络犯罪刑事政策和刑法目的为指导,以常见经济犯罪、新型网络犯罪的构成要件为标尺,以"行为共同说"为根据,以客观归责论为方法判断网贷平台参与行为的不法性,即为结果归属条件的缓和。然而,刑法解释的机能化并不要求司法机关在网贷平台的入罪之路上狂飙到底,而是希望在结果归属的过程中适时踩下刹车。对此,中立业务行为与事前合规计划构成结果归属条件的规范性限制,体现刑法谦抑精神的辅助性法益保护目的和强调从严惩处犯罪的预防性法益保护目的则构成结果归属条件的目的论限制。这些对缓和的结果归属的限制方法并未拘泥于共犯关系内部构造的解读,而是贯彻了技术发展的不可预见性和公民预测可能性之间价值衡量的思考,[⑤]使网贷平台的客观归责判断总是处于传统刑法理念与现代刑法思想的张力之中。

(三)网络借贷平台结果归属的具体认定

1. 网贷平台缓和的造成型结果归属认定

当行为人在平台上实施的非法吸收公众存款等行为操控了网络金融管理制度条件的破坏及财产所有权的侵犯等结果的出现时,就成立造成型结果归属。这一风险直接实现型归属系行为人支配下的网贷平台引起的,对法益侵害危险及其现实化的支配力最明显,因归属条件缓和判断受到的限制较少,结果只能完全归属于平台背后的自然人。

[①] 参见王昭武:《共犯处罚根据论的反思与修正:新混合惹起说的提出》,载《中国法学》2020年第2期,第247页以下。
[②] 参见〔日〕曲田统:《共犯的本质与可罚性》,成文堂2019年版,第94—95页。
[③] 参见〔日〕丰田兼彦:《共犯的处罚根据与客观的归属》,成文堂2009年版,第26—27页。
[④] 参见〔日〕外木央晃:《共犯的基础理论》,成文堂2018年版,第15—39页。
[⑤] 参见〔日〕渡边卓也:《网络犯罪与刑法理论》,成文堂2018年版,第1—2页。

例如，办理"王某甲等集资诈骗案"的一审法院认为，王某甲通过刘某甲等被告人成立泊头市华迪电子商务有限公司，通过网络借贷平台非法集资，共骗取毛某等 39 名被害人投资款 232 万余元。其中，刘某甲积极参与王某甲集资诈骗犯罪的多个环节，并在公司担任经理主管经营业务，制造公司经营好的假象，吸引投资人进行投资，积极参与集资诈骗活动，在吸收到投资人钱后帮助其将钱转走，并协助其转移公司电脑等财产，二人均为主犯。① 本案的判决结果说明，作为一起自然人共同犯罪案件，网贷平台被王某甲等人控制，不存在任何适用中立业务行为理论、合规计划理论以避免法益侵害结果发生的余地，所以，惩罚平台所属公司（即将其认定为单位犯罪）无法实现预防网络金融犯罪的目的，只有将集资诈骗投资款的结果归属于王某甲等人的支配行为，才能保护网络金融管理制度的核心利益。

再如，办理"杨某群非法吸收公众存款案"的一审法院认为，被告人系受郑某东招揽参与犯罪，帮助联系设计网站、提供软件、维护服务器等，其虽然担任深圳××金融信息服务有限公司总经理职务，负责××信创网站的管理和运营，但对公司并无决策权和控制权，也不负责公司的日常管理，在共同犯罪中起次要作用，是从犯。② 与前一案件不同的是，杨某群并非主犯，似乎对破坏金融管理制度条件的贡献度不大，不应归入造成型结果归属。然而，郑某东主导了非法集资 5.4755 亿余元的行为过程，杨某群因参与其中而共同促进了这一因果走向，将吸收社会资金的不法事实归属于二人，符合共同正犯的基本法理。简言之，他们作为共犯关系的整体一起支配了非法集资的法益侵害过程，且不具备任何构成要件阻却事由或违法阻却事由。

2. 网贷平台缓和的义务型结果归属认定

当平台没有尽到自身义务去干预或阻止行为人实施的非法吸收公众存款等行为，导致网络金融管理制度条件、财产所有权等侵害结果的进一步恶化时，就成立义务型结果归属。这种风险间接实现型归属源自以作为方式实施非法集资等行为的借款人、出借人或网站，而处于特殊地位的网络借贷平台能够排除上述风险却未予行动，因归属条件缓和判断可能受到某些限制，只是在一定程度上扩大了对制度核心利益的侵害。

比起造成型结果归属，义务型结果归属是因为没有实施法律所期待的行为而存在归责可能性，即它对侵害结果缺少存在论上的支配力，必须从规范论上对其进行补充论证，强化对其作为必要性和作为可能性的否定评价，使其在价值评价上达到同作为犯相当的可罚性程度。实践中已发生过多起网

---

① 参见河北省泊头市人民法院(2016)冀 0981 刑初 68 号刑事判决书。
② 参见广东省深圳市中级人民法院(2016)粤 03 刑初 179 号刑事判决书。

贷门户网站参与的非法吸收公众存款案,犯罪金额最大 19.57 亿余元,最小 480 万余元,且具有持续时间长、借款利率高、参与人数多、未用于正常生产经营等情节,①需要专门探讨其归责问题。

一方面,不宜对网络借贷平台科以严厉的结果回避义务。以上各案均为自然人借助网贷平台实施的非法集资犯罪,具有严重的社会危害性和很大的预防必要性,应当对其予以刑事归责。不过,行为人都是通过"网贷之家""网贷天眼"等平台宣传融资信息、承诺高额回报、吸引公众投资,这些网站与非法吸收数额巨大存款等危害结果之间并非完全没有因果关系,却无一受到刑罚处罚。"网贷之家"等平台属于网贷门户网站,为网络借贷参与者提供资讯、进行宣传、深化交流、撮合交易,也是网络借贷信息中介机构,同样适用《网贷中介暂行办法》。根据本章第二节之二确定的技术功能标准(主要标准)和服务对象、方式标准(辅助标准),从事前判断的立场来看,如果上述平台尽到信息发布、审核、防范、公告、披露、保密、反洗钱和反恐怖融资、配合调查等义务,就能降低甚至消除网络金融犯罪风险。但是,从事后判断的角度分析,只有某人借助该网站实施非法融资等不法行为,尚未介入交易之中的平台在履行举报、调查、删除、宣传等义务后,能够减少投资者损失,不至于造成侵害结果的继续扩大,或者可以起到一般预防的效果,减少类似情况的发生,才有必要对自然人进行归责和实现预防目的。因此,网贷门户网站应当承担的结果回避义务只存在于金融管理制度利益受到严重侵害的场合,且因为受制于技术功能、服务对象、方式以及合规计划运行状况,所负义务并不普遍,义务程度并不显著。

另一方面,只需以支配可能性为标准判断平台的可归责性。网贷门户网站客观可归责性的判断实为不作为支配可能性的判断,即假设实施了网络刑法规范要求的行为,就能避免侵害结果的发生。对此,有学者主张,只采取支配可能性标准不够,还需归责有效性因素来填补。前者面向事实因果关联,构成归责的公正性基础;后者面向规范因果关联,构成归责的功利性基础。②笔者认为,支配可能性标准和支配性标准是一致的,侧重于法益侵害的价值

---

① 例如,"叶某乙等非法吸收公众存款案"(参见江苏省无锡市滨湖区人民法院(2015)锡滨刑二初字第 00194 号刑事判决书)、"赵某民等非法吸收公众存款案"(参见山东省泰安市泰山区人民法院(2016)鲁 0902 刑初 240 号刑事判决书)、"赵某彬非法吸收公众存款案"(参见江苏省张家港市人民法院(2017)苏 0582 刑初 1209 号刑事判决书)、"徐某涛等非法吸收公众存款案"(参见山东省泰安市中级人民法院(2018)鲁 09 刑终 46 号刑事裁定书)、"毛某红非法吸收公众存款案"(参见湖北省武汉市中级人民法院(2019)鄂 01 刑终 1380 号刑事裁定书)、"魏某群非法吸收公众存款案"(参见广东省深圳市南山区人民法院(2020)粤 0305 刑初 778 号刑事判决书)。
② 劳东燕:《事实因果与刑法中的结果归责》,载《中国法学》2015 年第 2 期,第 145 页。

判断,而归责可能性与支配可能性是不同的范畴,体现了预防效果的价值追求。假如把二者作为共同标准,可能导致支配可能性被架空,归责有效性凌驾其上。这既会混淆不法因素和责任因素、责任情节和预防情节,抹杀阶层式判断方法的优越性,也无法限制网络不作为犯的成立范围,将不当抑制网贷平台的经营自由。所以,只应依照支配可能性标准,考察平台所负义务的性质、履行义务的难度、侵害事实的产生原因、法益保护的依赖程度等事实,判定将结果归属于其不履行义务的行为是否有利于更加充分地保护金融管理制度利益。一旦得出肯定结论,就可例外地将其作为单位犯罪而判处罚金刑,堵塞以往的处罚漏洞,强化集合法益的刑法保护。

本 章 小 结

根据实证研究,在网络空间实施的非法吸收公众存款罪、集资诈骗罪、诈骗罪已经成为司法机关打击的重点。但是,相关案件均未对网络借贷平台是否履行监管义务做出认定,具体适用规则有所缺失,不仅应当避免过罪化和重罚化,更重要的是上升到刑法教义学层面厘清其在各类案件中扮演的角色。

我国网络借贷平台的刑法风险来源可以分为两类:其一,当网贷平台保持信息中介性质时,平台可能因为不履行监督管理义务的不作为行为而构成拒不履行信息网络安全管理义务罪;其二,当网贷平台的地位、作用发生变化时,既可能因自身实施的不法行为而构成单独的作为犯,也可能因参与到他人的不法行为之中而构成共犯。网络借贷平台作为义务的判断,应当先根据技术功能标准,将其划入网络存储服务提供者一类,表明它对信息内容具有较强支配力,存在形式上的归责必要性;再根据服务对象标准,将其划入网络平台服务提供者一类,表明它为他人信息使用提供服务,需要实质判断归责有效性。

在采用风险政策工具予以客观归责时,应当注意公共政策与刑法体系之间的融合,采取以下归责思路:在解读我国网络犯罪刑事政策和刑法目的的基础上,明确有关犯罪的保护法益,进而对平台行为的违法性进行实质的判断,以合理限定其处罚范围。刑法体系在向刑事政策开放的同时,也通过法条文义、逻辑规则、适用程序等对其进行制约,防止实质合理性思考凌驾于形式合理性判断之上,避免刑事政策的过度机能化。这里不仅需要注意德国刑法学中所谓的"刑事政策"同我国刑法理论语境中的"刑事政策"的区别,而且应当正视机能主义刑法学的优劣,否则,既不利于实现刑事政策与刑法体系的深度融合,也无助于推动机能主义刑法学的实践展开。网络刑法学的机能主义转型使网络借贷平台实施的危害行为判断既要重视网络犯罪刑事政策和刑法目的的指导作用,又要根据罪刑法定原则,明确具体犯罪的保护法益,从目的论、实质性的立场评价其行为不法性的有无及大小。网络犯罪刑事政策毕竟不是宽严相济刑事政策的同语反复,适用网络刑法的过程实为网络犯罪刑事政策和刑法规范相互形塑的过程,所以,实务人员必须将眼光不断往返于刑法体系内外,全面进行形式判断和实质判断,以确保值得刑法保护的、有价值的重要利益成为其保护法益。据此,解释者可以采取以下方式确定网络犯罪刑事政策和刑法目的:(1)参考相关立法文本;(2)明确法益价值基础;(3)确定制度核心利益;(4)构建具体审查步骤。运用客观归责论判断平台行为的不法性,除了具有机能主义刑法学的相对优越性之外,还有一些特定的可取之处:(1)适用范围上的广泛性;(2)适用逻辑上的递进性;(3)判断对象上的全面性;(4)判断结论上的灵活性。

在判断网络借贷平台客观不法的过程中,首先,展开结果回避义务违反性的双向认定。对此,可以采取正向认定和反向排除相结合的方式,即一方面,从行为无价值和结果无价值的角度,对其实行行为的法益侵害危险性进行实质判断;另一方面,从中立业务行为、合规计划运行的角度,对其行为的实质违法性进行限缩解释。只有创设集合法益侵害危险的行为,才是网贷平台的不法行为。没有制造或增加集合法益侵害危险的行为,就不是网贷平台的不法行为。其次,进行法益侵害结果的限制认定。行为人非法吸收公众存款金额、诈骗集资款数额或个人财产数额,与法益侵害结果成正比关系,即犯罪数额越大,对金融管理秩序的破坏越严重,对集资款或他人财产所有权的变更越恣意,但也不能因此而陷入"惟数额论"的误区。犯罪数额既是反映集合法益侵害性的重要指标之一,又是能与其他情节配合适用的罪量要素之一。最后,给予结果归属类型的具体认定。假如对因果经过以常态与否为标准予以类型化,无疑是存在论的体现;只有以行为支配性程度作为归责基准,才完成了向规范论的转变。采取多元的、主客观相统一的、积极的、行为无价值的行为支配论,将有利于准确界定网络借贷平台在有关刑事案件中扮演的角色和所处的地位。网络借贷平台的结果归属类型只有造成型和义务型两种,并仍应坚持"限制从属性说"和"混合惹起说"。简言之,以网络犯罪刑事政策和刑法目的为指导,以常见经济犯罪、新型网络犯罪的构成要件为标尺,以"行为共同说"为根据,以客观归责论为方法判断网贷平台参与行为的不法性,即为结果归属条件的缓和。中立业务行为与事前合规计划构成结果归属条件的规范性限制,体现刑法谦抑精神的辅助性法益保护目的和强调从严惩处犯罪的预防性法益保护目的则构成结果归属条件的目的论限制。在具体认定的过程中,其一,当行为人在平台上实施的非法吸收公众存款等行为操控了网络金融管理制度条件的破坏及财产所有权的侵犯等结果的出现时,就成立造成型结果归属。这一风险直接实现型归属系行为人支配下的网贷平台引起的,对法益侵害危险及其现实化的支配力最明显,因归属条件缓和判断受到的限制较少,结果只能完全归属于平台背后的自然人。其二,当平台没有尽到自身义务去干预或阻止行为人实施的非法吸收公众存款等行为,导致网络金融管理制度条件、财产所有权等侵害结果的进一步恶化时,就成立义务型结果归属。这种风险间接实现型归属源自以作为方式实施非法集资等行为的借款人、出借人或网站,而处于特殊地位的网络借贷平台能够排除上述风险却未予行动,因归属条件缓和判断可能受到某些限制,只是在一定程度上扩大了对制度核心利益的侵害。

参 考 文 献

一、著作类

（一）中文类

1. 《刑法学》编写组编：《刑法学》，高等教育出版社2019年版。
2. 高铭暄、马克昌主编：《刑法学》(第十版)，北京大学出版社、高等教育出版社2022年版。
3. 高铭暄：《中华人民共和国刑法的孕育诞生和发展完善》，北京大学出版社2012年版。
4. 高铭暄主编：《刑法学原理》(第一卷)，中国人民大学出版社2005年版。
5. 马克昌主编：《犯罪通论》(第3版)，武汉大学出版社1999年版。
6. 马克昌主编：《刑罚通论》(第2版)，武汉大学出版社1999年版。
7. 张明楷：《刑法的基本立场》(修订版)，商务印书馆2019年版。
8. 张明楷：《刑法学》(第六版)，法律出版社2021年版。
9. 张明楷：《责任刑与预防刑》，北京大学出版社2015年版。
10. 陈兴良：《共同犯罪论》(第三版)，中国人民大学出版社2017年版。
11. 陈兴良：《刑法哲学》(第六版)，中国人民大学出版社2017年版。
12. 陈兴良主编：《判例刑法教程》(总则篇)，北京大学出版社2015年版。
13. 陈瑞华：《企业合规基本理论》(第二版)，法律出版社2021年版。
14. 卢建平：《刑事政策与刑法》，中国人民公安大学出版社2004年版。
15. 刘明祥：《财产罪比较研究》，中国政法大学出版社2001年版。
16. 刘明祥：《财产罪专论》，中国人民大学出版社2019年版。
17. 梁根林、〔德〕埃里克·希尔根多夫主编：《中德刑法学者的对话：罪刑法定与刑法解释》，北京大学出版社2013年版。
18. 周光权：《刑法总论》(第四版)，中国人民大学出版社2021年版。
19. 周光权：《刑法各论》(第四版)，中国人民大学出版社2021年版。
20. 黎宏：《刑法总论问题思考》(第二版)，中国人民大学出版社2016年版。
21. 黎宏：《刑法学》，法律出版社2012年版。
22. 李希慧：《刑法解释论》，中国人民公安大学出版社1995年版。
23. 林亚刚：《刑法学教义》(总论)，北京大学出版社2014年版。
24. 刘艳红等：《企业管理人员刑事法律风险防控研究》，法律出版社2018年版。

25. 刘艳红:《实质刑法观》(第二版),中国人民大学出版社 2019 年版。
26. 刘艳红:《实质出罪论》,中国人民大学出版社 2020 年版。
27. 劳东燕:《功能主义的刑法解释》,中国人民大学出版社 2020 年版。
28. 何荣功:《刑法适用方法论》,北京大学出版社 2021 年版。
29. 周振杰:《比较法视野中的单位犯罪》,中国人民公安大学出版社 2012 年版。
30. 周振杰:《刑事法治视野中的民意分析》,知识产权出版社 2008 年版。
31. 郑泽善:《共犯论争议问题研究》,中国书籍出版社 2019 年版。
32. 陈家林:《外国刑法理论的思潮与流变》,中国人民公安大学出版社 2017 年版。
33. 黄明儒主编:《共犯前沿问题研究》,湘潭大学出版社 2017 年版。
34. 贾济东:《犯罪论争议问题研究》,法律出版社 2021 年版。
35. 车浩:《阶层犯罪论的构造》,法律出版社 2017 年版。
36. 江溯主编:《网络刑法原理》,北京大学出版社 2022 年版。
37. 袁彬:《准中止犯研究》,中国法制出版社 2015 年版。
38. 程红:《中止犯研究》,中国人民公安大学出版社 2015 年版。
39. 刘雪梅:《共犯中止研究》,中国人民公安大学出版社 2011 年版。
40. 胡学相:《量刑的基本理论研究》,武汉大学出版社 1998 年版。
41. 付立庆:《积极主义刑法观及其展开》,中国人民大学出版社 2020 年版。
42. 欧阳本祺:《刑事政策视野下的刑法教义学——探索中国刑法教义学与刑事政策的贯通构想》,北京大学出版社 2016 年版。
43. 李婕:《抽象危险犯研究》,法律出版社 2017 年版。
44. 李晓龙:《刑法保护前置化研究:现象观察与教义分析》,厦门大学出版社 2018 年版。
45. 李本灿等编译:《合规与刑法:全球视野的考察》,中国政法大学出版社 2018 年版。
46. 赖正直:《机能主义刑法理论研究》,中国政法大学出版社 2017 年版。
47. 吴玉梅:《德国刑法中的客观归责研究》,中国人民公安大学出版社 2007 年版。
48. 张永强:《预防性犯罪化及其限度研究》,中国社会科学出版社 2020 年版。
49. 喻海松:《网络犯罪二十讲》(第二版),法律出版社 2022 年版。
50. 李冠煜:《量刑基准的研究——以责任和预防的关系为中心》,中国社会科学出版社 2014 年版。
51. 谢明:《公共政策导论》(第四版),中国人民大学出版社 2015 年版。
52. 陈金钊主编:《法律方法论》,北京大学出版社 2013 年版。
53. 陈金钊、熊明辉主编:《法律逻辑学》,中国人民大学出版社 2012 年版。
54. 古承宗:《犯罪支配与客观归责》,元照出版公司 2017 年版。
55. 钟宏彬:《法益理论的宪法基础》,元照出版公司 2012 年版。
56. 黄荣坚:《基础刑法学》(第三版),中国人民大学出版社 2009 年版。
57. 许玉秀:《主观与客观之间——主观理论与客观归责》,法律出版社 2008 年版。

58. 杨仁寿:《法学方法论》,中国政法大学出版社 1999 年版。

59. 〔德〕冯·李斯特:《论犯罪、刑罚与刑事政策》,徐久生译,北京大学出版社 2016 年版。

60. 〔德〕冯·李斯特:《德国刑法教科书》,徐久生译,法律出版社 2000 年版。

61. 〔德〕阿图尔·考夫曼、温弗里德·哈斯默尔主编:《当代法哲学和法律理论导论》,郑永流译,法律出版社 2013 年版。

62. 〔德〕阿图尔·考夫曼:《法律哲学》(第二版),刘幸义等译,法律出版社 2011 年版。

63. 〔德〕阿图尔·考夫曼:《类推与事物本质——兼论类型理论》,吴从周译,新学林出版股份有限公司 1999 年版。

64. 〔德〕汉斯·海因里希·耶赛克、托马斯·魏根特:《德国刑法教科书》(总论),徐久生译,中国法制出版社 2001 年版。

65. 〔德〕克劳斯·罗克辛:《德国刑法学总论》(第 1 卷),王世洲译,法律出版社 2005 年版。

66. 〔德〕克劳斯·罗克辛:《德国刑法学总论》(第 2 卷),王世洲主译,法律出版社 2013 年版。

67. 〔德〕克劳斯·罗克辛:《刑事政策与刑法体系》,蔡桂生译,中国人民大学出版社 2011 年版。

68. 〔德〕乌尔斯·金德霍伊泽尔:《刑法总论教科书》(第六版),蔡桂生译,北京大学出版社 2015 年版。

69. 〔德〕约翰内斯·韦塞尔斯:《德国刑法总论》,李昌珂译,法律出版社 2008 年版。

70. 〔德〕冈特·施特拉腾韦特、洛塔尔·库伦:《刑法总论 I——犯罪论》,杨萌译,法律出版社 2006 年版。

71. 〔德〕汉斯—约格·阿尔布莱希特:《重罪量刑——关于刑量确立与刑量阐释的比较性理论与实证研究》,熊琦等译,法律出版社 2017 年版。

72. 〔德〕英格博格·普珀:《法学思维小学堂》,蔡圣伟译,北京大学出版社 2011 年版。

73. 〔德〕乌尔里希·齐白:《全球风险社会与信息社会中的刑法:二十一世纪刑法模式的转换》,周遵友等译,中国法制出版社 2012 年版。

74. 〔德〕米夏埃尔·帕夫利克:《目的与体系:古典哲学基础上的德国刑法学新思考》,赵书鸿等译,法律出版社 2018 年版。

75. 〔德〕卡尔·恩吉施:《法律思维导论》,郑永流译,法律出版社 2004 年版。

76. 〔德〕卡尔·拉伦茨:《法学方法论》,陈爱娥译,商务印书馆 2003 年版。

77. 〔日〕前田雅英:《刑法总论讲义》(第 6 版),曾文科译,北京大学出版社 2017 年版。

78. 〔日〕佐伯仁志:《刑法总论的思之道·乐之道》,于佳佳译,中国政法大学出版社 2017 年版。

79.〔日〕日高义博:《违法性的基础理论》,张光云译,法律出版社 2015 年版。

80.〔日〕松原芳博:《刑法总论重要问题》,王昭武译,中国政法大学出版社 2014 年版。

81.〔日〕松宫孝明:《刑法总论讲义》(第 4 版补正版),钱叶六译,中国人民大学出版社 2013 年版。

82.〔日〕高桥则夫:《共犯体系和共犯理论》,冯军、毛乃纯译,中国人民大学出版社 2010 年版。

83.〔日〕小野清一郎:《犯罪构成要件理论》,王泰译,中国人民公安大学出版社 2004 年版。

84.〔英〕安德鲁·阿什沃斯:《量刑与刑事司法》(第六版),彭海青、吕泽华译,中国社会科学出版社 2019 年版。

(二) 外文类

85.〔德〕Authur Kaufmann:《法哲学与刑法学的根本问题》,〔日〕宫泽浩一监译,成文堂 1986 年版。

86.〔德〕C. Roxin:《刑法中的责任和预防》,〔日〕宫泽浩一监译,成文堂 1984 年版。

87.〔德〕Klaus Tiedemann:《德国及欧共体的经济犯罪与经济刑法》,〔日〕西原春夫、宫泽浩一监译,成文堂 1990 年版。

88.〔德〕Albin Eser:《"侵害原理"与法益论中的被害人作用》,〔日〕甲斐克则编译,信山社 2014 年版。

89.〔日〕浅田和茂等编集:《刑事法学的系谱》,信山社 2022 年版。

90.〔日〕高桥则夫:《规范论与理论刑法学》,成文堂 2021 年版。

91.〔日〕松原芳博:《行为主义与刑法理论》,成文堂 2020 年版。

92.〔日〕松原芳博:《刑法总论》(第 3 版),日本评论社 2022 年版。

93.〔日〕城下裕二:《责任与刑罚的现在》,成文堂 2019 年版。

94.〔日〕城下裕二:《量刑理论的现代课题》(增补版),成文堂 2009 年版。

95.〔日〕城下裕二:《量刑基准的研究》,成文堂 1995 年版。

96.〔日〕野村健太郎:《量刑的思考纲要》,成文堂 2020 年版。

97.〔日〕曲田统:《共犯的本质与可罚性》,成文堂 2019 年版。

98.〔日〕嘉门优:《法益论——刑法的意义与作用》,成文堂 2019 年版。

99.〔日〕小林宪太郎:《刑法总论的理论与实务》,判例时报社 2018 年版。

100.〔日〕外木央晃:《共犯的基础理论》,成文堂 2018 年版。

101.〔日〕渡边卓也:《网络犯罪与刑法理论》,成文堂 2018 年版。

102.〔日〕山口厚:《刑法总论》(第 3 版),有斐阁 2016 年版。

103.〔日〕吉田敏雄:《刑法理论的基础》(第 3 版),成文堂 2013 年版。

104.〔日〕吉田敏雄:《责任概念与责任要素》,成文堂 2016 年版。

105.〔日〕川端博:《贿赂罪的理论》,成文堂 2016 年版。

106.〔日〕川端博:《责任的理论》,成文堂 2012 年版。

107. 〔日〕川端博:《共犯的理论》,成文堂 2008 年版。

108. 〔日〕川端博:《共犯论序说》,成文堂 2001 年版。

109. 〔日〕川端博等:《彻底讨论·刑法理论的展望》,成文堂 2000 年版。

110. 〔日〕松泽伸:《机能主义刑法学的理论——丹麦刑法学的思想》,信山社 2001年版。

111. 〔日〕小岛秀夫:《帮助犯的规范构造与处罚根据》,成文堂 2015 年版。

112. 〔日〕佐伯千刃:《责任的理论》,信山社 2015 年版。

113. 〔日〕佐伯千刃:《刑法中违法性的理论》,有斐阁 1974 年版。

114. 〔日〕大谷实:《刑法讲义总论》(新版第 4 版),成文堂 2012 年版。

115. 〔日〕原田国男:《裁判员裁判与量刑法》,成文堂 2011 年版。

116. 〔日〕原田国男:《量刑判断的实际》(第 3 版),立花书房 2008 年版。

117. 〔日〕西田典之:《共犯理论的展开》,成文堂 2010 年版。

118. 〔日〕田口守一等:《刑法应当介入企业活动吗》,成文堂 2010 年版。

119. 〔日〕山中敬一:《犯罪论的机能与构造》,成文堂 2010 年版。

120. 〔日〕山中敬一:《刑法中客观归属的理论》,成文堂 1997 年版。

121. 〔日〕佐久间修:《刑法总论》,成文堂 2009 年版。

122. 〔日〕丰田兼彦:《共犯的处罚根据与客观的归属》,成文堂 2009 年版。

123. 〔日〕樋口亮介:《法人处罚与刑法理论》,东京大学出版会 2009 年版。

124. 〔日〕大塚仁:《刑法概说(总论)》(第四版),有斐阁 2008 年版。

125. 〔日〕大塚仁等编:《大注解刑法(第五卷)》(第二版),青林书院 1999 年版。

126. 〔日〕井田良:《讲义刑法学·总论》(第 2 版),有斐阁 2018 年版。

127. 〔日〕芝原邦尔:《经济刑法研究》(上),有斐阁 2005 年版。

128. 〔日〕龟井源太郎:《正犯与共犯的区别》,弘文堂 2005 年版。

129. 〔日〕川崎友巳:《企业的刑事责任》,成文堂 2004 年版。

130. 〔日〕桥本正博:《"行为支配论"与正犯理论》,有斐阁 2000 年版。

131. 〔日〕金尚均:《危险社会与刑法——现代社会中刑法的机能与界限》,成文堂 2001 年版。

132. 〔日〕内藤谦:《刑法讲义总论》(下Ⅰ),有斐阁 1991 年版。

133. 〔日〕川崎一夫:《体系的量刑论》,成文堂 1991 年版。

134. 〔日〕原田保:《刑法中超个人法益的保护》,成文堂 1991 年版。

135. 〔日〕伊东研祐:《法益概念史的研究》,成文堂 1984 年版。

136. 〔日〕前田雅英:《可罚的违法性论的研究》,东京大学出版会 1982 年版。

137. 〔日〕藤木英雄:《可罚的违法性》,学阳书房 1975 年版。

138. 〔日〕平野龙一:《刑法总论Ⅰ》,有斐阁 1972 年版。

139. 〔日〕平野龙一:《刑法总论Ⅱ》,有斐阁 1975 年版。

140. 〔日〕平野龙一:《刑法的基础》,东京大学出版会 1966 年版。

141. 〔日〕町野朔:《刑法总论》,信山社 2019 年版。

142. 〔日〕吉田常次郎:《刑法上的诸问题》,有信堂 1962 年版。

143. 〔日〕西村克彦:《刑事责任能力论》,法政大学出版局 1957 年版。

二、论文类

(一) 中文类

1. 高铭暄:《对主张以三阶层犯罪成立体系取代我国通行犯罪构成理论者的回应》,载赵秉志主编:《刑法论丛》(第 19 卷),法律出版社 2009 年版。

2. 高铭暄、孙道萃:《预防性刑法观及其教义学思考》,载《中国法学》2018 年第 1 期。

3. 张明楷:《共犯人关系的再思考》,载《法学研究》2020 年第 1 期。

4. 张明楷:《共同正犯的基本问题》,载《中外法学》2019 年第 5 期。

5. 张明楷:《论缓和的结果归属》,载《中国法学》2019 年第 3 期。

6. 张明楷:《受贿犯罪的保护法益》,载《法学研究》2018 年第 1 期。

7. 张明楷:《法益保护与比例原则》,载《中国社会科学》2017 年第 7 期。

8. 张明楷:《阶层论的司法运用》,载《清华法学》2017 年第 5 期。

9. 张明楷:《避免将行政违法认定为刑事犯罪:理念、方法与路径》,载《中国法学》2017 年第 4 期。

10. 张明楷:《共同犯罪的认定方法》,载《法学研究》2014 年第 3 期。

11. 张明楷:《简评近年来的刑事司法解释》,载《清华法学》2014 年第 1 期。

12. 张明楷:《也谈客观归责理论》,载《中外法学》2013 年第 2 期。

13. 张明楷:《实质解释论的再提倡》,载《中国法学》2010 年第 4 期。

14. 陈兴良:《刑法教义学中的价值判断》,载《清华法学》2022 年第 6 期。

15. 陈兴良:《关涉他罪之对合犯的刑罚比较:以买卖妇女、儿童犯罪为例》,载《国家检察官学院学报》2022 年第 4 期。

16. 陈兴良:《他行为能力问题研究》,载《法学研究》2019 年第 1 期。

17. 陈兴良:《刑法中的责任:以非难可能性为中心的考察》,载《比较法研究》2018 年第 3 期。

18. 陈兴良:《赵春华非法持有枪支案的教义学分析》,载《华东政法大学学报》2017 年第 6 期。

19. 陈兴良:《刑法阶层理论:三阶层与四要件的对比性考察》,载《清华法学》2017 年第 5 期。

20. 陈兴良:《刑法教义学与刑事政策的关系:从李斯特鸿沟到罗克辛贯通》,载《中外法学》2013 年第 5 期。

21. 陈兴良:《案例指导制度的规范考察》,载《法学评论》2012 年第 3 期。

22. 陈兴良:《"风险刑法"与刑法风险:双重视角的考察》,载《法商研究》2011 年第 4 期。

23. 陈兴良:《形式解释论的再宣示》,载《中国法学》2010 年第 4 期。

24. 陈兴良:《客观归责的体系性地位》,载《法学研究》2009 年第 6 期。

25. 陈兴良:《社会危害性理论:进一步的批判性清理》,载《中国法学》2006年第4期。

26. 陈兴良:《社会危害性理论——一个反思性检讨》,载《法学研究》2000年第1期。

27. 陈兴良:《论犯罪的对合关系》,载《法制与社会发展》2001年第4期。

28. 梁根林:《买卖人口犯罪的教义分析:以保护法益与同意效力为视角》,载《国家检察官学院学报》2022年第4期。

29. 孙国祥:《集体法益的刑法保护及其边界》,载《法学研究》2018年第6期。

30. 刘宪权:《论我国惩治拐卖人口犯罪的刑法完善》,载《法学》2003年第5期。

31. 刘明祥:《从单一正犯视角看共谋共同正犯论》,载《法学评论》2018年第1期。

32. 刘明祥:《论中国特色的犯罪参与体系》,载《中国法学》2013年第6期。

33. 周光权:《刑法教义学的实践导向》,载《中国法律评论》2022年第4期。

34. 周光权:《法定刑配置的优化:理念与进路》,载《国家检察官学院学报》2022年第4期。

35. 周光权:《论通过增设轻罪实现妥当的处罚——积极刑法立法观的再阐释》,载《比较法研究》2020年第6期。

36. 周光权:《量刑的实践及其未来走向》,载《中外法学》2020年第5期。

37. 周光权:《客观归责论与实务上的规范判断》,载《国家检察官学院学报》2020年第1期。

38. 周光权:《客观归责论在财产犯罪案件中的运用》,载《比较法研究》2018年第3期。

39. 周光权:《阶层犯罪论及其实践展开》,载《清华法学》2017年第5期。

40. 周光权:《犯罪构成要件理论的论争及其长远影响》,载《政治与法律》2017年第3期。

41. 周光权:《积极刑法立法观在中国的确立》,载《法学研究》2016年第4期。

42. 周光权:《对侵犯妇女儿童权益犯罪刑法完善的理解》,载《人民检察》2015年第18期。

43. 周光权:《客观归责方法论的中国实践》,载《法学家》2013年第6期。

44. 周光权:《价值判断与中国刑法学知识转型》,载《中国社会科学》2013年第4期。

45. 周光权:《刑事案例指导制度:难题与前景》,载《中外法学》2013年第3期。

46. 黎宏:《因果关系错误问题及其应对——以行为危险现实化说的再阐释为中心》,载《法学研究》2022年第1期。

47. 黎宏:《企业合规不起诉:误解及纠正》,载《中国法律评论》2021年第3期。

48. 黎宏:《组织体刑事责任论及其应用》,载《法学研究》2020年第2期。

49. 黎宏:《贿赂犯罪的保护法益与事后受财行为的定性》,载《中国法学》2017年第4期。

50. 黎宏:《平野龙一及其机能主义刑法观》,载《清华法学》2015年第6期。

51. 黎宏:《死缓限制减刑及其适用——以最高人民法院发布的两个指导案例为切

入点》,载《法学研究》2013 年第 5 期。

52. 黎宏:《判断行为的社会危害性时不应考虑主观要素》,载《法商研究》2006 年第 1 期。

53. 黎宏:《论"刑法的刑事政策化"思想及其实现》,载《清华大学学报》(哲学社会科学版)2004 年第 5 期。

54. 刘艳红:《中国反腐败立法的战略转型及其体系化构建》,载《中国法学》2016 年第 4 期。

55. 刘艳红:《共犯脱离判断基准:规范的因果关系遮断说》,载《中外法学》2013 年第 4 期。

56. 刘艳红:《共谋共同正犯论》,载《中国法学》2012 年第 6 期。

57. 刘艳红:《论正犯理论的客观实质化》,载《中国法学》2011 年第 4 期。

58. 于改之:《法域冲突的排除:立场、规则与适用》,载《中国法学》2018 年第 4 期。

59. 劳东燕:《买卖人口犯罪的保护法益与不法本质——基于对收买被拐卖妇女罪的立法论审视》,载《国家检察官学院学报》2022 年第 4 期。

60. 劳东燕:《刑事政策与功能主义的刑法体系》,载《中国法学》2020 年第 1 期。

61. 劳东燕:《受贿犯罪的保护法益:公职的不可谋私利性》,载《法学研究》2019 年第 5 期。

62. 劳东燕:《事实因果与刑法中的结果归责》,载《中国法学》2015 年第 2 期。

63. 车浩:《刑事政策的精准化:通过犯罪学抵达刑法适用——以疫期犯罪的刑法应对为中心》,载《法学》2020 年第 3 期。

64. 车浩:《责任理论的中国蜕变——一个学术史视角的考察》,载《政法论坛》2018 年第 3 期。

65. 车浩:《体系化与功能主义:当代阶层犯罪理论的两个实践优势》,载《清华法学》2017 年第 5 期。

66. 车浩:《行贿罪之"谋取不正当利益"的法理内涵》,载《法学研究》2017 年第 2 期。

67. 陈家林:《法益理论的问题与出路》,载《法学》2019 年第 11 期。

68. 孙万怀:《以危险方法危害公共安全罪何以成为口袋罪》,载《现代法学》2010 年第 5 期。

69. 王昭武:《共犯处罚根据论的反思与修正:新混合惹起说的提出》,载《中国法学》2020 年第 2 期。

70. 王昭武:《共谋射程理论与共犯关系脱离的认定——兼与刘艳红教授商榷》,载《法律科学》2016 年第 1 期。

71. 王昭武:《论共谋的射程》,载《中外法学》2013 年第 1 期。

72. 钱叶六:《刑法因果关系理论的重要发展与立场选择》,载《中国刑事法杂志》2022 年第 4 期。

73. 钱叶六:《期待可能性理论的引入及限定性适用》,载《法学研究》2015 年第 6 期。

74. 钱叶六:《双层区分制下正犯与共犯的区分》,载《法学研究》2012 年第 1 期。

75. 何荣功:《社会治理"过度刑法化"的法哲学批判》,载《中外法学》2015年第2期。

76. 何荣功:《经济自由与经济刑法正当性的体系思考》,载《法学评论》2014年第6期。

77. 罗翔:《论买卖人口犯罪的立法修正》,载《政法论坛》2022年第3期。

78. 何庆仁:《归责视野下共同犯罪的区分制与单一制》,载《法学研究》2016年第3期。

79. 陈洪兵:《论中立帮助行为的处罚边界》,载《中国法学》2017年第1期。

80. 王志祥:《关于调整拐卖妇女、儿童犯罪罪名表述的思考》,载《法治研究》2014年第11期。

81. 王强军:《功能主义刑法观的理性认识及其限制》,载《南开学报》(哲学社会科学版)2019年第3期。

82. 刘科:《"法益恢复现象":适用范围、法理依据与体系地位辨析》,载《法学家》2021年第4期。

83. 赵书鸿:《论作为功能性概念的量刑责任》,载《中外法学》2017年第4期。

84. 皮勇:《论网络服务提供者的管理义务及刑事责任》,载《法商研究》2017年第5期。

85. 袁彬:《民营企业产权刑法保护的司法出罪路径及其扩张》,载《法律适用》2018年第12期。

86. 金泽刚:《论共犯关系之脱离》,载《法学研究》2006年第2期。

87. 杨彩霞:《网络服务提供者刑事责任的类型化思考》,载《法学》2018年第4期。

88. 王华伟:《网络服务提供者的刑法责任比较研究》,载《环球法律评论》2016年第4期。

89. 阎二鹏:《共犯本质论之我见——兼议行为共同说之提倡》,载《中国刑事法杂志》2010年第1期。

90. 唐稷尧:《事实、价值与选择:关于我国刑法立法解释的思考》,载《中外法学》2009年第6期。

91. 董文蕙:《重罪合规不起诉的理论证成及适用限制》,载《法商研究》2022年第6期。

92. 卫磊:《收买被拐卖的妇女罪背后的乡土失序与规范重构》,载《青少年犯罪问题》2022年第3期。

93. 高艳东:《量刑与定罪互动论:为了量刑公正可变换罪名》,载《现代法学》2009年第5期。

94. 简爱:《从"分野"到"融合":刑事违法判断的相对独立性》,载《中外法学》2019年第2期。

95. 潘文博:《德国量刑责任概念的源流、问题与启示》,载《政治与法律》2019年第4期。

96. 潘文博:《论责任与量刑的关系》,载《法制与社会发展》2016年第6期。

97. 谭堃:《论网络共犯的结果归责——以〈刑法〉第287条之二为中心》,载《中国法律评论》2020 年第 2 期。

98. 张小宁：《论制度依存型经济刑法及其保护法益的位阶设定》，载《法学》2018 年第 12 期。

99. 王霖：《共犯责任退出机制的反思性检讨：修正因果关系遮断说的构建》，载《政治与法律》2017 年第 6 期。

100. 庄绪龙：《"法益可恢复性犯罪"概念之提倡》，载《中外法学》2017 年第 4 期。

101. 王钰：《罪责观念中自由和预防维度——以相对意志自由为前提的经验功能责任论之提倡》，载《比较法研究》2015 年第 2 期。

102. 马永强：《德国刑法功能主义的前世今生——兼论刑法教义学的科学范式》，载赵秉志主编：《刑法论丛》（第 61 卷），法律出版社 2020 年版。

103. 张庆立：《德日机能主义刑法学之体系争议与本土思考》，载《华东政法大学学报》2018 年第 3 期。

104. 黄辰：《机能主义刑法观变迁下的刑事立法正当性考察》，载《河南财经政法大学学报》2019 年第 3 期。

105. 李冠煜：《论集合法益的限制认定》，载《当代法学》2022 年第 2 期。

106. 李冠煜：《客观归责论的理性反思》，载《清华法律评论》编委会编：《清华法律评论》（第 10 卷 第 1 辑），法律出版社 2021 年版。

107. 李冠煜：《污染环境罪客观归责的中国实践》，载《法学家》2018 年第 4 期。

108. 李冠煜：《我国刑法因果关系论宜采取修正的相当因果关系说》，载《政治与法律》2017 年第 2 期。

109. 李冠煜、吕明利：《帮助信息网络犯罪活动罪司法适用问题研究——以客观归责方法论为视角》，载《河南财经政法大学学报》2017 年第 2 期。

110. 李冠煜：《量刑规范化改革视野下的量刑基准研究——以完善〈关于常见犯罪的量刑指导意见〉规定的量刑步骤为中心》，载《比较法研究》2015 年第 6 期。

111. 王效文：《刑罚目的与刑法体系——论 Günther Jakobs 功能主义刑法体系中的罪责》，载《成大法学》2015 年第 30 期。

112. 胡玉鸿：《个人的独特性与人的尊严之证成》，载《法学评论》2021 年第 2 期。

113. 胡玉鸿：《人的尊严的法律属性辨析》，载《中国社会科学》2016 年第 5 期。

114. 梁上上：《公共利益与利益衡量》，载《政法论坛》2016 年第 6 期。

115. 梁上上：《制度利益衡量的逻辑》，载《中国法学》2012 年第 4 期。

116. 梁上上：《利益的层次结构与利益衡量的展开》，载《法学研究》2002 年第 1 期。

117. 宋亚辉：《公共政策如何进入裁判过程》，载《法商研究》2009 年第 6 期。

118. 苏力：《法条主义、民意与难办案件》，载《中外法学》2009 年第 1 期。

119. 苏力：《司法解释、公共政策和最高法院》，载《法学》2003 年第 8 期。

120. 陈新夏：《人的尊严与人的发展》，载《天津社会科学》2021 年第 5 期。

121. 王进文：《人的尊严规范地位的反思与检讨——基于德国宪法学说和司法实践的分析》，载《人权研究》2021 年第 4 期。

122. 王进文:《"人的尊严"之疏释与展开——历史渊源、比较分析与法律适用》,载齐延平主编:《人权研究》(第21卷),社会科学文献出版社2019年版。

123. 郑玉双:《人的尊严的价值证成与法理构造》,载《比较法研究》2019年第5期。

124. 朱振:《基因编辑必然违背人性尊严吗?》,载《法制与社会发展》2019年第4期。

125. 郑智航:《从互惠性到宽容性:法律责任构造逻辑的嬗变》,载《山东大学学报》(哲学社会科学版)2018年第2期。

126. 王晖:《人之尊严的理念与制度化》,载《中国法学》2014年第4期。

127. 袁明圣:《公共政策在司法裁判中的定位与适用》,载《法律科学》2005年第1期。

128. 庞凌:《法院的公共政策功能分析》,载《当代法学》2003年第10期。

129. 解晋伟:《我国现行法律中人格尊严保障条款之功能辨析》,载《江苏警官学院学报》2021年第4期。

130. 北京师范大学中国企业家犯罪预防研究中心:《企业家刑事风险分析报告(2014—2018)》,载《河南警察学院学报》2019年第4期。

131. 〔德〕科讷琉斯·普赫特维茨:《论刑法的机能主义化》,陈昊明译,载李昊、明辉主编:《北航法律评论》(2014年第1辑),法律出版社2015年版。

132. 〔德〕托马斯·魏根特:《德国刑法向何处去?——21世纪的问题与发展趋势》,张志钢译,载赵秉志主编:《刑法论丛》(第49卷),法律出版社2017年版。

133. 〔德〕洛塔尔·库伦:《环境刑法——新教义学的探索》,胡敏慧译,载方小敏主编:《中德法学论坛》(第16辑·下卷),法律出版社2019年版。

134. 〔德〕Beatrice Brunhöber:《安全社会中刑法的功能变迁》,冀洋译,载赵秉志主编:《刑法论丛》(第61卷),法律出版社2020年版。

135. 〔德〕Claus Roxin:《法益讨论的新发展》,许丝捷译,载《月旦法学杂志》2012年第211号。

136. 〔德〕Winfried Hassemer:《现代刑法的特征与危机》,陈俊伟译,载《月旦法学杂志》2012年第207号。

137. 〔美〕杰里米·沃尔德伦:《尊严是人权的基础吗?》,张卓明译,载《法治现代化研究》2019年第2期。

(二)外文类

138. Bernd Schünemann, Die Rechtsfigurdes "Täterhinterdem Täter" unddas Prinzipder Tatherrschaftsstufen, ZIS7/2006.

139. Vgl. Bernd Schnemann, Strafrechtsdogmatik als Wissenschaft, in: Hans Achenbach/Wilfried Bottke/BernhardHaffke/Hans-Joachim Rudolphi (Hrsg.), Festschrift für Claus Roxin, zum 70. Geburtstag am 15. Mai, De Gruyter, 2001, S. 1-32.

140. Bernd Schünemann, Strafrechtssystem und Kriminalpolitik, in: Geppert, Klaus/Bohnert, Joachim/Rengier, Rudolf (Hrsg.): Festschrift für Rudolf Schmitt zum 70. Geburtstag, 1992.

141. Oliver Löwe-Krahl, Beteiligung von Bankangestellten an Steuerhinterziehungen ihrer Kunden-die Tatbestandmäßigkeit berufstypischer Handlungen, wistra 1995.

142. 〔德〕Claus Roxin:《责任主义的两面性和一面性——论刑法解释学和刑的量定论中责任和预防的关系》,〔日〕齐藤诚二译,载《刑法杂志》1980年第24卷第1号。

143. 〔德〕Franz Streng:《德国的刑事制裁——兼具经验性视角的概观》,〔日〕小池信太郎监译,载《庆应法学》2016年第34号。

144. 〔德〕Franz Streng:《德国的量刑——其概要与现代课题》,〔日〕井田良、小池信太郎译,载《庆应法学》2007年第8号。

145. 〔德〕Heinz Müller Dietz:《作为刑罚目的与刑的量定焦点的责任和预防的关系》,〔日〕宫泽浩一译,载《刑法杂志》1979年第23卷第1、2号。

146. 〔德〕Julia Schneider、〔日〕黑泽睦:《德国量刑法概说——日本与德国的比较法对话》,〔日〕黑泽睦监译,载《法律论丛》2019年第91卷第6号。

147. 〔德〕Christian Jäger:《在对通常案例处理方法特别考虑下的构成要件与量刑的相关关系——以及考察为量刑提供方向的解释意义》,〔日〕野泽充译,载《法政研究》2018年第4号。

148. 〔日〕山中敬一:《近来判例中"危险现实化"论的展开》,载《关西大学法学论集》2019年第68卷第5号。

149. 〔日〕山中敬一:《从共谋关系的脱离》,载〔日〕川端博等编集:《立石二六先生古稀祝贺论文集》,成文堂2010年版。

150. 〔日〕丸山雅夫:《共犯关系的解消》,载〔日〕高桥则夫等编集:《日高义博先生古稀祝贺论文集》(上卷),成文堂2018年版。

151. 〔日〕生田胜义:《一般行为的自由权与侵害行为原理——以实体正当程序论为根据的共谋罪法批判序说》,载《立命馆法学》2018年第5、6号。

152. 〔日〕山口厚:《承继共犯论的新展开》,载《法曹时报》2016年第68卷第2号。

153. 〔日〕关哲夫:《日本的结果无价值论、行为无价值论的对立方式》,载《国士馆法学》2016年第49号。

154. 〔日〕桥爪隆:《论共犯关系的解消》,载《法学教室》2015年第414号。

155. 〔日〕桥爪隆:《共谋的射程与共犯的错误》,载《法学教室》2010年第359号。

156. 〔日〕佐久间修:《论共犯的因果性——承继的共犯与共犯关系的解消》,载《法学新报》2015年第121卷第11、12号。

157. 〔日〕原口伸夫:《从共犯的脱离、共犯关系的解消》,载《法学新报》2015年第121卷第11、12号。

158. 〔日〕齐藤彰子:《从共犯的脱离与解消》,载《刑事法杂志》2015年第44号。

159. 〔日〕十河太朗:《共谋的射程与共同正犯关系的解消》,载《同志社法学》2015年第67卷第4号。

160. 〔日〕十河太朗:《论共谋的射程》,载〔日〕川端博等编集:《理论刑法学的探究》(3),成文堂2010年版。

161. 〔日〕铃木茂嗣:《犯罪评价与要件事实:犯罪论与刑法学的应然状态》,载《近畿大学法学》2015年第3、4号。

162. 〔日〕成濑幸典:《论从共犯关系的脱离》,载《立教法务研究》2014年第7号。

163. 〔日〕嶋矢贵之:《共犯的诸问题——共犯与错误、共犯的脱离、承继的共同正犯、共谋的射程》,载《法律时报》2013年第85卷第1号。

164. 〔日〕川崎友巳:《法人处罚论的今日展开——"企业刑事责任"再论》,载〔日〕濑川晃编集:《大谷实先生喜寿纪念论文集》,成文堂2011年版。

165. 〔日〕松泽伸:《机能的刑法解释方法论再论》,载《早稻田法学》2007年第3号。

166. 〔日〕冈上雅美:《量刑体系中量刑情节的分类》,载《刑法杂志》2006年第45卷第2号。

167. 〔日〕冈上雅美:《论责任刑的意义与量刑事实的问题点》(二),载《早稻田法学》1993年第69卷第1号。

168. 〔日〕冈上雅美:《论责任刑的意义与量刑事实的问题点》(一),载《早稻田法学》1993年第68卷第3、4号。

169. 〔日〕小池信太郎:《量刑中的犯行均衡原理和预防性考虑——以最近日本、德国各种见解的研究为中心》(1),载《庆应法学》2006年第6号。

170. 〔日〕小池信太郎:《量刑中消极责任主义的再构成》,载《庆应法学》2004年第1号。

171. 〔日〕本庄武:《从刑罚论所见的量刑基准》(1),载《一桥法学》2002年第1卷第1号。

172. 〔日〕本庄武:《论量刑责任的刑罚限定机能》(1),载《一桥研究》1999年第24卷第1号。

173. 〔日〕大越义久:《从共犯的脱离——实行着手前的脱离、着手后的脱离、既遂后的脱离》,载〔日〕芝原邦尔编:《刑法的基本判例(增刊法学教室)》,有斐阁1988年版。

174. 〔日〕仲道祐树:《法益论、危害原理与宪法判断——关于刑事立法分析框架的比较法考察》,载《比较法学》2019年第53卷1号。

175. 〔日〕仲道祐树:《论刑法的通说及其表述方式》,载《法学学堂》2022年第809号。

176. 〔日〕龟井源太郎:《共犯论的"通说"——共犯论的争点及其议论》,载《法学学堂》2022年第809号。

177. 〔日〕神例康博:《论经济刑法的保护法益——制度依存型经济犯罪中的制度法益与个人法益的关系》,载〔日〕川端博等编:《理论刑法学的探究》(8),成文堂2015年版。

178. 〔日〕铃木晃:《论责任的预防性再构成的一次考察——罗克辛的"答责性"论及其批判》,载《中京大学大学院生法学研究论集》1981年第2号。

179. 〔日〕铃木晃:《克里斯蒂安·舍内博恩:责任原则与一般预防观》,载《中京大学大学院生法学研究论集》1981年第1号。

180. 〔日〕井上正治:《共犯与中止犯》,载〔日〕平野龙一等编集:《判例演习(刑法总论)》,有斐阁1960年版。

后　　记

本书系2020年国家社科基金后期资助项目（项目批准号：20FFXB046）的最终成果。

立项后，笔者根据评审专家的意见，对书稿进行了大幅度的修改，不仅增加了导论、第一章、第五章和第七章，充实了书稿内容，而且更新了立法、案例、注释和参考文献，强化了说理论证，修正了某些观点，规范了语言表述。2022年5月至10月，在北海道大学大学院法学研究科访学期间收集的德文、日文资料，也为本书的修改奠定了部分物质基础。由于承担了国内单位的教学等任务，此次访学并不像之前作为联合培养博士生留学那样全身心地投入到研究中，来不及对日本的刑法理论、刑事法治现状进行更加深入的考察，这些遗憾只能留待下次访学时弥补。

在写作过程中，我参考了国内外许多学者的研究成果，为此要感谢中国国家图书馆、北京师范大学图书馆、华中科技大学图书馆和北海道大学附属图书馆！本书的部分内容曾以论文形式发表在《法学家》《比较法研究》《当代法学》《政治与法律》《刑法论丛》等刊物上，对此要感谢上述刊物编辑的辛勤工作！自加盟华中科技大学法学院以来，学院领导和各位同事为我创造了较为宽松的科研环境，间接促成了本书的完成。而跟随中方导师李希慧教授和日方导师城下裕二教授[①]的求学经历，则对本书的完成产生了直接影响。对此，我永远铭记于心！

---

① 北海道大学大学院法学研究科教授。